小樽商科大学
研究叢書

「満洲国」における抵抗と弾圧

関東憲兵隊と「合作社事件」

著
荻野富士夫
兒嶋俊郎
江田憲治
松村高夫

日本経済評論社

「満洲国」概略(1942年)

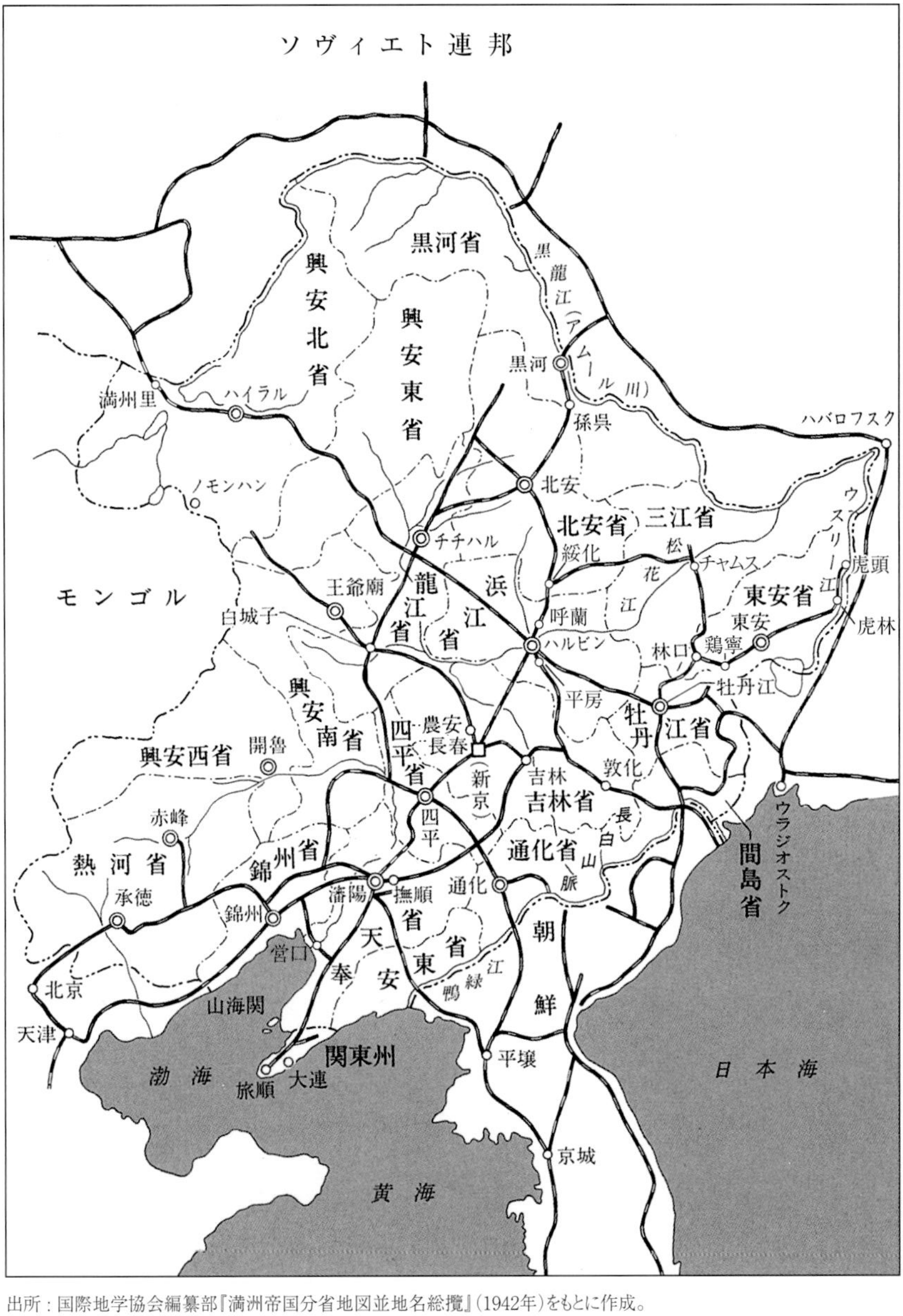

出所:国際地学協会編纂部『満洲帝国分省地図並地名総攬』(1942年)をもとに作成。

図５－３　「逆用諜者劉恩取調状況ニ関スル件報告「通諜」」

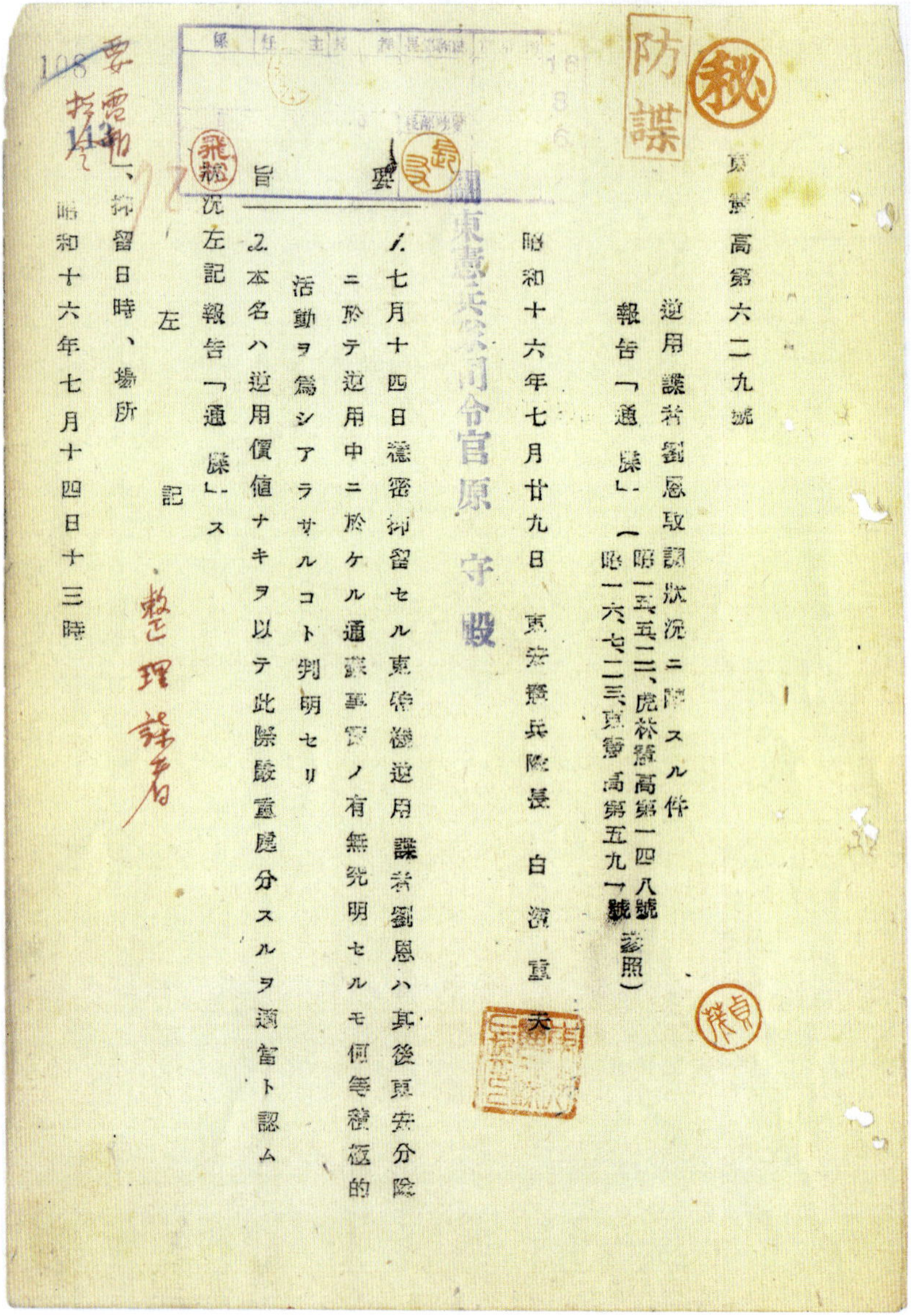
秘
防諜
東憲高第六二九號
逆用諜者劉恩取調状況ニ関スル件
報告「通諜」（昭一五、五、二三、虎林憲高第一四八號　昭一六、七、二三、東憲高第五九一號参照）
昭和十六年七月廿九日　東安憲兵隊長　白濱重夫
関東憲兵隊司令官　原守殿
要旨
1. 七月十四日隠密抑留セル東寧機逆用諜者劉恩ハ其後東安分隊ニ於テ逆用中ニ於ケル通諜事實ノ有無究明セルモ何等積極的活動ヲ為シアラサルコト判明セリ
2. 本名ハ逆用價値ナキヲ以テ此際厳重處分スルヲ適當ト認ム
状況左記報告「通諜」ス
左　記
一、抑留日時、場所
昭和十六年七月十四日十三時
整理済者

出所：中国黒龍江省檔案館所蔵資料。
中国黒龍江省檔案館・中国黒龍江省人民対外友好協会・日本ＡＢＣ企画委員会編『「七三一部隊」罪行鉄証――関東憲兵隊「特移扱」文書』（黒龍江人民出版社、2001年12月）123頁より転載。

図５－４　「蘇联諜者王振達抑留取調状況ニ関スル件報告「通諜」」に付された王振達の２枚の写真

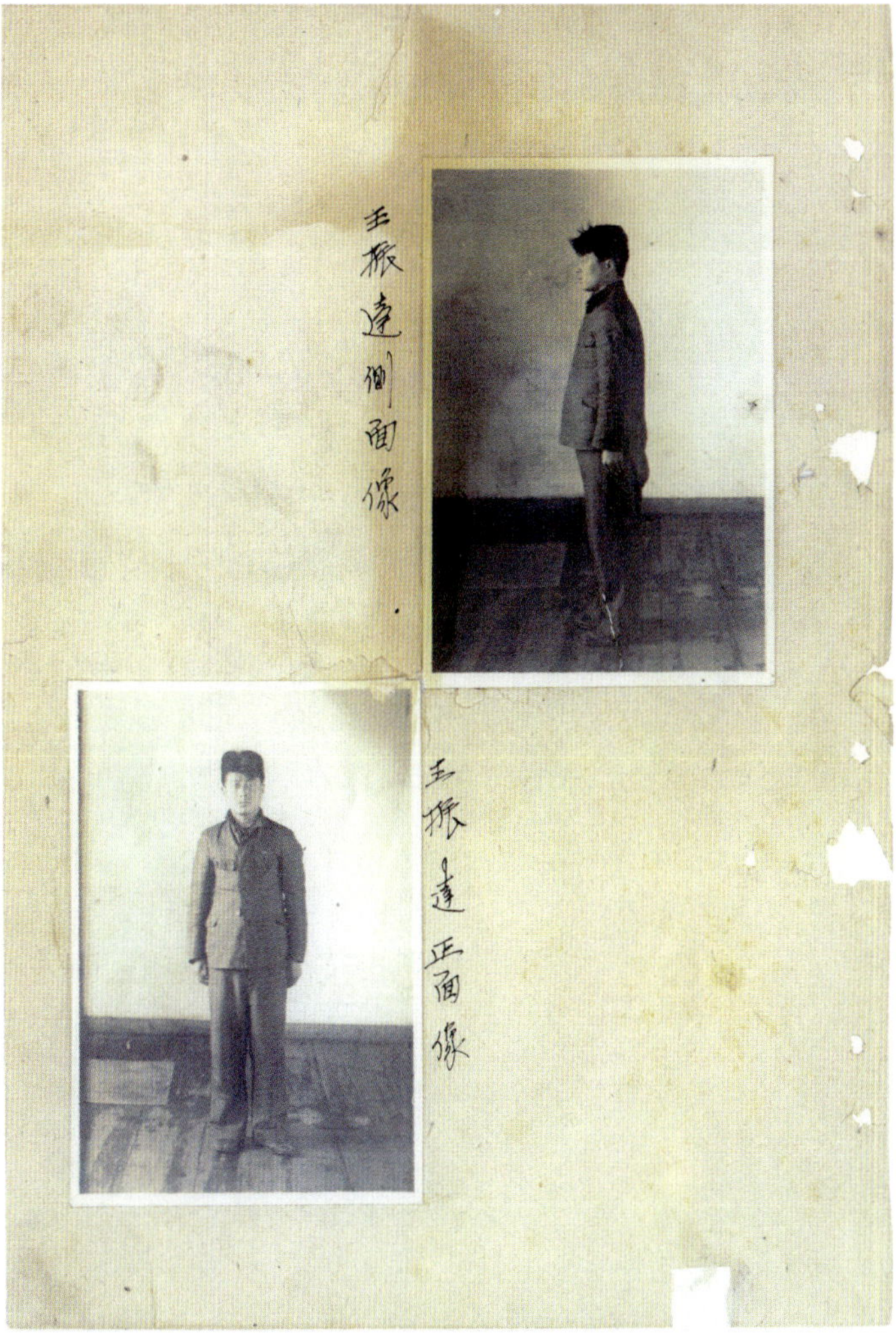

出所：中国黒龍江省檔案館所蔵資料。
中国黒龍江省檔案館・中国黒龍江省人民対外友好協会・日本ＡＢＣ企画委員会編『「七三一部隊」罪行鉄証――関東憲兵隊「特移扱」文書』（黒龍江人民出版社、2001年12月）68頁より転載。

図５－６　「蘇諜干金喜ノ取調状況ニ関スル件報告」

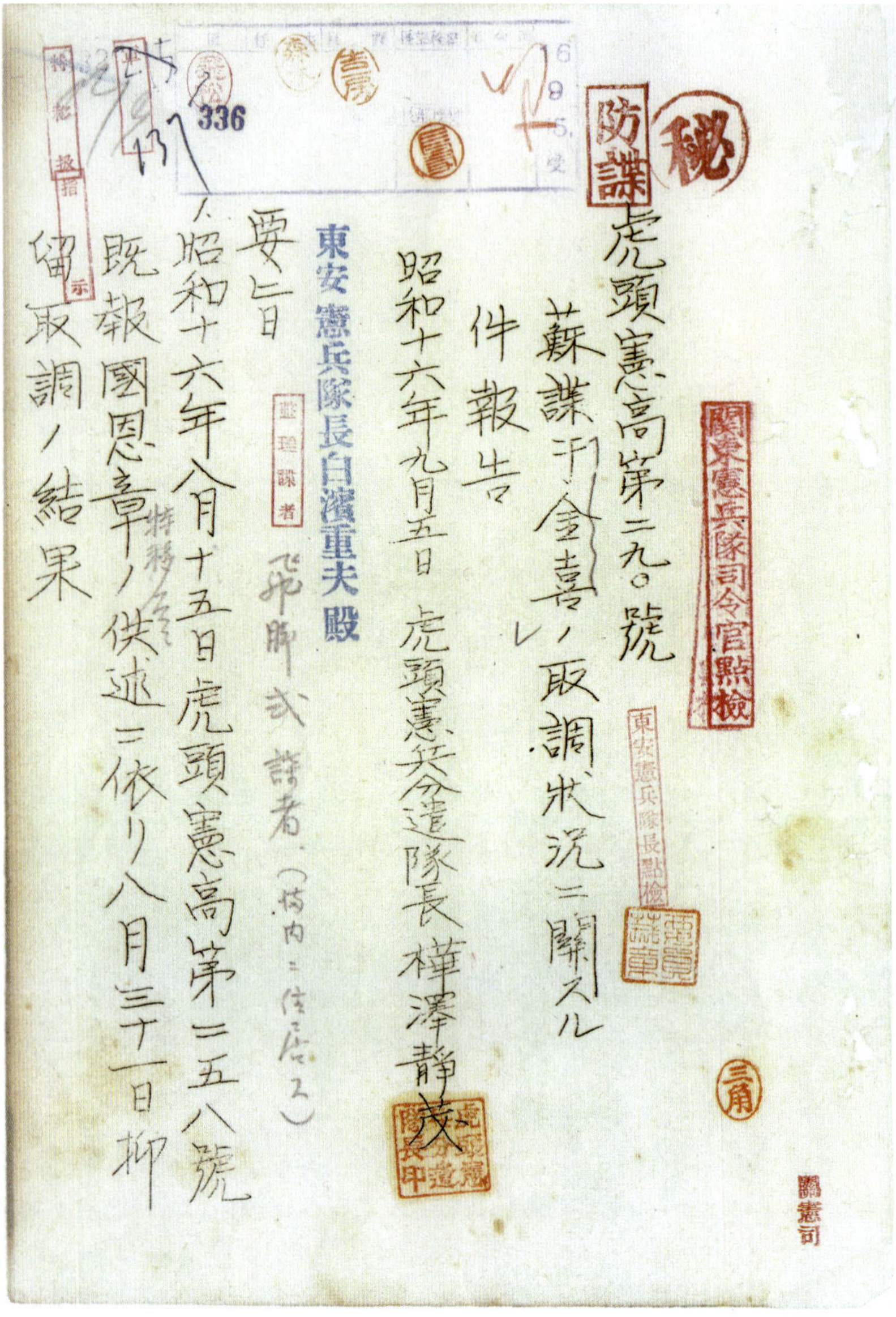
秘
防諜
關東憲兵隊司令官點檢
東安憲兵隊長點檢
特移扱
虎頭憲高第二九〇號
蘇諜干金喜ノ取調状況ニ關スル件報告
昭和十六年九月五日　虎頭憲兵分遣隊長　樺澤静茂
東安憲兵隊長白濱重夫殿
要旨
一、昭和十六年八月十五日虎頭憲高第二五八號既報國恩章ノ供述ニ依リ八月三十一日柳
留取調ノ結果

出所：中国黒龍江省檔案館所蔵資料。
中国黒龍江省檔案館・中国黒龍江省人民対外友好協会・日本ＡＢＣ企画委員会編『「七三一部隊」罪行鉄証――関東憲兵隊「特移扱」文書』（黒龍江人民出版社、2001年12月）253頁より転載。

図５－７　「新京地区ペスト患者発生図」

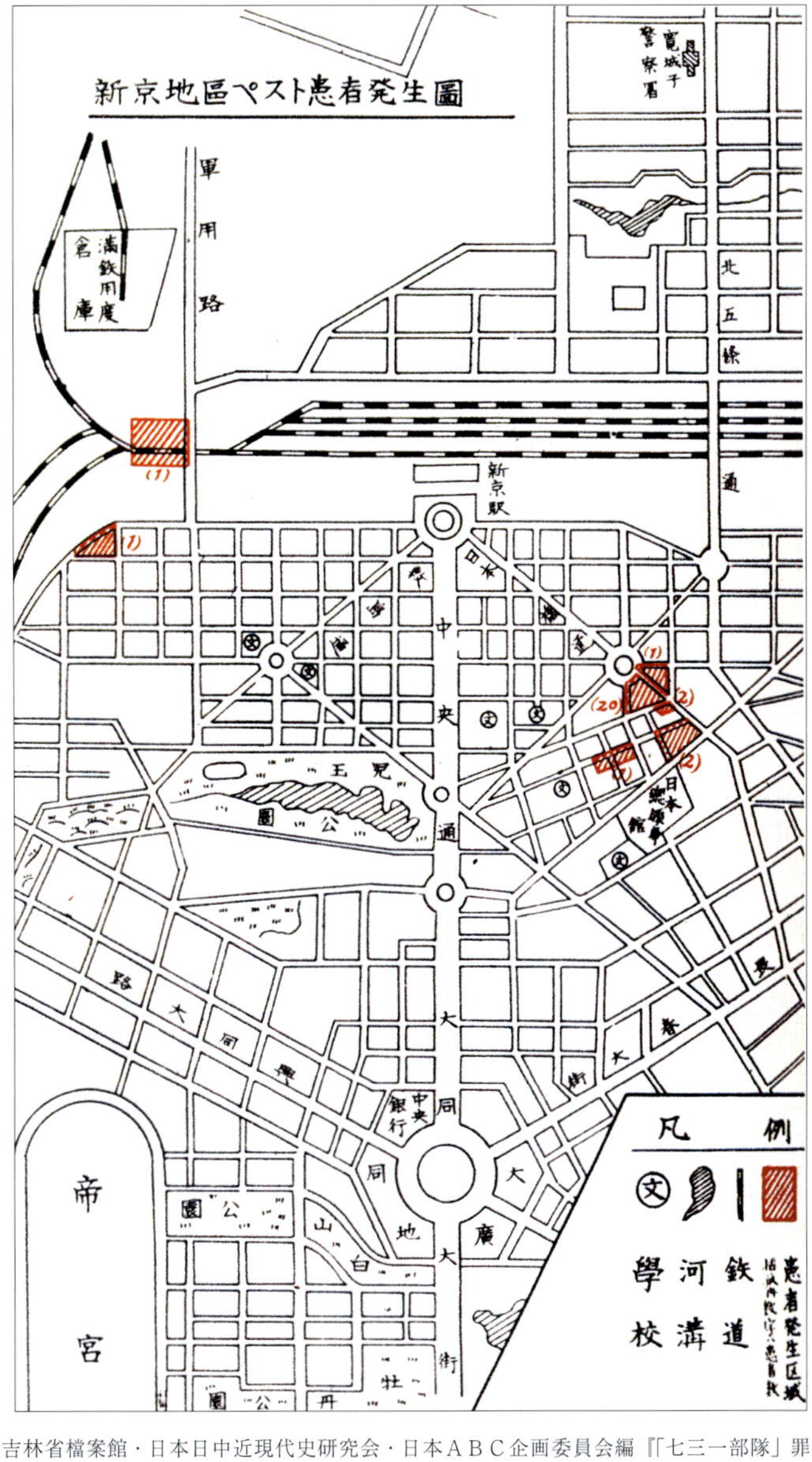

出所：中国吉林省檔案館・日本日中近現代史研究会・日本ＡＢＣ企画委員会編『「七三一部隊」罪行鉄証――「特移扱・防疫文書」編集』（吉林人民出版社、2003年）449頁。

注：関東軍司令部は児玉公園の南のブロックで中央通寄りの位置に、関東憲兵隊司令部は中央通をはさんでその反対側にあった。

まえがき

関東憲兵隊を中心とする「満洲国」治安体制にとって、最大の弾圧取締の対象となったのは反満抗日運動であった。その一方で、「在満日系共産主義運動」に対する弾圧もなされた。一九四一年一一月から検挙が始まった「合作社事件」(「合作社」とは農業協同組合)、そして四二年七月から検挙が始まる「満鉄調査部事件」である。その前史として、一九三〇年前後における関東州の日本人共産主義者への弾圧がある。

明治維新以来の統治体制を一貫して保守・防護し、一五年戦争下においては戦争遂行の障害とみなした社会運動から民衆の言動までを抑圧統制し、総力戦に動員した治安体制は国内のみで完結するものではなかった。近代日本の植民地統治・帝国統治にとって、抵抗や不服従は不可避なものであったため、まず軍事力により鎮圧し、ついで主に平時には警察・司法・教育などによって抑圧・一掃してきた。広義の「治安体制」がそれぞれに整備され、植民地統治・帝国統治を遂行するうえで大きな役割をもった。象徴的にいえば、一九三〇年代後半からの「東亜新秩序」に照応して「東亜治安体制」が、さらに四〇年代には「大東亜共栄圏」と表裏一体のものとして「大東亜治安体制」が構築されようとしたのである。

満洲および「満洲国」において、その「満蒙権益」の拡充のための統治にあたり、治安の確保と社会秩序の安定は不可欠であったため、排日運動から反満抗日運動を通じての取締は関東憲兵隊を中心とする重層的な警務機関にとって最大の要請となった。たとえば、柳条湖事件から二年を経過するところで、憲兵司令部企画課長の三浦三郎少佐は「在満日本憲兵の機能」というラジオ放送(『満洲評論』第五巻第一一号、一九三三年九月に掲載)のなかで、関東憲兵隊の活動について「反日満の策謀は悪辣さに於ても数に於ても決して減じおらず、日満要人に対する暗殺策謀、鉄道交通通信機関の破壊、反満抗日結社の台頭の如きに加へ諸外国の謀略並諜報機関の活動等が加はる事が想像され」るとして、「地方治安の中心は逐次憲兵隊の活動に俟つこと最も多きに立到つてきておる」と述べている。

本書で述べるように、一九三〇年代から四〇年代にかけて、一貫して「満洲国」治安体制にとって反満抗日運動の弾圧取締は最大の目標であり続けた。その間、「思想対策の重点目標外」におかれていた「日系共産主義運動」は、アジア太平洋戦争開戦の前後に再浮上した。

ともに関東憲兵隊を主力とする反満抗日運動に対する弾圧取締と「在満日系共産主義運動」に対する弾圧取締の大きな落差は、次の二つの数値の対比からも明瞭である。一つは、アジア太平洋戦争期における「満洲国」治安維持法（一九四一年一二月施行）の運用において、反満抗日運動に対する「死刑」判決はおそらく二〇〇〇名近くになると推定されるのに対して、「在満日系共産主義運動」では「合作社事件」中の無名の「中核体」とされた五人が「無期徒刑」となったほかは、世上に著名な「満鉄調査部事件」の場合、最高刑は「五年」（執行猶予が付される）にとどまったことである。もちろん、反満抗日運動に対する弾圧取締は一九三〇年代を通じて、関東憲兵隊も加わった軍事的「討伐」や「満洲国」暫行懲治叛徒法・暫行懲治盗匪法を名目とする思想的「討伐」によって大規模に、かつ苛酷におこなわれたことは言うまでもない。

もう一つは、約三〇〇〇名を擁する関東憲兵隊の人員の大半が反満抗日運動の弾圧取締に振り向けられたのに対して、「在満日系共産主義運動」の二つの事件に関わった人員は多く見積もっても各一〇〇名程度と考えられることである。関東憲兵隊の大部分の活動は、「満洲事変」以降、一九四五年八月の崩壊に至るまで反満抗日運動の弾圧取締にほかならなかった。

本書の目的は、「満洲」における反満抗日運動および「在満日系共産主義運動」に対する関東憲兵隊を中心とする弾圧の実態と意味を明らかにすることである。

具体的な課題は三つある。第一に、関東憲兵隊の機構・活動状況を含む全体像の総合的な把握とともに（第二章）、「七三一部隊送り」に象徴される非人道性の実態を解明しようと試みた（第五章）。第二に、反満抗日運動の弾圧取締を第一義的な役割とする関東憲兵隊が、なぜ「在満日系共産主義運動」の弾圧に向かったのか、そして、これらの二つの弾圧が関東憲兵隊のなかでどのように意味づけられているかの解明である（第四章）。第三に、一九三〇年前後の関東州在住の日本人共産主義者が何を目指したのか（第一章）、「合作社」や「満鉄調査部」に籍をおく日本人「思想前歴者」がその場所で何を目指したのかという「在満日系共産主義運動」の「抵抗」の諸相を解明しようと試みた（第三章・第四章）。

本研究の出発点が「合作社事件」中の「中核体」関係史料の出現にあったことは、本格的に「合作社事件」の実相のかなりの部分を明らかにすることにとどまらず、「在満日系共産主義運動」といえば「満鉄調査部事件」にほぼ限られていたこれまでの論及に、視野の転換を迫ることになったはずである。「満鉄調査部事件」を「合作社事件」との比較で相対化するだけでなく、「在満日系共産主義運動」そのものを反満抗日運動との比較で相対化することを可能にした。それは、研究の焦点を「満洲・「満洲国」における抵抗と弾圧とは何だったのか」に結ばせることになる。

【注】
引用文中の〔　〕は引用者による。

目次

まえがき……………………………………………………………………… ix
序　章　「満洲国」の治安・司法体制――「抵抗と弾圧」の背景……………………………荻野富士夫　1
はじめに　1
第一節　「電拳団事件」――外務省警察による治安維持法運用　1
第二節　関東州・満鉄付属地における治安維持法適用　5
第三節　暫行懲治叛徒法・暫行懲治盗匪法から「満洲国」治安維持法へ　7
第四節　「満洲国」の司法体制　10
第一章　日本人共産主義者の闘い――日本共産党満洲地方事務局……………………児嶋　俊郎　13
はじめに　13
第一節　ケルン協議会の結成と検挙　15
第二節　満洲労働組合協議会の設立へ　20
第三節　満洲労働組合協議会の成立と組合活動の展開　26
第四節　日本共産党満洲地方事務局の成立とその活動　31
第五節　日中共産党の活動とその破綻　45

第六節　日本共産党地方事務局の終焉　51
おわりに――ケルン協議会・地方事務局の活動をどのように見るべきか　54

第二章　関東憲兵隊史――反満抗日運動の弾圧……荻野富士夫　65
はじめに　65
第一節　創設と整備――「満洲事変」以前　67
第二節　軍事的討伐の補完――「満洲事変」期の憲兵活動　73
第三節　思想的討伐の主導――「満洲国」治安体制の要へ　86
第四節　「対ソ」防諜態勢と「思想警察」の遂行――ノモンハン事件・関特演期の憲兵活動　108
第五節　「熱河省粛正工作」と「民心の動向」警戒――アジア太平洋戦争期の憲兵活動　134
第六節　関東憲兵隊の終焉――一九四五年八月　158
おわりに　163

第三章　合作社運動の軌跡――「合作社事件」の背景として……江田憲治　169
はじめに――満洲における合作社運動　169
第一節　調査・組織工作と政府の「公認」――一九三七年二月～一九三八年　173
第二節　綏化県農村協同組合（農事合作社）の信用事業・組織化と「論争」――一九三八年五月～一九三九年二月　182
第三節　綏化県農事合作社による交易市場・農業倉庫の経営――一九三八年一一月～一九三九年五月　189

第四節　浜江省の合作社運動の状況――一九三九年三月～一九四〇年三月　198
第五節　「合作社事件」逮捕者たちの証言――一九四二年　208
おわりに　219

第四章　「合作社事件」から「満鉄調査部事件」へ
――「在満日系共産主義運動」弾圧における「中核体」をめぐって……荻野富士夫　227
はじめに　227
第一節　「合作社事件」　229
第二節　「満鉄調査部事件」　253
おわりに　276

第五章　関東憲兵隊による「特移扱」――七三一細菌戦部隊の全体史解明のために……松村　高夫　287
はじめに――関東憲兵隊の「特移扱」に関する基礎史料　287
第一節　関東憲兵隊による「特移扱」＝七三一部隊への送出　292
第二節　七三一部隊による「特移扱」の受け入れと特設監獄の設置　300
第三節　「特移扱」の送出から受け入れまでの過程　306
第四節　「特移扱」の振り分けの割合とその基準　316
第五節　特設憲兵隊　八六部隊の設立とその活動　326

第六節　特務機関や保安局からの七三一部隊送り　339
おわりに——細菌戦への憲兵隊の関与　342
あとがき……　349
索引……　356

序章　「満洲国」の治安・司法体制——「抵抗と弾圧」の背景

荻野　富士夫

はじめに

満洲と「満洲国」における持続的な「抵抗」の主役はいうまでもなく日本の植民地・帝国主義支配に対峙した中国人による反満抗日運動であり、それと並行する脇役として散発的な日本人の「共産主義運動」が存在する。それらへの「弾圧」は武力的・警察的に関東憲兵隊の主導のもとに実行され、司法的には関東州・「満洲国」の検察と裁判により、関東州・「満洲国」の治安維持法の名のもとに処罰された。これらのうち関東憲兵隊については第二章であつかうので、ここでは「抵抗と弾圧」を論じるにあたって不可欠の満洲・「満洲国」の司法体制、および治安維持法の運用について概観しておく。

第一節　「電拳団事件」——外務省警察による治安維持法運用

日本国内における治安維持法の最初の適用は、一九二六年一月一五日の京都学連事件である。「国内」という限定を外した場合、史料的に確定されるのは、一九二五年一一月二二日から検挙のはじまった第一次朝鮮共産党事件となる。

しかし、第一次朝鮮共産党事件以前に中国東北部の「間島」と呼ばれた地域（現在の中国・吉林省延辺朝鮮族自治州）において、治安維持法の最初の発動と推測される事件が起こっている。一九二五年八月二七日、「間島」地方の龍井村でおこった「電拳団事件」である。外務省「大正十四年中ニ於ケル間島、琿春及接壌地方治安概況」（『外務省警察史』復刻版第二三巻、不二出版、一九九三年）には、「日韓併合記念日ヲ期シ龍井村ニ於テ不良学生等ハ共産主義的結社ヲ組織シ過激行動ヲ企テ居タルヲ探知シ十六名ヲ検挙ス」（一三九頁）とある。共産主義宣伝への警戒が強まるなかで、外務省警察の一画を占める間島総領事館警察署は学生らの動静を視察中、「朝鮮独立及共産主義ニ関スル宣伝文」撒布を機に検挙に踏み切り、押収した文書のなかから「電拳団」の組織が判明したとする。「直接行動ヲ目的トスル兇暴団体」で、次のような「綱領」をもつという（同前、第二二巻、二〇八頁）。

一、我等ハ現社会ノ不合理ナル一切ノ制度ヲ破壊シ大衆本位ナル歴史的必然ノ新社会建設ヲ目標トス
二、我革命事業ニ障害ヲ与ヘ民衆ニ害毒ヲ与フル者等ヲ根本的ニ直接撲滅センコトヲ盟約ス

六月二一日、五名が龍井村外で創立会議を開き、綱領・規律と組織などを決めたという。「我革命事業ニ障害ヲ与ヘ民衆ニ害毒ヲ与フル者等」とは親日朝鮮人団体「光明会」を指すとみられ、「電拳団」という名称が示すように、その「直接撲滅」をめざすことを結成の第一義的な目的としたと推測される。共産主義化した「不逞鮮人」の活動への威嚇的な弾圧と思われるが、「電拳団」が綱領・規律などを備え、「現社会ノ不合理ナル一切ノ制度ヲ破壊」することを目的として掲げていたことが、五月一二日に施行されたばかりの治安維持法の適用となったと考えられる。別の史料によれば、「電拳団事件」の検挙者は二〇名で、その処分の内訳は訴追四名、「朝鮮警察機関引継」五名、残りは

「放遺」となっている。四名の訴追者が治安維持法の適用を受けたと推測される（同前、第二三巻、一五一頁）。

治安維持法適用第一号の可能性のあるこの事件は、不可解なことに当事者の間島総領事館警察署において、その記念すべき最初の適用という画期的な意味、あるいは〝名誉〟が十分に理解されていなかったと思われる。検挙後の処分で治安維持法適用と思われる訴追者は四名にとどまり、多くは「放遺」されたことも、治安維持法事件として十分な理解をもっていなかったことをうかがわせる。治安維持法案の審議過程において紛糾し、施行後の運用において国内では慎重な配慮が必要とされるという事情に間島の外務省警察が疎かったと考えられること、民族主義から共産主義的な「過激行動」に移行しつつある「不逞鮮人」に対する眼前の抑圧取締が最優先されたことなどを要因に、施行されたばかりの治安維持法の発動に躊躇がなかったのだろう。

間島総領事館警察部では、一九二六年五月、管下の警察署長及分署長事務打合会議を開催し、「治安維持法適用ニ就テ」、末松吉次警察部長から次のような指示・注意を与えた（同前、一八九頁）。

国体ヲ変革シ又ハ私有財産制度ヲ否認スルコトヲ目的トシテ結社ヲ組織シ又ハ此目的ヲ以テ騒擾暴行セントスル犯罪ヲ煽動シタル者等ニ対シテハ治安維持法ノ実施ニ依リ根拠アル取締ヲ為シ得ルコトト成レリ本法ニ依ル犯罪ハ主トシテ共産主義的思想ノ実行犯ニシテ土地柄非常ニ警戒ヲ要スルモノアリ現ニ本館警察署ニ於テ検挙シタル電拳団一派ハ本法ニ依リ初メテ処分セラレタルモノナリ近時一般ニ共産主義的傾向ハ漸ク浸潤シ来リツツアルヲ看取シ得ラル故ニ一層厳密ナル査察警戒ヲ望ム之ガ適用ニ関シテハ慎重ノ考慮ヲ為シ一般ニ特別予防ノ目的ヲ達スルコトニモ努力セラレ度シ

ここでは「電拳団事件」が治安維持法によって「初メテ処分セラレタルモノ」という認識を示した上で、「共産主義的思想ノ実行犯」に対する「根拠アル取締」の武器を獲得したことに注意が喚起されている。また、民族主義的なものから「共産主義的傾向」が次第に顕著となりつつあることは、「間島」という「土地柄」も加わって「非常ニ警戒ヲ要スル」とされ、治安維持法の活用が求められた。この直後に開かれた管下各分館主任事務打合会では「馬賊不逞鮮人ノ外一般鮮人青年ノ濃厚ナル赤化運動ハ最モ重要ナル性質ヲ帯フルニ至レリ」として、とくに「暴力運動」の「首領者ト目スベキ者」に対して「治安法ノ適用」を指示している（「領事会議関係雑件　在満領事会議」「外務省文書」マイクロフィルムS647）。この「治安法」とは治安維持法を指すと思われる。

一九二六年一〇月、龍井村に朝鮮共産党支部として「満洲総局東満区域局」が設立された（同時に「高麗共産青年会東満区域局」も設立）。当初、この動きを把握していなかった在間島外務省警察では、青年・学生層への宣伝活動が活発になると「極力内査」を進め、二七年一〇月、「東満道幹部党員」の検挙を断行した。治安維持法が適用され、「党員トシテ犯罪ノ証憑確実」とされた二八名が朝鮮側に移送された。これは「第一次間島共産党事件」と呼ばれ、翌二八年一二月、京城地方法院で一名に懲役六年、二八名に五年以下の懲役という判決が下った。判決文には、「我日本帝国ハ私有財産制度ノ謳歌国ナルヲ以テ朝鮮ニ於テ該制度ヲ否認シ共産制度ヲ実現セシムルコトハ到底容認シ得ラレサルコトナルニ依リ之カ実現ヲ期セント欲セハ朝鮮ヲ我日本帝国ノ羈絆ヨリ離脱セシメ以テ朝鮮ノ独立ヲ図ルニ如カス」（韓国歴史研究会編『日帝下社会運動史資料叢書』第一一巻、高麗書林、一九九二年、六三〇頁）とある。朝鮮民族独立運動を「日本帝国ノ羈絆ヨリ離脱」として断罪することはその後も同様だが、この時点では「国体」変革ではなく「私有財産制度」否認を論拠としていることは注目される。

「昭和二年中ニ於ケル間島琿春及同接壌地方治安概況」（外相宛間島総領事代理報告、一九二八年二月三日付、『外務省警察史』第二三巻）中の「昭和二年中検事取扱事件罪名表別表」をみると、治安維持法違反は四件、五二名となっている。先の「満洲総局東満地域局事件」以外にも治安維持法を適用された事件があったことがわかる。一九二八年にも弾圧がつづき、「昭和三年間島、琿春及同接壌地方治安概況」では、「彼等ノ心胆ヲ寒カラシメ因テ党、会、両翼ノ運動ニ抜本的打撃ヲ加ヘ満洲総局ヲシテ遂ニ跳梁ノ余力ナカラシムルヲ得タリ」（同前、三二三頁）と豪語した。すべてが治安維持法の適用といえるわけではないが、「不逞鮮人」の検挙人員は、二六年が三七名、二七年が八六名、二八年が一〇七名と増えた。「間島」での治安維持法事件は、司法処分にあたり朝鮮側に移送されることが慣例となったようである。

「間島」以外にも「日本国民」の在住する中国の都市には外務省警察が置かれており、治安維持法の適用がみられる。たとえば、奉天総領事館の海龍（現在の吉林省梅河口市）分館警察署では、一九二九年五月、「不逞鮮人団正義府義勇軍」への弾圧に「殺人罪治安維持法違反」が適用された。この事件は六月に朝鮮の新義州地方法院に移送され、七月に死刑判決が下されている。海龍分館の三〇年「警察事務概況」には、「殺人及強盗未遂治安維持法違反」一件（一名）、「制令及治安維持法違反」一〇件（一〇名）とある（すべて朝鮮人、『外務省警察史』第一〇巻、二九七頁）。

「満洲事変」後、反満抗日運動に対して在満外務省警察も「武力討伐」に主力をおいたが、共産主義勢力＝「共匪」が増大傾向を示してきた一九三四年以降、再び治安維持法の発動があった。中国共産党満洲省委員会の活動を内偵していたハルビン総領事館警察署は、一九三四年四月から六月にかけて四次にわたり、四四名の共産党幹部を検挙する。この成果は「従来判明シ居ラザリシ内幕ヲ暴露シ満洲ニ於ケル共産党機構ニ致命的打撃ヲ与ヘ且将来之ガ弾圧取締ニ資スル処大ナルモノアリタリ」（『外務省警察史』第九巻、八五頁）と自画自賛されたが、その対象とされたのは「日本国民」ではなく中国人だった。

第二節　関東州・満鉄付属地における治安維持法適用

中国からの租借地である関東州（遼東半島の先端部、大連・旅順）と満鉄付属地には関東庁警察が設置されている。ここでは勅令「関東州及南洋群島ニ於テハ治安維持ニ関シ治安維持法ニ依ルノ件ヲ定ム」（一九二五年五月一二日施行）により治安維持法が施行された。その発動ぶりは外務省警察以上である。関東庁警察では一九二八年六月に高等警察課を再設置し、各警察署にも高等係を置いた。トップである警務局長交代時の関東庁警務局「事務引継書」（一九二九年、「山岡万之助文書」学習院大学法学部図書室所蔵）には、「政治運動取締ニ於テ稍々閑散ナルニ反シ政情ヲ異ニスル支那ト接続スル関係上従テ事務複雑多岐ニ亘リ」として、次のような現状認識が示される。

近時赤露ノ使嗾宣伝ニ基ク中国共産党一派ノ蠢動ハ実ニ寸隙ヲモ与フヘカラサルモノアリ爾来管内ヲ策源又ハ中継地トシテ策動シ我行政制度ノ破壊、経済組織ノ変革等ヲ試ミ検挙セラレタル中国共産党員約二百名ニ及ヘリ之等思想上ノ取締ハ今ヤ重大問題ニ属シ客年七月ヨリ特ニ思想取締ノ為人員ヲ増加シ高等警察ノ充実ヲ図リツ、アリ

このうち、一九二七年七月、第一回目の中国共産党事件では大連地方委員会書記の鄧和高らが治安維持法違反として大連地方法院検事局に送致・公判に付され、一七名が大連地方法院で「最高禁錮十年最低懲役三年」などの判決を受けている。「中国共産党関東州委員会」や「中国共産党撫順特支部」の検挙もあった。これらでは中国共産党を日本の統治下において「秘密結社ヲ組織シ私有財産制度ヲ否認シ社会組織ヲ変革シ一切ノ政権ヲ労動《（ママ）》者農民等ノ手ニ収メントシ」とみなして、治安維持法の対象とした（同前）。

関東庁警務局による満鉄付属地での治安維持法の適用は、一九二九年に三名（すべて日本人）、三〇年に二七名（中国人二四名、日本人三名）、三一年に一四名（すべて日本人）となっている（関東庁警務局編『警察統計書』一九三一年版）。これらの司法的処理は、関東州の地方法院・高等法院でなされた。関東庁警務局『関東州内外ニ於ケル共産党活動概況』（一九三二年、荻野富士夫編『治安維持法関係資料集』第一巻、新日本出版社、一九九六年）には、「関東州内外ニ於ケル共産党運動ハ満洲共産党運動ノ一部ナルト共ニ日、鮮、支、露各国共産党運動ノ各一部分ヲ為シ」（五五六頁）とある。治安維持法の検挙者数（関東憲兵隊との協力も含む）は、三一年が三名（満鉄付属地のみ）、三二年が五八名（関

東州三九名、付属地一九名）、三四年が一二名（関東州七名、付属地五名）で、その後はわずかとなっている（各年度版『関東庁統計書』）。

なお、一九二八年一二月の「ケルン協議会事件」、三一年一〇月末の「日本共産党満洲地方事務局事件」については本書第一章で詳説される。

ここまで見てきたような在満外務省警察や関東庁警察による治安維持法の適用事例は、日本国内および朝鮮と比較してそれほど多くはなかった。それは「満洲事変」以降、なによりもこの二つの警察機関の活動の大半が反満抗日運動の取締に、具体的には機関銃や軽迫撃砲などの武力を用いた討伐に割かれていくからである。関東庁警務局「満洲匪賊ノ跋扈ト我警察官ノ対策」（一九三一年、東洋文庫所蔵）には、「中国官憲ノ無力ニ乗シ跳梁至ラサルナキ匪賊ハ時々我管内ニ侵襲シ惨虐ナル殺傷略奪ヲ行フモノ少ナシトセス而シテ忠実勇敢ナル我警察官ハ此等匪賊ト交戦スルコト屢々ニシテ」とあるように、武装警官による索敵・戦闘行動に日常的に従事した。

それは外務省警察においても同様である。治外法権撤廃にともない在満外務省警察の大半が「満洲国」警察に移管される際、記念に編纂された写真帳に外務省人事課長松本俊一は「過去三十余年間在留邦人保護ノ為、共匪馬賊ノ検挙討伐ハ勿論、殆ント軍人ト同様幾多ノ事変ニ敢然銃砲ヲ執リテ立チ、国策ノ第一線ニ輝カシキ功績ヲ重ネテ来タ我在満外務省警察官」と書きつけている（外務省編『警華帖』「緒言」、『外務省警察史』第六巻、二五四頁）。

第三節　暫行懲治叛徒法・暫行懲治盗匪法から「満洲国」治安維持法へ

かいらい国家「満洲国」において、反満抗日運動を関東軍は軍事力によって押さえこんだ。それを補完したのが、関東憲兵隊のほか、関東庁警察・在満外務省警察をも動員した武力討伐である。その際、討伐の根拠法として一九三二年九月制定の「暫行懲治叛徒法」と「暫行懲治盗匪法」を最大限に活用した。「国憲ヲ紊乱シ国家存立ノ基礎ヲ急殆若ハ衰退セシムル目的ヲ以テ結社ヲ組織シタル者」を対象とした前者では、「首魁ハ死刑」などと厳罰が規定された。実際の「兵匪」「共匪」討伐で威力を発揮したのは後者で、「臨陣格殺」「裁量措置」という現場での最高指揮官による緊急措置としての即決処分が規定されていた。これらを用いた一九三八年の「満洲国」三・一五事件について、佳木斯憲兵隊富錦分隊に勤務していた成井昇は次のように供述している（一九五四年一〇月、中央檔案館・中国第二歴史檔案館・吉林省社会科学研究院編『人体実験』同文館書院、一九九一年、一一七頁）。

　一九三八年三月一五日、チャムス憲兵隊は湯原一帯で中国共産党吉東省委員会、すなわち北満省委員会に対して、大がかりな鎮圧と逮捕をおこない、あわせて約三〇〇名の中国共産党員および抗日工作員を逮捕投獄した。〔中略〕四ヵ月半の監禁ののち、チャムス憲兵隊長児島正範の命令にしたがって、私と山崎軍曹は前記五名の中国共産党員をハルピンの石井細菌部隊に送り、虐殺にいたらしめた。

三・一五事件全般では一〇八名が検事局に送検され、一〇三名が暫行懲治叛徒法違反で起訴された。高等法院では八九名が有罪となり、そのうち五名が死刑となった。

承徳憲兵隊の湯河口派遣憲兵は、一九三八年一一月、「日満軍警合同討伐ニ策応満警ヲ統制区処」し、「共産党別働隊」六名に暫行懲治叛徒法第一条を適用して検挙している（「区処」とは指揮命令とほぼ同義）。一二月二九日付の在満大使宛承徳領事代理報告によれば、「共産軍領導下ニ灤平県第六区地方ニ於テ人質拉致並金品ノ強要ヲ為シ、或ハ同地方日満軍警ニ抗敵スル等専ラ共産軍別働隊トシテ共産軍ノ目的遂行ヲ支援シアリタルモノニシテ、其犯情何等酌量ノ余地ナキハ勿論利用価値等モ認メラレサルヲ以テ厳重処分申請ノ予定ナリ」とある。「厳重処分」とは死刑を意味した（「満州国政況関係雑纂／治安情況関係／匪賊動静並討伐状況関係」第二巻、A-6-2-8-1、外務省外交史料館所蔵）。

近代的な「法治国家」を標榜する「満洲国」の治安体制の重要な一角を構成したのが、後述する司法体制であり、その特異な「司法討伐」の強大な武器となったのが暫行懲治叛徒法と暫行懲治盗匪法であった。さらにそれらを「満洲国」の「治安維持法」が引き継いだ。アジア太平洋戦争開戦からまもなく、一九四一年一二月二七日、日本の治安維持法にならって制定された。第一条を掲げる。

国体ヲ変革スルコトヲ目的トシテ団体ヲ結成シタル者又ハ団体ノ謀議ニ参与シ若ハ指導ヲ為シ其ノ他団体ノ要務ヲ掌理シタル者ハ死刑又ハ無期徒刑ニ処ス
情ヲ知リテ前項ノ団体ニ参加シタル者又ハ団体ノ目的遂行ノ為ニスル行為ヲ為シタル者ハ死刑又ハ無期若ハ十年以上ノ徒刑ニ処ス

八田卯一郎「満洲国治安維持法の解説」（『法曹雑誌』第九巻第二号、一九四二年二月、関東憲兵隊司令部編『在満日系共産主義運動』に転載、八〇五頁）によれば、その要点は「一、国体の観念を明徴にし、国体の変革を目的とする犯罪及国体の否定事項流布を目的とする犯罪に関する規定を設けたること　二、兇悪手段に依る安寧秩序紊乱を目的とする犯罪に関する規定を設けたること」などにあった。「満洲国」の「国体」とは、「日満不可分一徳一心の基調の上に立たせ給ふ垂統万年の皇帝の統治権を総攬し給ふ君主国たるところに在る」というものであった。日本の治安維持法を母法にしているが、第一条に限っても、「死刑又ハ無期若ハ十年以上ノ徒刑」（「徒刑」とは懲役刑）とあるようにはるかに重罰である（日本の治安維持法は、第一条前段の結社組織などの処罰は「死刑又ハ無期若ハ七年以上ノ懲役」、後段の目的遂行罪は「三年以上ノ有期懲役」）。ただし、「予防拘禁」についての規定はなく、一九四三年九月の「思想矯正法」制定に譲られる。

この制定にかかわった飯守重任は、「この法律の立法目的は、一九四一年に八路軍が熱河を解放するため、偽満を襲撃したということで、関東軍の侵略行動の効果を収め、偽満の治安を回復するという目的に達するため、八路軍の作戦に協力した愛国人民を迅速に処置しなければならなくなったからである。〔中略〕特別治安庭を設置する際、関東軍は熱河の愛国人民に対して軍法審判で軍が処理するより、裁判事務に詳しい裁判所で審判した方が、裁判の間違いを減らすことができるだけでなく、民心を安定させることができそうだと考えた」と、撫順戦犯管理所で供述している（一九五四年六月二〇日、中央檔案館・中国第二歴史檔案館・吉林省社会科学院編『東北「大討伐」』中華書局、一九九一年、七三五頁。なお、中国語文献からの翻訳は拙訳による）。

一九四一年末から四五年八月の「満洲国」崩壊までの三年半余の間に、どれほどの猛威を治安維持法が振るったかは、「満洲国」総務総局特務処編『特務彙報』第四号掲載の「特高関係主なる検挙一覧表（共産党関係）」（一九四三年一月から三月まで）にある八八〇〇名という数字のみでも明らかである（『治安維持法関係資料集』第四巻、四六七頁）。これは大部分が「熱河粛清工作」におけるものだが、錦州高等法院次長として直接司法処理にかかわった横山光彦の供述――「熱河地区に屢々大検挙を行ひ、日本帝国主義軍隊、憲兵隊、特務、司法警察、検察庁、法院の全能力を挙げて数千数万に上る革命志士及愛国人民を逮捕し、数千名を高等検察庁を経て高等法院に起訴し、其治安庭又は特別治安庭に於て、判決を以て惨殺、弾圧を宣告したのであります」（新井利男・藤原彰編『侵略の証言――中国における日本人戦犯供述書』岩波書店、一九九九年、二二五頁）――もその弾圧のすさまじさを伝える。飯守重任は「いわゆる熱河粛清工作に於いてのみでも、中国人民解放軍に協力した愛国人民を一千七百名も死刑に処し、約二千六百名の愛国人民を無期懲役その他の重刑に処している」（「カトリック教徒たる親友に宛てた手紙」『アカハタ』一九六〇年八月一二日号に要旨紹介、同紙より引用）と回想する。

第四節　「満洲国」の司法体制

一九三二年三月、「満洲国」建国とともに国務院司法部（総務司・法務司・行刑司）が設置されたが、その陣容は満鉄関係者で埋められた。三三年八月の皆川治広司法次官の「満洲国」視察後、古田正武（大審院検事）の司法部総務司長就任を筆頭に、日本人司法官が大量に出向ないし転官し、「満洲国」司法体制の整備と主要法規の編纂作業に関与した。その経緯は省くが、四一年七月の日本の思想実務家会同に参列したハルビン高等検察庁真田康平の、「共産軍に対する討伐は主として武力に依るを要しますが党に対する討伐は政治に依らなければならぬ〔中略〕其の政治とは何を言ふか〔中略〕最も重要なるものは司法に依る討伐所謂司法討伐であります〔中略〕故に私共満洲国の思想事務に携はつて居る者は時には武装して危険な地区に突進し日本軍の銃剣の保護の下に事件処理に従事して居る」（司法省刑事局『思想実務家会同議事録』第一九回、一九四二年一月、一三五頁）という発言が「満州国」司法体制の特異な状況をよく示そう。

一九三八年には急速に思想司法体制が整備されていった。まず、高等法院・最高法院の特別法廷として「治安庭」が設置された。「専ら審理の迅速を主眼としてゐる。蓋しこの種事件の審判は印象の未だ生々しき内に了してこそ犯人に対する自懲と世人に対する他戒の効果を挙げ得る」（杉原一策「治安庭の設置と思想科の新設」『法曹雑誌』第五巻第九号、一九三八年九月）という意図である。各高等検察庁には「治安係検察官」（日本人のみ）が配置された。また、司法部刑事司には思想科が新設され、初代思想科長には大阪地裁検事局の杉原一策が着任した。ここから『思想月報』や『思想特報』が発刊された（一部のみ確認）。三九年には「思想検事」のエース格であった大審院検事平田勲が、最高検察庁次長に就任し、実質的に司法のトップとして辣腕を振るうことになる。

「満洲の思想問題」として、小幡勇三郎（刑事司思想科長）は「凡ゆる困難と闘ひ不断の調査研究を続け、具体的事案の適正妥当なる処理を行ひ、更に進んでは思想事犯の根絶をも図らねばならぬのであるから、満洲に於ける思想事務の処理は日本に比較して、更に一層その重要性を加へてゐる事は明白である。満洲に於ける思想問題に最も重大な関係を持つものはソ聯の思想的策動を蒙つてゐることである」（『法曹雑誌』第七巻第一号、一九四〇年八月）と論じる。

一九四一年八月、高等法院の一審かつ終審、高等法院以外の場所で開廷し得ること、官選弁護人の選定がなくてもよいこと、死刑の執行は銃殺も可能とすることなどを新たに規定した「特別治安庭」を設置した。その意図について、起草にあたった司法部思想科長藤井勝三は、「高度国防国家体制の確立の為国家保安なる重要任務の一翼を担ふ司法の総力的活動が先づ第一に彼等共匪及其の外郭団体の徹底的な弾圧に指向せられねばならぬ」として、「在る地区に於て一度に数百の通匪者が検挙された様な場合に逢着すると、此の現在の制度に基く重複した審理を経て処断するとしたならば恐らく数年の歳月を要することになり〔中略〕司法当面の任務達成には尠からず不安が存在する」と述べ、「一地方の治安が攪乱され急速に其の恢復を必要とする様な情勢に在る時特別治安庭の活動が期待せられる」と論じた（「「治安庭ノ設置並ニ之ニ伴フ特別手続ニ関スル件」改正に就て」『法曹雑誌』第八巻第一〇号、一九四一年一〇月）。

一九四二年三月の第一一次司法官会議において、前野茂司法部次長は「国ノ内外ノ諸情勢、諸条件ヲ培養土トシテ有害思想ハ雑草ノ如ク根ヲ下ロシ生エ繁ロウトシテ居ル」（司法部『第一一次司法官会議録』一九四二年五月）という認識を示して、治安維持法・特別治安庭の積極的活用を指示した。これらは、いうまでもなく反満抗日運動の弾圧に向けられた。なかでも熱河粛清工作においてどれほどの猛威を振るったかは、横山光彦（錦州高等法院次長）の供述――「熱河地区に屢々大検挙を行ひ、日本帝国主義軍隊、憲兵隊、特務、司法警察、検察庁、法院の全能力を挙げて数千数万に上る革命志士及愛国人民を逮捕し、数千名を高等検察庁を経て高等法院に起訴し、其治安庭又は特別治安庭に於て、判決を以て惨殺、弾圧を宣告したのでありますが、高等法院に特別治安庭即公判庭外に於て機動的に公判を開き得る制度を設けられたることも、熱河対策が其主要原因を成して居ることは謂ふまでもありません」（『侵略の証言』二二五頁）――がよく物語る。

第一章　日本人共産主義者の闘い――日本共産党満洲地方事務局

兒嶋俊郎

はじめに

日本の近代化と発展は帝国主義列強として台頭することを通じて実現された。それは帝国主義戦争における勝利と近隣諸国の植民地化、あるいはその領域内での権益の確保を通じて実現されていった。具体的には、関東州は日露戦争の結果、ポーツマス条約（日露間）と満洲条約（日清間）によって日本が獲得した帝政ロシアの帝国権益であった。条約交渉への関与を求める清国の要請を拒否して条約は締結され、さらに清国の了解をかなりの強硬姿勢で取り付けることで（満洲条約）、関東州と東清鉄道南部線を獲得したのであった。このような経験の積み重ねは、日本人の対アジア認識を変化させていった。

知識人の例として夏目漱石を挙げれば、ロンドン滞在中（日露戦争前）には欧米人に対するコンプレックスに悩み、イギリス人が日本人を中国人より高く評価するのを喜ぶ同胞に嫌悪の念を抱いていた彼も、日露戦後満鉄副総裁となった旧友中村是公の招きで満洲を訪ねた時は、波止場で働く中国人苦力への嫌悪を隠さず、その後の旅でも中国人と本格的に交際することもなく、限られた場所を訪問して中国観を形成した（「満韓ところどころ」一九〇九年一〇月より一二月まで『朝日新聞』に連載)。そして二〇三高地等の戦跡では、案内人の説明に耳を傾け、感慨に耽るのである。

このような漱石の中国認識を、呂元明は次のように論じている。漱石の清末の停滞し衰えた清国の状況に対するきびしい描写は、一面では「進歩的観点からする、封建的後進性に対する批判的態度」ともいえる。魯迅も同じように当時の状況を批判している。しかし魯迅は「中国の国民精神と民族の後進性を『改造』しようと決意したからで」あるが、漱石にはそのような観点はなく、ただその遅れを軽蔑的に描写するだけだった。そしてそのような姿勢の背景には、第一次世界大戦での青島陥落を喜ぶ、帝国臣民としての漱石があり、それは漱石を含めた日本の多くの知識人同様、「狭隘な民族主義」に陥ったためだった(1)。

本章が取り上げるのは日本共産党満洲地方事務局の活動である。一九二四年頃に旅順工科大学の学生たちが思想研究会を立ち上げたことを出発点に、ケルン協議会、日本共産党満洲地方事務局(以下、地方事務局と略)へと発展したその組織は、三一年一〇月末の一斉検挙まで活動を続け、さらに逮捕後も釈放された仲間たちによる救援活動が翌年まで継続した。足かけ九年に及ぶこの活動は、しかし日本共産党の党史にさえ記録されておらず、ほとんど知られていない(2)。

地方事務局と同時期に満洲では中国共産党が活動しており、彼らは日中朝三民族連帯の上で日本帝国主義と闘うという展望を示していた。これは地方事務局も同じであった。その指導下で労働運動も展開されていた。日本側官憲の弾圧の下、中国共産党の運動も後退していくが、地方事務局のメンバーは、運動を満洲における日中朝三民族連帯の反帝国主義活動に発展させることを目指していた。結局、中国共産党と地方事務局との連絡は実現しなかったが、民族の枠組みを超えた共通の理念にもとづく未来を展望していたことは事実である。

以下においては、まず地方事務局の先駆けとなった旅順工科大学の学生たちの活動からケルン協議会の活動までを追い、次に地方事務局の成立と活動、そしてそれとともに展開された労働組合組織化の展開を紹介する。そして最後に、満鉄調査部の活動と中国共産党やその下での労働組合の動向にふれる。

第一節　ケルン協議会の結成と検挙

1　設立と活動

一九二四年頃、旅順工科大学に思想研究会が設立された。中心メンバーは、広瀬進、出口重治、田中貞美、岡村満寿、増田規矩夫、太田二郎らであった。このうち広瀬、出口、田中、岡村はその後地方事務局の主要メンバーとなる。広瀬進は京城の龍山中学校を四年で終了し、旅順工科大学に進学。出口は逮捕のため同大を二年で中退、その後満洲労働組合協議会や地方事務局で活動し、撫順炭坑従業員組合の指導者となる。その間、雑誌（秘密刊行物とされる）『燃ゆる石』を刊行している。田中貞美は大連第一中学校から旅順工科大学に進学した。岡村も奉天中学校を四年で修了した後、同大に進学するが、一九二九年三月中退して早稲田大学専門部に進み、労農党の活動に没頭する。松崎簡とともに、満洲での活動と日本共産党中央の活動の架け橋になった。松崎簡は本節では名前は出ないが重要人物なので紹介しておく。彼は大連第一中学校から早稲田大学専門部政治経済学科に進み、大山郁夫の講義を受けるが、社会問題解決のためには実戦運動に進むことが必要と考えて社会科学研究会を設立するとともに、一九二七年一〇月労農党に入党する。その後『赤旗』を配ったりする中で共産党に加わり、三・一五事件で検挙される。大連で岡村らと知り合い、共産党中央と満洲の活動の接点となるとともに、やがて地方事務局のトップとして活動することになる。

発足当初の思想研究会は、理論研究が中心で、多少消費組合運動に関係した程度で、実際活動は主流ではなかったと岡村は述べている。(3) 変化が起きたのは松田豊の参加後である。満鉄従業員だった松田豊は、他のメンバーより一〇歳程年長で、大阪の天王寺中学校を四年で修了した後渡満し、一九一九年三月に満鉄に入社している。二一年に雇員となり、二三年には職員になっている。(4) 松田が参加した後、労働者への働きかけが始まる。

一九二七年六月下旬、ケルン協議会が営口の松田豊宅で結成される（当時松田は営口駅勤務）。ただ関東庁警務局の資料（『特秘　昭和六年一一月　日本共産党満洲地方事務局之組織及運動概況』、以下『概況』と略）では、二八年七月末営口の松田方で設立となっており、思想研究会ではなく社会科学研究会となっている。ここではどちらが事実か確認できないため、両論を併記する。

ケルン協議会の設立と前後して彼らは満鉄社員会で活発な活動を行った。[5]社員会が成立すると第一回の代議員選挙に松田豊を立候補させている。松田は上位当選を果たして「待遇問題を取り上げ大活躍しました」という。この時の活動の一つに雇員の退職金問題があり、この活動を通じて松田豊は下級社員の間で信望を獲得したという。[6]この活動が満鉄雇員連盟（傭員連盟）につながり、満洲労働組合協議会と地方事務局設立の出発点となった。[7]『概況』（四三頁）も、彼らが「満鉄社員会、満鉄沙河口鉄道工場、鉄道部等ヲ動カサムトシテ画策シ」たとしている。

さらに広瀬進、松田豊、田中輝男、矢部猛夫、小林周三の五名が、満鉄傭員連盟準備会の名義で『満鉄傭員諸君に檄す』と題するパンフレットを配布している。[8]この件は後に関係者が逮捕された際、一つの罪状になる。このメンバーの中で矢部猛夫は、大連第一中学校から早稲田大学専門部政治経済学科に進み、在学中大山郁夫の辞職反対のため「抗流会」を組織して活動した。その後病気のため大連に戻り療養中、松田や広瀬と連絡を取り合いケルン協議会の顧問となった。

この満鉄傭員連盟準備会を作った背景には、松田豊の活動が成果を上げて満鉄の下級社員の間にいろいろなグループができ始めており、それを前提に社員会を活用して運動を広げたいという考えがあったためという。[9]実際松田を中心とした活動は、ケルン協議会崩壊後の運動再建の過程で、満鉄内部に労働組合を作っていくための拠点を提供することとなった。

その他思想研究に関連して、一九二八年九月二〇日頃被告の一人である太田二郎（予審拘留中に病死）の部屋でマルクス主義研究会を開いたり、同じ二八年一〇月工専同志招待会を開催したりしている。[10]その目的は「マルクス主義の研究報告と今後提携を期したい」ということであり、思想研究とともに組織の拡大が目的であった。

このように思想研究と労働者への働きかけを通じて運動が発展しかけた矢先、一九二八年一二月、満鉄従業員が不穏文書を持っていたということがきっかけとなり、ケルン協議会関係者が逮捕される。この時の逮捕者は一八名。うち旅順工科大学関係者が八名、満鉄現業部員が七名、その他が三名となっている。[11]

2　裁判と判決

逮捕後予審を経て裁判となる。予審の終結は一九二九年八月一九日。予審終結後、関係者は釈放された。[12]この点は重要で、身柄が解放されたため、主要なメンバーは体力の回復を待って三〇年の夏頃から運動の再建に乗り出すことができた。

この後公判となるが一審では全員無罪となる。[13]この判決は当時かなりの反響を呼んだ。『満洲日報』の一九三〇年六月二七日版は「満洲共産党事件の判決　広瀬他十五名無罪　けふ第四回公判で言渡さる　我国では最初の事」と見出しを打ち、さらに「共産党事件の被告全部に無罪の判決がくだされた事は日本最初の出来事とされ内地法曹界及び租界にも影響を及ぼし相当世論を巻き起こすものと見られている」と書いている。[14]二八年三月には三・一五事件、翌年四月には四・一六事件と共産党への弾圧が続いていた時期であり、地方事務局の検挙も二八年一二月と日本内地の動きにそったものであった。その中での無罪判決は意外の感と衝撃をもって受け取られたといえる。ケルン協議会の活動内容を知る上での参考ともなるので、以下に判決の内容を『満洲日報』の記事によってやや詳しく紹介したい。

森本裁判長の判決は次のようなものである。

問われた嫌疑は五点あった。第一は一九二八年九月二〇日頃広瀬らが太田二郎の部屋に集まり、思想研究第二回大会を行ったことである。しかしそれは「思想研究の組織を拡大し、マルクス主義の研究に関する利便と其の普及に関する企図と、併せて労働運動のため或は失職、検挙された人々及び家族の救援資金を募集出願すべきを協定したに止まり、この会議を以て直ちに治安維持法の国体変革または私有財産否認の目的を以て結社を組織したもの或はこれが実行煽動をしたものと認定する事能はざるは勿論、何れの刑罰法令にも違反する行為ありと認めがたい」とし、さらに工専同志招待会実施の折、メンバーの一人田中貞美が、実践と理論の統一を進め「戦術戦略を探求し行動団体即ち真に具体的行動に移る」としたことについても、「斯くの如き語句は被告田中（貞）亡太田等が一知半解の衒気のため不用意に使用したるが相当である」とした。

第二は同年一〇月に開催した大連の工業専門学校の学生を招待して行った会議についてである。これについても第一の点と同様、マルクス主義研究の会に「止まり」「国体変革、私有財産否認の実行又は煽動」とは認められないとした。

第三はケルン協議会が満鉄傭員へ働きかけたことについて、「会社の待遇非薄に過ぐる」のでその改善を要望するため、「まず傭員階級の結束を企てたに止まり前記同様犯罪であるとの結論に達していない」とした。

第四は阿部義照がケルン協議会に加わったこと自体を問われたものであるが、同会自体を罪に問えないため阿部も無罪となった。

第五に広瀬進、松田豊らが満鉄傭員連盟準備会の名義で「満鉄傭員諸君に激す」というパンフを配布した件について、「書簡に等しきもので普通出版物取締規則の支配を受けざるもの」とした。

さらに以上のほか、一部被告が予審において公訴事実の一部を肯定したことについて「訊問者、答弁者、共に其の用語抽象的に失したがため意思の徹底を欠いたものと推測される」として有罪の根拠になりえないとした。

以上のように判決は、思想研究会の開催や失職した労働者の救援活動、さらには満鉄傭員連盟準備会名義でのパンフレット配布まですべて治安維持法に問えないとし、さらに予審訊問における被告の発言に関しても、被告に好意的ともとれる解釈によって無罪を言い渡している。

先にふれた通り、一九二八～二九年頃は三・一五事件、四・一六事件と共産党員の大量検挙が続き(15)、二八年六月二九日には緊急勅令によって治安維持法が改悪され、一〇月八日には共産党委員長の渡辺政之輔が台湾の基隆で警察に追いつめられ射殺されるという事件も起こっていた。このような中で、マルクス主義思想の研究会やそのための組織結成と拡大、さらには満鉄従業員への働きかけ等を全て無罪としたこの判決は他に例を見ないものだったといえる。

3　一審判決への反応と確定判決——一転有罪へ

この判決に対して弁護人（古川弁護士）は裁判所の判断が「恐ろしく明細に且洞察を完うしたもの」と評価したのに対して、検察側（池内検察官）は判決は不当とし「この儘ではおかぬ考えである」と新聞記者に述べている(16)。

社会的にも様々な反響があったことが『満洲日報』の七月六日の社説からうかがえる。全員無罪の判決に対して、ある批評家は「年若き学生たちに治安維持法違反の汚名を着せるよりも寧ろ此の結果を好ましきものとして称揚した」し、また「ある者は満鉄の若き傭員たちに犯罪の汚名を手向けるよりも情実と不公平が瀰漫する満鉄当局の反省を促す心持ちから罪は寧ろ満鉄にありとして」といった反応を示したと書いている。

しかし、この社説の本旨はそこにあるのではない。社説はまず冒頭で満洲には日本帝国権益の柱である満鉄があるとした上で、その傭員階級に「共産主義的な結社が見いだされ、其の結社に知識と論理の力を注ぎ込んだのは、旅順における工科大学生の一部であったといふ当時の予審終結決定の示した事実は相当冷静な人達にまで異常な心の動揺を惹き起こさずには置かなかった」と指摘した。そして結論部分では今回の事件が、内地に於ける共産党事件とは「揆を一にせずという無罪の論拠を信じて満腔の喜びを表するとともに」、「本文を忘れ」た学生たちを批判し、満鉄傭員の活動にも懸念を表したのである。

この後、検察の控訴により二審（一九三一年四月判決）、そして三審（高等院覆審部）と続くが、最終的に一九三一年四月二〇日高等院覆審部で判決が確定する。判決は二年以下の懲役が七名（執行猶予五年）、五名が罰金、その他五名が無罪となった（一名は裁判中死亡）。被告となったケルン協議会関係者は予審終結後は身柄を解放されていたが、確定判決でもっとも重い刑を受けた者にも執行猶予がついたため社会活動は可能であった。先に述べた通り、実際彼らは予審終結後から運動の再建・再検討に乗り出したのである。

第二節　満洲労働組合協議会の設立へ

運動の再建はまず労働組合の組織化を通じて始まった。松田を中心とした活動が生かされることとなった。岡村満寿の回想によればケルン協議会の主要メンバーは体力の回復を待って一九三〇年の夏頃から運動の再建に取り組んだという。再建と地方事務局活動の中心になったのはこの岡村のほか、松崎簡、広瀬進、松田豊といったメンバーである。松田は特に労働組合の組織化で大きな力を発揮した。地方事務局のメンバーは組合の組織化を通じて獲得されたので、松田の活躍は大きな意味があった。ただ松田は駅員として営口駅在勤中にケルン協議会事件で有罪となったため、満鉄を解雇された。その後生活のため印刷業を始めている。のちに地方事務局の印刷物は彼が印刷を請け負った場合が多かったという(17)。

学生の思想研究会を母体とし、理論研究に重きを置いたケルン協議会と異なり、新たな運動は、第一に共産党の指導を受けること、第二に労働運動を重視し、その上に共産党の運動を作るべきだとの考え方に立った。大衆運動の重視は当時の共産党中央の方針でもあった。風間丈吉（当時の党中央）の手記『「非常時」共産党』の編者である栗原幸男によれば、「風間時代の第二の特徴は、その「大衆的活動への転換」の実践にあった」とされる(18)。この観点は地方事務局がのちに活発に発表する『赤旗』やパンフレットの内容にも反映されている。実際一九三〇年夏頃に労働組合組織化が一斉に進みだすのである。

岡村の「事件前後」上・下によれば、組合の組織化は具体的には以下のような経過を辿った。満鉄に関しては松田豊が活動の中心となり組織化を進めた(19)。岡村によれば松田を中心に、撫順炭坑に岩本正義、タイピストの岩間富美子が、満鉄本社のタイピストグループに豊田初音[20]、西静子[21]、井上喜久枝[22]、草刈某らがいた。しかし、井上は『概況』一三頁によれば一九二九年一一月以降下島商店店員であり、それ以前も満鉄に勤務したことはない。ただ西静子の勧誘で地方事務局に参加したのは事実であり、この点岡村の記憶違いと思われる。撫順の岩間富美子は同志社女子大学の出身で「仲間に非常な信望のある人でした[23]」という。職場が離れていたため広瀬進の意見を入れて、産業別に組合を作ることとなった。河村丙午がいた市電や上別府親志がいた満鉄沙河口の車両工場にも組織の「根」があったという。

大連郵政局関係では、一九三〇年春頃、中村秀男宅にて、古川哲次郎（表1－1）、後藤幸[24]、広瀬正助、松田義行が社会科学研究会を組織した[25]。彼らは「毎夜ノ如ク」中村方に集まり、「上司ニ対スル不満ヲ語ル」という状況であったが、中村と古川は矢部猛夫の指導を受け、自分たちの地位向上のためには組合が必要であるとの認識に立ったとされる。古川は高等小学校卒業後、関東庁逓信講習所に学び、二八年四月から大連郵政局電信課に勤務するようになった。郵政局関係では古川同様、関東庁逓信講習所卒のメンバーが多い。なお古川は三一年九月一〇日に懲戒解雇された。これはのちに地方事務局の活動が露見した問題と関係するので重要な点である。

一〇月に入ると古川哲次郎、後藤幸[26]、中村秀男らは通信労働組合を設立。その後浜田玉枝[27]、鶴見貞信[28]らを加入させる。古川を起点として組織は拡大した。後藤幸らも活発に活動したが、女性も多くいた郵便局では戦力になったと考えられる。

タイピストについては一般労働組合準備会が組織された。中心になったのは豊田初音で、タイピスト講習を受けている際、講師の小田島興三の影響を受け「共産主義思想」に傾倒したとされる。満鉄婦人協会等で積極的に活動仲間を増やしていったが、やがて活動を理由に諭旨依願退職という形で解雇される。彼女の影響で西静子らが参加した。西も活発に活動し『働く女性』の編纂に携わった。岡村によればタイピストは人数が多く活動が活発だったという。

一九三一年五月頃岡村の指導によって一般使用人組合という形態に発展した。

満電関係は河村丙午が活躍し、九月頃満電労働組合準備会の結成が試みられた[29]。野沢鶴雄[30]らも河村の影響で参加し

表 1－1　日本共産党満洲地方事務局主要メンバーのプロフィール

氏名	地方事務局での役割	活動経歴
松崎簡 25 歳	委員会（委員 4 名）責任者、組織部長	大連第一中学校卒業後、1925 年 4 月早稲田大学専門部政治経済学科に入学。大山郁夫らから政治経済学の講義を受けるが、社会問題の解決にはマルクス主義の実践が欠かせないと考え、社会科学研究会を組織。その後 27 年 10 月に労農党に入党。翌年 1 月に京橋支部長となる。この後京橋支部の伊東廉一（日本共産党員）の依頼で『赤旗』を配布する（29 年 3 月 16、17 日)。その後 3・15 事件で検挙される。 事件後、国際革命家救援会（モップル）の市谷富久町にあった日本支部と連絡をとり、1931 年 4 月から日本共産党の機関誌やパンフレットを受け取る。彼は取り調べでは、共産党支持だったが正式の党員ではなかったと述べているが、実際には党員であり、なおかつ日本内地の党中央との連絡役でもあった（この点後述)。 逮捕・出獄後、「満洲国」協和会調査部に勤務。その後徴兵され、硫黄島で戦死。
広瀬進 26 歳	委員、技術部長。技術部で印刷や金策、調査係を担当。組織部で沿線係も担当（出口と重複)。	京城龍山中学校を 4 年で修了し、旅順工科大学に進学。在学中出口重治、田中貞美らと社会科学研究会を設立する（岡村の回想「事件前後」上では思想研究会)。その後松田豊らをメンバーに加え 1928 年 7 月末、営口の松田方にてケルン協議会を設立する。その際には矢部猛夫、田中輝男、小林周三、有年川操ら満鉄関係者が多く参加した。そこで満鉄社員会、沙河口工場、鉄道部等に働きかけることを決定し、同年末満鉄傭員連盟を結成してストライキを煽動したとされる。 転向し「満洲国」軍政部で『満洲共産匪の研究』の編纂・執筆に参加。1983 年時点で既に死去。
岡村満寿 25 歳	委員、アジプロ部部長	奉天中学校 4 年修了後旅順工科大学に進学。同大で太田二郎らと知り合い、思想研究会を設立。1929 年 3 月上京し早稲田大学専門部政治経済学科に在籍するものの通学せず、『労農新聞』『無産者新聞』等に関係し左翼運動を行う。ケルン協議会関係者として取り調べを受けるものの嫌疑不十分で放免される。その後大連に戻り、実父の許から大連ツーリスト・ビューローに勤務していたが満洲労働組合統一協議会に参加し中心人物として活動した（31 年 5 月頃)。
松田豊 38 歳	委員、労働組合対策部	大阪天王寺中学校 4 年修了。1919 年 3 月渡満し満鉄入社。21 年雇員に、23 年職員となる。職員として営口駅在勤中、ケルン協議会に関係し禁固 1 年半、執行猶予 5 年の判決を受ける。また出版物取締規則違反で罰金 50 円科料。満鉄を解雇される。31 年 6 月頃から広瀬進、出口重治、岡村満寿らと満洲労働組合協議会を結成。西静子、豊田初音らを加盟させる。9 月の松崎簡大連訪問を機に広瀬進、岡村満寿とともに日本共産党満洲地方事務局を組織する。

氏名	地方事務局での役割	活動経歴
出口重治 25歳	撫順細胞責任者	旅順工科大学本科2年中退。「ケルン協議会事件」で逮捕され、出版物取締規則違反で罰金30円科料。1931年2月広瀬進、松田豊と協議し、満洲労働組合協議会を組織。同年9月設立の日本共産党満洲地方事務局に加盟。組織部沿線係を担当。10月12日撫順に組織された撫順炭坑従業員組合（秘密組織）の指導者として活動。江崎伊三方に同居して江崎ほかを指導し『燃ゆる石』と題する秘密出版物を準備する。
田中貞美 25歳	技術部でパンフ、『赤旗』の作成にかかわる	大連第一中学校卒業、旅順工科大学予科中退。同大在学中「ケルン協議会事件」に連座し禁固1年の刑を受け（執行猶予5年）、そのため大学を中退した。1931年9月下旬地方事務局に参加し、技術部の一員として『満洲赤旗』第1・2号とパンフレット三種を発行した。
矢部猛夫 29歳		大連第一中学校卒業、早稲田大学専門部政治経済学科中退。同大在学中大山郁夫の辞職問題に反対し、「抗流会」を組織し幹部として活動する。病気のため1928年3月大連で静養中、松田、広瀬らと交流し彼らが計画したケルン協議会の顧問となる。このため検挙され、禁固1年6ヶ月、執行猶予5年、出版物取締規則違反罰金50円を科される。
古川哲次郎 22歳	（逓信労働組合の組織者）	高等小学校卒業。1927年4月渡連。関東庁逓信講習所を卒業後、28年4月大連郵政局電信課に勤務。30年12月逓信局管理課に転勤。翌年9月10日懲戒免職。 1930年10月頃中村と逓信労働組合を組織。翌年6月満洲労働組合協議会設立に参加。7月電信課勤務の鶴見、鶴田、浜田らを入会させる。9月に日本共産党満洲地方事務局に加盟。
河村丙午 26歳	満電細胞責任者	旅順第一中学校を4年で退学。1926年大連市の日栄商会に入社。28年南満電気株式会社に入社して車掌となる。29年満電乗務員会を組織し指導者となる。その活動のため30年6月解雇される。31年6月満洲労働組合協議会に参加。一般労働組合の担当となる。 敗戦後、大連で引揚時の活動で活躍する（石堂清倫『わが異端の昭和史』勁草書房、1986年、352頁）。
上別府親志 年齢不詳	沙河口工場責任者	大連伏見台高等小学校卒業（1926年3月）、その後満鉄大連鉄道工場工養成所を経て（30年4月）、鉄道工場旋盤工として採用される。見習工時代からプロレタリア文学に興味をもつ。31年4月同僚の末光らと文芸講読会を組織する。9月に解散するがただちに文芸読書会を組織。同月中旬松田豊らの指導により、満洲労働組合協議会参加の一般使用人組合沙河口分会を組織。同時に地方事務局に加盟する。 戦後は『中国文化大革命の論理』（東洋経済新報社、1971年）、『第二次大戦中の中ソ関係』（外務省国際資料委員会、1962年）等。中国関係の著書論文を発表。

（次頁へつづく）

氏名	地方事務局での役割	活動経歴
崎山信義 37 歳		1911 年高知県本山小学校卒業。翌年 9 月早稲田実業学校入学。同校を 3 年で病気退学し 24 年 3 月渡満、撫順炭坑庶務課に勤務する。27 年頃松田豊と知り合いマルクス主義に関心をもち始める。29 年からは撫順戦旗支局を設置。30 年 8 月満鉄本社勤務となる。同年末頃から鉱山労働組合を指導、翌年 6 月満洲労働組合協議会に加盟させる。本人は同年 8 月に一般使用人組合に参加（本社勤務のためと思われる）。さらに地方事務局の目的遂行のため『戦旗ニュース』の発行と配布を行い、また松田、西、豊田、野沢らと「秘密会合」を開いて組織の拡大を図ったとされる。

出所：『特秘　昭和六年一一月　日本共産党満洲地方事務局之組織及運動概況』関東庁警務局により作成。一部岡村満寿「日本共産党満洲地方事務局事件前後——岡村満寿氏に聞く」上・下『運動史研究』第 11 号・第 12 号、1983 年によって修正。年齢は逮捕時。

た。

撫順炭坑では一九二五年頃から文芸活動による左翼活動が存在したが、それを発展させて二八年秋まで崎山信義（前掲表1－1）、植松正一[31]、岩本正義によって『黒い煉瓦の家』なる秘密雑誌を発行していた。それを出発点に三〇年夏頃からプロレタリア文学研究[32]、そして共産主義文献の勉強会へと発展していった。そして一〇月には社員会の「刷新同盟」結成を検討するが、より徹底した組織が必要だとの崎山の意見で鉱山労働組合の設立に向かう。またこの間岩間富美子は崎山信義や岩本正義の影響を受け、『戦旗』を講読するなどして積極的な活動を行うようになる。時期は不明だが、自治会を組織して婦人部会員の加盟を図り数名を獲得したとされる。

同じく正確な時期は不明だが、中央試験所でも崎山信義が片岡三郎を誘って文学研究会を作り、組合結成へ向かおうという試みがあったが成功しなかった。このように大きな役割を果たした崎山信義は逮捕時三七歳。高知県出身で、一九一二年九月に早稲田実業学校に入学するも三年で病気退学し、二四年三月に渡満、撫順炭坑庶務課に勤務した。二七年頃に松田豊と知り合いマルクス主義に関心をもったとされる。三〇年八月には満鉄本社勤務となっていた。このため撫順炭坑関係の組織化に尽力したが、本人は一般使用人組合に参加している。

一九三〇年一一月に入ると一般使用人組合の豊田初音と西静子らによって社会科学研究会が発足した[33]。岡村の回想ではこの頃から翌年三月にかけて一般使用人組合（タイピストグループ）は二〇人ほどメンバーがいたという。

他は沙河口工場が二、三人、撫順炭坑は「せいぜい」一四、五人だったという[34]。沙河口工場の組織化は遅れており、上別府親志によって一九三一年一月頃組織化が進められたが思うようにいかなかったものと思われる。上別府は二六年三月に大連の伏見台高等小学校を卒業し、その後渡満。大連鉄道工場養成所を経て、鉄道工場の旋盤工として働く。見習工の時代からプロレタリア文学に関心をもっていたという[35]。

結局一九三一年四月に上別府と末光末雄がプロレタリア文学研究のための『文戦』の読書会を金田時夫、静谷光男らとともに始めた。この会を通じて満洲労働組合統一協議会と地方事務局への参加を促した。また三〇年末には広瀬進が無産者新聞の支局設置を考えたが新聞が送られてこなかったため一時挫折する。翌年九月になって地方事務局設置後、後藤幸の担当で支局が確立される。

一九三一年一月一〇日に撫順炭坑で鉱山労働組合撫順支部が結成された。組織は書記局・植松正一、会計部・末広、組織宣伝部（担当者不詳）からなり、組織宣伝部の下に懇談会、文学研究グループ、工事班、古城子班、社員対策部、自治会対策部、印刷刷新同盟、街頭班が置かれた。

この撫順支部、もしくは鉱山労働組合の規約と思われるものが、『満洲労働新聞』第二号（一九三一年一〇月二五日）で、満洲労働組合協議会機関誌[36]に載っている。それによれば、正式名称は「撫順炭坑従業員会」（第一条）であり、その目的は「労働者ノ生活ヲ擁護シ其向上発展ヲ計ルヲ以テ目的トス」とされている。大会を最高の決議機関とし、大会によって選出される委員会が互選によって常任委員会を選出し、常任委員会が大会決議に従って業務を遂行するとしていた。興味深いのは第一六条で会員を除名する場合があるとしている箇所で、規約違反等とともに、「間諜的行為アリタル場合」が挙げられていることである。スパイの潜入を組合でも警戒していたことがあらわれている。

以上のような組合組織化を背景に、一九三一年一月松田豊、広瀬進、矢部猛夫らは満洲労働組合統一協議会を設立する。さらに岡村によれば、この年の三月には様々な組合の上部組織として満洲日本人労働組合協議会準備会が作られる。これが三一年六月二〇日に正式に満洲日本人労働組合協議会となり、九月下旬には満洲労働組合協議会に発展していったのである。

第三節　満洲労働組合協議会の成立と組合活動の展開

1　満洲労働組合協議会の成立

満洲日本人労働組合協議会は、一九三一年六月二〇日セントラルホテルで結成会議を行った[37]。午後九時開始で翌朝四時まで会議が続いた。出席者は協議会を代表して、松田豊（議長）、岡村満寿、広瀬進、出口重治が出席し、組合側は西静子（一般使用人組合）、古川哲次郎、後藤幸（通信労働組合）、崎山信義（鉱山労働組合からとなっているが、組合の代表ではなかった）が出席した。

この会では、まず運動方針の決定、次に組合の確立、そして名称変更が行われた。運動方針としては七時間労働制、賃上げ、国籍・性別・年齢による差別の撤廃がうたわれた。組合は、職場別組織の確立と日常の要求を重視しつつ大衆組織としての発展を図ることを目指した。そして組織の名称は正式に満洲日本人労働組合協議会とされた。しかし「日本人」という文言が入っているのは民族的偏見だとされ、のちに除かれることになる（以下「満洲日本人労働組合協議会」「満洲労働組合協議会」、あわせて満協と略）。

2　満協会議の開催と参加組合の活動

成立後満協は活発に活動する。組織が一〇月末に壊滅するまでに四回の会議と一回の緊急会議（満洲事変勃発にあわせたもの）を開催した。表1－2はその一覧である。

表1-2　満洲労働組合協議会会議（すべて1931年開催）

	日　時	場　所	出　席　者	主要なテーマ
第1回会議	7月20日 午前10時 ～午後6時	後藤幸方	松田豊（満協書記長） 岡村満寿、出口重治（書記） 西静子、豊田初音（一般使用人組合） 岩本正義、崎山信義（鉱山労働組合）	1.『満協ニュース』の発行 2. 満鉄減俸反対運動の結果についての検討
第2回会議	9月20日 午前10時 ～午後5時	河村丙午方	松田豊、出口重治、岡村満寿は日本共産党地方事務局結成のため出席せず。他のメンバーで実施したと考えられる。	1. 人事 書記）古川哲次郎、後藤幸、河村丙午、組織部）鶴見貞信、技術部）河村丙午、アジプロ部）古川哲次郎 2. 名称変更 「満洲労働組合協議会」に変更。「満洲日本人労働組合協議会」は「民族的偏見を表現するもの」と批判された。 3. 新方針の検討
緊急会議	9月27日	不明	不明	満洲事変反対闘争に関する諸問題が検討された。満協からは檄文を出すことが決定する。
第3回会議	10月中旬	不明	不明	組織の一部変更。アジプロ部）後藤幸　書記）小林周三に。
第4回会議	10月26日	不明	不明	組織の再変更。組織部は小林周三、アジプロ部豊田初音。

出所：『特秘　昭和六年一一月　日本共産党満洲地方事務局之組織及運動概況』関東庁警務局により作成。

これらの会議を通じて決定し、実行されていった満協の活動は、第一に工場委員会の設立運動、第二に満鉄減俸反対闘争、第三に『満協ニュース』と『満洲労働者新聞』の発行である。このうち『満協ニュース』は七月から一〇月末までに七回にわたって発行された。執筆したのは岡村、出口、古川、河村らである。内容は第七号以外（官憲によって）発見されなかったため不明であるが、「14周年記念日に備えよ」（ロシア革命）という別紙が含まれていた。労働運動だけでなく共産主義運動の宣伝紙も兼ねていたのである。

また第二回会議で協議会の名称が「満洲日本人労働組合協議会」から「満洲労働組合協議会」に変更された。それは「日本人」とい

表1－3　満洲労働組合協議会並びに参加組合発行物一覧（すべて1931年中に発行）

発行物の名称と号数	発行月日	主な内容（目次）
『満洲労働新聞』創刊号	10月5日	・「主張」全満の労働者は満協の新方針書の下に大衆的行動を組織せよ ・満協第4回準備会 ・9月27日に開かれた満協の緊急会議議事録 ・中日鮮労働者の団結力によって帝国主義戦争を倒せ――戦争反対の闘争を職場に巻き起こせ ・組合員倍加獲得闘争週間 ・職場闘争を通して戦争反対を闘え
『満洲労働新聞』第2号	10月25日	・反戦闘争と我々の弱点に就いて ・10月7日革命記念日に備えよ! ・婦人欄のために　アジプロ部 ・満洲労新婦人欄へ（一般使用人組合　山田実枝） ・会計報告 ・第五回満協決議に対する意見（一般使用人組合　春田年子） ・満協新基金カンパ ・編集後記
撫順炭坑従業員会規約	不明	
暫定綱領	不明	

出所：『特秘　昭和六年一一月　日本共産党満洲地方事務局之組織及運動概況』関東庁警務局により作成。

う表現が「民族的偏見を表現するもの」とされたからである。実は運動の中で中国人労働者との連帯が重視されていくが、その過程で多くの問題が指摘される。この名称変更はそのみずからの中にある偏見を自覚したことの現れといえる。

また一〇月に入ってからは組織の変更が頻繁になる。これは一九三一年九月に日本共産党満洲地方事務局が成立し、その構成メンバーと労協の主要メンバーの多くが重複していたためと考えられる。僅かな指導メンバーで、満協、満協傘下の組合活動、地方事務局とその下にある細胞組織の運営を行い、『労協ニュース』や『満洲労働新聞』『満洲赤旗』、各種パンフレットを発行し続けるのは大変な負担だったと思われる（表1－3）。

3　満協傘下組合の活動

次に満協傘下の各組合の活動を見ていくことにしよう。

1．通信労働組合

一九三一年一〇月一〇日、通信労働組合（通労）は大会を開催し組織を決定するとともに、『通労ニュース』の発行を決定した。メンバーは、組織部長・鶴見貞信、アジプロ部・鶴田俊夫、会計部・浜田玉枝である。『通労ニュース』は第七号まで発行された。組織は本部の下にいくつかの分会を置き、その分会の下に研究会、自治会、茶話会を設置すること、分会の代表者による分会代表者会議を設置することなどを決定した。ただこの組織のあり方は方向性を示すものであり、この時点ですべてが実現されていたわけではない。ただ電信分会、配達分会が存在したことを確認できる。またこの二つの分会は合同で九月一二日に第二回座談会を行い（一七名参加）、雑誌『睦』の内容改革の議論等をしている（第一回座談会については不明）。

一〇月二日に発行された『通労ニュース』第五号によれば、九月二六日に分会代表者会議が開催され、電信分会には学芸部、美術部、音楽部、体育部を置く方針が決定した。学芸部では読書会や座談会を、美術部ではニュースの発行や座談会の開催、そして食堂に花を飾ることなどが、音楽部ではレコードコンサートが実施したいイベントに挙がっており、この他写真部を作りたいという要望や、体育部で会社にピンポンクラブを作らせるといった要求も挙がっていた。

このように組合の活動としては活発な意見が交わされていたものの、戦争や政治の問題については、簡単に展望は見いだせなかった。『通労ニュース』第五号（一〇月一五日付）には「俺たちのところではこうだ」というコーナーがあり、職場の仲間の声を記録している。満洲事変勃発という事態を受けて仲間に声をかけても「反戦カンパの意味で日支戦争のことを俺たちのところのもの（配達）に聞いてみたが、誰もが「戦え」という程度で話しにならん、社会認識、自己認識が全くない」と書いている。ここで「戦え」というのは中国軍と戦えということであり、戦争の性格や政治情勢への洞察がまったく欠如していると嘆いているのである。また一〇日の通労大会でも状況報告の中で、「反戦闘争の結果〔中略〕準備が遅かった感があるので何も出来なかった、一体に職場で反戦をやると反対にこちらがやられる」という状況であった。それでもこのような状況の中で、電信課で四名、電配課で二名、計六名の新組合員を獲得している。

2. 満洲労働組合協議会満電分会（満電分会）

一〇月七日、大崎、河村、作田、野沢の四名で渡辺政之輔記念の会合をもつ。さらに同月一二日（あるいは一三日）、野沢、河村、大崎[38]が会合をもち、経済情勢、甘粕正彦による大杉栄ら殺人と共産党員への科刑を比較して法律を批判したり、ロシア革命について議論した。

3. 鉱山労働組合

既に述べてきた通り、社員会「刷新同盟」では不十分との崎山信義の意見で、一九三一年一月一〇日、鉱山労働組合が結成された。その際の組織は鉱山労働組合撫順支部（ヤマシ）に書記局・植松、会計部・末広、組織宣伝部（担当者不詳）が置かれ、組織宣伝部の下に懇談会、文学研究グループ、工事班、古城子班、社員対策部、自治体改作部、印刷新同盟、街頭班が置かれた。もっとも岡村によれば「せいぜい」一四、五人しかいなかった撫順でこれだけの分会を置き、活動できたのかは疑問である。設置当初の活動方針は、社員会への働きかけ、読書会の組織化を通じて組合員を獲得することなどであったが、成果ははかばかしくなく、五月に植松が大連で指導を受けることとなった。それでもこの間、佐藤太一[39]、大場光雄[40]、江崎伊三[41]を獲得している。

満協に加盟後一九三一年七月二〇日に開催された満協第一回会議で、組合の方針や綱領が検討されるが、満洲事変への対応に追われて後回しになった。一〇月二〇日出口重治の働きかけにより、撫順炭坑従業員会という名称で組織・綱領等を審議し、会員勧誘分担等を決定している。しかし、この活動の過程で中心メンバーの植松は会の活動が共産主義実現の方向にあると認識し、そのままでは会社を解雇されると考えて脱退を決意、二〇日頃岩本正義と面談して脱退を告げている。

4．無産者新聞・『戦旗』支局

既にふれたことであるが、一九三〇年末に広瀬進が支局の設置を考えるが、『無産者新聞』が送られてこなかったため一時断念する。九月一七日になって、地方事務局設置に伴い後藤幸を責任者に関係の事務を引き継ぎ支局を確立した。この他一般使用人組合分会、沙河口分会、中央試験所分会、大連埠頭分会についてはさしたる活動がないため省略する。

ケルン協議会関係者が中心になって組合の組織化が始まったが、その中心は松田豊、上別府親志、河村丙午、豊田初音、後藤幸ら満鉄や満電の従業員たちであった。松田豊らの人脈を通じて旅順工科大学の思想研究会に出発点をもつ運動は、組合運動へと発展することができたのである。この運動の担い手たちの多くはのちに設立される地方事務局のメンバーでもあり、組合運動を基礎に共産主義運動を発展させるという方向性が実現していったといえる。また運動の出発点にプロレタリア文学の勉強会等があった場合が多い。当時の日本の政治体制を批判できる視点をもつため、また各自が個人として自立するための出発点であったともいえよう。

第四節　日本共産党満洲地方事務局の成立とその活動

1　日本共産党満洲事務局の成立

以上のような組合の組織化は、同時に日本共産党組織を満洲に作るための活動でもあった。組合の組織化は満洲労働組合協議会とその傘下の組合の成立へとつながっていった。そして組合の組織化は地方事務局党員の獲得にもつながり、地方事務局を成立させる基盤となっていくのであるが、地方事務局成立のためには、党中央との連絡が必要であり、それは組合活動とは別の活動を必要とした。以下ではその点を整理する。

一九三一年三月に矢部猛夫を通じて岡村満寿に松崎簡から連絡があった。矢部は広瀬や岡村と大連第一中学校あるいは旅順工科大学で昵懇であり、同時に松崎とも懇意だった（前掲表1-1）。例えば矢部は同中学から早稲田大学専門部政治経済学科に進み（中退）、大山郁夫の辞職反対闘争を組織したりしている。病気のため大連で療養中の二八年三月に松田豊や広瀬進と交流をもち、ケルン協議会の顧問になっている。

広瀬進はソウルの京城中学校を経て旅順工科大学に進み、同大で思想研究会設立にかかわった。松崎簡も同中学から早稲田大学の政治経済学科に進み、一九二七年一〇月に労農党に入党、その後三・一五事件で検挙されている。そして三一年四月からは日本共産党の機関紙やパンフレットの配布にかかわるようになっていた。それゆえ彼が日本共産党側から、大連の活動家に連絡をとる役割を担うことになったのである。

また岡村満寿は奉天中学校卒業後旅順工科大学に進学し、そこで思想研究会の立ち上げに参加する。一九二九年三月同大を中退して早稲田大学に進み労農党の活動に参加する。その後大連に戻り大連ツーリスト・ビューローに勤務しながら左翼活動を継続した。このように中心メンバーは大連中学校や旅順工科大学、そして早稲田大学等でつながりを持ち、単に思想研究をするだけではなく、実践的な活動を行う道を進んでいた。その中で思想研究会を立ち上げ、ケルン協議会を組織し、逮捕され有罪となっても運動の再建に取り組んだのである。

矢部から連絡を受けた岡村は松崎に会い、満洲での運動の再建が進みつつあることやその方針を話した。さらに松崎から一九三一年六月二五日から始まる三・一五事件の公判で東京に戻るので、その際満洲の状況を「上部に報告したいので資料を揃えてくれ」といわれ、資料を渡している。これは五月か六月のことである[42]。岡村はそのまま松崎が公判で東京に行き、共産党中央と連絡をとったと考えていたようであるが、岡村へのインタビューを行った石堂清倫は松崎が事情があって統一公判には来なかったことを指摘し[43]、公判以前に東京を連絡で訪れたはずだと述べている。

岡村によれば、この後松崎は六月か七月に東京から帰ってきて、党中央の指示に従って党の組織作りを開始する。[44]ただこの時期に関しては問題がある。『概況』によれば松崎が大連に戻ってきたのは九月で、広瀬進、岡村満寿と大連本社前の路上で数回にわたり会合し、松崎は日本内地における「日本共産主義運動の実際を述べ[45]」、広瀬と岡村は「満洲に於ける状況又満協の具体的事実を語り」、結果として地方事務局設立で合意した、としている。

実際三・一五事件と四・一六事件の統一公判に満洲での拘束により出席できなかったとすれば、松崎が六月か七月に党中央の指示を東京から大連に持ち帰ることは困難だったと思われる。

また当時の党中央側の資料としては風間丈吉の手記があるが[46]、風間によれば満洲から松崎が訪ねてきたのは「9・18事件後」だったとしている。[47]ただし「だったと思う」と書いており、満洲事変後であったか否かについて確実ではない。また、風間は九月に松崎と路上連絡をとっている（注47参照）。これがその後の牛肉屋で行われた本格的な会合と同じ時だったのか、それ以前だったかははっきりしない。もし別々だったとすれば、本格的な会合の前に話をして、なんらかの指示を与えた可能性がないとはいえないであろう。

岡村の回想ではどう考えても満洲事変以前に松崎と連絡がついており、また実際満洲事変以前に、といっても直前であるが、地方事務局が成立していることから、東京での会合は九月、満洲事変の前だった可能性が高いように思われる。

ただしもう一つ問題がある。風間の手記では、松崎が九月の牛肉屋で行ったとされる満洲の情勢報告は、満洲事変以後のものであることが明記されているのである。しかし同時に、松崎の報告に対する党中央としての指示では、満洲では「いまだ党活動は行われていない」こととなっている。会合が満洲事変後であれば事実に合わない。満洲事変後には地方事務局は成立し活動していたからである。風間の手記は獄中で書かれたものであり、記憶に混乱があり前後が交錯した可能性がある。[48]実際には満洲事変以前に会合をもち、それをふまえて指示を出したと考えるべきであろう。

さて、松崎が東京からの指示を岡村や広瀬に持ち帰った時点に立ち返ろう。岡村は当時の自分たちの考えを次のように述べている。

党が必要だし、党を作っていかなければならないと考えていたが、我々だけで孤立して党を作っても、結局、前のケルン事件と同じような結果になる。共産党の上部の指導を受けなければ十分な活動は出来ない、だから党と連絡がつくまで待とうではないかというのが、僕たちの間の一致した意見だった。そこに松崎君との連絡が取れたので、私たちは大変喜びました。[49]

このように岡村や広瀬らはケルン協議会が失敗した原因の一つが共産党中央の指導を受けなかったことにあると考えており、今後については共産党中央の指導を期待していたのである。したがって松崎と連絡がついたことを歓迎し、満洲に共産党組織を作ろうと活動を始めたのである。[50]

さらに岡村の回想に従えば、この松崎帰連のとき、松崎は岡村満寿、松田豊、広瀬進の三人を呼び、「松崎君と合わせて四人でとりあえず党を作ろうということになりました」と述べた。[51]松崎は「『東京の方と連絡をつけてある、だから、これは俺だけの意見ではないんだ、上部の指令なんだ』」と話し、それを聞いた岡村らは「つながりが出来れば活動がしやすいし、大いに歓迎、早速作ろうと賛成しました」と同意した。[52]党中央の指示によって大連に日本共産党の組織が正式に作られたのである。

最初に入党したのはしたがって、岡村満寿、広瀬進、松田豊の三名である（松崎は既に党員）。組織の名称については既に中央で「日本共産党満洲地方事務局」と決めていた。名称が満洲支部、あるいは満洲委員会とならなかったのは、一国一党原則に従ったためである。本来は原則に従って中国共産党の指導下に入るべきだが、中国側と連絡をつけるためにはモスクワを経由しなければならず、現実的には困難が多かった。そこで連絡がつくまでの暫定的な措置としてこの名称になったという。[53] この点は地方事務局がまず発行した『満洲赤旗』第一号（一九三一年一〇月一日）の記事「日本共産党満洲地方事務局の創設に際して」においても、「我が満洲地方事務局は近き将来において、中国共産党に合流さるべく過渡的組織である」[54]と述べられていることに明らかである。このようにして、おそらくは一九三〇年九月半ばに日本共産党満洲地方事務局が大連に誕生したのである。

では、党中央の指示内容はどのようなものだっただろうか。改めて検討してみよう。

風間の手記は先に述べた通り前後が混乱している可能性があり、信憑性に問題があるが、満洲に党活動がない状態を前提に指示を出している部分は、実際に松崎に出された指示を反映している可能性がある。よって以下に紹介する。

まず松崎が満洲の情勢報告を行う。その内容は満洲事変後に関するもの、という前提である。第一に、満洲事変後、強制労働が強化され、プチブルジョア層にまで不満が拡大している。第二に、日満間の往来に対する監視が強化された。第三に、「中国共産党満洲総局の活動」が盛んになってきているがまだ連絡はついていない。第四に、戦争中にもかかわらず工場内に動揺があり、日中労働者の共同闘争の歴史があり、現在でも闘争に立とうとしている。風間の手記ではこれを満鉄の沙河口工場の話だとしているが、「明白な記憶はない」とも付け加えている。第五に、満洲地方の先進分子の間に革命的労働組合結成の必要性が叫ばれている、としている。この点は満洲事変後だとすると、満協の成立等、満洲での事態の推移に合致しない。この点からも風間が事変前後を混ぜて記憶していた可能性が高いであろう。[55]

このように不確かなところを含むが、この松崎の報告に対して風間らが出した方針は以下のようなものである。

満洲には共産党の活動が要望されており、それを組織する条件はあるにもかかわらず、いまだ党活動は行われていない。工場、鉄道、鉱山、港湾を基礎として党の組織を作ることが第一義的任務である。これを成功的に行うにはまず動揺しつつある職場に働きかけ大衆闘争を組織しなければならぬ。労働組合結成準備会はこの大衆闘争を組織するための中心体たらねばならぬ。その中での確実な同志等をもって党活動の指導部を結成し、それを当分の間日本共産党満洲事務局として活動を続けさせること、而してこの事務局は出来るだけ急速に中国共産党との密接な連絡をつけ、それの直接的な指導のもとに活動すべきである。〔中略〕中国共産党満洲総局（あるいは満州秘書処?）が存在して活動している以上その指導下にあるあらゆる民族の（中国、朝鮮、日本）共産主義者の活動は統一さるべきである。(56)

このように鉄道や工場等、重要な施設内に共産党の支部を組織するためにも大衆闘争を強化しなければならない。そしてできる限り早く中国共産党と連絡をとり、日中朝の共産主義者の統一的な活動を展開すべきだとしていたのである。

この結論はこの後の中央部（風間丈吉、岩田義道、紺野与次郎、松村〔スパイM〕）の会合で風間から報告されて承認を得ている。さらに地方事務局との「指導関係は党組織部を通じて党中央部が直接当たることになっていた」(57)という。指導関係は党中央が組織部経由、すなわち松村経由で当たることにしたのである。先程から述べてきた通り、風間の手記には不確実な部分があるものの、風間指導部・党中央の承認と指導関係の下、地方事務局が発足したことは間違いないと見てよいだろう。

［スパイMの問題］

ここで松村（スパイM）が会合に出席していることに注目せざるをえない。そもそも松村は一九三一年一月の党再建の際「組織方面」を担当しており、党内の状況を把握できる立場にいた。(58) 地方事務局に関しても注49に書いた通り、松崎や風間、中島（党名）とともに、浅草公園裏口近くの牛肉屋で開かれた会合に出席しており、当然話の内容を把握している。さらにその後の指導連絡関係は組織部を通じてであり、それは松村経由ということに他ならない。松村は警視庁のスパイであり、当然地方事務局の情報も警視庁に筒抜けだったと思われる[59]。ただその情報が関東庁警務局に送られたかどうかは不明である。いずれにせよ風間指導部同様、地方事務局の活動も警視庁の監視の下にあったのである。

2　日本共産党満洲地方事務局の組織と活動

では、成立した地方事務局はどのような活動を展開したのであろうか。表1－4は地方事務局の指導部が開催した事務局会議の一覧である。九月一六日開催の第一回会議では党の規約や党の歴史等基本的な事柄を確認した上で、地方事務局の組織を確定している。まず指導部は、松崎簡、岡村満寿、広瀬進、松田豊の四人が担当することとなり、その中で松崎簡が責任者に就任した。松崎は組織部を兼務し、技術部（印刷等担当）は広瀬が、アジプロ部（『赤旗』、パンフ等の編集・立案）は岡村が担当した。労働組合対策部は松田豊である。

ここで図1－1を見てほしい。『概況』に示されている地方事務局の「日本共産党満洲地方事務局組織並担任一覧表」[60]である。地方事務局指導部の下にどのように組織が編成されていたかがよくわかる。組織部の下には大連細胞連絡係として古川哲次郎がおり、その下に大連郵便局細胞、満電細胞、沙河口細胞が確認できる。いずれも労働組合組織され、特に郵便局は人数も比較的多く、活発な活動を展開したところである。地理的に離れていた撫順とは、広瀬進が沿線係を兼務し連絡にあたった。その下で撫順細胞の指導に当たったのは出口重治で、細胞の責任者は岩本正義である（このような二重の体制になった理由は不明）。

アジプロ部は、『赤旗』やパンフレットの編集立案を担当する部署だが、岡村が一人で担当していた。彼の原案が事務局会議で検討されたものと思われる。岡村の回想によれば、東京から送られてくる『赤旗』の主要論文を再録して『満洲赤旗』を出していたという[61]。

技術部は、実際の印刷等を担当していた。印刷には広瀬と田中貞美、井上喜久枝があたった。原稿はアジプロ部で

表1－4　日本共産党満洲地方事務局会議(いずれも1931年開催)

	日時・場所	主なテーマ
第1回会議	9月16日 午後4時半頃から開始／今泉方	1　組織）松崎、岡村、広瀬、松田の4名を「決裁機関」とする。松崎が「事実上の統制者」。組織部は松崎、技術部は広瀬、アジプロ部は岡村、労働組合対策部は松田豊が担当。 2　共産主義理論、日本共産党の沿革、綱領・規約等を検討。最後は松崎が総括して議論をまとめた。 3　党の名称）「日本共産党の正式の一機関となりたる時において解決」するとした。
第2回会議	9月23日あるいは24日／今泉方	1　満洲事変への対応を検討 2『満洲赤旗』発行を決定 3　パンフレット発行を決定 4　党活動の基本原則を検討。検挙された場合の対応、通信・連絡方法、文書の扱い、スパイ対策、尋問への対応や公判対策など
第3回会議	10月2・3日／飯田方	1　10月7日の渡辺政之輔記念日に檄文を出すことを決定 2『満洲赤旗』第1号について意見交換
第4回会議	10月12・13日頃／飯田方	1　10月7日のロシア革命14周年記念日に関する協議 2『満洲赤旗』第2号発行。内容はソビエト同盟の現状紹介等 3　パンフレット第二輯と第三輯の編輯方針の検討。第三輯では共産党と大衆団体の関係を取り上げる
第5回会議	10月24・25日頃／飯田方	1『満洲赤旗』第2号。パンフレット第二輯。第三輯のできあがりの検討 2　パンフレット第四輯の内容をロシア革命の意義とすることを決定

注：出席者は第1回が松崎、岡村、広瀬、松田の4名、2回目以降は出席者名がない。
出所：『特秘　昭和六年一一月　日本共産党満洲地方事務局之組織及運動概況』関東庁警務局により作成。

岡村満寿が作成し、それを事務局会議を経て広瀬に渡し印刷にまわしたのであろう。ただ岡村の回想では印刷は松田豊が担当したという。松田は「満鉄をクビになった後、食うために印刷業をやりまして〔中略〕ガリ版印刷を手広くやりました。だから松田君の家にはガリ版印刷の道具が一式そろっていましたし、松田君自身もプロらしい、きれいな字を書くようになっていました。それで『満洲赤旗』は松田君のところで印刷することにしたんです」(62)と述べている。おそらく満協やその分会の発行物も松田が手がけていたのであろうが、組織上の分担と実態が乖離していた可能性がある。

また金策も重要な課題であった（広瀬兼務）。第二回事務局会議で『満洲赤旗』やパンフの発行を決定しているが、その経費は党員が分担することになっていた。地方事務局の活動のためには、印刷費はもとより会議や印刷場所確保のための家賃等かな

図1－1　日本共産党満洲地方事務局組織並担任一覧表

満洲地方事務局：責任者　松崎簡／委員　松崎簡、岡村満寿、広瀬進、松田豊

⇩

- **組織部**：松崎簡
  - 大連細胞連絡係：古川哲次郎 ―― 工場細胞
    豊田初音
    （12月初めまで岡村満寿）
    - 大連郵便局細胞
      責任者：鶴見貞信、後藤幸、浜田玉枝
    - 満電細胞
      責任者：河村丙午
    - 沙河口細胞
      責任者：上別府親志、末光末雄、小林周三
    - 撫順細胞
      指導者：出口重治
      責任者：岩本正義（未逮捕）
  - 沿線係：広瀬進
- **アジプロ部**：岡村満寿
  - 機関紙『赤旗』／立案編輯
  - 教育用パンフレットの立案
  - 教育資料蒐集
- **技術部**：広瀬進
  - 印刷係
    - 印刷場所）乃木町重本ビル三階（後藤幸と同じ住所）
    - 作成：広瀬進、田中貞美、井上喜久枝（原稿はアジプロ部よりくる）
    - 発送：広瀬進
  - 金策係：広瀬進
  - 連絡係（家探し）：西静子、小林周三
  - 調査係：広瀬進／新聞雑誌の切り抜き抜粋、経済資料調査
- **労働組合対策部**：松田豊）労働組合（満協）との連絡指導

出所：『特秘　昭和六年一一月　日本共産党満洲地方事務局之組織及運動概況』関東庁警務局により作成。

りの経費がかかり、それをカンパで補うためこの組織が作られた。実際九月二五日から三〇日にかけて第一回のカンパの呼びかけを行ったが、「一人責任支出五円と定めたるも意の如くにならず、僅かに二十円」しか集まらなかったという。その後第二次カンパとして一〇月一日から五日まで結局一一日連続で実施したが、一〇円五〇銭しか集まらなかった。限られた人間関係で、厳しい経済状況の下、資金集めは容易ではなかった。

技術部にはその他連絡係が置かれ、西静子と小林周三が担当したが、その任務は家探しであった。活動の性格上常に新しい転居先が必要であり、ふさわしい物件の探索は重要であった。そして広瀬進は調査係も兼務していた。その任務は新聞雑誌の切り

抜き抜粋、そして経済資料調査であった。

労働組合対策部は労協の中心であった松田豊が担当した。彼は満協との連絡役という立場であったが、「待遇改善より進んで大衆獲得[63]」が課題とされていた。

第二回会議からはもっぱら『満洲赤旗』とパンフの内容が議論されている。ここで確認できる発行物の一覧と各印刷物の目次を表1－5に記載する。一ヶ月あまりの活動期間中に『満洲赤旗』第二号（一九三一年一〇月二〇日）、パンフ三冊等を出している。この他満協関係の出版にも、実際には重複したメンバーがかかわったと考えられる。ただタイトルを見てもわかるように、『満洲赤旗』あるいはパンフレット等は、党員に対する教育資料という性格もあり、大衆宣伝材料とはいえないものも含まれている。

さらに党組織の拡大を図った。まず古川哲次郎と出口重治、次に河村丙午、上別府親志、小林周三、岩本正義、そして豊田初音、浜田玉枝、西静子、岩間富美子の計一〇人が、順に党員として中央に推薦された。推薦後のプロセスを確認することはできないが、松崎簡が連絡にあたったと考える他はない。

次に各細胞の活動状況を整理しておきたい。表1－6は各細胞の会議を実施された時系列順に列挙したものである。満協細胞、通信労働組合細胞、沙河口細胞の会議開催が記載されている。また撫順に関しては細胞会議ではないが、活動内容が日時とともに記載されているので含めることとした。

これらの細胞を通じた党の指導はどのような意味をもっていたのか。パンフレット第三輯『共産党の独自的活動に就いて』は党の役割として次の三点を挙げている。

第一に労働組合、協同組合、工場委員会等の中に入り込み、「感化力により又は説得によって」共産党の政治方針を実現すること。第二に工場細胞は党組織の基礎であること。第三に満協内部の党フラクションは、満協会議の合議に先立って「全ての問題」を審議することである。このように地方事務局は細胞会議、特に満協に関する会議を通じて組合活動の指導を事実上担った。実際、満協フラクション会議は、活動内容の記述はないが四回開催されており、

表1－5　日本共産党満洲地方事務局発行物一覧（すべて1931年中に発行）

発行物の名称と号数	発行の月日	主な内容（目次）
『満洲赤旗』　第1号	10月1日	・帝国主義を打ち倒せ！ ・日本共産党満洲地方事務局の創設に際して ・『赤旗』より　ビラ・伝単の書き方について ・鉄の火花　兄姉！ ・職場から
『満洲赤旗』　第2号	10月20日	・ロシア革命記念日に備えよ！ ・反戦闘争をますます果敢に遂行せよ!! ・10月7日は日本共産党指導者「渡政」が白色テロルに倒れた日だ ・機関紙を中心とせる党組織の政治生活に関する決定 ・第一回党基金募集の成果——シンパサイザー団を組織化しろ！ ・婦人労働者間の活動について ・鉄の火花　職場には不平が渦巻いている
パンフレット第一輯 『地下運動に就いての注意』	不明	・まえがき ・集会 ・通信・連絡 ・文書 ・専門的地下運動者の保護 ・スパイに対する闘争 ・検挙に対して
パンフレット第二輯 『帝国主義戦争並にソウェート干渉戦争に対する闘争について』	10月12日	・序 ・迫りくる帝国主義戦争の危機と日本のプロレタリアート ・プロレタリアートは帝国主義戦争に抗争する ・プロレタリアートは帝国主義に対してソヴェート同盟を擁護する ・プロレタリアートは帝国主義に対する被抑圧民族の民族戦争を支持し遂行する ・軍隊に（特に帝国主義国における）対するプロレタリアートの態度 ・結語
パンフレット第三輯 『共産党の独自的活動に就いて——党と大衆団体の関係について』	不明	・（前書き） ・党とは何ぞや ・党と党外大衆団体 ・工場細胞の体勢 ・工場細胞と組合分会との関係 ・結論

（次頁へつづく）

発行物の名称と号数	発行の月日	主な内容（目次）
＊上記に含まれるか否か不明『白色テロルを蹴飛ばして我党の旗を押し進めろ！！』	不明	
＊上記に含まれるか否か不明『運動方針草案』	不明	
一九三一・四・二二　日本共産党政治テーゼ（草案）日本共産党中央委員会	不明	

出所：『特秘　昭和六年一一月　日本共産党満洲地方事務局之組織及運動概況』関東庁警務局により作成。

その時期は地方事務局会議の直後（第一回フラクション会議）かそのしばらく後である。

次に通労細胞の活動を見てみよう。最初の細胞会議は九月下旬開催となっており、内容は通労対策である。九月二六日には通労分会会議が開催されており、これにつながったと考えられる。第二回通労細胞会議は『満洲赤旗』第一号（一〇月一日発行）を中心に研究を行ったとしているので一〇月初めに開催されたとみられるが、カンパの責任額を一人当たり五円と決定している。第三回会議は開催されたことになっているが時期も内容も不明である。通労は二六日に分会会議を開催し、一〇月一〇日の大会では組織を決定し『通労ニュース』の発行も決定している。既にふれた通り、反戦闘争に対する職場の反発が報告される等、政治闘争は楽観できない状況であった。

沙河口工場細胞は三回の会議を開き、街頭連絡を一回とっている。一〇月一四日に地方事務局トップの松崎が、沙河口工場細胞の上別府親志に市内信濃町で街頭連絡をとったのが沙河口工場細胞の活動の始まりである。実は沙河口の労働組合組織は会議を開いた記録がない。低調な状況を危惧した松崎が、党の責任者として上別府に連絡をとったというのが実状だったと思われる。その結果、以後三回会議が開かれる。一回目は一〇月一八日に開かれ、上別府、松崎のほか、末光末雄、松田豊、豊田初音が参加した。この会議では地方事務局との連絡には上別府があたることが決まったほか、末光から沙河口工場の状況が報告され、上別府からは文学サークルの活動が報告された。さらにロシア革命記念日のスローガンを「馘首絶対反対、八

表1－6　日本共産党満洲地方事務局各細胞会議一覧（すべて1931年中に開催）

	日時・場所	参加者	主なテーマ
第1回満協内党フラクション会議	9月20日頃、鶴見貞信方	松田、古川、小林、河村、鶴見	内容記載なし
第2回満協内党フラクション会議	9月下旬	古川、小林、河村、鶴見	内容記載なし
第1回通労細胞会議	9月下旬、鶴見貞子方	岡村、古川、鶴見、後藤、浜田	岡村から細胞の役割を説明。通老対策を協議
第2回通労細胞会議	時期不明・10月初めと推測、ズボラ屋	古川、鶴見、後藤、浜田	『満洲赤旗』第1号（10月1日発行）を中心に研究。基金の募集にあたり、各自の責任額を5円と決定。
第3回満協内党フラクション会議	10月上旬、河村丙午方	岡村、古川、河村、小林、鶴見	内容不詳
＊撫順での工作	10月上旬	出口	組織部沿線係指導員として撫順地区の工作に入るよう指示される。広瀬進と連絡をとりつつ工作を進める
沙河口工場細胞	10月14日	松崎→上別府／街頭連絡	松崎から活動の指示
第1回沙河口工場細胞会議	10月18日、沙河口元町	上別府、末光、松崎、松田、豊田	細胞と上級機関の連絡は上別府の担当に決定。赤松から沙河口工場の状況報告。上別府から文学サークルの状況が報告された。ロシア革命記念日のスローガンを「馘首絶対反対、8時間労働制の確立、実質賃金低下反対」と決定した
第3回通労細胞会議	時期不詳、重本ビル	古川、浜田、鶴見	内容不詳
第4回満協内党フラクション会議	10月20日頃、河村丙午方	古川、河村、小林、鶴見	満協会議（10月中旬の第3回会議をさすと思われる）と同じ
第2回沙河口工場細胞会議	10月25日、沙河口元町	上別府、末光、松崎、松田、豊田	各種の報告
第3回沙河口工場細胞会議／検挙のため流会	10月25日、沙河口元町→11月2日	上別府、末光、松崎、松田、豊田／→小林、野田	検挙のため流会になり、11月2日、その後の連絡を小林は野田に託す
＊撫順での工作	10月25日	出口	江崎方で『燃ゆる石』を印刷

出所：『特秘　昭和六年一一月　日本共産党満洲地方事務局之組織及運動概況』関東庁警務局。

時間労働制の確立、実質賃金低下反対」とすることも決定している。

以後、一〇月二五日に第二回会議が同じメンバーで開催され、各種の報告がなされた。最後の会議は一一月二日である。本来一〇月三一日に細胞会議を開く予定であったが、その前に検挙があったため流会となり、二日に野田竜子に小林周三がその後の連絡を託して別れたというもので、会議とは呼べないものであった。

また撫順の活動も地理的に離れていたこともあり、困難だったと思われる。撫順の組合は一〇月半ばに組織を作り始めるが、これは出口重治の働きかけによる可能性がある。出口は一〇月上旬、組織部沿線係指導員として撫順地区の工作に入るように指示されており、以後広瀬進とともに工作にあたったとされる。九月に組合組織化に向けた活動が始まっていたが、この働きかけで具体的な組織化につながったのかもしれない。組合は二〇日頃六名（岩本、出口、江崎、大場、佐藤、高畑）で組合の会報を出すこと、勧誘の方法等当面の活動方針を決めているが、ここにも出口の姿があり、彼の指導の下で行われたと考えられる。その他の組合内細胞の活動に関しては不明である。

3　地方事務局の組織活動と組合の活動

以上、地方事務局の組織活動を紹介してきた。この地方事務局と各細胞の活動は組合の活動と連動してきた。改めて組織の成り立ちから振り返ってみれば、一九三〇年夏頃から労働組合への働きかけが始まり、三一年六月二〇日には満協が成立する。地方事務局は九月半ば、満洲事変前に成立していたことは間違いなく、九月一六日には第一回地方事務局会議が開かれている。ほぼ同時期に満協内の細胞も会議を開き、それを受ける形で二〇日に満協が会議を開いている。

その他の細胞についてはその組織がおかれた状況によって会議の開催時期や内容は様々であるが、通労細胞、沙河口工場細胞は会議を開催し、撫順も地方事務局の働きかけによって組合の組織化が具体化していった。しかし沙河口工場は組合の会議がまったくなかった。人数は四、五人といわれた組合の実態に合った活動だったというべきかもしれない。

このように困難を抱えながらも組合活動を通じて支持基盤を広げつつ、地方事務局は活動を始めたのである。しかしその活動には様々な困難が伴った。当局の弾圧と監視はもちろんであるが、満洲で労働者の組織化を図るとなれば中国人労働者との連携を図るほかはない。しかしそれは困難を極めたのである。

第五節　日中共産党の活動とその破綻

1　中国人労働者との連帯の失敗と日本人社会の中での孤立

地方事務局は一国一党の原則の下、中国共産党の指導下に入ることを当然としていた。しかしそれと同時に具体的な活動を通じても中国の労働者・組織との連携を求めていた。具体化されることはなかったが、方向性としてはそれを求めていたのである。しかしその実現には大きな困難があった。

問題の一つは、自分たち自身の偏見の問題である。当初、満協が満洲日本人労働組合協議会という名称をつけ、それを第二回会議で変更した際、それが民族的「偏見」を糾すためとされたことは、自分たち自身の中にもそのような偏見があったことが自覚されていたことを意味する。この点は先にもふれた『満洲赤旗』第一号の「日本共産党満洲地方事務局の創設に際して」において、「組織において日本人という民族的制限をおいたことの誤りは既に明らかにされている(65)」と自己批判を書いていることからも明らかであろう。

さらに労働者を組織化する運動の中では、具体的な形で日中労働者の「差別」が問題になっていた。同じ記事のなかで、実際の運動に関連する部分で次のように論じている。

満協に加盟したいといふ中国人労働者がいるならドンドン加盟させて差し支えない。また闘争に立ち上がる場合は中国人労働者のための特殊なスローガンを掲げて闘ふこと。また中国人労働者が闘争を巻き起こした場合に俺たちも共同戦線をはること、これらの「行動」を通して満協と中国人労働者の接触、満協と中国人労働組合との接触も可能になる。

しかしながらかくの如き「行動」はなかなか困難〔中略〕例えば満電の乗務員会では単純に「同一労働同一賃金」のスローガンを掲げたために中国人乗務員は増加したが、日本人乗務員は生活程度の違ふ中国人乗務員との同一待遇はごめんだとドンドン減っていった。

熟練労働と未熟練労働の差、日本人労働者に根強い民族的偏見などの問題は、連帯を阻害する大きな問題であった。『満洲赤旗』はこのような問題克服のため、①日中労働者の交流の機会を設けることや、②民族的偏見を批判・啓蒙するパンフの活用、③「満蒙を支配している諸関係の暴露、植民地革命の重要性について日本人労働者に宣伝し啓蒙すること」等を挙げているが、実行する時間はなく、またこれによって事態が改善するかといえば、簡単でなかったことは確かである。

またパンフレット第一輯『地下運動に就いての注意』にのせられた「運動方針草案」（満協のものと思われる）は、日本人労働者と中国人労働者の待遇格差が「日本人労働者の間にプチブル的意識的民族的偏見を許容する経済的根拠」であると指摘していた。このような具体的な格差が、日本の租借地であった関東州における「支配者側」にいるという意識的・無意識的感覚を生み、それが日中労働者の連帯を阻んでいたと正確に分析していた。

このように日中間の壁を乗り越える道は容易に見いだしがたいものであった。

しかし地方事務局は『満洲赤旗』第一号（一〇月一日）で「帝国主義を打ち倒せ！」と呼びかけ、第二号（一〇月二〇日）も「反戦闘争をますます果敢に遂行せよ！！　大衆化へ！　大衆化へ！」をのせ、後者では「日本帝国主義は張学良、蔣介石を敵としてではなく、支那民衆を公然の敵として、また自国では労働者農民を最も野蛮な方法で攻撃している」、「奉天占領と同時に民衆の一切の示威運動を禁止しこれに銃殺を以て望んだ」、「内地では八月から今日まで二千名余りの戦闘的労働者農民を逮捕投獄した」[66]と日本帝国の侵略を批判した。ここには日中の一般市民にとって日本帝国主義こそ共通の敵だ、という視点がある。

また満協の機関紙である『満洲労働新聞』創刊号（一九三一年一〇月五日）にも、「中日鮮労働者の団結力によって帝国主義強奪戦争を倒せ、戦争反対の闘争を職場に起こせ」との記事を載せている。そこでは万宝山事件、中村大尉事件、満鉄線破壊をきっかけに日本帝国主義が侵略を開始し、「数千の無抵抗的な中国軍隊（プロレタリアートと読め）を虐殺した。それと同時に朝鮮内地の軍隊には動員準備を下し朝鮮より飛行隊を急派し一路北へと軍を進めている」とし、これらが労働者農民の「祖国ソヴェート同盟」や「勝利しつつある中国ソヴェート並びに朝鮮の革命運動を」蹂躙しようとしていると述べている。[67]やや宣伝臭が強いが、ここにも民族をこえた連帯を呼びかける視点がある。

つづく第二号（一九三一年一〇月二五日）には「反戦闘争と我々の弱点について」という記事を載せ、未組織の軍需工場等（運輸、炭坑、製鉄所、機械工場）での組織建設を訴えている。後述のようにこの点は中国共産党の方針と共通するものがあった。しかし一般の日本人労働者のこのような宣伝への反応は冷たく、既にふれた通り戦争を容認し、むしろ反戦活動に反感を示すことのほうが多かったのである。

これに対し地方事務局と満協に集まった活動家たちは、日本が引き起こした満洲事変は日本帝国主義による日中朝三民族に属する労働者・農民・市民に対する戦争であると認識し、日中朝の連携によって闘うこと、その際軍需工場や鉄道、港湾などの重要拠点での活動が重要なことを訴えていた。このような観点は、実は同時期に活動していた中国共産党満洲省委員会の方針とも合致するものであった。

2 中国共産党満洲省委員会の活動

地方事務局が中国人労働者との連帯の必要性を感じながらも打開の展望を見いだせないでいた頃、中国共産党の側はどのような状況だったのであろうか。以下では江田憲治の論文と関東庁警務局がまとめた『極秘　昭和六年十月満洲共産主義運動ノ概観』（以下『概観』と略）によって紹介していきたい(68)。

一九二七年五月に中共中央の東北工作会議が「東三省（奉天）委」の設立を決定。一〇月に陳為人が責任者となって満洲省臨時委員会を設立した。ちょうどケルン協議会が設立された頃である。実は中国共産党はこの年の七月に共産党員・活動家五十数名を日本の官憲によって検挙されるという打撃を受けていた(69)。このことは日本側の記録にもあり、『概観』によれば、一九二七年七月二四日に大連地方委員会事件が記録されている。中心人物の鄭和高は前年の六月に大連に到着し国民党大連市党部委員王少波らとともに、中国共産党大連地方委員会を組織したとされ、同資料はこれが満洲における最初の共産党組織だとしている(70)（委員会設立当時は国共合作期）。

さらに翌二八年に入ると三月一五日に共産党員杜継曽が旅順で逮捕され、それをきっかけに九名が逮捕されている。四月二九日には「中国共産党関東州委員会事件」が発生した。今回は曲文秀ら四七名が、大連、営口、奉天などで逮捕されている(71)。関東州委員会は曲が杜継曽とともに二月頃に組織したものであった。彼らは労働運動や農民運動の強化を図り、その成果か二八年一一月には党員も拡大し、東亜煙草の闘争や吉会線建設反対闘争が展開された。

しかし一九二八年一二月には省委員会の拡大会議開催中、二四名の幹部中一三名が逮捕され、党組織は混乱に陥る（同月、ケルン協議会も一斉検挙されている）。この時党中央から再建のため送り込まれたのが劉少奇である（満洲への到着は二九年七月）。彼は労働者組織の再建に取り組み、二九年八月末までに中東鉄路等で成果を上げ、九月末の時点では同年五月の約一・五倍に勢力を回復した(72)。この状況を『概観』は、国民政府が中東鉄路の回収を図ろうとして失敗し、結果的にソ連・コミンテルンの介入を招いて共産主義運動を活性化させた事態とみていた(73)。

その後『概観』によれば、同年八月三〇日には王振沢らが逮捕されている。その時警務局が入手した資料「満洲委工作計画（自八月至九月末）」は次のように活動目標を示していた。

主要行動ヲ労働運動ニ置キ　目標地点ヲ哈爾賓、大連、奉天、撫順ヲ第一トシ、長春、安東、吉林、鞍山、本渓湖、営口ヲ第二トシ、又、満鉄、東鉄、京奉ノ三大鉄道、撫順炭鉱、鞍山鉄鋼、同製鉄所、本渓湖炭鉱、及奉天ノ兵工廠ヲ中心トセサルヘカラスト強調(74)

またこの文書は「日本及朝鮮ト適宜ナル関係ヲ結フコト」も重視すべき点の一つとして取り上げていた。その後劉少奇は中東鉄路事件にかかわる運動の失敗の責任を取らされる形で解任され、新たな指導体制となるが、その指導部も三〇年四月一九日、奉天で主要メンバーが逮捕され、その後もハルビン、撫順で逮捕が続く(75)。『概観』では四月一二日に杜蘭亭が奉天外交協会の講演を妨害したとして逮捕され、「省委員部ノ五一運動ニ対スル決議」が官憲の手に入ったことが記録されている。この文書は三月一五日の党中央の通告第七一号にもとづき、全国的に「示威活動」を展開すること、満洲では奉天、ハルビン、撫順、大連などで行うことを指示していた(76)。

六月には、党中央は李立三コースを発動しゼネストや暴動を指示したが、これは九月、モスクワから帰任した瞿秋白と周恩来がストップをかけたため実行されなかった。そして両名の指導下で開かれた中共六期三中全会が李立三コースを停止し、労働運動を中心とする革命戦略を提起し、一〇月下旬には満洲省委員会にも伝達された(77)。省委員会も一一月に拡大会議を招集し「満洲の当面の政治情勢と党の任務及び工作路線」を採択した。その中で「三大都市（ハルビン、奉天、大連）と三大鉄道（満鉄、中東、北寧）、三大鉱山（撫順、鞍山、本渓胡）」を運動の主な対象にすることを決定した。そして一九三〇年一一月一八日付「職運工作計画」では、満鉄等の日本企業における闘争戦術を以下のように述べていた(78)。

（a）中日労働者の下層統一戦線により一致して日本帝国主義に反対し、中日労働者の統一した階級的労働組合の組織化をすすめ、日本人労働者が中国人労働者を軽視し、中国人労働者が日本人労働者を仇敵視する民族的偏見を打破し、日本の労働者は全て日本帝国主義のスパイであるという中国人労働者の誤った見解を糾さねばならない。中日労働者の共同闘争綱領を作成し、日常的に親密な関係を持たねばならない。人員削減反対・八時間労働・賃上げ・労働者の組合組織の自由など、特に中国人労働者が提起する要求条件については、できうる限り日本の労働者の利益と抵触することがないように注意せねばならない。

ここには日中労働者の連帯の呼びかけがあり、それを実現するための偏見の打破の必要性がうたわれている。また共通の闘争綱領の必要性と要求条件について、日本人労働者への配慮が打ち出されている。これは地方事務局と満協も掲げていた日中朝の連携を、より具体的に実現することを目指すものではないだろうか。

また「三大都市・三大鉄道・三大鉱山」を運動の主たる対象とするという方針は、「満洲委工作計画（自八月至九月末）」の考え方を発展・精緻化したものにみえる。そしてそれは、軍需工場や鉄道への働きかけを重視するという地方事務局・満協の方針と合致していた。満協と地方事務局の成立は一九三一年六月と九月であるが、ほぼ同時期に、同じ地域で日中両国の共産党は同じ方向性を持った方針を掲げて日本帝国主義と闘っていたのである。

しかし地方事務局が誕生した頃、満洲省委員会は弾圧を避けて拠点を大連からハルビンへ移していた。そして地方事務局は中国共産党との連絡をつけられないまま、一九三一年一〇月には弾圧によって壊滅させられる。中国共産党も「三大都市・三大鉄道・三大鉱山」の活動を成功させることはできなかった。そして三二年から三四年にかけて日本側の過酷な弾圧によって運動は後退を余儀なくされ、三四年四月には共青団満洲省委員会が摘発され、ついでハルビン区委員会、吉東局などの組織が次々破壊されていった。三六年に関東軍により「治安粛清三年計画」に組み入れられた「一斉逮捕」は、共産党の勢力を根こそぎ破壊した[79]。

中国共産党の活動はしかしまったく途絶えたわけではなく、困難な状況の中で活動は続いた[80]。しかし日本側はこの後述べるように、とらえられた地方事務局関係者の救援活動が一九三二年まで続くものの、それも同年末には壊滅し、日本共産党の組織的活動は完全に消滅した。日中朝三民族連帯の活動の展望は失われ、日本帝国主義対中国・朝鮮人民の闘いという構図が残されたのである[81]。

第六節　日本共産党地方事務局の終焉

1　一斉検挙

一九三一年一〇月二八日午前六時、検察局・警察署合同で一斉検挙が行われた[82]。この日逮捕されたのは、矢部猛夫、古川哲次郎、浜田玉枝、後藤幸、西静子、松田豊、崎山信義、山口慎一、近藤勝十郎、岩根正雄、中村秀雄、加藤正、安藤光子、島崎恭爾、片岡三郎、村上正らである。この時逮捕されなかった松崎簡らも随時逮捕され、一一月四日には関係者全員が逮捕され、逮捕後一年七ヶ月をかけて予審が終結した。最終的には検挙された者三七名、起訴一八名、起訴猶予一九名、事件送致後逮捕起訴二名である。

逮捕の経緯について岡村は「事件前後」下でこう述べている。一〇月中旬郵便物の中から『満洲赤旗』が発見され、局内で大問題になっているということを、古川哲次郎が聞きつけ、皆に連絡した。さらに一斉検挙の連絡も電報で郵便局に入ったので古川が皆に知らせた。それで主要な幹部は皆地下に潜ったので、最初の検挙では党員は誰も捕まらなかったはずだ（実際には逮捕されている）。しかし古川は、九月一〇日には懲戒免職になっており、一〇月半ばの局内の事情や電信連絡の件を知ることはできなかったはずである。

さらに党員逮捕の経緯について岡村は、党員間の連絡先を知っていたのは広瀬進と古川哲次郎だけだったと言っている。また古川は「拷問に弱かった」と述べており、古川が逮捕された後、拷問に屈服して関係者の所在をしゃべってしまったと考えていたようである。しかし懲戒免職の時期を考えると、もともと古川は局内事情を知る由もない立場にいたのであり、『満洲赤旗』の発見等を外部にいて知りえたというのは不自然である。もちろん局内には他の党員も残ってはいたので彼らから聞いたのかもしれないが、そのような事情は岡村の回想には出てこない。推定となってしまうが、懲戒免職となった古川が、その後警察の工作によって検挙の発端を作った可能性もあるといえよう。いずれにせよ大半のメンバーが逮捕され、拷問を受け（岡村ら）、予審にまわされ、検挙に至ったのである。

2　公判と転向

一九三四年四月四日、第一回公判が開かれた。ここで広瀬や松崎らは転向し、それまでとは異なるコミンテルンを否定した「一国社会主義」「天皇を中心とした社会主義の建設」という主張を展開する。(83)『満洲日報』の記事によれば、松崎簡は「第一に世界の主要個所に於ては一国的な社会主義の建設は必要である、第二に一国社会主義には各国の個別的なる特殊条件が非常な力を持っていることは絶対に信ずる、第三に日本、満洲、支那を含む東洋全般に対し日本を中心とした東洋独自の社会主義を建設することは可能であると思う、第四に民族、国民性の重要なることを感ずる、第五にコムミンターンを離れた労働階級の独創的な総意による指導権を獲得すべきだと思う、最後に前衛機関の結合は絶対必要である」、「日本に於ては君主制は日本の過去現在は勿論、将来に於いても絶対に大きな力を持っていることを信ずる、コムミンターンは日本が持つ絶対的勢力君主制と徹底的に闘争せよと命じているがこれは大きな認識不足で、共産党の形式は日本では全く駄目である、来るべき日本の社会改革は天皇を中心として民族的統一と、労働階級の大いなる力を確立することによってのみ行われるのである」と論じた。

つづく広瀬進も「対共産主義意向に関しては全く松崎と同意見であると述べ〔中略〕一国社会主義はその内容に於

て当然国家社会主義の色彩を多分に含まねば成功しない、この点より日本に於ける一国社会主義は当然皇室中心によって派生して来なければならない」と松崎同様、転向を明言した。さらに植民地の独立に関しても「従来共産党の植民地に於ける独立運動は常に自国プロレタリアートを離れて一つの型にはめ込まれた、ソウェートに支持を求めていたことは一国社会主義と全然相反し、又資本主義的小国家性を来たす懼れがある、かくの如き植民地独立のスローガンは最早や時代遅れも甚しいものである」と述べた。

この転向声明を読む限り、松崎・広瀬両名は完全に転向し、共産主義思想を放棄して天皇制の支配に服したと見るほかはない。この転向声明は刑期に影響せず、一九三七年初めに二審判決があり、その後覆審部に訴えるものの内容は変わらず二審の内容で刑が確定した。松崎簡が禁固五年、他は三年であった。

岡村は予審中に転向上申書を出している。公判での彼の発言はわからない。ただ岡村は予審中の自身の転向について、戦術的なものだったとしている。岡村によれば、喀血して刑務所内の病舎に移された時、松崎が転向を指示したという。病気の岡村は、逮捕された四人の中心メンバー（松崎簡、広瀬進、岡村満寿、松田豊）のうち保釈の可能性が唯一あるので、「転向を偽装して至急出所して、組織の再建に当たれ」と指示されたという。[84] そこで岡村は、かなり逡巡したのち、保釈してもらえれば、今後実際運動はしない。ただしマルクス・レーニン主義を正しいと今でも信じており、生活のため翻訳などはするかもしれない。またスパイにはならない、といった条件をつけて転向上申書を出した。しかし当局の反応は鈍く、結局予審中の釈放はなかった。[85] 松崎や広瀬がどのような経緯で転向を表明したかは不明である。

その後、広瀬進と出口重治は出所後、満洲国軍政部編『満洲共産匪の研究』（一九三七年）の編纂執筆にかかわる。弾圧側に身を転じたのである。松崎簡も協和会調査部を経てその後徴兵され、硫黄島で戦死した。他の関係者についてはほとんど不明であるが、中心メンバーは展望を見失って運動はついえたのである。

3　救援活動——満洲最初のモップル

地方事務局弾圧の直後、彼らの関係者・支持者によって救援活動が組織された(86)。保釈された河村丙午、崎山信義や山口慎一が中心となって、不起訴となったメンバーとともに獄中メンバーの支援・慰問活動を行ったのである。一九三二年一月九日には救援部、技術部、会計部等の組織分担を取り決め、弁護士の手配や物品の差し入れ、『赤色救援会ニュース』の発行等を取り決めた。さらに二月二〇日には組織を拡大し、会員獲得のためニュースを発行しつつ、「文士方面、三井物産、大連医院、満洲検車区、満電、工大、中央試験所」等に会員獲得の運動を起こし、「日本共産党満洲地方事務局の外郭団体として」活動を開始した。国際革命家救援会（モップル）の結成である。さらに五月頃からは白色テロ反対や帝国主義戦争、ファシズム反対を掲げて活動を強化していった。

しかし彼らも、翌一九三二年一〇月二五日に検挙された。検挙人数は一七名である。大連署高等係（担当高等主任末光警部）により一斉検挙が実施されたのである。これにより、大連における共産党との関係をもった活動は姿を消すこととなった。松崎らの転向の時期がはっきりしないが、地方事務局関係者の獄中闘争を含めても三四年頃にはすべての活動が終焉したといってよいであろう。

おわりに——ケルン協議会・地方事務局の活動をどのように見るべきか

ここまでの活動をどのように評価すべきだろうか。旅順工科大学の思想研究会を出発点とした運動は、ケルン協議会として関東州日本人社会における社会運動の中核を志向する運動体へ発展した。その過程で満鉄の労働者との連絡が生まれ、組合活動との接点が生じた。また大連第一中学校や旅順工科大学関係者から、東京の早稲田大学で、あるいは労農党で活動する者が現れ、それが日本共産党との連絡を可能にした。

いったん弾圧によって活動を停止したケルン協議会のメンバーは、松崎簡を仲立ちに日本共産党中央と連絡をとり、正式な支部として日本共産党満洲地方事務局を設立し、一国一党の原則に立ち、将来的には中国共産党の指導下に入ることを予定した暫定的な組織だとみずからを位置づけつつ、日本共産党中央の指導の下、満鉄や満電、郵便局での組合作りに尽力している。しかし、一九三一年六月の本格的な活動開始からわずか数ヶ月で組織は弾圧され機能停止に陥る。救援活動組織として立ち上げられたモップルも、三二年一〇月には弾圧を受けて壊滅を余儀なくされた。

党中央にスパイが入り込み、また地方事務局でも裏切りが疑われるケースが生じるなど、組織活動の実態はあまりにも杜撰であった。対する国家権力の側は明治期からスパイを様々な活動に送り込んで情報を集め、組織を破綻に追い込んでいた(87)。また検挙された場合の対策、裁判闘争等、一応文書で対応は配布されていたが、現実の闘争において十分機能するものではなかった。運動の側はあまりにも無防備であった。その結果、主要メンバーは公判で事実上の転向表明を行い、何名かは弾圧する側に移っていったのである。

では、この運動は無意味だったのであろうか。まず指摘しなければならないのは、日本共産党満洲地方事務局のメンバーたちは、侵略戦争に突入していく日本帝国の誤りを正確にとらえていた、ということである。しかしそれとどう戦い、どう変えるべきかについては答えを見いだすことはできなかった。

答えを見いだせなかった一つの、そして大きな理由は、日本人の間に中国人、そして朝鮮人に対する根深い蔑視が存在したことであった。それは労働者の連帯を阻み、相互の理解に大きな隔たりを生んだ。その背景としてはまさに彼ら自身が分析していたように、帝国主義が生み出す経済的利益が中国人に比べれば日本人に手厚く分配され、それが労働者レベルにおける日本人の優越意識の根拠となっていたためである。しかし経済的格差以上に、「はじめに」でふれた「狭隘な民族主義」があったように思われる。この点は知識人も労働者も同様だった。関東州や満鉄沿線という、事実上の植民地で「支配する」側という日本人の立場が、対等な関係に立って中国人と向き合い、自分たちと彼らの間の共通性を見いだすことを困難なものにしていた。しかし当時、あるいは戦後も、日本人の多くはみずからの民族主義的偏狭さに無自覚であった。この点は戦時の抵抗の例とされる満鉄調査部に関しても、実態は似たようなものであった。

野々村一雄は、「まだ本体を知らない時は、満鉄調査部の進歩性ということを、我々は信じておりました(88)」と述べているし、石堂清倫も満鉄調査部の若い社員・部員には軍と結合して満洲を拠点に「内地を改革することができるという意識があった(89)」と述べている。しかし野間清は調査部の主流は「マルクス主義、左翼的傾向ではなかった」とも述べている。実際多い時は二〇〇〇名を超えたとされる調査部員のうち、いわゆる左翼的傾向の者は数十人に過ぎなかった。なにより左翼の前歴者は「当局の紹介なり推薦が必要となります。この人々が満洲に来る時はだいたい当局の推薦状をもらっていると思います(90)」と石堂清倫が述べているように、彼らは日本内地で就職ができず、当局の推薦を受けて、ということは、転向を確認された上で満鉄にやってきたのである。

またアジア経済研究所における満鉄調査部関係者へのヒアリングの席で、浅田喬二（当時駒沢大学教授）から満鉄が日本帝国主義の中国支配の組織だという自覚はあったかと問われた際、「誰もまともに答えられなかった」と野間清は回想している(91)。自身が所属して毎日そのために活動している満鉄調査部の侵略的役割を認識していないマルクス主義者がありうるだろうか。そして石堂清倫は、調査部の人間は中国人と切り離された環境にいたと述べているが、その点も地方事務局とは異なった点である。

地方事務局で活動したメンバーは、少なくとも満鉄は帝国日本の中国侵略の要であると認識し、だからこそ鉄道や工場における組織化に努力したのである。彼らは少なくとも日中朝の連帯が不可欠だと真剣に考え、それを将来的な目標に置きつつ活動していた。それは中国共産党の側も同じだったのである。このように地方事務局メンバーは、日本帝国主義の権益に拠点を築き、中国共産党やその労働運動と連携して闘うことが共産主義者のなすべきことだと考え実行した。日中の共産主義者は同じ方向を向いて同じ場所で闘ったのである。

その方向は帝国主義に対する闘争であった。日本や中国、朝鮮といった狭隘な民族主義を超えて、帝国主義を倒し、その先に未来があると、日中朝の活動家たちは考えていた。地方事務局の活動が壊滅したことは、満洲において帝国主義と闘う側に日本人がいなくなったことを意味した。帝国主義から自由なアジアの建設という課題から、日本人は、少なくとも組織的な共産党の活動としては脱落したのである。その後に残されたのは狭隘な民族主義に囚われた日本人であり、彼らは無謀かつ残酷な戦争に突き進んだのである。

注

（1）呂元明「夏目漱石『満韓ところどころ』私見」（日本社会学会編『近代日本と「偽満州国」』不二出版、一九九七年、二七八頁）。

（2）たとえば『日本共産党の七十年』上下・年表（新日本出版社、一九九四年）。筆者が知る限り他の公式党史にも記録されていない。研究としては、松村高夫「満洲における共産党と満鉄調査部事件」（松村高夫『日本帝国主義下の植民地労働史』不二出版、二〇〇七年）がある。また「中国における反戦闘争」（社会運動資料センター所蔵）は、一九四七年八月一五日に、安斎庫治、鹿地亘、中西功、芝寛、尾崎庄太郎、伊藤武雄、小林武夫が開いた座談会の記録だが、そこで安斎が、ケルン協議会事件に言及している。

（3）「日本共産党満洲地方事務局事件前後――岡村満寿氏に聞く」上（以下「事件前後」上と略）、『運動史研究』第11号、一九八三年、一二六頁。

（4）同前、一二六～一二七頁。

（5）満鉄社員会にはいくつもの研究が言及しているが、まとまったものとしては平山勉「満鉄社員会の設立と活動――会社経営への参画問題を中心に」（『三田学会雑誌』Ｖｏｌ．93、№２、二〇〇〇年七月）を参照されたい。また岡村満寿の回想では、協議会メンバーは社員会設立の目的に疑問をもち、一九二五年の秋頃奥村慎次や宮崎正義ら、社員会設立メンバーと激しく議論を闘わせたという。社員会が社員の待遇改善や生活問題は取り上げないといった点を問題にし、社員会がいずれは国策を支持する帝国主義的性格をもつものになると危惧していたという（「事件前後」上、一二七～一二八頁）。

（6）「満鉄全線のどんな小さい駅にも彼の支持者がいた」という（「事件前後」上、一二八～一二九頁）。

（7）この点同前、ただしケルン協議会裁判の一審判決では、協議会が「満鉄傭員階級が会社の待遇非薄に過ぐるものであるといふので之が改善方を要望すべくまず傭員階級の結束を企てた」とされており、おそらく雇員連盟ではなく傭員連盟だったと思われる

（「満洲共産党事件の判決」『満洲日報』一九三〇年六月二七日）。
（8）同前記事。
（9）「事件前後」上、一三七頁。これは一九二八年の夏頃、岡村が大連に戻った際、広瀬進から聞いた話である。
（10）旅順工科大学と大連の工業専門学校をさす。
（11）「関東州内外における共産党活動概況」（荻野富士夫編『治安維持法関係資料集』新日本出版社、一九九六年、五六四頁）による。なお治安維持法は一九二五年四月二二日に公布され、翌五月八日には「関東州及南洋群島ニ於テハ治安維持ニ関シテハ治安維持法ニ依ルノ件」によって関東州にも適用された。この後本文でもふれているが、六月二九日に緊急勅令によって改正治安維持法が公布された（即日施行）。この改悪によって、それまで最高刑が「一〇年以下の懲役又は禁固」だったものが、「死刑又は無期」となったほか、「結社の目的遂行」のための行為を行った者も「二年以上の懲役又は禁固刑」に処されることとなった。
（12）「事件前後」上、一三八頁。
（13）一九三〇年六月二六日午前一〇時、大連地方法院第一法廷で言い渡された。被告は、元旅順工科大学学生、広瀬進、佐藤一男、田中貞美、出口重治。同予科大学生、深井圭二、八幡政彦。元満鉄職員、松田豊、田中輝男、満鉄傭員、松良一萬太、納富勇。無職とされているのが、矢部猛夫、小林周三、畝川渫、阿部幾照、伊東進太郎である。この他、秀島善雄は病気欠席のため法廷には出なかった（前掲「満洲共産党事件の判決」）。
（14）満洲共産党、あるいはケルン共産党といった言い方が当時マスコミで多用されたが、これはマスコミの造語だと岡村は述べている。実際ケルン協議会開催の時点で日本共産党員だった者はいない（「事件前後」上、一三六頁）。
（15）三・一五事件と四・一六事件の統一公判は一九三一年六月二五日から開始。翌年一〇月二九日判決（『日本共産党の七十年　党史年表』八〇頁）。
（16）前掲「満洲共産党事件の判決」。
（17）印刷業に関しては、「事件前後」下、一四二頁による。
（18）風間丈吉『「非常時」共産党』（三一書房、一九七六年）の栗原幸男「編者まえがき」（二〜三頁）。なお大衆活動を重視したのは風間・岩田指導部の前の田中清玄指導部の極左的活動に対する反省によるものといえる。
（19）岩間富美子、二四歳（以下、年齢は逮捕時）。三重県鈴鹿郡出身で地元の高等女学校卒業後、同志社女子大学へ進学・卒業。一九二八年渡満し撫順炭坑庶務課にタイピストとして勤務。満鉄社員会撫順連合婦人部機関誌『働く女性』の編輯に携わり、元編集長の崎山信義と交際、『戦旗』を講読する。また岩本正義とも知り合いになり、社員会独立問題を議論するうちに影響を受ける。

撫順炭坑従業員会に参加。婦人部会会員を集めるため自治会を組織し数名の加盟者を得た（『概況』所収の検挙者一覧表に基づく。以下、注20～22、24、26～28、30、31、35、38～41も同）。

（20）豊田初音、二一歳。長崎県立高等女学校卒業（一九二八年三月）。同年四月タイピストとして満鉄に入社。タイピスト講習中に講師の小田島興三（詳細不詳）の影響で共産主義思想に傾倒。満鉄婦人協会でも「時々その色彩を表明する」ことがあり、同年七月諭旨依願退職となる。三一年六月満洲労働組合協議会設立とともに広瀬、松田、岡村、河村らとともに「指導者格」となる。また松崎とともに地方事務局に参加。

（21）西静子、二一歳。関東庁立神明高等女学校（一九二九年三月）卒業。同年四月タイピストとして満鉄に入社。豊田初音の影響を受け婦人協会の幹事となり、機関誌『働く女性』の編纂に従事する。左翼的傾向のため三一年八月罷免される。

（22）井上喜久枝、二一歳。大連女子商業学校を一九二六年三月に卒業し、同年九月大連市内の日塚商店の事務員となる。二九年一一月以降は下島商店勤務。三〇年二月頃から左翼思想に関心をもち『戦旗』を講読する。三一年三月あるいは四月頃より西静子と交際し、九月地方事務局に参加する。

（23）「事件前後」上、一三九頁。

（24）後藤幸、二一歳。一九二六年一二月関東庁通信講習所卒業。同月大連郵便局電信課に採用。三〇年頃より婦人問題に関心をもち、三一年四月頃古川哲次郎に誘われて労働組合に参加し財政を担当。その後岡村満寿の勧誘で地方事務局に参加、大連郵便局細胞として活動する。また九月頃には無産者新聞支局を担当し無産者新聞の配布を担当する。

（25）『概況』および『思想月報』第三号、一九三一年九月、三七二頁。

（26）中村秀男、二一歳。高等小学校卒業。一九二四年四月から二八年七月まで東京、茨城で店員。八月に伯父を頼って渡満。九月関東庁通信講習所入所、翌年一一月卒業。一二月より大連郵便局勤務。三〇年一〇月頃古川、後藤らと通信労働組合設立にかかわるが、三一年六月一五日大連郵便局辞職にともない組合も脱退（辞職理由は不明）。九月山口慎一らと満洲文芸研究会を設立する。同年一〇月一二日満洲評論社に入社。またこの頃、古川哲次郎の要請で地方事務局関係の宣伝パンフレットや『労働新聞』の販売を引き受ける。また地方事務局への寄付集めも行っている。

（27）浜田玉枝、二三歳。熊本逓信講習所卒業（一九二六年一一月）。二八年一二月大連郵便局電信課に採用。三〇年頃から婦人問題に関心をもつ。三一年四月頃古川哲次郎に誘われて通信労働組合に参加。財政部を担当する。さらにその後、岡村に勧誘されて地方事務局に参加、大連郵便局細胞として活動。

（28）鶴見貞信、二〇歳。小学校卒業。関東庁逓信講習所卒業と同時に大連郵便局電信課に勤務。一九三一年七月中旬、通信労働組合

に参加。同時に満洲労働組合協議会に入会し、九月下旬には岡村の勧誘により地方事務局に参加した。
(29) 前掲『思想月報』第三号、三七二頁。
(30) 野沢鶴雄、二二歳。東京物理学校（現東京理科大学）を病気で中退。一九二九年三月渡満。大連市内の成三洋行店員となる。その後南満電気電車手となる。河村丙午の指導で労働運動に関心をもつ。
(31) 植松正一、二六歳。尋常小学校四年修了。一九二〇年八月大阪川崎造船所事務見習い。二二年一一月退社。二三年七月満鉄入社。翌年より撫順炭坑工事事務所勤務。二五年文芸雑誌『みどり』を秘密出版し、さらに崎山信義とともに『黒い煉瓦の家』を刊行する。二八年頃より『戦旗』講読会を開催。三〇年一〇月「刷新会」を組織し、続いて末光、岩本らと鉱山労働組合を組織して書記局を担当した。その後崎山らとの会合をへて満洲労働組合協議会の「一分身」である鉱山労働組合の組織化に貢献するが一〇月二〇日に脱退する。
(32)『戦旗』の読書会や一九二九年『戦旗』の撫順支局を設置などである。
(33) 前掲『思想月報』第三号、三七二頁。
(34)「事件前後」上、一四〇頁。
(35) 末光末雄、二〇歳。高等小学校を一九二六年三月に卒業後、ただちに渡満。三〇年四月大連鉄道工場工作工養成所を卒業し、同時に旋盤工として採用される。崎山信義同様の経歴であり、組合等の活動も崎山に倣ったようである。
(36) 前掲『概況』。
(37) 以下の記述は『概況』による。
(38) 大崎一雄、二一歳。一九二五年大連商業学校入学。二八年九月友人の窃盗事件に関係して一五日間の停学処分を受け、その後諭旨退学となる。その後紙店に勤めるが、二九年南満洲電気に入社し電車手となる。河村丙午の影響を受ける。原田正一（後述）から『戦旗』を借りて読む。三一年一〇月河村の勧誘で一般使用人組合に参加し、河村、崎山と連絡をとる。
原田正一、一九歳。一九三〇年三月大連商業学校卒業、その後叔父の下で建築請負業の店員として働く。左翼思想関係の書籍を読み研究する。一九三一年一〇月頃一般使用人組合に参加。
(39) 佐藤太一、二四歳。大分県大分郡田村出身、地元の県立中学校卒業後農業に従事。一九二九年大分歩兵第四七連隊に入営。三〇年七月退営。八月に渡満し古城子採炭所に採用される。三一年六月同僚の末広彦槌から岩本正義を紹介され、岩本とともに共産主義研究にむかう。八月に鉱山労働組合に参加、炭坑従業員会では常任委員となる。
(40) 大場光雄、二六歳。本籍は福岡県、地元の中学校を卒業後、一年間農業に従事。その後福岡県の三好工業に電気工として入社。

一九三〇年五月渡満。義兄江崎伊三方に同居して、満鉄工事事務所に臨時採用される。三一年四月岩本正義と知り合いになり、岩本、末広、植松らと鉱山労働組合の設立にかかわる。出口重治の指導の下、出版に尽力。

(41)　江崎伊三、三一歳。高等小学校卒業後、八幡製鉄所に職工として勤務。一九二五年病気のため退職。翌年渡満。八月撫順炭坑研究所傭員となる。三一年八月同居していた義弟の大場光雄らと社員会独立問題等を議論。岩本を紹介され、鉱山労働組合の結成に参加。研究所分会を立ち上げる。

(42)　「事件前後」下、一三九～一四〇頁。

(43)　この経緯について、自身三・一五事件公判に出ていた石堂清倫は「ところが彼は公判にでていないんです」と述べ、公判で石堂が属していたグループのリーダーだった北牧孝三（市電労働）が「『同志松崎が満洲の監獄に入れられている。東京へ呼び戻してもらいたい。そうでなければわれわれは裁判を受けることを拒否する』と大演説をやる」という事態になったと述べている。いずれにせよ石堂の記憶では松崎は東京には来ず、当時逮捕されていた。東京を訪ねたのは公判以前ということになる。これに対し、岡村はその話は初めて知ったと述べている（「事件前後」下、一三九頁）。

(44)　「事件前後」下、一三九～一四〇頁。

(45)　『概況』六六～六七頁。

(46)　前掲『「非常時」共産党』。満洲事務局に関しては一六七～一六九頁。

(47)　風間の手記『「非常時」共産党』一六七～一六八頁によれば東京での会合は次のようにもたれた。九月に中島（本名不詳）から松村を通じて、「三・一五事件の被告で大連方面に行っていたという一同志に街頭であった。〔中略〕それが松島肇〔松崎簡〕であることは同志中島から聞いたか、あるいは満洲でこの同志たちが捕われた後ブルジョワ新聞で見たか知ったのである」。そして風間（党名は徳川）、松村、中島、松崎で浅草公園裏口にある牛肉屋で会合をもったとしている。そこで松崎から満洲の情勢報告を聞き、その上で党中央として指示を出しているがこちらは満洲に党活動がない前提となっている。

(48)　同前、一六七～一六八頁。

(49)　「事件前後」下、一三九頁。

(50)　ただし、この時期の日本共産党はたび重なる弾圧によって弱体化していた。加藤哲郎がモスクワで発見した紺野与次郎のコミンテルン宛報告によれば、一九三一年一月から三月一五日までに判明した党勢は、東京四四名、大阪三名、神戸一名、山口県一四名、北九州一〇名である（加藤哲郎「『非常時共産党』の真実」『大原社会問題研究所雑誌』№４９８、二〇〇〇年五月）。

(51)　ただし『概況』では松崎簡と大連本社前で打ち合わせ、地方事務局設立に合意したのは岡村と広瀬だけであり、松田は後から加わったとされる。
(52) これは満洲事変以前のことなので、松崎が満洲事変前に党中央の指示を受けて大連に戻ったことは確実だと思われる。
(53) 「事件前後」下、一四〇頁。この点は風間の『「非常時」共産党』も同様の説明である。また石堂によれば、当時中国共産党は李立三が総書記で、その下で唐韻超（唐宏景）が東北のリーダーとして活動していた。戦後石堂は唐と会い話を聞いているが、唐は「あなた方の事件は知っていました。組織上の連絡は取れなかった」と話したという。
(54) 『満洲赤旗』第一号、九頁。
(55) 前掲『「非常時」共産党』一六七頁。
(56) 前掲『「非常時」共産党』一六七～一六八頁。また既にふれたことであるが大衆闘争重視は、風間指導部の前の田中清玄指導部の極左冒険主義に対する反省をふまえての方針であった。
(57) 前掲『「非常時」共産党』一六八頁。
(58) そもそも党再建のため、岩田と風間の会合をセッティングしたのは松村（スパイM）である（この時の会合まで風間は岩田と面識がなかった）。一九三一年一月一〇日、風間は岩田義道と路上で会い、四谷駅から新宿一丁目方面の人通りの少ないところを歩きながら党の再建方針を議論し、全国の組織を統一するためのビューローを作ることなどで合意した。そしてその一週間ほど後、岩田からビューローの責任者をどうするかという問いかけがあり、討論の結果、風間が責任者になり、松村が「組織方面」、岩田が「宣伝煽動およびPの指導」、風間が「組合政策および青年同盟政策」、紺野が「共産青年同盟の指導者として風間と連絡をとること」などが決まった（前掲『「非常時」共産党』九〇～九一頁）。なお岡村の回想では岩田義道指導部という言い方をしているが、風間の手記ではこのように責任者を風間にしているので、本章では風間指導部と表記している。
(59) 風間指導部自体、中央指導部の一員として松村を抱えていたのであり、党の活動内容は警察に筒抜けであった。栗原幸男は風間指導部時代の活動の第三の特徴として、「この期間、党の組織関係、資金関係、そして海外連絡のルートのすべてが、終始一貫して、党指導部の一員である警視庁のスパイ松村の一手に握られていたのである」と書いている。風間指導部が二年間にわたって活動できたのも、「もっぱら権力側の『戦術』のおかげだった」とし、権力側はもっとも効果的なタイミングを計って、一九三二年一〇月三〇日に一斉検挙に打って出たと述べている（前掲栗原「編者まえがき」『「非常時」共産党』三頁）。
(60) 「日本共産党満洲地方事務局組織並担任一覧表」『概況』九五頁。
(61) 「事件前後」下、一四二頁。
(62) 同前。ただ『概況』等には松田が解雇されたことは出ていない。

(63) 前掲「日本共産党満洲地方事務局組織並担任一覧表」の中の記載事項。
(64) 末光末雄は、上別府親志同様高等小学校卒業後、満鉄鉄道工場見習工養成所を出て旋盤工として働いていた（『概況』）。
(65) 「日本共産党満洲地方事務局の創設に際して」『満洲赤旗』第一号、一五頁。
(66) 『満洲赤旗』第二号、一一頁。
(67) 『満洲労働新聞』創刊号。
(68) 江田憲治「第10章　抵抗」（松村高夫・解学詩・江田憲治編著『満鉄労働史の研究』日本経済評論社、二〇〇二年）。特に「第2節　中国共産党と東北労働運動」および関東庁警務局『極秘　昭和六年十月　満洲共産主義運動ノ概観』の「第一節　中国共産党」による。
(69) 第一次共産党事件。また翌二八年五月にも満鉄沙河口工場で活動していた中国共産党関東州委員会の常務委員が逮捕され、その後一八名の党員が工場から懲戒解雇された（第二次共産党事件、前掲江田論文、四二一頁）。
(70) 前掲『概観』一五～一六頁。
(71) 相次ぐ逮捕の結果、日本側に各種文書が渡った。『概観』が注目しているのは、「関東州工作新決議案」（一九二八年一月二〇日）と「関東県委第一回全体会議案」（一九二八年二月末）である。その内容は、「前者ハ関東州共産党ノ最大任務、一般工作方面、工人運動、農民運動、党組織工作ノ五項目ニ渉テ一般的目標ヲ示シ」、「後者ハ秘密工作問題　同志及支部ノ発展問題、党団ノ関係、工人運動、農民運動、教育訓練問題ノ六項目ニ就キ具体的方策ヲ指示セシムルモノナリ」というものであった。
(72) 前掲江田論文、四二三頁。
(73) 前掲『概観』は次のように述べている。「（鉄道回収という事態に対して）蘇連邦ハ国際共産党ヲ通シテ満洲共産党ノ運動ノ発展ヲ強要シ〔中略〕奉天及撫順ノ運動ニ対シテハ特別ノ努力ヲ払フニ至レリ」（二三頁）。
(74) 同前、二五頁。
(75) 前掲江田論文、四二四～四二五頁。
(76) この時期の状況を前掲『概観』は、「満洲党ハ其ノ再組織運動着々ト進行シ〔中略〕南支ニ於ケル異常ナルソウェート区域ノ拡大及紅軍ノ膨張、党中央ノ李立三主義ニヨル指揮、朝鮮共産主義者ノ中国等ヘノ加盟具体化等々　客観的情勢ノ有利ニ進展セル影響化ニ《ママ》　次節ニ述ブル如ク東満、北満、ニ於ケル朝鮮人ヲ主戦分子トスル農民ノ武装暴動ト　産業及政治ノ中心都市ニ於ケル政治暴動化セムトスル罷工ニ策動シタルモノナリ」（三三頁）と述べている。
(77) 前掲江田論文、四二五頁。

(78) 同前、四二六頁。
(79) 同前、四四二頁。
(80) この点は李力「第11章　蜂起」(前掲『満鉄労働史の研究』)を参照されたい。
(81) 最後にもう一点、女性労働者の活動を取り上げておきたい。地方事務局と労協の活動として重視されたことの一つに女性労働者の活動の強化があった。『満洲赤旗』第二号は「婦人労働者間の活動に就いて」を載せ、組合や党建設における「婦人」の重要性を強調していた。具体的には、女性労働者のあらゆる相談に乗る組織として婦人世話役団を組織し、その上に婦人委員会を組織する。そして「労働者階級の時々刻々の闘争の問題を基礎として開催される婦人代表者会議」を組織して、「婦人労働者を教育し、実践的に労働者階級の革命的闘争へ引き寄せる」ことをうたっていた。しかしこれが実現されたとは考えがたい。
(82) 検挙に関しては、『神戸又日新聞』一九三三年五月一〇日、および「関東州内外における共産党活動状況」(荻野富士夫編『治安維持法関係資料集』第一巻、新日本出版社、一九九六年、五六四～五六五頁)による。
(83) 以下は「天皇を中心とした社会主義の建破へ」『満洲日報』一九三四年四月六日による。
(84) 具体的には、岡村の病舎と松崎の監房は中庭をはさんでお互いをよく見ることができたため、松崎がカタカナで字を逆に書いて指示をしてきたという(「事件前後」下、一四八～一四九頁)。
(85) 同前、一五〇頁。
(86) 以下は「満洲最初のモップル十七名検挙される」『満洲日報』一九三五年一月二八日による。
(87) この点、松尾尊兊「解説」『続・現代史資料(1)　社会主義沿革(一)』(みすず書房、一九八四年)を参照のこと。
(88) 石堂清倫・野々村一雄・野間清・小林庄一『十五年戦争と満鉄』(原書房、一九八六年)一九三～一九五頁。
(89) 同前、二一六頁。
(90) 同前、二〇〇頁。
(91) 同前、二一五頁。その内容は、井村哲郎編『満鉄調査部――関係者の証言』(アジア経済研究所、一九九六年)六三七～六五四頁に収録されている。浅田の発言は六五〇頁である。

第二章　関東憲兵隊史――反満抗日運動の弾圧

荻野富士夫

はじめに

関東憲兵隊とはどのような存在であったのか、その機構・機能と活動の実際を概観してみよう。まず、採用時の試験問題に新京憲兵分隊で出題した次のような「国語問題」（読みがなを付す）の文章が、簡単な自画像となっている（軍事普及会編『憲兵志願者必携』武揚堂書店、一九三三年、8ノ一一四頁）。

惟フニ我在満憲兵ハ事変以来軍ノ討伐ニ治安ノ恢復ニ献身事ニ従ヒ殊ニ今次熱河作戦ニ方リ其ノ配属憲兵ハ作戦部隊ノ行動ヲ援ケ飢渇ヲ忍ヒテ巍々荒寥ノ山野ニ活動シ困難ナル保安並ニ兵站業務ニ従ヒ克ク其任務ヲ全フセリ

ここでは「満洲事変」後、関東憲兵隊の任務が「軍ノ討伐ニ治安ノ恢復ニ献身」、つまり反満抗日運動の鎮圧にあったことが簡潔に述べられている。憲兵といえば、軍隊内の警察機関であり、軍隊内外の反戦・反軍活動の抑圧取締という治安機能がまず想起されるが、関東憲兵隊はそれらとは別の次元からもとらえる必要があることを示唆する。

それは中国公安部檔案館編『史証』（中国人民公安大学、二〇〇五年、なお、中国語文献からの翻訳は拙訳による）に、「関東憲兵隊の犯罪行為」として「中国に侵略する日本憲兵である関東憲兵隊は、日本本土の憲兵よりも乱暴で陰険である。彼らの兇暴さは言葉で表せないほどで、中国人民に対して犯した大量虐殺と財産略奪は書いても書いてもきりがないほどである」（二三二頁）とあることに照応している。

中華人民共和国による撫順戦犯管理所における「認罪」の過程で、「満洲国」総務庁次長であった古海忠之《ふるみただゆき》は、「偽満洲国ノ所謂治安粛正工作ニ関スル罪行」として次のように供述している（古海「供述書」。同史料については次頁参照）。

〔「満洲国」は〕一九三七年迄ハ〔中略〕関東軍ノ命ニ依リ或ハ関東軍ニ積極的ニ援助シ、国内治安ノ所謂粛正ニ全力ヲ傾倒シタノデアリ、治安維持第一主義ノ時代デアツタ、全満特ニ北満三江省一帯ニ亘ル治安工作ヨリ所謂東南地区ノ粛正工作ニ移リ、東辺道ノ開発三ヶ年計画ノ実施ト平行シテ東辺道ノ治安粛正工作ガ之ニ続イタ、大東亜戦争勃発後一九四三年以後ニ於テハ治安工作ノ重点ヲ熱河省ニ指向シ八路軍ニ対シ残虐ナル武力行使シ〔後略〕

撫順戦犯管理所において最終的に「戦争犯罪人」として起訴・公判・有罪となった四五人のうち、関東憲兵隊の関係者は新京憲兵隊長や関東軍司令部警務部長などを務めた斉藤美夫《さいとうよしお》ら一〇名にのぼる。憲兵隊司令部中枢のほか、新京・奉天・佳木斯《チャムス》・東安・牡丹江・承徳・錦州の各憲兵隊に所属し、それぞれの活動ぶりが供述されている。この「供述書」の裏付け史料となったのが、関東憲兵隊司令部および各憲兵隊が作成した『思想対策月報』などである。斉藤美夫『飛びゆく雲』（揺籃社、一九八七年）には、「検察官は、私が所属した関東憲兵隊司令部南支那派遣憲兵隊支那総軍軍事顧問部等々の年報、季報、月報、その他重要文献の総括報告を押えている」（一一〇頁）、「推察するところ日本の敗戦直後から、日本軍機関から押収した書類文献を基にして数年間かかって一々現地について証拠資料を蒐集整理した。告発人、証人を設定し現状写真も揃っている」（二九頁）とある。こうした裏付け史料や証言をもとに、「供述書」は何度も書き直され、補訂された。

本章で用いる撫順戦犯管理所における「認罪」と「担白」の資料である四五人分の「供述書」は、中華人民共和国から中帰連平和記念館に提供されたＤＶＤに収録されている。引用にあたっては、斉藤美夫の「供述書」の場合、斉藤「供述書」としたが、資料の性質上、頁番号は省略した。なお、中国・中央檔案館整理『日本侵華戦犯筆供』全一〇巻（中央檔案出版社、二〇〇五年）は四五人分の「供述書」を収録するが、ＤＶＤ版とごく僅かの差異がある。また、新井利男・藤原彰編『侵略の証言――中国における日本人戦犯自筆供述書』（岩波書店、一九九九年）は、この四五人の戦犯「供述書」の主要部分を抄録したものである。

本章では、これらの「供述書」のほか、敗戦時の関東憲兵隊司令部による焼却処分にもかかわらず燃え残って発掘された『思想対策月報』などを活用する（それらは吉林省檔案館・広西師範大学出版社編『日本関東憲兵隊報告集』第一〜四輯〔二〇〇五年〕などとして公刊されている。以下、同書の引用にあたっては、第一輯第一巻を『報告集』Ｉ‐①と表記する）。また、「満洲事変」時の動向については、岡部牧夫編・解説『満州事変における憲兵隊の行動に関する資料』（不二出版、一九八七年）が貴重である。

第一節　創設と整備――「満洲事変」以前

1　満洲権益の擁護へ

本節では一九〇五年から三一年九月の「満洲事変」以前を対象とする。

一九〇五年一二月、旅順を本部とする「関東憲兵隊」が創設された。隊長は福永定中佐で、遼陽・奉天・鉄嶺・安東・長春に分隊が設置された。創設時三五九名を擁したが、以後漸減する。名称は一時「第十五憲兵隊」へ変更後、再び「関東憲兵隊」となる。〇八年七月、「関東憲兵隊編制」が規定され、定員一九四名、本部（大連、隊長中少佐）と六分隊となった。「以来、昭和七《ママ》年の満州事変まで、関東憲兵隊の編成に大きな変遷はな」く、兵力の増減も殆どなかった（全国憲友会編『日本憲兵正史』全国憲友会連合会本部、一九七六年、四九頁）。一九二〇年代を通じて、全憲兵隊の定員に占める関東憲兵隊の割合は一割弱程度である。

関東憲兵隊の強化が試みられたこともある。一九一七年七月、関東州における「憲警統合制度」（「憲兵警察制度」）の実施である。寺内正毅首相の「満韓一体化」構想にもとづくもので、関東憲兵隊長が関東都督府警務総長を兼任し、文官警察官への指揮権をもった。朝鮮の憲兵警察制度の一部「遷移」が意図されており、施行前には「南満の軍閥化傾向」という批判をあびた（『東京朝日新聞』社説、一九一七年六月一八日）。実際にも「予想に反して成績馨しからず」、「世運の推移は文治行政を要望し」（関東局編『関東局施政三十年史』一九三六年、七六七頁）と不評で、一九年四月、原敬内閣の下で廃止された。[1]

一九一〇代までの関東憲兵隊の主な役割は軍事警察業務、すなわち関東軍の軍紀・風紀の監察・取締という軍隊内の警察活動にあったが、[2]早くも創設当初から租借地であるがゆえの「権益」確保にも関心を寄せていた。たとえば、一九〇九年九月の租借地の境界紛争事件である「公主岺思案橋事件」について、関東憲兵隊は中国側による「畢竟利権回収邦人排斥ノ思想ヲ遂行セントスルモノ」と観測していた（「密大日記」一九〇九年、防衛省防衛研究所図書館所蔵）。また、同年一二月、「安奉線」改築工事に際して「支那強盗ノ迫害」頻繁となる事態に、満鉄からの要請を受けた関東都督の指示で憲兵隊員が派遣され、警戒にあたった（「密大日記」一九〇九年）。

一九一八年のシベリア出兵時には、第七師団に関東憲兵隊から戦時兵站憲兵四一名が配属された。また、ウラジオ派遣軍憲兵隊の下に創設された「北満憲兵隊」（本部ハルビン）は、二〇年九月時点で一五八名を数えた。同隊は、二二年九月、復員完結とともに廃止された。

このシベリア出兵において、関東憲兵隊は「初めて共産主義との思想防諜戦の矢面に立たされることになった」（全国憲友会編『日本憲兵外史』全国憲友会連合会本部、一九八三年、二八六頁）。一九一九年一二月に憲兵隊司令部が定めた「特秘報告事項取扱要領」には、「四　特秘報告ニ関スル重ナルモノ」として、「（一）過激派ノ状況　（二）将校以下ノ過激化言動其他思想ノ状況」、「（七）朝鮮人支那人ノ排日又ハ排外状況」（憲兵司令部編『西伯利出兵憲兵史』一九二八年、二六一丁）もあった。そして、二一年四月のウラジオ派遣軍憲兵隊司令部「過激派主義者取締要領」では、「露領ニ於ケル我憲兵ノ過激派取締ハ国家自衛権発動ノ外公然ノ特種権利ナキコトヲ考ヘ且ツ国際及外交関係ヲ顧慮シ最慎重ノ態度ヲ採ルヘシ」と視察中心の方針が示されている。同時に「排日鮮人取締要領」も規定された。六月二三日の北満憲兵隊長の訓示には、次のようにある（憲兵司令部編『西伯利出兵憲兵史　附録』一九二八年、八三丁）。

憲兵ハ主トシテ軍事警察ニ服シ諜報勤務ハ従タル可キモノナルモ四囲ノ形勢ハ稍モスレハ諜報勤務ニ主力ヲ注カサルヘカラサル場合アルヘキモ為是居常決シテ軍事警察ヲ軽視スルヲ許サス然ルニ従来ノ成果ニ徴スルニ概シテ軍事警察ニ対スル着眼力薄キ感アリ各官ハ一層部下ヲ督励シテ軍事警察ニ努力セラレンコトヲ望ム

戦争・派兵目的が曖昧だったため士気は低下し、軍紀・風紀の弛緩が広がった。本来はそうした「軍事警察」の役割こそ憲兵の任務だったにもかかわらず、「過激派取締」にかかわる「諜報勤務」に主力を注がざるをえなくなっているという実情が浮かび上がる。軍紀・風紀の低下は将兵らの思想悪化も導いたはずで、憲兵隊はそれらの事態への警戒を怠らなかった。

一九二一年一一月の関東庁警務局『旬報』第三号（「外務省記録　関東都督府政況報告並雑報」第一二巻、1-5-3-12、外務省外交史料館所蔵）所載の「関東憲兵隊報」として、「不逞鮮人渡来」、「鮮人独立各団ト支那共産党員提携」、「上

海仮政府ノ現況」、「東支沿線過激主義宣伝」、「浦潮国民会議員党派別及氏名」などの情報が掲載されている。ロシア革命による「過激思想」の伝播や朝鮮民族独立運動の活発化に対応して、一九二〇年前後から関東憲兵隊の軍事警察以外の領域への活動が顕著となってきたことがわかる。

一九二三年三月、分隊長会議に際して峯幸松関東憲兵隊長は「騒擾時憲兵ノ行動ニ関スル図上対策」を指示している。「満鉄会社附属工場ノ労働争議ヨリ延テ騒擾ニ至リシ場合」を想定したもので、「第一期（社会ノ形勢険悪）」や「第二期（集会又ハ運動等ヲ催シ騒擾ヲ惹起スル虞アリ）」の段階では「過早」の行動を戒めつつ、「第三期（騒擾勃発）」の段階では「分隊長ハ兵器使用ヲ命シ積極的ニコレカ鎮圧ヲナス」とする。また、軍隊出動の場合でもその「威信保持ノ為可成兵力ヲ使用セサル」こととし、憲兵が前面に出るべきという。そこで「軍隊ノ濫用ノ弊害」の教訓とされたのは、「露国革命時ノ例」であった（『軍事警察雑誌』第一七巻第五号、一九二三年五月）。

一九二〇年代には、「権益」拡充や排日運動排除の尖兵として関東憲兵隊はその存在感を増していった。一九二五年一一月、「郭松齢事件」において郭・張作霖両軍の監視にあたるため、旅順に臨時憲兵隊本部を設置した。関東憲兵隊の方針は「扶張抑郭」であり、峯幸松関東憲兵隊長は「支那時局ニ関シ憲兵行動ノ件」（一一月二五日、関東憲兵隊本部「陣中日誌」「大日記乙輯」一九二六年、防衛省防衛研究所図書館所蔵）で、「南満洲カ一朝擾乱ノ巷ト化センカ我帝国ノ蒙ムル影響頗ル大ナリ依テ南満洲治安状況ニ付テハ特ニ細心ノ注意ヲ払ヒ機ヲ逸セス之カ報告ニ努メ」よと訓示した。名目は奉天・営口の在留日本人の「保護」とした。外務省側もこれを了解していたことは、「軍隊ト云ヘハ直ニ占領ヲ連想スルモ憲兵ト云ヘハ治安維持ヲ連想セシメ力ヲ同シクシテ其ノ感想上ノ結果ハ良好ナリ」という吉田茂奉天総領事の言（一九二五年一二月九日付外相宛電報、同前）に明らかである。軍隊の出兵ではなく、警察機関の出動というカモフラージュが有効とされた。この事件から関東憲兵隊は、次のような教訓と展望を得ている（一九二五年一二月二八日、同前）。

（一）現関東憲兵隊ノ編成ヲ以テ憲兵ノ兵力移動ヲ行フハ困難ナリ〔中略〕強大ナル力ヲ擁シ居ルコト最モ必要ナリ

大連分隊ハ戦禍ニ伴フ直接治安維持ノ顧慮ハ比較的少ナカリシト雖モ国民党及第三「インターナショナル」ノ煽動ニ依リ排日運動又ハ労働者ノ暴動等何時突発スルヤモ測ラレス

〔中略〕

（三）憲兵ノ支那領土配置ノ実例ヲ開キ在住支那人民ヨリ多大ノ好感ヲ以テ迎ヘラレタリ〔中略〕治安維持ノ為メ殊ニ特種ノ関係ニアル満洲ニ於テハ威力アリテ警察官ノ性質ヲ有スル憲兵ノ極メテ必要ニシテ之ヲ使用スルノ特ニ有利ナル〔後略〕

いわゆる「満蒙権益」の保護のために、「威力アリテ警察官ノ性質ヲ有スル憲兵ノ極メテ必要ニシテ之ヲ使用スルノ特ニ有利ナル」ことを関東憲兵隊は強く自覚しており、以後、その威力の発揮に努めることになる。一九二九年から三四年にかけて長春分隊長を務めた斉藤美夫は、長春憲兵隊の「総兵力七十名を指揮して、軍事警察の外、付属地の警備、日本権益の擁護、在留人（日人）の保護、中国民心の動向査察」の任務を遂行するため、「中国軍・政機関の情報蒐集工作及中国人民の抗日言動を鎮圧する工作を実行し」（斉藤「供述書」）たとする。

一九二三年三月、分隊長会議の際、峯司令官は「騒擾時憲兵ノ行動ニ関スル図上対策」について指導している。その騒擾時という想定は、「満鉄会社付属工場ノ労働争議ヨリ延テ騒擾ニ至リシ場合」で、「社会ノ形勢険悪」段階、「騒擾勃発」段階など、詳細な検討がなされていた(3)（『軍事警察雑誌』第一七巻第五号、一九二三年五月）。

2　関東軍との呼応

「権益」拡充や排日運動排除の尖兵となるなどの役割を増していった関東憲兵隊では、それと連動して憲兵隊長のポストが当初の少中佐から大佐（一九二〇年七月）へ、さらに少将（二四年二月）に格上げされた。少将職の最初の隊長となったのは、峯幸松であった。

一九二六年一二月三〇日、関東軍司令官は「在満軍隊根本的改正に関する件」（「密大日記」一九二六年）のなかで、指揮系統下にはない関東憲兵隊についても二倍増の四〇〇名の増員要求を出している。「殊ニ満洲ノ如キ所ニ於テハ普通ノ警察官ニ比シ武力ヲ兼備セル憲兵ノ使用ハ最便利ナルノミナラス其ノ威力ノ大ナルコトハ地方良民ノ等シク認ムル所ニシテ関東庁並領事側ニ於テモ亦之カ増員ヲ要望シツツアリ」という趣旨だが、中央の認めるところとならず、実現はしなかった。この増強の志向は前述のような関東憲兵隊自身が「強大ナル力ヲ擁シ居ルコト最モ必要」という希望をもっていたことに呼応しており、「満蒙」の「権益」拡充という点で両者の思惑は合致している。

一九二八年六月の張作霖爆殺事件においても、奉天憲兵分隊長は事前に十分な理解を与えていたとされる。現場調査や鉄道連絡電話の盗聴、爆発担当の工兵への協力などがあったという（『史証』二三五頁）。「満洲事変」前夜については、大谷敬二郎の回想が興味深い（『憲兵――元・東部憲兵隊司令官の自伝的回想』新人物往来社、一九七三年、ここでは光文社NF文庫版による、一八頁）。

〔昭和〕六年四、五月ごろのことであったが、軍司令部の調査班で憲兵将校参加の下に、満州占領後における憲兵兵力配置等の研究がなされており、万一開戦となれば、満州は関東軍が占領し、この軍事占領の下では軍政が布かれ、憲兵が主体となって治安維持に当たる構想で、その所要兵力、編成配置等が練られ、すでにその一案が準備されていた。しかしこのような軍政に関する研究準備も関東軍としては当然のことと私は理解していた。

関東軍と関東憲兵隊の関係は呼応というより、もはや実質的な連携と統制下におかれていたといってよい。一九三一年七月二五日付で、憲兵隊司令官となっていた峯幸松が南次郎陸相宛に提出した「関東憲兵隊編成改正ニ関スル意見」（「A級極東国際軍事裁判記録（和文）」№121、国立公文書館所蔵）には、「将来ノ作戦ニ於テ満蒙ノ某地域ニ対シ徹底的軍事占領ヲ企図スルモノトセハ之カ治安維持ノ為一部ノ占領地守備隊ノ外憲兵兵力最少限約五千（其ノ他支鮮人ヲ以テスル憲兵補助員若干）ヲ必要トス」とあった。ただし、これには十数年を要するとして、「新編制改正ニ依ル約千百名ノ現役憲兵ヲ充実」することが当面の目標とされた。「新編制」下では奉天に司令部を移し（約二〇〇名）、奉天に約三〇〇名、長春に約二〇〇名を配置し、別に約四〇〇名の「独立憲兵隊」を設けるとした（「満洲ニ於ケル憲兵々力編制ニ関スル研究」一九三一年七月、同前）。

この「憲兵兵力最少限約五千」という数値は、後述するように関東憲兵隊がアジア太平洋戦争期に急拡充の末に到達をめざした具体的な人数であった。

第二節　軍事的討伐の補完――「満洲事変」期の憲兵活動

1　「満洲事変ニ於ケル憲兵隊ノ行動」

本節では一九三一年から三四年までを対象の時期とする。

柳条湖事件「勃発」の陸軍省宛の第一報は、一九三一年九月一八日午後一一時一一分発の奉天分隊長（三谷清少佐）からの「日支兵衝突事件ニ関スル件」という電信である。第二報は関東憲兵隊長の一九日午前一時五五分発で、「当隊ハ各地ヨリ奉天ニ兵力ヲ集中ヲ命スルト共ニ本部ヲ軍司令部ト共ニ奉天ニ出動準備中」とされ、午前四時二七分に「当隊ハ最寄分隊ヨリ約一〇〇名ヲ奉天ニ集中ヲ命シ十九日午前中ニ略々集合ヲ終ル予定　本職ハ午前七時二十五分旅順発奉天ニ向フ」と続報が発せられている（「満洲事変憲兵情報」「外務省文書」マイクロフィルムS486）。

こうした迅速な出動の根拠は、事変当初、関東州・満鉄付属地は憲兵令・関東憲兵隊服務規程によった。付属地外の軍行動地域はハーグ陸戦条約に準拠したとされ（関東憲兵隊司令部「満洲事変ニ於ケル憲兵隊ノ行動」第一〇号、一九三二年三〜六月、岡部牧夫編・解説『満州事変における憲兵隊の行動に関する資料』、三三一頁）、国際的な視線に配慮したかたちをとるが、まもなく東北部全体に軍事活動が急拡大するなかで、そうした慎重さも無視されていく。

関東憲兵隊から憲兵司令部への公式報告は大谷『憲兵』によれば、次のようなスタンスでなされたという（二三頁）。

この事件が単なる柳条溝《(ママ)》事件でとどまっているのであれば、その不当を暴露することは、あるいは憲兵として当然のことであろうが、今や関東軍は全力をあげて東北軍権に対して攻撃を行なっている。すでにわが軍にも相当の死傷者を出している。もはや憲兵はこれが摘発に出るべきではなく、むしろこれに協力する態度に出るべきである。この際憲兵はこうした陰謀には目をつぶることが大乗的な態度ではないか。したがってこの事件の陰謀を積極的に詮議立てすることは、戦場憲兵としては慎むべきである。

事変の惹起が関東軍による謀略としてなされることを十分に予測し、対応を準備しながらも、関東憲兵隊のなかに批判的な見方があったとも大谷は回想する。「もともと、二宮〔健市〕少将は関東軍の行動には批判的だった。ことに板垣〔征四郎〕、石原〔莞爾〕、花谷〔正〕といった幕僚が、本庄〔繁〕司令官や三宅〔光治〕参謀長を全くロボット扱いしている非軍紀的な態度にも内心憤りを感じていたし、謀略そのものも気に食わなかった」とし、石原高級参謀からは「大谷君、憲兵はいらざるお節介をやめて本務に精進するんだな。よく隊長〔二宮〕にもいっておきたまえ」（同前、二七頁）と警告もされていたという。

しかし、実際には鉄道爆破の謀略に関東憲兵隊そのものが深く関与していたことを、『史証』は指摘する。「憲兵は関東軍の侵略指針によって、積極的に情報収集の任務を担当して、陰謀の実施に有力な資料を提供した」として、奉天憲兵分隊長の三谷少佐は「柳条湖鉄道爆破後の詳しい行動計画を立てた」うえ、爆破直後、「速やかに計画を展開して、部下に東北政権の重要人物を逮捕するよう命じ」、蔵式毅・趙欣伯ら五〇余名の要人を一挙に検挙したとする（二三六頁）。「名義上憲兵の役割は治安維持であるが、事実上、その任務は市内を巡視し、愛国者を捜査することであった。容疑者と思われる人々は、場所を問わずに逮捕、銃殺され」（二三七頁）、奉天城内のみでも五〇余名に達したという。

柳条湖事件直後の具体的な活動の一つをみると、営口駐在の憲兵分遣隊の場合、営口の中国軍武装解除における事前調査と準備（九月一九日）が功を奏し、「敵ハ（中略）東北方地区ニ対スル警戒ヲ閑却セシ為自動車ヲ利用セル我カ軍ノ奇襲ニ遭ヒ遂ニ一戦ヲ交フルコトナク降服スルニ至レリ」（参謀本部編『満洲ニ於ケル支那軍掃蕩戦』上「満洲事変史」第三輯、偕行社、一九三四年、七頁）となった[4]。

事変当初の関東憲兵隊は関東軍主力に配属され、「匪徒」の討伐活動に参加するとともに、「民心ノ趨向」や「反満抗日分子ノ動静偵知」にあたったことを、憲兵司令部「満洲事変ニ於ケル憲兵隊ノ行動」は詳細に報じる。第一号（九月一九日から一〇月五日）によれば、各地の「憲兵ノ服務」は次のようなものである（『満洲事変における憲兵隊の行動に関する資料』八頁）。

（1）時局要注意支那人ノ行動監視、取締
（2）出入外国人、新聞通信員ノ行動監視取締
（3）匪徒、敗残兵ノ潜入警戒、盗難警防
（4）便衣隊左傾分子ノ潜入並行動警戒
（5）隠匿武器ノ捜査押収
（6）時局ニ伴フ各種犯罪検挙取調

(7)流言、蜚語、言論集会ノ取締
(8)交通取締
(9)支那公安局巡警ノ指導
(10)情報ノ蒐集

また、排日取締や軍機保護を目的に郵便通信の検閲も実施された。「南支方面ノ排日激化スルニ伴ヒ各種排日檄文ノ満洲ニ配布セラルル、少カラス、排日新聞雑誌ノ我カ占拠地内ニ不良ノ影響ヲ与フルコト亦黙過シ難ク」(「満洲事変ニ於ケル憲兵隊ノ行動」第二号、一九三一年一〇月上旬、三八頁)という現状への警戒にもとづく。関東軍司令部「満洲事変ニ関スル宣伝計画」(一九三一年一〇月一九日)にも、「新聞通信員ノ電報ハ長春、奉天、大連郵便電信局ニ於テ日本郵便電信法第五条及万国郵便電信法第七条ノ適用ニヨリ点検シ特ニ憲兵ヲシテ援助セシム」(「満洲ノ情報」「外務省文書」マイクロフィルムWT9)とあった。

ややのちになるが、関東憲兵隊司令官は奉天城内憲兵分隊に対して、「事変以来東北軍閥策源ノ中枢地ヲ扼シ常ニ反満抗日分子ノ策動ヲ制圧シ付近一帯ノ警備並治安維持ニ任シ来リシカ〔中略〕前後九回ニ亘ル爆破未遂事件発生シ極度ニ人心ノ動揺ヲ来セリ〔中略〕巧妙ナル密偵ノ操縦充実セル警戒網ニ依リ遂ニ〔中略〕救国義勇軍参謀尚久祥以下十五名ヲ一網打尽的ニ検挙シ以テ其企図ヲ挫折シ」という活動を特筆に値するものとして、「賞詞」をあたえている(『軍事警察雑誌』第二七巻第一〇号、一九三三年一〇月)。

関東憲兵隊は「満洲事変」への軍事的貢献に主力を注ぐ一方で、憲兵の新たな機能としての「高等警察務」(社会運動の視察取締)への取組みもおこなっていた。一九三一年七月、関東憲兵隊司令部が編集・刊行した『満洲共産運動ノ近情』は、その関心と警戒の産物である(復刻版でタイプ印刷、全二八七頁)。「第三　満洲ニ於ケル共産党ノ活動」の「概況」は、次のように叙述される(一〇一頁)。

満洲ニ於ケル共産運動ハ北部ニ於テハ露蘇ノ疆辺地帯ニシテ且東支鉄道ニ関係アルヲ以テ露蘇政府及共産党特別区トシテ既記ノ如ク哈爾賓満洲委員会ヲ設置シ更ニ東支鉄沿線各地ニ支部又ハ区委ヲ配置シ常ニ党員ノ結束、指導、監督ニ努ムルノ外国際的状勢ノ変化ニ依リ今回ノ事変以来ノ如ク幾多ノ陰謀策動ヲ為シ加之自国民ノ指導ニ名ヲ藉リ主義ヲ宣伝シ第三「インター」又ハ中国共産党ト連絡シテ種々ノ策動ヲ為シツツアリ

これにつづき、中国共産党は「敗残軍隊及土匪ノ赤化工農民衆ノ武装ヲ求」める指令を出すほか、「数回ニ亘リ幾百ニ達スル宣伝工作従事員ヲ派遣シテ農村方面ノ宣伝工作」（同前、一〇一頁）などにあたらせているとする。単なる軍事的衝突・抗争ではなく、反満抗日運動に発展する「満洲共産運動」に強い危機感をもっていることがわかる。

「高等警察務」への志向は強権の発動をともなっていた。早くも一九三一年一一月二一日、奉天城内憲兵分隊は中国共産党満洲省委員会幹部を検挙している（三二年四月二三日にはハルビンでも検挙、ただし「満洲国」官憲を補助）。憲兵司令部「満洲事変ニ於ケル憲兵隊ノ行動」第四号（一九三一年一一月上旬）には、中国側に一般的治安維持を任せ、関東憲兵隊は「漸ヲ追フテ高等警察務ニ勤務ノ重点ヲ指向スルノ方針」（『満洲事変における憲兵隊の行動に関する資料』一一〇頁）をとったとある。また、中国側「巡警」の指導監督にもあたり、「各公安局ニハ尠クトモ憲兵下士（上等兵）一名ヲ付シ日常ノ勤務ヲ監督セシムルコト」（同前第二号、三六頁）とした。そのため、中国側「巡警」は「欣喜憲兵ノ命ニ服シ（中略）著々実績ヲ収メツ、アリ」（同前第六号、一九三一年一二月上旬、一七一頁）という。

各地での軍事的行動に加えて「高等警察務」の遂行にあたるため、関東憲兵隊の兵力は急速に拡充の一途をたどった。「満洲事変」以前はほぼ二〇〇名規模が維持されていたが、一九三一年一〇月には二七二名、三二年二月末には三一〇名（各師団配属含む）、三二年五月には五一一名となり、さらに三三年末には六九〇名を数えた。これらは朝鮮・日本国内憲兵隊からの補充、補助憲兵の採用などによってまかなわれた。柳条湖事件から早くも一ヶ月の時点で、

「便衣隊、敵側間諜ヲ一掃スル」ためには「不取敢全国ヨリ手垂ノ憲兵二百名ヲ管抜派遣シ更ニ憲兵ノ指揮下ニアル支那巡警三千名ヲ増員シ至厳ナル検問警戒ニ依ツテ其ノ徹底ヲ期スルヲ要ス」（同前第三号、一九三一年一〇月下旬、一〇四頁）と増員の希望が出されている。

奉天憲兵隊の拡充ぶりを例にとると、一九三一年一〇月段階では四五名を擁する城内憲兵分隊と四七名を擁する城外憲兵分隊からなっていた。三谷清少佐を分隊長とする前者は三つの分遣隊を、川島鉄太郎少佐を分隊長とする後者は二つの分遣隊をもつ。三二年六月になると、五分隊・一一分遣隊、総勢一五〇名に拡充された。さらに三四年二月末では八分隊・八分遣隊、総勢二五〇名となった（傳大中『関東憲兵隊』吉林教育出版社、一九九一年、三一頁）。

憲兵増員の妥当性・適法性は「是レ国際政局上毫モ支障ヲ生セサルノミナラス時局安定、収拾ノ上ニ緊要欠ク可カラサルモノナリ」（「満洲事変ニ於ケル憲兵隊ノ行動」第一号、二九頁）と強調された。かつてと同じように、警察力の拡充による治安の回復が強調された。

また、関東憲兵隊とは別に、越境派遣された朝鮮軍配属の憲兵の活動も見落とせない。憲兵司令部「鴨緑江対岸越境部隊（第十九師団第二十師団）随伴憲兵ノ行動」は、たとえば「憲兵ハ治安恢復ニ伴ヒ満洲国ノ実相宣伝普及県政ノ援助、警備機関ノ指導、渡満鮮人増加ニ依ル対策支援ニ重キヲ置キ服務ス」（「第八報」一九三三年二月分、「満密大日記」防衛省防衛研究所図書館所蔵）、「憲兵取扱犯罪人鮮人二七、満人一四計四一件ニシテ鮮人ノ犯罪ハ人口ノ僅少ナルニ反シ満人ノ概ネ二倍ニ達ス」（同前「第九報」一九三三年三月分）というものである。朝鮮から派遣された憲兵は、主に在満朝鮮人の抑圧取締に重点を置いていた。

明治末以来、移住朝鮮人の動向が焦点となっていた「間島」地方には、一九三二年四月、朝鮮軍から間島臨時派遣隊の出動をみたが、これに憲兵隊約四〇名も配属された。憲兵司令部「間島臨時派遣隊配属憲兵ノ行動」には、「間島派遣憲兵ハ前月ニ引続キ間島派遣隊並琿春派遣隊隷下各部隊ノ兵匪討伐ニ随伴出動スルト共ニ間島総領事館警察署ヲ区処シ治安業務ニ努メ相協力シテ共匪ノ招撫掃蕩検挙ヲ実施セル外郭地憲兵駐屯地ノ公安局ヲ指導鞭撻シ以テ治安維持ニ任ス」（同前「第十一報」一九三二年一月分、「満密大日記」）とある。その後、この派遣憲兵は関東憲兵隊下の延吉憲兵隊に転属していく。(5)

憲兵司令部総務部企画課長の三浦三郎少佐（のち関東憲兵隊司令官）がおこなった「在満日本憲兵の機能」というラジオ放送が、『満洲評論』第五巻第一一号（一九三三年九月）に掲載されている。「満洲事変」後ほぼ二年が経過するなかで、関東憲兵隊の活動の概況が次のように解説された。

事変前僅か二〇〇名足らずだつたが現在では全満各地主要都市到る処に憲兵の形影を見ない処はない。満洲憲兵の業務は内地憲兵と異り俗に軍令憲兵と称し、軍事一般の警察のほか国内保安の大責任を有しており、従て在満日本警察機関を区処統制し満洲国鉄路巡警を指揮し且つ又事実上満洲国警察機関を援助指導して他の軍隊と相携へて治安恢復に尽力してゐる。顧るに反日満の策謀は悪辣さに於ても数に於ても決して減じおらず、日満要人に対する暗殺策謀、鉄道交通通信機関の破壊、反満抗日結社の台頭の如きに加へ諸外国の謀略並諜報機関の活動等が加はる事が想像され、一方皇軍の極端なる分散配置により治安の徹底的恢復を期しおり集団的馬匪賊が漸少しつゝあるが将来の用兵作戦の見地から永くこの分散配置を持続するわけには参らず、かくて地方治安の中心は逐次憲兵隊の活動に俟つこと最も多きに立到つてきておる

関東憲兵隊が「満洲国」の「国内保安の大責任」をにない、「地方治安の中心」であることを自負しているが、次項でそれらの内実を概観してみよう。

2　「関東軍憲兵隊」への転換

一九三二年六月一五日、関東憲兵隊は大きな転換期を迎えた。「関東軍勤務令ニ依リ軍行動地域内ニ於ケル保安及

軍事警察ヲ掌リ関東州及満鉄付属地内ニ於ケル司法警察及行政警察ニ関シテハ憲兵令ニ依リ勤務スル」(「満洲事変ニ於ケル憲兵隊ノ行動」第一〇号、三二八頁)として、中央の憲兵隊司令部の指揮から離れて関東軍司令官に直属することになったのである。その意図は、両者間に顕在化してきた対立・齟齬の解消にあった。『日本憲兵外史』には「満州事変勃発当初、軍監護法を大義名分として国際法を重視する憲兵隊主脳に対し、作戦第一主義の関東軍幕僚との対立はことごとに激化した」(二八九頁)とある。三三年五月、「満洲国」軍顧問佐々木到一中将が「満洲統治ニ於ケル憂慮」の一つにあげている「憲兵ノ行動モ亦皇軍崩壊ノ因ヲ作リツ、アルニ非ラスヤトノ懸念」(「佐々木到一中将史料1」防衛省防衛研究所図書館所蔵)が、おそらくこの「対立」に関連している。

憲兵ニ対スル批評ハ今ヤ看過スル能ハサルモノアリテ特ニ下士官、上等兵中ノ不良分子ニ至リテハ満洲国統治上ノ癌ナリトノ説ヲナスモノアリ(中略)一般ニ憲兵ハ広汎ナル権力ヲ振リ廻シ増上慢ニ陥レル傾向アリ憲兵ノ自我的行動ハ往々ニシテ部外者ニ好餌ヲ与ヘ軍ノ結束ヲ破壊スルノ結果ヲ招来スルノ恐アリ今ニシテ憲兵ヲ是正スルニ非サレハ憲兵ノ行動ハ皇軍ヲ崩壊セシムル直接的原因トナラサルヘキヲ保シ難シ

この佐々木の「憂慮」には憲兵隊側の反論があると推測されるが、前述の大谷敬二郎の回想も参照すれば、「国際法を重視する憲兵隊主脳」と「作戦第一主義の関東軍幕僚」の対立があったことは事実であろう。一九三三年六月の関東軍参謀長会議において、小磯国昭参謀長は「憲兵ノ用法ニ就テ」論及し、「憲兵ハ部隊ト一心同体トナリ唇歯輔車ノ関係ヲ保チ作戦部隊ノ煩累ヲ省キツツ共同シテ目的ヲ達成スルコトニ主眼ヲ置クモノナリ」(「密大日記」一九三三年)と憲兵隊側を牽制している。

関東憲兵隊司令部に籍を置いた上砂勝七はその著書『憲兵三十一年』(東京ライフ社、一九五五年)のなかで、憲兵側から見た転換の事情に触れている。一つは、「この満洲事変を境とし、憲兵も増強せられ、素質も低下し、特に昭

和七年五月七日の憲兵佐官臨時転科には、「原兵科に復せしむることを得」という条件付憲兵将校も出て来た」（五八頁）という見方である。急増員に起因する「素質」の低下が、佐々木の言及する「増上慢」や「自我的行動」を招き、それらの是正には関東軍のなかに取り込み、強力な統制を加えるべきだという判断を導いたのではないか。

もう一つは、「今迄にない大編成の関東軍（ママ）憲兵隊の事とて、司令官には陸軍部内有数の将官を充て、関東軍の幕僚の内から二三人を憲兵隊司令部の参謀兼任としたため、憲兵隊も内地憲兵司令官より離れ、独立したい気分が濃厚であった」（五八頁）という事情である。激化する反満抗日運動を抑え込むためには、憲兵の本来有する独立性を失っても、「作戦第一主義の関東軍」の指揮統制下に入ることが有効という判断が関東軍憲兵隊内部に高まってきたと思われる。それまでの「軍政憲兵」から「軍令憲兵」[6]となることで、名実ともに「関東軍憲兵隊」となり、「国内保安の大責任」という第一義的責務を負わされた（「軍令憲兵」については、第五章参照）。

この転換に連動して、関東憲兵隊のトップは憲兵隊長から憲兵隊司令官に格上げされた（朝鮮憲兵隊と同等）。初代の司令官は「憲兵生え抜きの将官」で憲兵隊長の二宮健市少将がそのまま「司令官」となったが、「関東軍のやり方に対し常に憤慨」し、「軍の幕僚達からは敬遠されていた」（『憲兵三十一年』五九頁）ため、まもなく更迭された。そして、一九三二年八月八日、二代目司令官に関東軍参謀長から異動した橋本虎之助少将が就いた。ここに「軍令憲兵」への転換の意図は明らかである。上砂によれば、三代目司令官田代皖一郎《たしろかんいちろう》も「参謀本部系統の有数の支那通」（六〇頁）であり、ようやく四代目司令官として憲兵出身で朝鮮憲兵隊司令官の岩佐禄郎が就任する。

関東憲兵隊を管下においた関東軍は、一九三三年二月、陸軍省宛に「満洲ニ於ケル憲兵数ハ治安地域ノ拡大ト治安警察トノ関係上先ニ上申セル百十名ト次期作戦所要兵力ト合シ尠クモ二百名ノ増加方此際至急詮議セラレ度」（「満密大日記」）という要望を出し、実現をみる。

関東軍直属後、関東憲兵隊の反満抗日運動に対する軍事的討伐への協力はより鮮明となった。その具体相をよく示すのが、「東辺道匪賊討伐に於ける旅団配属憲兵の行動概要」という松浦克己大尉の報告である（『軍事警察雑誌』第二七巻第二号、一九三三年二月)。東辺道とは、鴨緑江の北側で、通化を中心とした地域を指す。

支那語を解し密偵使用に経験ある憲兵が行軍戦闘駐軍の各期間共常に率先前線に進出して、自らは勿論各種密偵を使用し、為し得る限りの方法を尽して相当確実なる敵情を偵知し、之を所属長に提出したることは、指揮官の決心に有力なる資料を与へたるものと信ぜられ、旅団情報主任参謀の如きは常に情報を信頼渇望しありたり

チチハル憲兵隊克山分隊長であった松浦は、「昭和七年十月五日開設以来分隊長以下克ク歩兵第二十七旅団ト協力シ反満抗日分子ノ動静偵知ニ努メ再三来襲セル敵匪ヲ撃退同地付近一帯ノ警備並治安維持ニ任シタリ」(同前、第二七巻第一〇号、一九三三年一〇月)という関東憲兵隊司令官の「賞詞」をあたえられている。その「賞詞」のもとになった松浦に対する混成第十四旅団長の「功績現認書」が残されている。「東辺道第一次討伐」(一九三三年一月)における「情報諜報ノ蒐集」では、「憲兵ハ十月十一日行動開始以来常ニ次級参謀ノ区署《ママ》ニ依リ旅団ノ先端ニ在リテ行進路前方及側方要点要点ニ密偵ヲ派シ又ハ憲兵自ラ部落ニ進入シテ土民ヲ詢問諸情報ヲ蒐集シテ之ヲ参謀ニ提出シ作戦上ノ資料ヲ提供シタリ」という記載がある。また、その具体的貢献は次のように列挙されている(松浦克己「満洲事変功績資料綴」専修大学図書館「児島襄文庫」所蔵)。

行軍、駐軍、駐留間ヲ問ハス常ニ民衆ニ対シ又ハ地方各機関ヲ集メテ満洲国建設ノ本旨ト皇軍出動ノ目的ヲ説キ生業ニ安ンスル様指導ス

特ニ新賓攻撃直後避難セル数千ノ民衆ヲ速カニ復帰セシメ民心ノ動揺ヲ防キ地方各機関新設ノ指導援助ヲナシタルカ如キ通化ニ於ケル県政復活ノ指導援助満洲国警察機関ノ設置編成ヲ指導援助シタルカ如キ押収諸物件ヲ整理シタルカ如キ商会農会ヲ指導シテ各種民心ノ安定ヲ図リタルカ如キハ憲兵トシテ重要ナル任務ヲ遂行セリ

その後も、関東憲兵隊から関東軍管下の各兵団に憲兵が派遣された。「昭和九年秋季関東軍討伐計画」においては、一九三四年一〇月以降、第三兵団に将校以下三七名、第二独立守備隊に将校以下一四名、桑名部隊に准士官以下六名の配属が指示されている（「満密大日記」一九三四年）。

東辺道地方とならび、「満洲国」西南国境に接する熱河地方も反満抗日運動が激しかった。熱河方面に第六・第八師団、服部独立混成旅団が派遣されると、関東憲兵隊からそれぞれに配属された。奉天憲兵隊より一五名が配属された第一兵站の場合、一九三三年二月、「憲兵ハ縦列監視並援護隊ノ不足ト長途ノ関係上之カ後方ヲナシ又先頭ニハ羽土軍曹〔中略〕ヲ派シ密偵並ニ道先案内ヲ使用シ兵匪状況ヲ偵察セシメ中間ニハ憲兵二名ヲ派シ前後方援護隊ノ連絡ヲ為サシメ軍需品ノ輸送上迅速安全ヲ期シ軍ノ行動ニ多大ノ便宜ヲ与ヘタリ」（遼寧省檔案館編『日本侵華罪行檔案新輯』第一二巻、広西師範大学出版社、一九九七年、二三三頁）という警備状況である。

『史証』の「関東憲兵隊の犯罪行為」によれば、第六師団に配属された四〇名の憲兵隊（川島鉄太郎少佐指揮）は「四、五名の密偵と通訳を操縦し、部隊の先発として作戦情報」の収集にあたった。とくに「情報は一番重要なので、憲兵らは手段を選ばずに拷問した。〔中略〕熱河を占領する前に、一〇〇名以上が憲兵らに殺害された。また、後方の運輸のために、庶民が生計の頼りにする馬五百匹を強制徴収され、さらに五百余棟の家を焼き払った」（二四三頁）という。関東憲兵隊では、これらの配属憲兵をもとに、一九三三年四月、熱河憲兵隊を創設した(7)（三四年四月に承徳憲兵隊と改称）。

一九三三年一〇・一一月分の関東憲兵隊司令部『警務旬報』は、「匪賊ノ出没依然尠ナカラス各地分散配置ニ在ル我軍ハ之カ剿討ニ寧日ナキ状態ヲ継続セリ」（『報告集』Ⅱ-⑯、三一八頁）、「匪賊ハ其捕捉頗ル困難ニシテ巧ニ各処ニ集合シ依然横行スルモノアリ〔中略〕偸安ヲ許サヽル状況ナリ」（同前、四一一頁）と、治安状況が安定しないことを率直に記している。上述のように配属された憲兵は情報収集に主力を注ぐほか「政治工作及宣伝工作」にもあたったが、軍事的な「討伐」においては憲兵の関与は限定的だった。参謀本部編『満洲ニ於ケル匪賊討伐戦』上（「満洲事変史」第六輯、一九三五年）の「序言」に「満洲事変ニ於ケル戦闘ノ大半ハ匪賊討伐戦ニシテ其地域ノ広大ナル殆ト南、北満洲全土ニ亙リ其回数ノ夥多ナル正ニ千余ヲ以テ算スヘク」（一頁）とあるが、同書には「憲兵」に関する記述はない（「満洲国人密偵」の有効性は評価）。反満抗日運動に対しては関東軍そのものの軍事的討伐が中心であり、憲兵はそのための諜報を主とした補完的な活動に従事していた。

一九三三年六月の関東軍参謀長会議で、武藤信義関東軍司令官は「満洲国内ニ於ケル治安恢復ノ完成ハ尚前途遼遠ナルモノアリ」と認めざるをえず、「分散配置」による「討匪」工作の実施に躍起となった。反満抗日運動の根強い抵抗とは別に、関東軍内部の弱点、すなわち「特ニ軍紀上忌憚スヘキ犯罪漸増ノ傾向アル」ことも一因だった。この点は小磯参謀長も口演の第一で「軍紀風紀ニ就テ」言及しており、深刻な問題となっていた（「満密大日記」一九三三年）。関東軍側は、この面においてこそ、憲兵の軍事警察機能の発揮を求めた。ただ、その具体的な取締状況は不明である。

一九三一年一二月、憲兵司令部は関東憲兵隊に「満洲新政権樹立ニ伴フ警察制度研究ノ好資料ト思料セラル、ヲ以テ参考ノ為」として、「日韓併合前後ニ於ケル朝鮮ノ警察制度」（防衛省防衛研究所図書館所蔵）と題する資料を送付している。「満洲国」建国が日程にのぼるなか、朝鮮の憲兵警察制度の導入が意図されていた。

一九三二年一〇月、関東軍司令部は第一回警務会議を召集し、在満外務省警察と関東庁警察に対して関東憲兵隊司令官による治安警察業務に限った指揮命令である「区処」を提案している。憲兵と各警察機関は権限争いなどをめぐってしばしば対立・競合関係に陥ることがあり、関東軍としては早急に融和と連絡協調を図る必要があった。小磯参謀長はその意図を、「軍ハ本来ノ任務上長期ニ亘リ荏苒此種勤務ニ執着シアルヲ許サザル事情アリ之ガ為ニハ満洲国側軍警ノ機構完成ト其ノ活動ニ俟タザルベカラザルハ勿論ナリト雖啻ニ之ノミニ倚信シテ晏如タル能ハザル情況ニアリ之特ニ治安ニ関係アル我警務機関ヨリ最大ノ協力ヲ以テ速ニ秩序ヲ恢復セントスル所以ナリ」（『外務省警察史』

第八巻、二〇八頁）と解説し、治安確保の最優先を強調した。

　この対外戦（対ソ戦）に向けての準備を急ぎたい関東軍の意向に沿って、一九三三年四月、関東憲兵隊司令部は「在満警務機関ノ統合改編要綱」を作成し、関東庁警察を外務省警察に統合しようとしたが、関東庁側の猛反発を受けた。その後、事態は紛糾するが（詳細は『外務省警察史』を参照）、最終的に三四年一二月、大使館警務部の発足をみる（三七年一一月の外務省警察・関東庁警察の「満洲国」委譲まで存続）。全般を統轄する警務部長は関東憲兵隊司令官が兼任し、第二課長（特高課長）も関東憲兵隊中佐のポスト（係主任の三分の二も憲兵側）となるように、関東憲兵隊の一元的な指揮統制が図られた。

　この強行な編成改変に関東庁や外務省警察の不満はくすぶっていた。外部からも、内務省系の伊沢多喜男・松井茂らが「憲兵警察制度ハ曾テ台湾朝鮮及関東都督府ニ於テ之ヲ実施セラレ而モ其悉ク大ナル失敗ヲ演出シタリ然ルニ今復之ヲ満洲ニ実施セントス」と批判する（「朝鮮ニ於ケル憲兵警察制度ノ考察」〔一九三四年頃か〕「伊沢多喜男関係文書」国立国会図書館憲政資料室所蔵）。これに対して、関東軍司令部は「在満機構問題ノ梗概」（一九三四年一〇月）のなかで、この在満警察機関の統制問題について「憲兵司令官カ警務部長ヲ兼任シタカラトテ憲兵政治カ布カレルノテハ決シテナイ満洲ノ治安カマタ確定サレテ居ナイカラ既存警察機関ノ全能力ヲ発揮スルノハ警務機関ノ指揮ヲ統一スルノカ急務テアリ必要テアルカラ憲兵司令官カ其ノ任ニ就クトイフニ過キナイノテアル」（「旧陸海軍関係文書」マイクロフィルムR.139）と弁明をしている。

　『史証』の「関東憲兵隊の犯罪行為」によれば、「憲兵隊は王宮に憲兵派遣所を設置して、警衛を名義としつつ、実際には溥儀の動向を監視した」（二三九頁）という。一九三四年四月の「満洲国」大礼警衛警備でも関東憲兵隊が主導権を握った。「満洲国警察機関ト連繋指導シテ実施スルト雖日本機関独自ノ立場ニ於テ充分ナル警戒ヲ実施ス　但シ配置上ニ於テハ満洲国人其他一般社会ニ対シ恰モ日本ノ強制或ハ監視下ニ行フカ如キ誤解ヲ生セシメサル如ク留意ス」という「警戒方針」の下に、在新京の日本憲警（外務省警察・関東庁警察）の「指揮区処」を実施した。また、この「警衛警備」のために新京憲兵隊の兵力を増強し、補助憲兵を配置するとともに、「高等警察務」に重点をおいた。高等課の新たな職掌に、「(三) 要視察人ノ視察及反満抗日又ハ反帝制運動者ノ検索尾行及検束ニ関スル事項」や「(七) 鮮人ニ関スル事項」が加わった(民政部警務司編『大礼警衛警備録』一九三五年、二八七頁)。

第三節　思想的討伐の主導――「満洲国」治安体制の要へ

1　警務連絡委員会設置から警務統制員会への変容

本節では一九三五年から三八年を対象の時期とする。

一九三〇年代半ば、反満抗日運動がほぼ軍事的に抑え込まれていく状況のなか、「思想的討伐」という関東憲兵隊が直面する新たな課題が浮上した。一九三五年二月、大使館警務部は「高等警察服務内規」を制定するが、これは在満外務省警察に向けてのものだった。三月には警務部長(関東憲兵隊司令官の兼務)主催の「高等主任会議」が新京・ハルビン・「間島」の三ヶ所で開かれた。これらも主に外務省警察官を対象としたもので、植木鎮夫第二課長は「反満抗日或ハ共匪等所謂政治匪ハ寧ロ増加ノ傾向ヲ示シアル」(『外務省警察史』第九巻、一一八頁)として、コミンテルンの策動や「満洲国民心ノ動向」(同前、一二一頁)へ周到な視察を加えるよう指示している。

さらに四月、警務部は中央・地方ともに「警務連絡委員会」の設置を指示した。「在満警務機構ノ統制ニ依リ日満警務機関ノ連絡協調ハ極メテ良好ナル成績ヲ挙ゲツツアル処更ニ徹底強化ヲ期スル見地ヨリ」(同前、一一三頁)という理由で、委員会規定第二条には「警務連絡委員会ハ思想対策ニ関シ、関東憲兵隊司令官ノ統制下ニ於ケル各機関ノ協同動作ヲ円滑ナラシムルヲ目的トス」と規定された(満洲国治安部警務司編『満洲国警察史』上、一九四二年、三二三頁)。これは以前に設けられていた「清郷委員会」や「治安維持会」を改編し、円滑な「連絡協調」を図るためだった。

五月には関東軍司令部主催の日満警務関係者会同が開かれた。「日満警務機関ノ協同精神ヲ徹底セシメ今後治安確立ノ為メノ協同動作ヲ一層円滑緊密ナラシムル為」（「米軍押収資料」マイクロフィルムＭＯＪ４０Ａ）というもので、関東憲兵隊・外務省警察・関東州庁警察・「満洲国」警察・「満政部」警務科・鉄路総局・京師憲兵司令部・軍政部顧問と網羅されていた。

しかし、これらによる「思想的討伐」は実際には期待通りには進まなかった。警務連絡委員会も「連絡」による「協同動作」を目的としていたため、まだ各機関の縄張り争いや競合が解消されなかったのである。したがって、関東軍の「治安粛正工作要綱」にもとづく「本季軍隊ノ剿匪行動開始ニ先立チ全満一斉ニ容疑箇所及不逞分子ヲ検索、検挙シ匪賊勢力培養ノ根源ヲ覆滅ス」（『外務省警察史』第九巻、一六一頁）という「思想対策」方針は、一〇月には関東憲兵隊司令部による「全満一斉思想対策実施計画大綱」の作成と実施を促すが、軍警の協調は依然として不調で、バラバラの偵諜・検挙・処分となり、十分な成果をあげられなかった。

関東憲兵隊独自でも「思想的討伐」に向けての対策が進められた。斉藤美夫は一九三五年五月の憲兵隊長会議で、「共産党検挙対策」として「1．各隊は特別捜査班を設けて所管地区内共産党地下組織を偵諜すること。2．策出したる目標を温存培養しなるべく組織網の全貌を把握すること。3．機を見て司令部に於て統制の下に一斉検挙を行う」（斉藤「供述書」）ことを指示している。各憲兵隊の偵諜工作の続行により、九月上旬、「警務部長名を以て、私〔斉藤〕は各憲兵隊に対し「一斉検挙」を指示」、検挙数は八一件三六七名にのぼった。「処分」の内訳は厳重処分一七名、法院送致四三名、利用一三名、釈放二〇四名であったとする。

なお、「厳重処分」とは憲兵隊による射殺であり、容赦なく実行された。ややのちになるが、一九三八年一月、関東憲兵隊警務部長が各憲兵隊にあえて「満洲国建国の旨と治外法権撤廃後の形勢にもとづき、原則的に厳重処分は止むを得ない状況のとき、最小限に抑えられるべきで、慎重に措置すべきである」（中央檔案館・中国第二歴史檔案館・

吉林省社会科学院編『偽満憲警統治』中華書局、一九九三年、一九八頁）と通知するが、それは「厳重処分」が「慎重」の対極にある安易さで多用されていたことを推測させる。

久留米の歩兵第二四旅団長を経て、一九三五年一二月、東条英機少将が関東憲兵隊司令官に就任した。なぜ東条の着任であったのか、左遷ともいわれるが、経緯は不明である。結果としてこの就任は東条にとっても、関東憲兵隊自体にとっても、重要な意味をもつことになった。司令部で東条に接した木村孝三郎憲兵曹長は、「異色の憲兵司令官で、着任時の訓示に顔写真を貼付し、全満州の憲兵分駐所にまで配布して司令官の意図徹底を期した。〔中略〕いわゆる〝カミソリ東条〟の異名を付けられ、八面六臂の活躍をした」（『日本憲兵外史』二九三頁）と回想している。

『史証』の「関東憲兵隊の犯罪行為」には、次のような記載がある（二四九頁）。

東条は憲兵隊司令官に就任すると、すぐに全満洲で憲兵と警察との合同討伐をおこなった。特に三角地域と東辺道地区の討伐を強化した。同時に、いわゆる東条人事を実行した。すなわち退職する憲兵を「満洲国」警察に入れて憲兵勢力を守り立てるとともに、中国民衆への鎮圧に役立つと思われる人である限り、抜擢した。〔中略〕彼は満洲警務機構が含まれるすべての警察機構を自分の掌握に帰して、全力で民衆を鎮圧することを企てた。

「東条人事」の実態はわからないが、「思想的討伐」に新機軸を打ち出したことは確かである。『日本憲兵外史』は「東条司令官の着任後第一の作戦が、在満共産勢力の一掃であった」（同前、二九三頁）とする。着任直後、吉林省磐石県で反満抗日運動の取締状況の視察をおこなった際、同道した警務部治安課長斉藤美夫との対話を、斉藤自身が「特務」という文章で回想している（撫順戦犯管理所において執筆、中帰連平和記念館所蔵）。斉藤が「特務警察の働きがにぶっており、成果どころか却って共産党に裏をか丶れる始末なのです。今隊下の特高係憲兵は人が少ない上に経験が乏しいのです」と述べると、東条は「こっちに特高適材を日本を含めて全憲兵隊から集める事を希望し、承諾を得て来た。至急に特高組織と教育を改善整備しなけりゃならん」、「遅くも来年春季には一斉検挙をやり徹底的に党を撲滅して了う気構でやるんだ」と述べたという。これに対して、斉藤は警務連絡委員会に代わる警務統制委員会の設置を提言する。

各機関に対する憲兵系統の統制権を強化することが、解決の鍵です。この強力な統制によって憲兵隊司令部を中枢として各憲兵隊本部、憲兵分隊の統制指揮下で各機関のエキスパートを集めて対共専門特務組織を確立し計画に基いてこれを運営し、工作能率を上げ結果を了めることが絶対に必要と認めます。

この回想によれば、着任前から東条は憲兵司令部で「特高適材」の異動について申し入れをおこなうなど、「特高組織と教育」の改善整備の構想を固めており、着任後、その緊急性を再認識し、斉藤治安課長に具体案の策定を指示したことになる[8]。

一九三六年四月、関東憲兵隊司令部の下に警務統制委員会が設置された。その中央の創設会議で、東条司令官は「警務統制委員会任務の重点は満洲国建国を妨害する中国共産党東北党とその領導する武装団体抗日雑軍の撲滅工作にある」（斉藤「特務」）と訓示した。委員会の性格は第二条で、「警務統制委員会ハ、思想的警防弾圧ヲ主眼トスル思想対策ニ関シ、関係各機関ノ協同動作ヲ円滑ナラシメ、関東憲兵隊司令官ノ統制ヲ容易ナラシムルヲ以テ目的トス」（満洲国治安部警務司編『満洲国警察史』上、復刻版、加藤豊隆発行、一九七六年、三二五頁）と規定された。連絡機関であった「警務連絡委員会」から憲兵系統の統制権の強化を図るとともに、各警務機関のエキスパートを集めた対共専門特務組織の確立が目指された。

警務統制委員会がすぐに活動を全開したことは、一九三六年七月の第二回中央警務統制委員会における荻根丈之助幹事長の「各機関の絶え間ない努力により、思想対策工作は少しずつ成果を収めつつある。検挙人員は一万七四三一人、降服人員は七三〇六人であり、日満軍隊が消滅させた匪賊は一万四五一八人（降服人員は一二七九人）にのぼる」という報告で裏づけられる（『偽満憲警統治』七〇頁）。また、同年六月から中央警務統制委員会名で発刊された『思想対策月報』に、その活動の詳細が記録された。四月分の「治安概況」は、次のように記載されている（『報告集』Ⅰ－⑤、一四六頁）。

四月ニ於ケル全満ノ治安状況ヲ概観スルニ有力大匪団ノ横行ヲ見スト雖解氷、春耕期ト相俟テ匪賊数ハ漸次増大約二万三千ニ達シ其活動亦活発性ヲ加ヘ匪害相当数ニ上レリ又蘇聯邦ノ積極的対満対匪策謀ト中国南京方面ヨリスル執拗ナル反満抗日策動アリ或ハ中国系共産党団ノ潜行的赤化宣伝工作ニ暗躍スルアリテ未タ逐緒スヘキ状態ニ至ラサルヲ遺憾トス

この月の検挙者数は一六二四名であり、「治安着々完璧ニ向進シツツアリ」（同前、一四七頁）とされる。七月分では「共匪ノ跳梁尚猖獗ヲ極メアリ」（同前、一九三頁）、九月分では「中共党ノ全満共匪化ハ国内治安ノ癌腫」（同前、二六七頁）とまで表記された。一九三六年四月から九月までの四ヶ月間の累計検挙数は一万六六〇七名にのぼる。この検挙は「全満主要都市部落治安不良地域ノ検問検索」によってもおこなわれ、検挙のほか、小銃・拳銃などの押収もなされた。三六年八月の検索回数は七四二回であった（同前、二七三頁）。どれほど「中国共産党東北党とその領導する武装団体抗日雑軍の撲滅工作」が徹底してなされたかがわかる。なお、斉藤の「供述書」には「一九三六年九月一日より偽中央警務統制委員会は夏季「思想対策」に引続き同方針の下に秋季「思想対策」を実行しました。この九月中の「総検挙数」は」とあるが、その数値は『思想対策月報』の九月分と一致する。つまり、供述の根拠としてこの『思想対策月報』が参照されていたことがわかる。

地方の各憲兵隊の下にも警務統制委員会が設置された。ややのちになるが、新京憲兵隊敦化憲兵分隊長であった堀

口正雄は、一九三七年九月下旬、敦化地区第一回警務統制委員会を開催した意味を、「会議ノ目的ハ敦化地区ノ各警務機関ノ長ヲ集メテ如何ニシテ敦化地区ノ思想対策ヲヨクヤルカトイツタ事ヲ具体的ニ協議スルコトデス」と供述している。そこでは「敦化領事館警察署長ハ、朝鮮系ノ反満抗日分子ノ情況ニ就キ、偽満洲国警察ノ首席指導官ハ管内ノ実情特ニ治安ニ関係アル蒐家工作、警備道路、戸口調査ニヨル愛国分子ノ発見、糧道ノ遮断等警察務ニ結ビツケテ説明、警務段長ハ受持ノ鉄道沿線部落ニ於テ愛国分子ヲ如何ニシテ発見スルカ等ニ就キ説明報告」（堀口「供述書」）した。

各地方警務統制委員会の活動の「成果」は、それぞれ『思想対策月報』として関東憲兵隊司令部に提出された。奉天の七月分には「管内治安ハ益々悪化シ」（『報告集』Ⅰ-⑤、四〇八頁）とあり、牡丹江憲兵隊『思想対策月報』の七月分にも「管内ノ治安状況ハ目下阿片採取期ヲ控ヘ匪団ノ活動稍々活気ヲ呈シ（中略）満軍等ノ豹変事件続出シアリテ偸安ヲ許ササル現況ナリ」とある（同前、四七四頁）。

一九三六年九月の第四回中央警務統制委員会で、東条は「国内治安はだんだん粛正の効果を収めつつある」、「統制強化については工作開始以来ずっと強調してきたが、今なお不足するところがある」（『偽満憲警統治』七五頁）と発言した。

警務統制委員会の設置は、関東軍参謀部第一課「満洲国治安粛正計画大綱案」（計画期間一九三六年四月〜三九年三月）のなかに位置づけられていた。とくに東部方面の「急速ナル治安ノ粛正」実現が目標とされ、関東軍全体としては「治標工作」「思想工作」「治本工作」の並立実施をめざした。関東憲兵隊は「思想工作」を本領とするが、この段階では殲滅作戦を意味する「治標工作」や包囲攻撃・兵糧攻めを意味する「治本工作」を併行しておこなうことも求められた。警務統制委員会の役割は、「治標工作」における日満警務機関の総動員にある。

一九三六年二月七日制定の関東軍参謀第一課「満洲国治安粛正計画大綱案」に、「関東憲兵隊司令官ハ治安勤務ニ関シ日満憲警ヲ統制シ消匪、思想的警防ニ任スル外軍隊ノ行動ヲ補助ス」、「関東憲兵隊司令官ノ日満軍警統制ノ要領ハ各警務機関本然ノ系統ニ於テ其治安能力ヲ発揮セシムルヲ主眼トスルモ情況上特ニ要スルトキハ強度ノ強制ヲ加ヘ治安粛正ノ徹底ニ遺憾ナカラシムルヲ要ス」（防衛省防衛研究所図書館所蔵）と規定された。「本然ノ系統」とは「思想工作」、つまり「特務警察」、すなわち後述する特高警察機能を指す。他警務機関に対する「強度ノ強制」について、いわば関東軍司令部のお墨付きを与えられたことになる。

これを受けて、一九三七年五月二三日付の関東軍司令部「昭和十二年度東北防衛地区治安粛正特別要領」の「第四思想対策機構ノ強化」には、関東憲兵隊について次のように規定された（「治安粛正特別工作に関する件」「満受大日記」一九三七年、防衛省防衛研究所図書館所蔵）。

十六、佳木斯ニ憲兵隊（同隊設置ニ至ル迄ハ臨時憲兵隊）ヲ設ケ東北防衛地区ノ憲兵兵力ヲ増加ス

十七、前項憲兵隊長ハ東北防衛地区各分隊ヲ統一指揮シテ同地区内ノ思想対策ヲ強化スルト共ニ密ニ東北防衛地区防衛司令官ト連絡シ地区内ノ状況ニ関シテハ〔中略〕以テ東北防衛地区内ニ於ケル治標工作ト思想対策トノ連繋ヲ一層緊密ナラシム

十八、佳木斯ニ三江省警務統制委員会ヲ置キ前項憲兵隊長ヲ委員長トス

十九、〔略〕

二十、特ニ満軍警及自衛団等ノ通匪行動ヲ警戒シ未然ニ防遏ス

六月六日、牡丹江憲兵隊の下に佳木斯臨時憲兵隊が設置された。この時の関東軍参謀長は関東憲兵隊司令官から三月に転出した東条英機である。東条に代わって関東憲兵隊司令部総務部長から司令官となった藤江恵輔は、この東条路線を忠実に継承したといえる。六月一八日、「日満警務機関治安粛正計画要綱」を各憲兵隊に通牒し、「特に日満軍隊の治標工作と密接に連携して、匪賊団体に対する思想工作を継続する。匪賊情報への監視を強化し、潜伏匪賊と内

通者を厳しく摘発し、処置する。同時に地区内の共産党団体への鎮圧を徹底し、国外からの策動を防ぐ。また、混乱する民心を安定させ、建国精神を深く理解させ、根本的に赤化の影響を取り除く」ことを求め、「治安粛正計画」が一段と強化された（『偽満憲警統治』九六頁）。

2　「思想工作」の本格化

一九三六年から三八年にかけての総力をあげた「治安粛正計画」の実行により、反満抗日運動は逼塞させられていった。三八年六月の関東憲兵隊司令部「昭和十三年度前半期ニ於ケル中共満洲党ノ運動概況」には、「党ノ武装機関タル東北抗日聯軍ハ日満軍ノ峻烈ナル粛正工作ニ依リ前期後半頃ヨリ続々其ノ本拠ヲ覆滅セラレ他面集団部落結成、無住地帯設定等ニ依リ糧道ヲ途絶セラレテ行動著シク困難トナリタルモノノ如ク本期間ニ於テハ各軍共通的ニ帰順者ヲ出シツツアリ」（「満受大日記（密）」一九三八年、防衛省防衛研究所図書館所蔵）とある。また、三八年一〇月分の佳木斯憲兵隊『思想対策月報』にも「日満軍警諸機関ノ行フ治安粛正諸工作ノ強化促進ニ依リ大規模ナル糧弾道遮断ハソノ功ヲ奏シ匪団ノ窮状ハ益深刻化シ潰滅ノ一路ヲ辿リツツアリ」（「外務省記録　文化、宗教、衛生、労働及社会問題／労働及社会問題」I-4-5-1-1、外務省外交史料館所蔵）とあり、「治安粛正計画」が成果をあげつつあることがわかる。

これには補完的な役割ながら、関東憲兵隊が積極的に関与していた。東辺道治安粛正工作では軍事顧問として宇津木孟雄（憲兵隊司令部第三課長）・富田直澄（奉天憲兵隊特高課長）らが派遣されて、「満洲国軍」憲兵隊の指導をおこなっている。その具体的経過を宇津木孟雄は、「一九三六年ノ晩夏（或ハ初秋）ヨリ偽満軍ガ東辺道粛正工作実施ニ方リ奉天憲兵隊長ハ偽満軍憲兵隊ノ指導権ヲ軍司令官ヨリ与ヘラレ特高課長富田少佐以下四名ノ憲兵ト前述金東漢以下若干名ヲ以テ偽満軍憲兵指導部ヲ結成シテ通化ニ派遣シ指導部自ラヲシテ王鳳閣部隊ニ対スル帰順工作ニ従事セシメ且偽満憲ノ帰順工作ヲ指導セシメタ」（同前）と供述している。

また、通化憲兵分隊を憲兵隊司令部直轄分隊とした上で、長島玉次郎曹長（奉天憲兵隊）を長とする「特別工作班」を設置している。「(土）匪団ヨリ優秀分子約九十名ヲ選抜遊撃隊ニ編成シ長島工作班長以下幹部ノ適切ナル統制指導ト利用匪団ノ勇猛果敢ナル決死的挺身工作ニヨリ東辺道地方治安ノ最大癌タリシ南満省委並東北抗日聯軍第一軍主要幹部ヲ相次テ射殺捕捉シ」という活動ぶりで、「同地方ノ治安粛正ニ画期的成果ヲ収メタル工作成果ハ特筆スヘキ価値アリト思料セラル」（同前）と高く評価された。『偽満憲警統治』所収の長島「工作班成績概要」（一九三七年五月から三八年八月）によれば、工作班は長島玉次郎曹長を班長に憲兵三名・警察官三名・密偵・通訳三名で組織され、懐柔工作による「土匪」の武装解除や「優秀分子」の利用に努めた。二九回の戦闘を通じて、射殺人数一〇七名、投降匪七五七名などの「成績」をあげたという（一八〇頁）。

こうした「特別工作班」は各地で活動した。堀口正雄は「憲、偽満警、鉄警、通訳、密偵等有「能力者」二十名内外ニテ組織シ「治安不良」地区ヲ遊動工作ス」（堀口「供述書」）と供述している。

熱河省では、「関東憲兵隊司令官ハ関作命第一二四一号ノ趣旨ニ基キ青龍、承徳、隆化各県（含ム）以南ノ熱河省内満洲国警務機関ヲ統制区処シ主トシテ日満共同防衛上必要ナル保安ニ関スル司法、行政警察権ヲ行使シ西南地区防衛司令官ノ治安粛正ニ協力スヘシ」（「陸満密大日記」一九三七年、防衛省防衛研究所図書館所蔵）という関東軍命令を受けて、一九三七年八月二五日の承徳地方警務統制委員会の召集以降、治安粛正工作が本格化した。史料的に確認ができるのは、一一月、承徳憲兵隊の湯河口派遣憲兵が「日満軍警合同討伐ニ策応満警ヲ統制区処」し、「共産党別働隊」六名を検挙したことである。彼らには暫行懲治叛徒法第一条が適用され、「共産軍領導下ニ灤平県第六区地方ニ於テ人質拉致並金品ノ強要ヲ為シ或ハ同地方日満軍警ニ抗敵スル等専ラ共産軍別働隊トシテ共産軍ノ目的遂行ヲ支援シアリタルモノニシテ其犯情何等酌量ノ余地ナキハ勿論利用価値等モ認メラレサルヲ以テ厳重処分申請ノ予定ナリ」（在満大使宛承徳領事代理報告、一九三八年一二月二九日付「外務省記録　満州国政況関係雑纂／治安情況関係／匪賊動静並討伐状況関係」第二巻、A-6-2-8-1）とされた。

奉天憲兵隊長の加藤泊治郎の下で「隊下教育の為」に調査編纂された『満洲匪賊の研究（共匪の巻）』が、雑誌『憲友』の「執務資料」として一九三七年一月に刊行されている。「蘇聯及中国共産党の指令下に東三省失地回復と其後に於ける共産国家の実現を企図せる武装団体にして共産主義思想を抱持し帝国主義打倒反満抗日の偉大なる潜在力を有す」る東北人民革命軍を取りあげ、組織・行動・生活などを詳細に叙述している。

一九三〇年代後半から関東憲兵隊は「本然ノ系統」である「思想工作」を本格化した。前述のように一九三五年五月の憲兵隊長会議や一〇月の関東憲兵隊司令部「全満一斉思想対策実施計画大綱」の策定にもかかわらず、「思想工作」はまだ軌道に乗ることはなかった。三六年一月の憲兵隊長会議でも、「思想対策の第一要件は憲兵偽警察機関の統治能力を発揮し重要目標たる共産党・国民党等の地下組織分子を成るべく速かに検挙し、又各遊撃隊を討伐検挙することである」（斉藤美夫「供述書」）と指示がなされながらも、治安状況の悪化や匪族人数・鉄道被害数は改善されず、「関東軍の指揮する日満警察は、討伐および各種の手段で治安工作を行い、著しい成果を収めたものの、（中略）各防衛地域での単独の匪賊討伐は情勢に対応できていない」（『偽満憲警統治』五八頁）という状況だった。

一九三六年七月六日、佐々木到一「満洲国」軍政部顧問は東条関東憲兵隊司令官に「共産党処置に関する件」を通報した。「現在、満洲国内の共産党分子は単なる匪賊の性質を越えた。決して単なる思想団体ではなく、軍隊を解体し、治安を攪乱し、国家を弱体化させる反軍隊反国家分子となっている」として、「日満両軍は匪賊と共産党を消滅することを使命とする。共産党の潜伏策動は、軍部の利益を侵害し、その行為は暫行懲治叛徒法に触れるので、軍事法廷で審判権を行使する」（『偽満憲警統治』一五七頁）と、弾圧の断行を求めたのである。

これに呼応して、関東憲兵隊でも「共産党対策」に本腰を入れることになる。七月八日、関東軍司令官から「共産党処理要綱」の実施が指示された。その内容について、斉藤の「供述書」には次のようにある。

一、共産党関係者は苛酌なく「厳重処分」を以て臨むこと。

二、同関係者中には官吏公職員等の身分を有する者、学生智識分子等を包含し之等の所謂インテリ階級者を「軍行動による厳重処分」をもつて処分することは目前の法治尊重理念による国際慣例に照して憚るところがある関係より、これを糊塗欺瞞する為め唐突に「厳重処分」に付することを避け一応裁判所の審理にかけ合法化を装う手段とすること。

三、尚一般法院の審理速度は緩慢にて戦時情勢下の当時の偽満治安処理要求に適当せず因つて即決主義の軍、軍法会審によつて処理を適当とする見解を固守したこと

斉藤はさらに「厳重処分を執行することは、満洲国の法治イメージを妨げないだけではなく、迅速に処理、審判できるので、当面の急務である。厳重処分に適するのは軍事裁判しかない」、「共産党員に対する審判は、少なくとも治安粛清期間、すなわち思想対策実行期間内は軍事法廷で処理できる」などと解説する（『偽満憲警統治』一五三頁）。それ以前の「厳重処分」は「軍事裁判」すらおこなわず、「臨陣格殺」「裁量措置」という最高指揮官による緊急措置としての即決処分としてなされていたことが推測される。治安粛清期間は「軍事法廷」で処理するとしているが、それが実行されたかは疑わしい。

こうした取り組みの本格化により、一九三六年四月から六月にかけてハルビンを中心とする「満洲共産党」の一斉検挙がなされた。検挙者数は二一三名（六月二〇日）で、そのうち四〇パーセントが「知識分子」（教職員等）とみなされた。「本「検挙」は東北に於ける共産党に対する第一回の組織的「検挙」」となった（斉藤「供述書」）。第二回中央警務統制員会で、荻根丈之助幹事長は「反満抗日統一戦線というスローガンの下で、特にコミンテルンと中国共産党は、農民の赤化工作を教育に結びつけ、満洲国の教育機構を攪乱、赤化することを企んでいる」、「警務機関は各教育機関と緊密な関係を保ち、共産党の影響を消滅させるために、教師や学生の思想動向を厳しく監視し、不良分子に対しては断固たる措置をとるべきである」（『偽満憲警統治』七〇頁）と各警務機関に指示をしている。

一九三七年四月には、中国共産党に対する「哈東特委検挙」が断行された。大連・柳河・磐石などでも憲兵隊の指揮により三四六名が検挙され、一二六名が死刑となった。浜江省警務庁司法科司法股長筑谷章造の「供述書」によれば、「哈東特委ハ偽満軍人及同警察官其他公務員会社員等ヲ以テ組織構成シアツテ偽満軍人ニ対シテハ偽満憲兵ヲシテ其他ニ対シテハ偽満警察官ヲシテ之ガ検挙ニ当ラシメ憲兵ハ之ガ統制、指導ヲナシ同時ニ一斉ニ検挙ヲ実施スルコト、シタノデアリマス」という。

一九三八年三月一五日、三江省で三・一五事件が起きた。関東憲兵隊司令部「昭和十三年度前半期ニ於ケル中共満洲党ノ運動概況」（一九三八年六月）では、佳木斯憲兵隊が「服務ノ重点ヲ思想対策業務ニ指向」した結果、「北満臨時省委並東省委ノ組織全貌ヲ究明」しえたため、日本の三・一五事件にならったその日、佳木斯・湯原などで一斉検挙をおこなった。検挙者は「党員容疑者一三五名、同外廓団体分子一八〇名、潜伏共匪五〇名、計三六五名」にのぼり、「党並外廓団体ノ組織網ヲ破壊」したと豪語する（「満受大日記（密）」一九三六年）。

湯原憲兵分隊長の藤原広之進（一九三七年五月〜三八年一一月在任）は、検挙にかかわった二〇四名のうち、六八名をハルビン検察庁に送致し、その結果は死刑七名、無期四名、徒刑二〇年二名などとなったと供述している（藤原「供述書」）。

この三・一五事件では一一六名が起訴され、ハルビン高等法院で死刑一〇名、無期七名の判決が下った。「満洲国」治安部は「共産党匪の武装擁護下に反日社会層内に広汎な抗日組織を扶植、これを背景として執拗極まりなき赤色抗日運動を展開してゐたもの」と発表した（『東京朝日新聞』一九三九年六月二六日）。

一九三七年一二月、治外法権の撤廃が実現すると、「満洲国」の「法治国家」としての体裁を保つために、「厳重処分」運用の慎重化が図られた。一二月二一日、関東憲兵隊司令部警務部長名で「厳重処分」申請の際の注意が通牒される（『偽満憲警統治』一九七頁）、さらに三八年一月三一日には警務部長通牒で申請に際しての「犯罪事実などの周密な調査」が指示された。そこには「厳重処分」は従来は「一時的な政治措置」として運用されてきたが、今後は「満洲国建国の旨と治外法権撤廃後の形勢にもとづいて、原則的に厳重処分は止むを得ない状況で、かつ最小限に抑えられるべきで、その措置も慎重にするべき」とする。たとえば、保甲長らの「身分問題の考慮」や「満洲国」警察からの引渡案件の不受理が求められたが（同前、二〇〇頁）、やはり実際の運用がこの通牒によって緩和されたかどうかは疑問である。

先の熱河省の「治安粛正工作」において、承徳憲兵隊では一九三七年八月一日から一一月末まで、次のような項目に重点をおいて「思想工作」を実施していた（同前、九七頁）。

残存陰謀団体への対策（紅槍会・大刀会などの「邪教団体」への警戒など）
共産党および反日満分子の潜入対策（固定スパイ網の充実など）
民心の安定（ラジオ・壁新聞などによる時局教育の普及など）
流言取締（軍隊の士気への影響、民心の動揺、経済界の混乱を警戒）

ここで注目されるのは、「民心の安定」や「流言取締」にみられる一般民衆の動向への注目である。これより先、一九三六年六月の牡丹江憲兵隊の報告には、「山間僻地ノ一部落ニ在リテハ集団部落ノ移住ハ農民ノ生活状態ヲ脅威スルモノナリトテ快シトセス移住ヲ嫌忌シ或ハ延期方連名ヲ以テ陳情スル者等アリ」（吉林省檔案館編『東北日本移民檔案（吉林巻）』第一巻、広西師範大学出版社、二〇〇三年、一八九頁）とあった。反満抗日運動を封じ込めるために「集団部落」建設などを強行したため、一般民衆におよぼす影響は大きく、その反発に注意を向け始めたのである。

また、中国やソ連を後ろ盾として「物質・精神両面で治安攪乱を目的とする不法組織の陰謀」に対する調査と取締も重視された（「承徳地方警務統制委員会の状況報告」一九三七年八月二九日付、『東北淪陥史研究』一九九七年第二期、東北淪陥史研究雑誌社）。大部分は共産党系だが、国民党系の反満抗日運動も標的にされた。

その一つが一九三六年八月、反満抗日の秘密結社「北平保国会」の検挙である。これは「南京政府並に張学良の指導下に反満抗日思想に燃ゆる東北出身学生をもつて組織したる秘密結社」で、「その被疑者が何れも相当の地位身分を有して絶対に証拠を残さざること」などの方針をとっていたため、全貌把握に困難だったという。三一四名が検挙され、一九五名が暫行懲治叛徒法違反として軍法会議に送致された（『東京朝日新聞』一九三七年三月三〇日）。

『憲友』一九三七年三月号（第三一巻第三号）に、奉天憲兵隊長加藤泊治郎が「集団匪検挙を目的とする憲兵指揮実施記事」を寄稿している。「在満憲兵の任務の特異性に鑑み、将校以下の憲兵指揮能力の向上と、変に応ずる平素の形而上下の準備に遺憾なからしむるため」に、実際に三七年一月一日払暁に実施した演習の報告記事で、「支那より密派されたる藍衣社直接行動派満洲派遣員」らが奉天神社で密会し、市内要所の放火や要人暗殺を企図しているという想定のもとに一斉検挙をおこなったという内容である。「主要なる教育課目」として、「1　企図を秘匿して行ふ払暁前の非常呼集　2　払暁前に於ける匪賊情報の蒐集兵触接保持　3　検挙の為の兵力部署並検挙の実施」をあげている。

関東憲兵隊司令部には特高にかかわる職務を臨時的におくことがあったが、一九三六年四月、東条英機司令官によって恒常的に特高機構がおかれることになった。総務部（副官室・第一課）と警務部（第二課・第三課）の二部三課体制のなかで、第三課が思想・防諜を担当し、司令官に直属するとともに関東軍司令部の指示を受けることになった。第二課は「軍事警察及治安ニ関スル事務」を担当し、第三課が特高課に相当する。

初代の第三課長となった宇津木孟雄の「供述書」によれば、具体的な任務は「(一)　思想ニ関スル事項　(二)　労働ニ関スル事項　(三)　宗教ニ関スル事項　(四)　出版物ニ関スル事項　(五)　朝鮮人ニ関スル事項　(六)　日本移民ニ関スル事項」であった。このうち「思想ニ関スル事項」について、「関東軍ハ満洲国民ノ民心統一ト五族協和ト云フコトヲ重視シテヰタノデ関東軍ノ政策ニ対シ国民ハ如何ナル思想ヲ抱イテヰルカヲ明ニシ軍政策ノ樹立ト遂行ノ参考ノ為ニ憲兵隊ハ関東軍ノ要求ニヨツテ之ヲ調査報告シテヰマシタ」という。

また、宇津木は「警務部長は往々にして全満洲最優秀の大佐から選ばれる。警務部長は警務方面における司令官の最高補佐者であり、司令官の命令と意図によって、警務工作をリードし、命令を部署し、各業務を指導、執行する」、「憲兵司令部における警務部長の地位は、階層からみれば総務部長の下に位置するが、実際には総務部長の上に位置して、司令官が行使する警察権力の実行者である」とも供述している（一九五六年五月二五日執筆、『偽満憲警統治』二〇頁）。設置当初、警務部長ポストは空席だったらしく、一九三七年二月に名古屋憲兵隊長だった梶栄次郎が就任している（梶の後任は斉藤美夫、三九年三月から四〇年七月まで）。

必要に応じて、各憲兵隊にも特高課が設置されていた。新京憲兵隊の場合、一九三七年一一月から三九年二月にかけての斉藤美夫の隊長在任時、本部に特高課が設置されていた。課長は少佐で、二五名という陣容である（課全体としては六分隊を含め一七一名）（斉藤「供述書」）という役割を担っていた。「首都を中心とする治安攪乱工作を未然に防止し、特に思想対策を工作重点として其万全を期す」同時期に新京憲兵隊特高課の一員であった工藤胖《くどうゆたか》は、「課長橘〔武夫〕少佐の下に少尉一、准尉二、曹長四、軍曹十二、伍長四、憲兵補〔朝鮮人二〕、憲補〔現地満人二〕、通訳〔露語一、満語一〕という総勢三十名の陣容で、他に四人の密偵がいた。憲兵のうち、内勤の四名は制服で勤務についていたが、他は全員背広や満服、協和会服姿で街に出て特高勤務に服していた」（工藤『諜報憲兵』図書出版社、一九八四年、一二頁）と回想している。

藤原広之進がハルビン憲兵隊管下の梨樹鎮憲兵分隊長であった一九三五年五月から三六年四月、二〇名の分隊員は庶務・警務・特高を分担していたという（藤原「供述書」）。

新京憲兵隊管下の敦化分隊では、「敦化地区「治安不良」ノ実情ニ即シ、主トシテ抗日聯軍愛国分子ニ対スル思想対策ノ完全ヲ期スルコトヲ重点トシ、防諜、司法等ノ服務ハ従点《ママ》ト」として活動している。一方、牡丹江憲兵隊牡丹江分隊の場合は、日本軍が多数駐屯し、国境地帯であることから、「純軍事警察、軍事防諜対策ヲ分隊服務ノ重点トシ、思想対策、司法勤務等ヲ従点」としていた（堀口正雄「供述書」）。

一般に各憲兵隊・憲兵分隊の構成は、庶務・（警務）・特高・（司法）の各係であった。各憲兵隊・分隊によって異なるものの、次第に特高機能が重視されていく。

在満抗日運動の思想運動に対応するため、この時点でもスパイの多用や拷問による取り調べは広く行われた。斉藤美夫によれば「中国人を以つて中国人を探させてその情報を吸収する」（斉藤「供述書」）ほか、「拉致した党関係でない人達を取調べ拷問を加へる。それから何等かの端緒をつかむ、そしてそれを掘下げて中心に及ぶ、というように取調べの唯一の武器は拷問であった。拷問をやらない取調べなどは取調べの中に入らなかった。とりわけ思想対策の取調べには、ひどい拷問が行はれた」（斉藤「特務」）という。

一九三五年一〇月、満洲里でソ連の「対満工作員」が検挙され、対ソ防諜の先駆となった。前年秋以来、「蘇聯側ノ対満諜報及赤化工作網ヲ根本的ニ破壊スルノ必要」から「有害分子」への内偵がなされていた。「満洲国警察機関ノ留置設備不完全且又蘇側カ満洲国警察官吏ヲ買収シテ取調ヲ妨害セル事実アリ」として、「留置取調」は関東憲兵隊があたっている。「工作事実」は、「満洲里海拉爾《ハイラル》地方ニ於ケル日満軍情、政情（民心ノ動向）経済状況ヲ探査シ之ヲ蘇聯領事館ニ提報シテ報酬ヲ受ケ或ハ共産思想ヲ宣伝シ其他有害行為ヲ為シタルモノ」（関東憲兵隊「満洲里蘇聯領事ヲ中心トスル対満工作員検挙状況」「旧陸海軍関係文書」マイクロフィルムR.１０５）とされた。

日中戦争の全面化を前に、一九三七年六月、関東軍の部隊長会同において東条英機参謀長は「防諜及軍機保護ニ就テ」を指示している。「日満両国ニ対スル「ソ」支其他ノ悪害工作ハ巧ニ我方対策ノ裏ヲ潜リテ愈々辛辣ヲ極メ或ハ満洲ニ於ケル軍ノ行動、作戦準備等ノ偵諜ニ努メ或ハ反満抗日分子、共産党等ヲ使嗾シテ満洲ノ擾乱ヲ企図シ」と注意を喚起した（「満受大日記「密」」一九三七年）。三七年上半期だけで「「ソ」支系諜者」の検挙は二二件三八名にのぼった。これらの検挙の中心となったのは、関東憲兵隊である。

防諜を強化する一方で、対ソ諜報工作もおこなわれていた。工藤胖は「関東軍の対ソ諜報工作は、参謀部第二課が担当し、特務機関と憲兵隊を統轄していた」として、次のように回想する（『諜報憲兵』二一七頁）。

私は昭和十二年（一九三七年）、関東憲兵隊新京憲兵隊本部特高課防諜班長に任命されると同時に、特命で「工藤室」と称する対ソ秘密諜報室を設け、ソ連極東軍の基地ハバロフスク、さらに遠くモスクワまで諜者を派遣、この諜者をソ連側の味方と誤認させ、生々しい指令や情報を持ち帰らせることに再三成功した。〔中略〕このように、不可能とされていたソ連本国への諜者派遣工作に「工藤室」だけが再三成功したのは、日本憲兵隊が苦心して得た情報をもとに「工藤室」が捕えたソ連の諜者を逆用したこと、それにくわえて、機を失せず攻めの偵諜に転じた少数精鋭の憲兵の秘密戦に対するソ連の無知がある。ソ連は在満日本憲兵隊を威力軍事警察隊としか認識しておらず、高度の諜報、謀略は関東軍参謀部と特務機関が担当し、それに満鉄が情報収集に協力していると思いこんでいたふしがあった。

工藤の「対ソ秘密諜報」工作の「成功」話は誇張が含まれていると推測されるが、関東憲兵隊の「対ソ諜報工作」が積極的におこなわれたことは、『思想対策月報』などの記述からもうかがえる。

3　関東憲兵隊拡充の諸相

一九三〇年代後半、関東軍が拡充されるのと連動して関東憲兵隊の兵力数も増大していった。三四年一二月の関東憲兵隊編制改正時、司令部のほか六憲兵隊（奉天・長春・ハルビン・チチハル・承徳・延吉）と三〇憲兵分隊、総計定員一〇三二名という規模になっていた（三三年末の現員は六九〇名）。司令部警務部治安課長として兵力の編制に直接かかわったと思われる斉藤美夫の「供述書」には、「関東憲兵隊の兵力は一九三五年に於て約一八〇〇名でありました。〔中略〕編制配置をより一層充実増強することが緊要であつたため現有兵力を増加し約三〇〇〇名とする計画を一九三五年一〇月頃審議し決定しました。〔中略〕一九三六年四月に実現し概ね所期の成果を見ました」とあるが、かなり多めの数値に思える。各師団などの配属憲兵を含むのかもしれない。

斉藤供述に関連すると思われるが、一九三六年二月、関東軍参謀長が陸軍次官宛に次のような憲兵の早急な増員を求めている（「陸満密大日記」一九三六年）。

関東軍《ママ》憲兵隊ノ兵力充実ニ関シテハ先ニ意見ヲ具申スル所ナルモ仄聞スル所ニ依レハ希望セル千五百名案ニ対シテ残リ三百名ヲ五ヶ年ニ亘リ増加セラルル由
右当方ノ希望セシ憲兵力ニ関シテハ既ニ承知ノ如ク軍事的保安警察上ヨリ就中治安維持特ニ共産党及反満抗日分子ノ策動警防上最少《ママ》限ノモノニシテ緊急ノ強化ヲ要スルト共ニ目下準備中ノ治外法権撤廃ニ伴ヒ昭和十二年末ニハ在満日本警察官ハ憲兵ノミトナリ其任務益々重大トナルニ鑑ミ之カ服務訓練其他ノ準備等ヨリスルモ速ニ之カ憲兵力ノ増強ヲ絶対的ニ必要トス之カ為右仄聞セシ所ノ三百名ヲ五年ニ亘リ増加スルコトナク、昭和十一年、十二年ノ両年ニ亘リ之カ充実方ニ関シ特別ノ詮議相成度

おそらく現行の編制定員に加えて、「共産党及反満抗日分子ノ策動警防上」や治外法権撤廃後の警察力を維持するために一五〇〇名の増員を以前から要望していたものの、陸軍省側ではそのうち三〇〇名について五年計画での増員案とするらしいとして、関東軍側では予定通りの増強を再度求めたということだろう。先の斉藤供述の「約三〇〇〇名」に近いが、計画通りの増員は実現できなかったと思われる[9]。

一九三七年六月、ハルビン憲兵隊から要員を割いて、佳木斯に臨時憲兵隊が設置された（一一月より恒常的に設置）。本部のほか四分隊と三分遣隊も含め、一一一名の規模となった。まもなく三・一五事件弾圧を断行する。

一九三六年四月から三七年四月まで牡丹江憲兵隊管下の穆稜憲兵隊長であった藤原広之進は、第一二師団配属憲兵長を兼務している。この第一二師団には関東憲兵隊とは別に配属憲兵がおり、藤原が統率した（藤原「供述書」）。同

様の事例は、他の部隊にもあったと思われる。

一九三八年一一月、「治安粛正工作」のおおよその達成をふまえ、関東憲兵隊編制の改正が実施された（「陸満機密大日記」一九三八年）。一部の治安不良地域を除き、「従来ノ国内治安ヲ考慮シタル部隊ノ編成配置方針」は「軍事警察並防諜業務ニ関スル服務ノ徹底」に転換した。とりわけ、「昇格、新設部隊ハ特殊要請ニ基ク数箇ノ外ハ大部ヲ満蘇国境ノ重要地点ニ配置又ハ之等部隊ノ増強ニ充当セリ」とする。「特殊要請」にもとづく事例としては、それまで分隊であった大連や吉林などが憲兵隊に「昇格」している。「満蘇国境ノ重要地点」の一つ、牡丹江憲兵隊の場合、「兵団ノ国境線移駐、増強ト当隊カ負荷スル職任トニ依リ従前ノ編成配置ニ比シ約百名ノ兵力ヲ増強シ服務ノ完璧ヲ期スルコト」とあるように、「防諜」態勢の拡充が目指された。

この編制改正で定員総数は一八一八名となり、ほかに憲兵補（朝鮮人）五三名と憲補（「中国人」）六九名が加わる。憲補については当初五〇〇名を希望していたが、実際には「各部隊ニ一名平均ノ配属不可能ナルノミナラス異民族タル満人ニ対スル警察務執行ニ於テモ隔靴掻痒ノ感アリ」だった（「憲補規定」は一九三七年一二月に制定）。機構としては司令部の下に、一一憲兵隊と「教育隊」がおかれた。奉天憲兵隊が最大で、二〇六名にのぼった（「陸満機密大日記」一九三八年）。

前述の関東憲兵隊編制改正で目指されたのは、「防諜」とともに「軍事警察」の「服務徹底」であったが、それは日中戦争が全面化する前後、軍紀・風紀の弛緩が目立ち、憲兵の有する「軍事警察」機能の発揮が強く求められたからである。

一九三七年六月、関東軍の部隊長会議で東条参謀長は「特ニ士官暴行、上官侮辱、抗命辱職等軍紀上最モ忌ムヘキ悪質犯罪過半数（六十四件中四十二件）ヲ占メ特ニ教育終了末期ニ近ク激増セルハ最モ遺憾ニ堪ヘサル所ニシテ所謂満期気分満洲気分トシテ看過シ得サル所ナリ」（「満受大日記（密）」一九三七年）と述べた。

八月に関東軍司令部がまとめた「軍内悪質軍紀犯ノ原因並ニ之カ対策ニ関スル観察」では、幹部将校の不足を一因にあげるとともに、「事変勃発直後相当期間ハ休養ノ暇ナキ討伐ノ続行ト給与、起居等極メテ不自由ナリシ為一部幹部ニ於テ部下愛護ノ余リ温情薫化ノ度ヲ過ギ其為信賞必罰ノ適正ヲ欠キタルモノアリタル結果兵ヲシテ放縦心ヲ増長セシメ延テ軍紀弛緩ノ因ヲ生ジタルモノアリタル」（『戦地犯罪予防資料』防衛省防衛研究所図書館所蔵）と指摘する。これらを受けて関東憲兵隊の軍事警察機能の発揮があったはずだが、それに関する史料はまだ見出すことはできない。

日中間の衝突必至をふまえ、一九三七年春頃、「関東憲兵隊秘密通信検査規定」が制定され、主要都市に秘密通信検査部が設置された。中央通信検査部長は関東憲兵隊司令官が、地方通信検査部長は各憲兵隊長が兼務した。憲兵隊と郵政管理局日本人職員からなる検査班が、憲兵隊作成の容疑者リストにより郵便物の検査にあたった。とくに中国の関内向けに重点がおかれた（『史証』二七六頁）。

盧溝橋事件直後の一九三七年七月一四日、関東軍は前年に規定していた「戦時検閲取締規定」の適用を開始する。防諜を重視し、「一、検閲ハ努メテ之ヲ秘密裡ニ行フモノトス　二、支那其他ノ外国トノ間ノ通信ニ重点ヲ置キ検閲ヲ行フモノトス」（「満受大日記（密）」一九三七年）という方針で臨んだ。

関東憲兵隊司令部では同年八月七日付の通牒で各憲兵隊に『通信検閲月報』の報告を指示している。海拉爾《ハイラル》憲兵隊の検閲部は三名で構成され、「一般通信物中ヨリ禁制品検査ヲ装ヒ容疑通信物ヲ抽出ス、但シ要注意（視察）満露人名簿及「ソ」聯人ノ発受信、中国トノ発受信ニ特ニ注意ス」（海拉爾検閲部「通信検閲実施要領」一九三七年七月、『報告集』Ⅲ-⑭、一五一頁）という態勢をとっていた。『通信検閲月報』については小林英夫・張志強共編『検閲された手紙が語る満洲国の実態』（二〇〇六年、小学館）に詳しいが、残存し判読できるものは一九四〇年前後からのものとなるので、具体的な検閲状況については次節に譲る。

一九三七年一二月、関東軍参謀部第二課の後押しを得て、防諜を強化するために中央保安局が創設され、その第二課に郵便物の検閲を担当する「分室」がおかれた。三八年四月には奉天・浜江・「間島」などに地方保安局が設置された。原田統吉『風と雲と最後の諜報将校』（一九七三年、自由国民社、一七一頁）が「軍自体の中でも、情報関係を扱う第二部の系統と憲兵隊とは反りが合わず、関東軍第二課が〝分室〟の組織をつくったのも憲兵情報に対する不信のあらわれと見ることができないこともない」と記すように、憲兵隊との競合関係にあったようである。

関東軍の「昭和十二年度　第二期治安粛正計画要領」には、国境地帯の「熱河、錦州、安東ノ各省等ニ於テハ支那方面ヨリスル反満抗日運動策動ヲ機ニ先ンシテ防遏スルニ勉ム」（「満受大日記（密）」一九三七年）とあった。これを受けて、一九三七年七月三〇日、関東憲兵隊司令官藤江恵輔は「共産党団体、反満抗日分子及びソ連、華北方面からの策動とスパイ活動を警防、鎮圧する」（『偽満憲警統治』一〇二頁）ことを指示し、「昭和十二年度第二期日満警務機関治安粛清要領」の実施を図った。第二期は八月一日から一一月末までとし、「前線での集団部落の建設、民心の掌握と安定（流言取締・経済動向の注視）」、「満洲国国民の健全な国民意識と誇りの積極的な発揚」、「匪賊と民衆の分離工作徹底」という目標を掲げた。検挙した「共匪」中の有用者は密偵に育成するとした（同前、一〇八頁）。

この時期、実際に、どのような活動がおこなわれたのだろうか。日中戦争が全面化した時点の状況は、「匪化地帯ニ於ケル治安ハ寸時ノ偸安ヲ許サヽル現況ナリ（中略）一時勢力衰退シ有名無実ノ沈衰期ニアリタル第二軍カ支那事変ヲ契機トシテ遽ニ勢力抬頭シ」（関東憲兵隊司令部『思想対策月報』一九三七年一〇月分、『報告集』Ｉ-⑨）ととらえられていた。いわば第一線ともいうべき承徳憲兵隊の一九三七年下半期の「業務詳報」の項目は、次のようなものだった（遼寧省檔案館編『満鉄与侵華日軍』第一七巻、広西師範大学出版社、一九九九年、二一六頁）。

一　軍ノ作戦行動援助　　1　敵情捜索　2　応急軍事徴発徴傭業務　3　軍事輸送ノ援助警戒
　　4　戦斗部隊三部兵力ノ配属　5　出動部隊ノ装蹄援助
　　6　第一線部隊ニ糧秣其他ノ補給
二　防諜並軍機保護　　1　中国間諜ノ逮捕　2　通蘇支者ノ逮捕　3　通信及言論機関ノ検閲取締〔略〕
三　国境付近敗残兵並逃走兵ノ掃蕩

四　治安粛正　1　反満抗日義勇軍ノ検挙　2　中華帝国仁義軍検挙　3　全国民衆自衛軍ノ検挙〔略〕
五　宣伝並逆宣伝ニ対スル防衛　1　宣伝宣撫工作　2　流言蜚語ノ取締並与論ノ指導
六　情報ノ蒐集
七　国境警備
〔後略〕

日中戦争には東条参謀長が指揮をとる兵団が派遣されたが、関東憲兵隊から司令部に一一名、酒井兵団に一〇名、鈴木兵団に一二名、笹原兵団に一〇名、堤支隊に六名の憲兵が配属された。東条兵団の占領地の張家口にも玉岡巌少佐ほか五〇名が派遣されている（『史証』二六四頁）。

東条兵団戦闘司令部憲兵長として一九三七年八月一五日から一一月二七日まで張家口・包頭などに勤務していた小林喜一の「供述書」には、「国家関係の銀行を捜索して金銭を発見押収することと中国軍の残置諜者を発見せよ」という東条の命令を受けて行動した、とある。また、小林は他の部隊からの要請に応じておこなった、「便衣隊容疑者」の「検挙拷問取調」や「銃殺」についても具体的に供述している。

一九三九年三月となるが、『憲友』付録として関東憲兵隊司令部『支那遊撃戦の二段階と其の特異性』が刊行される。日中戦争以前を国内戦である「紅軍遊撃戦」と、以後の対外戦の一部である「抗日遊撃戦」として詳細な検討を加えた上で、最後を「抗日遊撃戦は「武力を伴ふ遊撃戦」であり、夫れは支那の新政権と共産党との「民衆争奪戦」である。従つて遊撃戦に対する方策は武力のみで足りないことは勿論である。この場合、我が方は常に武力による討伐には必らず勝つであらうが、思想戦には果して如何？　此の勝利を確実にしなければ最効果的な遊撃戦対策とは謂ひ難い。今後の問題はこゝにあるであらう」と結ぶ。「満洲」での経験をふまえて、中国関内における思想戦の重要性を強調している。

第四節　「対ソ」防諜態勢と「思想警察」の遂行——ノモンハン事件・関特演期の憲兵活動

1　ノモンハン事件と関東憲兵隊

本節では一九三九年から四一年一二月のアジア太平洋戦争開戦までを対象時期とする。

各地の憲兵隊からの報告をもとにまとめられた関東憲兵隊司令部『思想対策月報』の治安状況についての認識をみていこう。一九三九年一月分では、「全満共匪賊ノ総数ハ大約六五〇〇名（共匪五二〇〇、土匪一三〇〇）ニシテ前期ニ比シ約七〇〇名ノ激減ヲ示シ国内ノ治安画期的進捗ヲ見アルハ日満軍警ノ間断ナキ治標工作強行ノ成果ナリト判断セラル」（『報告集』Ⅰ-⑨、四四八頁）とみて、さらなる憲兵の「増強徹底的思想工作実施ノ要アリ」（同前、五〇五頁）とした。当初二〇万名ともいわれた勢力は関東軍の徹底した軍事的討伐により激減してきたが、それでもまだ根強い武装抵抗がつづいていた。

「治安粛正工作」は順調に進展しているかにみえたが、例年のように春になると反満抗日運動は盛り返した。『思想対策月報』三月分では初めて「南満遊撃地区」を「赤区」（治安不良地域）と把握して、「粛正ニ当リテハ重点ヲ党匪首脳部ノ捕殺並通匪者ノ徹底的弾圧ニ指向シ」（同前Ⅰ-⑩、七三頁）とする。その中心人物が東北抗日聯軍第一路軍総司令の楊靖宇だった。同誌四月分では「楊靖宇共匪団ノ獰猛果敢ナル游撃戦ハ全地方ニ於ケル治安ヲ極度ニ悪化シ満軍警討伐隊、特別工作隊ニ対スル悪質執拗ナル士兵工作ト相俟ツテ益々反撃的攻勢ニ出テン」としているとみて、「徹底的治標工作ノ強行促進コソ目下ノ急務」（同前、二〇七頁）とするほどである。

同誌五月分でも焦点は「南満党（匪）」の動静で、「日満軍警不断ノ粛正工作ニモ不拘治安ハ寧ロ一歩前進二歩後退ノ憂慮スヘキ傾向ニアル」（同前、二七四頁）とみる。さらに六月分では、「其活動愈々積極且攻勢的ナルノミナラス各種策謀ヲ弄シテ我官憲ヲ翻弄スル等所謂赤区ニ於ケル共匪ノ動向ハ抗日情緒ノ再燃化」とみて、「真ニ抜本塞源的共匪殲滅対策」が必要とされた（同前、三四一頁）。

こうした治安状況の認識は、第一復員局資料整理課「満洲に関する用兵的観察」（第一二巻、一九五二年、防衛省防衛研究所図書館所蔵）でも、「昭和十四年（一九三九年）の前半頃まで、残つて居た匪賊は満洲全部で僅か三千名内外であつたが、その個人々々について観るならば志操堅固な者ばかりであつて、数こそ減つたけれど一騎当千の猛者であり匪賊の勢力は昭和十四年の前半が絶頂であつたと言ひ得る」と共通している。また、斉藤美夫は三九年春季治安粛正工作について、憲兵のみで一九八名を検挙したとし、五月末の憲兵隊長会議で「本夏季討伐検挙工作に於て、○憲・警による游撃隊情報の蒐集を一層適確機敏化し、之を討伐部隊に通報して対策処置を適正ならしむ。○集団部落の内部粛清――游撃隊に連絡する分子の掃討工作を徹底すること」を指示したと供述する（斉藤「供述書」）。

一九三九年後半の治安状況をみると、七、八月と「匪勢」は増大し、関東憲兵隊司令部『思想対策月報』八月分では「粛正工作ニ逆行シ稍々悪化ノ傾向ヲ示シアリ」（同前Ⅰ‐⑩、四〇七頁）と危機感を強めた。「成し得る限り警察力を増強し軍に協力する大討伐」の実施という「秋季治安粛正工作」により、東北抗日聯軍第一路軍の殲滅が目指された。野副昌徳討伐隊に「有力なる配属憲兵を付属」し、九月から一一月にかけて憲兵は九八名を検挙している。また、野副討伐隊に設置された長島特別工作隊の「誘降工作」により、同期間に二五五名が投降したという（斉藤「供述書」）。

この「秋季治安粛正工作」を関東憲兵隊司令部『思想対策月報』でみると、「匪団ハ何レモ治安粛正諸工作ノ浸透徹底化ニヨリ漸次衣糧、弾道ヲ遮断セラレ深刻ナル窮状ヲ告ケントシアリ」（一〇月分、『報告集』Ⅰ‐⑪、七九頁）、「我カ勇猛果敢ナル討伐ニ其陣容ヲ粉砕セラレ離合集散逃避ヲ事トシアル現況ニ鑑ミ此ノ機ヲ逸セス匪団ニ致命的打撃ヲ与フヘク討伐続行中ナリ」（一一月分、同前Ⅰ‐⑪、五頁）というところまできた。

一九四〇年になると、二月に楊靖宇を射殺したことに象徴されるように、関東軍・関東憲兵隊にとって東辺道地方を中心に全般的に治安は改善し、「沈静化」してきた。二月分の関東憲兵隊司令部『思想対策月報』には、「我カ日満軍警ヲ散々悩マシタル在満党抗日巨頭楊靖宇モ遂ニ悪運尽キテ我カ砲火ニ斃レ」（同前I-⑪、三三八頁）とある。通化独立憲兵分隊『思想対策月報』二月分は、「楊靖宇ノ射殺」について「日満軍警ノ峻烈ナル討伐ニ抗シ得ス部下匪団ヲ率ヒ逃クルニ汲々トシアリタル処更ニ小分散逃避行動ニ移行シ二月中旬ニ至リ僅カニ手兵数名トナリ遂ニハ単身トナリ彷徨中（中略）西谷警佐ノ指揮セル通化省警察討伐隊ニ射殺セラレタリ」と詳細に記している。楊の死は通化省の一般民衆に周知され、「飛行機ヨリ伝単ヲ撒布宣伝」（同前I-⑥、三〇九頁）するほどだった。

一月分の佳木斯憲兵隊『思想対策月報』には「日満軍ノ攻勢討伐ニ因リ各匪団共壊滅ニ頻シ支離滅裂ノ状態ニアル」（同前I-①、三〇三頁）、一月分の東安憲兵隊『思想対策月報』にも「多数匪子ノ射殺捕捉等大打撃ヲ受ケ蔟動地区ヲ極度ニ縮少セラレ壊滅ノ状態」（同前I-③、一一六頁）とある。三月分の関東憲兵隊司令部『思想対策月報』では「困窮其ノ極ニ達シ著シク減少ノ一途ヲ辿リアル」としつつ、「窮鼠猫ヲ咬ムノ攻勢的態勢ニ出テントスルノ気配」（同前I-⑨、二八八頁）にも注意を払っている。そして、四一年五月分では「概ネ全面的崩壊状態」（同前I-⑫、一八〇頁）と豪語するに至る。

一九四〇年三月に野副昌徳討伐隊司令官の指示で設置された「吉林会議」は、月二回、日満軍警・検察の治安関係者が集合（会長は新京憲兵隊特高課長玉岡厳少佐、幹事は新京高等検察庁緒方浩検察官・野副討伐隊警察部田中警務課長）したもので、「徹底的な地下工作、外廓団体および盗匪との連絡の破壊」の方策をまとめ、実行に移した（新京高等検察庁「吉林会議議事録」中央檔案館・中国第二歴史檔案館・吉林省社会科学院合編『東北「大討伐」』中華書局、一九九一年、五二六頁）。

九月一一日付で延吉憲兵隊長から関東憲兵隊司令官宛に報告された野副討伐隊の活動状況をみると、九六〇キロにおよぶ警備道路の建築、三六〇キロの道路両側の林伐採、警防所八〇ヶ所の設置などの大がかりな対策を講じた結果、第一路軍総司令（楊靖宇）ら約二五〇〇名を殺害し、「共匪」の大部分を殲滅したという。これにより関東軍は「治安良好地区の粛正工作を満軍警に譲り」、みずからは「治安不良地区」に力を注いだ（同前、五二九頁）。

一九四〇年七月一〇日の関東憲兵隊の編制定員は三〇二〇名であったが、一二月時点での実員は二四八三名の充足にとどまっていた。ほかに、憲兵補（朝鮮人）九〇名と憲補（中国人）二四〇名がいる（『偽満憲警統治』一九頁）。この時期の関東憲兵隊は司令部のほか、一六憲兵隊・六三憲兵分隊・二〇憲兵分遣隊と教習隊、無線探査隊から構成される（「関東憲兵隊合同調査綴」防衛省防衛研究所図書館所蔵）。各憲兵隊は大規模隊の場合は約三〇〇名、小規模隊は約一〇〇名を擁し、庶務課・経理班・特高課がおかれていた（『偽満憲警統治』一二八頁）。

一九四一年四月一一日の編制改正では、定員は五九三四名に大幅に拡充されているが（「関東軍編制人員表」防衛省防衛研究所図書館所蔵）、実際にはその充足は困難であった。

東辺道地方を中心に治安の沈静化が進む一方、熱河省国境地域の治安は逆に悪化していった。一九三九年一〇月から一二月にかけて、「錦州憲兵隊業務（行動）ノ詳報」は「特ニ国境長城線隣接地境タル北支那冀東地区ニ於ケル治安カ直接管内ニ及ホス影響大ナルモノアリテ北支那方面軍ノ戦線拡大ニ伴フ警備ノ間隙ニ乗セントスル共産第八路軍系匪団ノ後方攪乱工作ニ関シテハ厳ニ警戒ノ要アルノ情勢」（遼寧省檔案館編『日本侵華罪行檔案新輯』第一三巻、広西師範大学出版社、一九九九年、二四五頁）という認識を示していた。

一九四〇年三月の汪兆銘かいらい政権の成立以後、「対日満謀略的宣伝」が熾烈化するとともに、熱河省西南地北部地区の「中共党（匪）」が「日満軍警不断ノ討伐掃蕩ニモ不拘容易ニ終息セス」（関東憲兵隊司令部『思想対策月報』三月分『報告集』Ｉ‐⑨、三〇九頁）という新たな事態が出現した。同年四月分の関東憲兵隊司令部『思想対策月報』（同前Ｉ‐⑪、四七〇頁）は、「匪数増加ノ奇現象」の要因をソ連・中国方面からの「匪団ノ越境入満」とみた。

第一線の状況をみると、一九四〇年五月分の錦州憲兵隊『思想対策月報』（同前Ｉ‐⑥、二〇九頁）は「繁茂期ヲ控ヘ西部国境蠢動匪団ノ対満工作積極化ヲ予測セラル、」としていたが、六月分の承徳憲兵隊同『月報』では「国境地区ハ恰モ共産軍ノ棲息地帯ヲ出現シ（中略）党軍併行ノ特異性ヲ遺憾ナク発揮シ民心ノ収攬ニ依ル赤化ノ造成乃至日満軍ノ後方攪乱等益々猖獗ノ兆アリ」（同前I－⑦、一七一頁）という危機感が表明されている。四一年五月分の関東憲兵隊司令部『思想対策月報』は、「其ノ主因ハ熱河省国境地区ニ於ケル共産軍ノ侵入一部入ソ匪団ノ帰満及潜伏土匪団ノ集結ニ因ル」（同前I－⑫、一一七頁）とみなした。

一九四一年六月三〇日、「満洲国の軍警を統轄」することになった承徳憲兵隊長安藤次郎は、「引続き主力として特別粛正工作を執行するとともに、一部兵力で民心の動向を察し、民心の動揺を抑え、謀略・デマ及び防諜などの工作を担当する」（『偽満憲警統治』二五八頁）という方針で進んだ。承徳憲兵隊の一九四一年下半期『思想対策半年報』で、「十月下旬頃ヨリ共産軍ハ各地ニ大打撃ヲ受ケ一部小匪団ヲ国内ニ残有シ殆ント国外ニ遁走シ漸次活動消極化シ最後ノ余喘ヲ保持シアル現況ニ在リ」（同前I－⑮、四〇六頁）と成果を強調する。次節でみるように、四二年以降も「熱河省粛正工作」はさらに拡大・継続されていった。

この事態に対する方策として、まず「北支」の日本側憲兵・警察機関との連携が図られた。先の「錦州憲兵隊業務（行動）ノ詳報」によれば、一九三九年末から「長城線ノ警備警戒」を厳重にするとともに「北支憲警ト連絡ヲ密接ニシ冀東地区ニ於ケル匪情ヲ収集シ其ノ状況ヲ明ニスル」（『日本侵華罪行檔案新輯』第一三巻、二四六頁）ことにしたという。

また、強制移住や「集家工作」（集団部落）という方策も実施している。一九三九年一一月分の関東憲兵隊司令部『思想対策月報』には、「承徳県ニ於テハ従来治安不良癌腫地域タル車河口並ニ金宝河ノ両村民ニ対シ北票及西安両炭坑ノ労働ニ移住セシメ労働不能家族ハ主要道路沿線ニ集家シ以テ匪化通匪ヲ予防スヘク十二月四日ヨリ之カ工作ニ着手」したとある。さらに、四一年一月の東寧憲兵隊「宗世栄匪団通匪者検挙ニ関スル件」で「糧道遮断ハ消匪ノ必須要件タルヘク之カ為僻㓲地ニ対スル行政ヲ更ニ浸透セシムルト共ニ耕作地ヲ調査シ生産数量ヲ明瞭ナラシメ之カ出納ヲ監督スル等通匪行為ノ余地ナカラシムルノ要アリ」（「外務省記録　満州国政況関係雑纂／治安情況関係」A－6－2－0－2、外務省外交史料館所蔵）とするように、糧道の遮断を有効にするために生産数量を厳重に把握しようとしている。

なお、関東憲兵隊は中国関内の憲兵隊との連携強化も図っていた。一九三九年一二月、中支那派遣憲兵隊の欠員補充のために、関東憲兵隊から六七名が転属した（「密大日記」一九三九年）。四〇年五月中旬には斉藤美夫らが北支那派遣憲兵隊長会議に参加、「熱河省境治安工作」について協議している。四〇年八月から四二年六月まで、斉藤自身が南支那派遣憲兵隊長に転出した（斉藤「供述書」）。また、湯原・公主嶺の各憲兵分隊長を歴任していた藤原広之進は、四〇年八月、北支那派遣憲兵隊司令部における下士官実務教育で実体験にもとづく実践的な「思想対策実務講話」を実施している（藤原「供述書」）。関東憲兵隊は「思想対策」で一日の長があり、さまざまなノウハウを蓄積していた。

ソ連国境の北安憲兵隊所属の河野日露兒は、二年半の「思想対策係」としての見聞を「北満匪賊概況」にまとめている（『憲友』第三五巻第七号、一九四一年七月）。「最近共匪の游撃活動の謀略化」、「交通線主要都市、警備機関の襲撃状況」などを記したのち、「結語」として「北満治安の癌」となるだけでなく、「匪団の民衆に対する宣撫工作は益々巧妙執拗化し或地区に於ては大部の民心を匪側に収めたかの如き観を呈してゐる所もあ」るという。

一九三九年五月のノモンハン事件において、日本側の主力となった第二三師団に関東憲兵隊ハルビン・海拉爾各憲兵隊より二三名が配属されている（『日本憲兵正史』七七七頁）。それとは別に「対蘇策《ママ》戦準備強化ノ為」、各憲兵隊から関東憲兵隊司令部に要員が集められた。錦州憲兵隊からは「准尉以下十九名」（「錦州憲兵隊業務（行動）ノ詳報」『日本侵華罪行檔案新輯』第一三巻、二五〇頁）であり、全体では二〇〇名におよぶと推測される。

事件勃発とともに、関東軍は「国内非常警備を令し、各部隊より総計約三ヶ大隊の歩兵を差出さしめ、補助憲兵を命じて之れを関東憲兵隊に配属」した。関東憲兵隊司令部警務部長であった斉藤美夫は、この補助憲兵を「各憲兵隊に概ね一乃至二ヶ中隊づゝ配属」し、主に要所の警備・巡察などをおこなわせたと供述する（八月上旬の停戦とともに撤退）。大隊の規模を数百人とすると全体で二〇〇〇名前後となり、それを各憲兵隊に一中隊、およそ二〇〇名程度を配属したことになる。斉藤は五月末日の憲兵隊長会議で、次のように指示したという（『侵略の証言』二四六頁）。

ノモンハン事件の勃発により国内治安は其影響下に変化あるべきを予想せらる、依って左記事項につき各隊は治安警備を強化すること。

①国内抗日党団のノモンハン事件を契機とする策動の情況・調査・報告。
②国内抗日党団の治安に及す策動の弾圧。
③民心の動向調査、流言蜚語の取締、流言者の厳罰。
④国外よりする宣伝、国内よりする宣伝、各種工作の情況・調査報告、ラジオ電波封鎖工作の徹底（電波攪乱工作は軍にて行う。）
⑤要警備物件（旅館、劇院、映画館、駅、船着場、群衆場所等）の警備査察。

ここでとくに注目されるのは、ノモンハン事件にともなう「民心」動揺に対する警戒である。一九三九年六月分の関東憲兵隊司令部『思想対策月報』では「今次ノモンハン事件勃発ニ依リ西部国境地帯一帯ニハ各種ノ造言蜚語流布セラレ満、蒙人等ノ民心相当動揺シアリ」（『報告集』Ⅰ-⑩、二八〇頁）としていたが、同誌九月分には停戦協定成立により「一般民心ノ動向漸次平静ニ帰シ」とある（同前、五三三頁）。斉藤の供述においても、「ノモンハン事件の経過に伴ひ全満各地殊に西部国境地帯は民心動揺の徴ありしも時日の経過と共に鎮静に向ひつゝあり」（斉藤「供述書」）とあった。また、公主嶺憲兵分隊長の藤原広之進は「人心は動揺し厭戦、反戦、悲観的言動の多くあった」（藤原「供述書」）と供述する。

関東憲兵隊ではノモンハン事件に従軍・帰還した将兵の言動の監視にもあたった。それは、一九三九年九月一六日付の関東軍参謀長の「「ノモンハン」事件ニ関スル将兵ノ言動ヲ一層慎重ナラシムルヘキ件」という通牒にもとづいておこなわれた。なかでも「戦傷者ノ談話又ハ通信中ニハ悲惨ナル戦況等ヲ誇張シテ言及スルモノ尠カラス為ニ流言ノ因ヲナス虞大ナル」という見通しに立って、従軍将兵らの「通信検閲等ニ依ル取締」の徹底強化が求められた（「満受大日記」一九三九年）。

兵士の郵便物検閲については、加藤聖文「『検閲月報』にみる満洲国の日本人」（『検閲された手紙が語る満洲国の実態』所収）に詳しい。「軍紀弛緩ヲ窺ハルルモノ」、「反戦反軍ノ虞アルモノ」、「思想上要注意通信」（四七頁）などに警戒を向け、厳重な検閲がおこなわれた。その結果、「有害通信は依然軍人軍属其大半を占めある状況にして寔に寒心に堪えず。又部隊検閲済押捺しあるも形式に堕しある傾向あり。部隊長の検閲は憲兵の戦時検閲強化と併行実際的ならしめ之が取締を一層厳重ならしむるの要あり」（五八頁）とされた。

「従軍帰還者ノ取締」は軍事輸送要員としての鉄道関係者にもおよんだ。「錦州憲兵隊業務（行動）ノ詳報」には、「防諜上ノ見地」から「錦州鉄道局ヨリ出動中ノ者」の「従軍行動或ハ戦況ニ関シ人心ヲ惑乱スルカ如キ言動ヲ為サルカ如ク厳ニ注意シ」（『日本侵華罪行檔案新輯』第一三巻、二五九頁）とある。

また、関東憲兵隊は「日本側俘虜」の拘束と処刑に深くかかわった。ソ連側と交換した捕虜三五〇名を拉濱県新站陸軍病院に拘束し、藤原広之進の指揮する新京憲兵隊三五名が、「みずからすすんでソ連軍に投降し、ソ連の逆諜者として送り込まれた者がいるのではないか、という疑い」（『日本憲兵外史』四七七頁）で取り調べにあたった。この件については、工藤胖が『諜報憲兵』のなかで、「同僚憲兵」から聞いた話として次のように伝えている（八七頁）。

新京憲兵隊はほかにも重要な任務があるのでこれにあてる人員が足らず、結局、各分隊から要員を抽出し、計二十名が困難かつ心情的にはとてもいまわしい調査にのぞんだ。いうまでもなく、思想の識別は犯罪調査ではないから直接取調べはできない。ごく自然に相手に接触し、さりげなく日常の会話を重ね、白か黒、いやこの場合は〝赤〟かを判断しなければならない。このため憲兵は病院長を説得し、制服警備の数人以外は衛生兵の服装で将校に接近し、負傷者の手当てや健康状態を聞きながらその言動に注意することにした。〔中略〕関東軍は、下士官、兵については、ノモンハン戦の特異性から捕虜になったのもやむをえないと不問にしたが、それでも正常勤務の隊には復帰させず、辺境の守備隊の陣地構築要員として配置した。結局は懲罰的転属の処置をとったのである。

斉藤美夫は一九三九年一〇月、軍特設軍法会議で将校約三〇名に死刑判決を下し、処刑したと供述している。斉藤は同年三月の警務部長就任直後、防諜対策として次のような指示を各隊に発したと供述する（斉藤「供述書」『侵略の証言』二三九頁）。

蘇同盟より派遣の抗日地下工作員に対し、憲兵各偽警務機関特高課、外事班及検問班を設け、索出検挙処理を行う

i　地下工作員発見の場合、視察温存培養により全貌把握に努む。
ii　検挙は憲兵隊司令部に於て之を統制実施す。
iii　無電工作員は軍司令部特設通信隊に引渡す。
iv　逆用工作は軍第二課にて統制指揮す。
v　鉄道、船舶、バス、駅に於ける合同検問班を憲兵隊鉄警に於て特設す。
vi　尾行引継簿を憲兵隊司令部に於て制定実施せしむ。
vii　八六部隊に於て電気検索器、無電方向探知機を作製し各隊に交付す。又工作員より押収せる秘密文書、伝書類の化学鑑識を併せ行う。
viii　防諜勤務者の教育を憲兵教習隊、偽満各警務機関教練所に於て実施す。

この具体的な実践状況をみよう。関東憲兵隊司令部『思想対策月報』の一九三九年七月分には、「ノモンハン事件ノ長期移行ニ伴ヒ蘇蒙側ノ日満軍若ハ国内ニ対スル謀略的宣伝ハ活発化ノ傾向ヲ示シ今後益々熾烈化スルモノト予想セラルルヲ以テ之カ警防ニ関シテハ万全ノ策ヲ講スルノ要アリ」（『報告集』Ⅰ－⑩、四〇二頁）とある。同年六月上旬、海拉爾憲兵隊において斉藤警務部長が「蘇聯関係抗日地下工作員、及通蘇容疑者の検挙を実施し、ソ聯外蒙より西部国境を越境進入する抗日地下工作員の発見検挙を行うこと」を指示すると、同隊の「抗日地下工作員」約三〇名の検挙を手始めに、全憲兵隊による「温存視察中の抗日地下工作員中国人約一〇〇名」の検挙に至る。大部分は「厳重処分」として処刑された（斉藤「供述書」）。

ソ満国境に位置する海拉爾憲兵隊『思想対策月報』には、一九四〇年一月分に「「ソ」蒙側諜者ノ裏面的暗躍ハ益々深刻」（『報告集』Ⅰ－①、二一頁）、二月分には「「ソ」蒙ノ潜行的活躍ハ益々熾烈化スルヲ予想」（同前、四〇頁）とある。

そして、一九四〇年五月の憲兵隊長会議で斉藤は、警務部長として「関東軍の対ソ作戦準備に伴い、ソ聯関係情報蒐集工作は愈々活発化せるに対し、各隊は更に創意的方策を以て有効適切なる対策を採取することを望む」として、「国境憲兵隊は、日本軍陣地に対する防諜、掩護、国境地帯法の取締徹底を期すること」などを指示したと供述する（斉藤「供述書」『侵略の証言』二五五頁）。

一九三八年一二月の編制改正につづき、国境地域の警備強化が重点的になされた。三九年八月に東安憲兵隊が、四〇年二月に東寧憲兵隊が、四月に大肚川憲兵分隊などが新設されている。その東寧憲兵隊の四〇年三月分の『思想対策月報』には、「蘇側ニ於ケル対日満思想謀略宣伝住民拉致等今後相当積極的ニ敢行シ来レルハ想像ニ難カラサルノミナラス大小ノ国境紛争ヲ企図シアルヤノ各種情報ニ鑑ミ之等紛争ヲ通シテ行フ民衆士兵工作等モ亦執拗ニ繰返サルヘク之カ警防ニハ遺憾ナキヲ期スルト共ニ不正出入国者ノ捕捉ニ努メントス」（「外務省記録　満州国政況関係雑纂／治安情況関係」A－6－2－0－2）とある。

一方では、「「ソ」聯ノ援匪状況究明ノ為」として、日本側からの諜報活動もおこなっていた。一九四一年上半期の東安憲兵隊『思想対策半年報（甲）』では、「憲兵独自ノ兵力ヲ骨幹トシ工作員ヲ獲得ウスリー江岸ニ進出或ハ長期的永続性アル情報網ヲ設置ス」としている（『報告集』Ⅰ-⑮、三〇一頁）。同虎林分隊の場合、二月から「いかだ工作」という情報網を用いて「共匪ノ隠匿兵器、宣伝文等押収シ其成果ノ見ルヘキモノアリ」と自賛するとともに、「偽装漁撈場ヲ設置情報ポストタラシムヘク督励中」という（同前、三〇二頁）。また、東安憲兵隊管下の虎頭分遣隊に配属された本原政雄は、ソ連側が「武装した数人組のスパイを通信使にして、国境の無人地帯を往復させた」ことに対して、「その通路とおもわれる地点に、数人の憲兵・密偵を張りこませ成果をあげた」という（「憲兵として生きて」『状況と主体』第二五九号、一九九七年七月）。

一九四〇年末か、対ソ防諜を中心とした『防諜要報』を関東憲兵隊司令部は発刊する。旬報と推測され、第一二号（一九四一年四月二六日）では「日蘇中立条約ニ伴フ諜者操縦動向観察ニ就テ」を、第二〇号（同年七月一一日）では「独蘇開戦ニ伴フ蘇聯対満諜報ノ新動向」を分析する。後者をみると、「時局ノ緊迫ニ伴ヒ大量諜者ノ敏活ナル操縦ノ必要ニ迫ラレ蘇側ハ従来ノ如キ周到ナル偽装手段ヲ講スルコト困難ニ陥リ且我方ノ警防厳重化スルニ伴ヒ武装諜者ヲ派遣スル等各種ノ資材ヲ利用シテ強行諜報ヲ実施スルニアラスヤト認メラレル」（『報告集』Ⅱ-②、七二頁）という状況である。

一九四一年七月、対ソ開戦を見据えた関東軍特種演習（関特演）が行われ、大動員がかけられた。石部藤四郎『憲兵――下士官石部メモ』（自費出版、一九九〇年）によれば、「内地勤務憲兵の出動」により、第一野戦憲兵隊（名古屋以東）と第二野戦憲兵隊（朝鮮憲兵隊を含む以西）各五〇〇名が編制された。このうち第二野戦憲兵隊は新京憲兵教習隊で待機した。九月、石部を含む六名が香坊憲兵分隊に派遣され、「軍倉庫に働く満人苦力、数百を越す白系ロシヤ人の住家など、防諜、警備に忙殺」された（八五頁）。

関東憲兵隊のなかから牡丹江で編制された第三野戦憲兵隊では、対ソ進攻のチャンスを待っていた。工藤胖は「この時点では、関東軍は北進を信じていたことはまちがいない。なぜなら、第三野憲に新京憲兵隊はトラの子のロシヤ語堪能憲兵のほとんどを送り込んでいる。そしてシベリヤの占領を想定して、対住民治安警察、ソ連のコルホーズ組織内自警団の育成要領などを実戦さながらに訓練していた」（『諜報憲兵』一四一頁）と回想する。憲兵司令部員および副官を務めた吉房虎雄の供述によれば、この第三野戦憲兵隊の規模は約二〇〇〇名という（吉房「供述書」）。関東憲兵隊の全兵力の三分の二以上が動員されたことになる。

国境地帯の東安憲兵隊（および虎林分隊・虎頭分遣隊）は、関特演とその準備期間において主力を防諜に振り向けた。次の黒龍江省檔案館所蔵史料は、一九四一年五月二〇日付で、防諜容疑者の身柄について、東安憲兵分隊長が東安憲兵隊長宛に「蘇聯諜者」の取調状況を報告した事例である。「身柄ノ処置」について次のような方針を示す（中国黒龍江省檔案館・中国黒龍江省人民対外友好協会・日本ABC企画委員会編『「七三一部隊」罪行鉄証』、黒龍江人民出版社、二〇〇一年、四八頁）。

身柄ノ処置　目下当分隊ニ抑留中ナルカ本名ハ性狡猾且生来怠惰ニシテ阿片癮者ナルヲ以テ生活ノ為ニハ手段ヲ選ハサル主義ニシテ聊カノ改悛ノ情ナク且本名ノ入蘇並帰満後ノ非行ニ依ル被害甚大ナルモノアリテ之カ処分ニハ聊カノ苛責ノ要ナク特移送ニ付スルヲ至当ト思料セラル

これに対して、東安憲兵隊長は「入蘇提報セルコト未タ一回ニシテ其ノ及ホセル実害大ナラスト雖モ斯種不逞分子ノ徹底的掃滅ノ見地ヨリ分隊長ノ所見ニ同意シ一味王振達ト共ニ断乎特移扱スルヲ適当ナリト認ム」と同意し、関東憲兵隊司令官に指示をあおいでいる（同前、四七頁）。なお、七月三〇日付の関東憲兵隊司令官宛の東安憲兵隊長「報告」には、「特移送予定者ハ時局柄各現地ニ於テ厳重処分スルヲ適当ト認ム」とある（同前、一二頁）。

防諜の最前線にあった虎頭分遣隊長は、「防諜上必要ナル対策所見」を繰りかえし報告している。七月二九日付では、「蘇聯ハ国境地帯住民ニ対シ民族的特性タル物質慾ト国家観念希薄ナルニ乗シ諜報資金ヲ濫費シ住民獲得ニ狂奔シアル実情ニ鑑ミ国境地帯住民ヲ後退セシムルニアラサレハ防諜ノ完璧ハ期シ得サルモノト思料ス」（同前、一三六頁）とする。八月一四日付には、「日満官憲ノ宣撫指導ニ順応セサルノミナラス親蘇以テ諜報行為ヲ断念セサルカ如キ分子ハ善導改化ノ見込ナキニ依リ明朗東亜建設ノタメ索出発見弾圧ヲ加ヘ禍根ヲ一掃スルノ要アルヘシト思料ス」とあった（同前、一八七頁）。「防諜ノ完璧」のためには「禍根」の一掃、すなわち現地での「厳重処分」に躊躇することがなかったのである。

国境から離れたところにも関特演の影響はおよんだ。一九四一年下半期のハルビン憲兵隊『思想対策半年報（甲）』には「本期初頭関特演ニ依ル労働者ヲ強制徴傭或ハ馬匹ノ供出等ニ依リ住民ノ不平不満ハ漸次悪化ノ傾向」（『報告集』Ⅰ－⑮、三二頁）とあり、大連憲兵隊の場合も「関特演間ニ於ケル原因不明ノ容疑謀略事件及悪質流言蜚語抗日落書等多数発生」（同前、二三五頁）とあった。

関東憲兵隊司令部第三課長として防諜責任者であった吉房虎雄は、一九四一年九月下旬頃、「日本帝国主義の所謂「関特演」秘密保持のためこの工作の必要を感じ司令官にも意見を述べて各隊への命令――既定の計画を再検討し兵力を重点的に使用しこの工作を強化すべきこと――を起案して下達し又その実行を強く要求しました」と供述している。翌四二年三月までに、国境地区における抗日地下工作者の逮捕者は三二〇名以上にのぼり、そのうち事件送致・死刑などは一一〇名以上であったという（吉房「供述書」）。

斉藤美夫の供述によれば、「中国抗日地下組織と工作人員を探査、逮捕、鎮圧することを強化するために」、警務部長就任後、「元警務部第四班、すなわち通信機材班を立て直す計画に着手した」という（斉藤「供述書」）。この特設憲兵隊の任務は「電波探査、電器捜査、撮影検査、指紋鑑定、暗号連絡など、特殊な探偵手段」研究にあった（『偽満憲警統治』四二頁）。一九三八年八月、憲兵三〇名・嘱託技術者二名という規模で新京市寛城子に開設され、八六部隊と通称された。六分隊からなる。四三年には約二五〇名に拡充されている。

すべての憲兵に対してもこうした特務工作の教育訓練がおこなわれ、各憲兵隊へは「科学班」が設置された（『史証』二七三頁）。

関東軍報道部長を務めた甲谷悦雄が「満洲に於ける情報勤務」（防衛省防衛研究所図書館所蔵）で言及する「関東憲兵隊特捜班」は、八六部隊中の無線探査を担当する第一・第二分隊を指すものと思われる。「特捜班は、保安局特捜班と共に、当該容疑地域の周辺に展開し、長期に亘る方向探知網の設置及び推進によって、逐次容疑電波の発出地点に包囲環をつめ、適確なる其の発出地点を把握する。此の間関東憲兵隊特捜班は、保安局特捜班を区処する（憲兵隊の方が歴史が古く且有能であった）」という。

のちのことになるが、一九四四年五月の関東憲兵隊編制改正で第三〜第六分隊は司令部に吸収されて科学偵諜班となり、第一・第二分隊は無線探査隊に再編される。[10] 四五年八月時点で約三六〇名を擁し、ハルビン・大連・奉天・牡丹江・チチハルに派遣隊がおかれていた（「関東憲兵隊合同調査綴」防衛省防衛研究所図書館所蔵）。

2 「思想警察」の本格化

軍事的討伐の収束にともない、対ソ防諜態勢の整備拡充とともに「思想警察」の遂行が本格化する。一九四〇年五月の憲兵隊長会議で「思想対策服務要綱」が指示された。斉藤美夫の供述によれば、従来の思想対策は「関東軍治安粛正工作要綱の示す範囲」で実施されていたもので、今後は憲兵の「本然の任務」として次のような「思想警察」を遂行すべきとした（『侵略の証言』二四一頁）。

（1）思想警察目標を甲・乙に分類し、甲は抗日思想闘争党団（共産党、国民党等）、抗日政治党団及之に属する者、反軍思想運動者、治安攪乱工作をなす団体分子を対照《ママ》とし、乙は満蒙白系露人等の思想動向、民族意識、時局に対する民心趨向、政治経済方面における人民不平不満事項、其他民間に現はる、特異事項等である。

（2）処理要領　甲目標に対しては、特高能力を十全に発揚して内偵並に査察と法的処理を適正に実施すべく、乙目標に対しては、動向趨勢を察知し、情報蒐集を為すを本旨とする。即ち情況を明知して変に備うる趣旨であって、徒らに民心を刺激する如き措置を戒めねばならぬ。〔後略〕

別のところでは、甲目標は「防犯、鎮圧しなければならない目標」であり、共産系統・反日系統・匪賊系統・その他（「満洲国」軍警の反乱・悪質デマなど）を対象とすると説明する。乙目標は「直ちに被害を及ぼさないが、戦時、満洲国の防衛上、少しずつ重大な欠陥を招く恐れがあること。特に反日反軍の動向、治安を攪乱する兆候など」であり、各民族の日本軍に対する思想動向・「満洲国」主要機関および特殊会社の動向・「類似宗教」・物資供給方面の動向・開拓問題に関する動向・文芸著作の動向・デマなどの広範囲におよぶ。思想対策の重点は甲目標にあるが、「乙目標も余力なく偵察する」とする（『偽満憲警統治』二一七頁）。

「思想対策工作」実施の目的について、「平時の治安を守るだけでなく、より重要なのは戦時と事変の際に治安を維持することである。〔中略〕満洲国における思想対策の重要さは、戦時にある」とする点はとくに注目される。また、斉藤は「戦時有害分子処理要綱」にもとづき、対ソ戦に向けて「容疑要視察人」の名簿登録（甲・乙・丙）を指示したとも供述している（斉藤「供述書」）。対ソ戦の開戦準備が焦眉の急だったのである。

さっそく「思想対策服務要綱」に沿って、一九四〇年五月三〇日、関東憲兵隊司令部は「昭和十五年度関東憲兵隊思想対策服務計画」を策定し、「本年度各隊の主要目標」を次のように定めた（同前、二三二頁）。

1　治安不良地区では、これまでの対策を引続き強化する。特に軍隊の討伐工作に協力する。

2　治安不良地区に接する地区では、潜伏する共産党匪賊、交通連絡員および物資供給ルートを積極的に強化する。

3　国内主要都市では共産党の地下組織と蔣政権が派遣する各種策動分子を積極的に偵察して、発見する。

〔中略〕

一般的に明らかにする事項

1　満洲、朝鮮、蒙古などの民族の反日思想動向

2　経済界の動揺により引き起こされる民心不安の状況

七月一八日付で関東憲兵隊司令部みずからが「思想対策服務要綱」を策定している。「第一　方針」では、「日満共同防衛上有害ナル思想的策動特ニ共産並反日思想ノ警防弾圧ニ任スルト共ニ保安ニ影響ヲ及ホスヘキ各種事象ニ留意査察ヲ加ヘ以テ平戦両時ヲ通シ満洲国ノ保安確保ニ遺憾ナカラシム」とし、甲目標と乙目標について「永続性アル偵諜網」の組織的設置を掲げた。また、全憲兵の「特高」化も目指すとした（『報告集』Ⅰ‐⑭、三七五頁）。

この「服務要綱」の「実施成果」として、従来の『思想対策月報』に加えて新たに甲・乙目標ごとの『思想対策半年報』の作成・提出が指示された。一九四〇年一一月二日付の通牒で示された甲目標の様式は、「一　一般概況　二　国外ヨリノ対満策動　三　在満共産党匪ノ策動　四　反日（軍）思想策動　五　民族思想ノ動向　六　治安関係事項　七　其他　八　思想対策服務成果　九　所見」となっている。乙目標の様式は、「一　概況　二　民族運動ノ状況　三　満洲国軍警ノ思想状況　四　満洲国主要機関及特殊会社ノ状況　五　満洲国主要機関員及特殊会社員ノ状況　六　日満両国重要施政ノ反響　七　経済界ノ状況　八　開拓関係状況　九　宗教状況　十　労働運動ノ状況　十一　在満邦人左翼思想状況　十二　国内文芸著作物等ニ現レタル左翼思想ノ状況　十三　流言、落書ノ状況　十四　天変地変ノ反響　十五　其他参考事項」となっており、あらゆる領域がすべて視察対象になっていることがわかる（同前、四五四頁）。各憲兵隊から提出された『思想対策半年報』をみよう。

当隊〔奉天〕ハ思想対策服務ノ重点ヲ乙目標ニ指向シアルカ管内ノ特性ハ国際情勢ノ緊迫ニ伴ヒ敵性諸国ノ不逞運動ニ好適ノ諸資源ヲ包蔵シ且国内産業交通経済ノ中心地タルヲ以テ瞬時ノ偸安ヲモ許サ、ルノ現況ニ鑑ミ之カ防圧施策ヲ拡充強化シ警防ノ万全ヲ期シツ、アリ（一九四一年上半期、同前Ｉ－⑯、五五頁）

＊

当隊〔承徳〕ニ於テハ西南防衛地区隊ノ治標工作ニ即応シ治本工作ノ一翼ヲ担当シ積極的ニ敵ノ企図ヲ封殺スルト共ニ秘設外廓団体ヲ徹底的ニ検挙弾圧シ敵側ノ思想宣伝謀略諜報網ノ破壊ニ任シ顕著ナル成果ヲ収メ殆ント潰滅シ得タル（一九四一年下半期、同前Ｉ－⑮、四五一頁）

承徳憲兵隊では一九四一年下半期の「思想対策成果」として各月ごとの検挙者数をあげているが、大部分は「通匪」（共産党と協力しているとみなされた匪族の意）で、一〇月を頂点に合計一九四二名にのぼる（「共匪」は合計二一名）。熱河省の治安粛正工作と並行して、「思想宣伝謀略諜報網ノ破壊」が猛然とおこなわれた。さらに、チチハルの四一年下半期は「今后特ニ都市青年ト知識階級層ヲ対象トスル所謂城市工作ニ重点ヲ指向セラルヘク予想セラレ今后都市共産党対策ニ更ニ重要性ヲ付加スルモノトス」（同前Ｉ－⑮、三七五頁）と報告された。

各憲兵隊・分隊でも、それぞれの状況に応じた「思想対策服務要綱」を作成する。各隊により服務重点に相違があった。一九四一年六月時点でみると、新京と延吉の場合は次のようになっている（『偽満憲警統治』二三四頁）。

新京憲兵隊

一、都市の共産党とその「温床的真相」を掌握する。

一、民心の動き、とくに満洲系の主要人物の思想動向を掌握する。

一、高級スパイを捕縛する。
一、軍の機密漏洩を防止する。
延吉憲兵隊
一、朝鮮民族運動とその指導者の活動状況を偵察する。
一、「満洲省委員会」とその外郭団体の「真相」を掌握する。
一、ソ連側スパイの謀略を防止・鎮圧する。

一九四〇年五月三〇日、「思想憲兵隊編成要領」によって思想警察隊が設置された。関東憲兵隊司令部に本部をおき、分隊を新京・奉天・大連・錦州・ハルビン・牡丹江・チチハルにおく。本部は企画課・監察課・庶務課・工作課・経理課からなり、各分隊は企画班・工作班・庶務班からなるとされる（同前、二二九頁）。ただし、実際にはその後の史料に「思想憲兵隊」の名称は出てこないため、既存の思想対策機構・機能に屋上屋を重ねる結果に終わったとみられる。

交戦により入手した東北抗日連軍第三路軍関係の暗号文書を解読し、共産党地下組織の存在を知ったチチハル憲兵隊では特別捜査班を作り、関係者と目した人物の「偵諜培養」や尾行などの「田白工作」を進め、一九四一年一一月、チチハル鉄道局従業員ら約一二〇名を検挙した。「省委の領導下に大衆組織化せる在満共産運動の新形態として注目さる」事件だった（破損のため資料名不明「第二部　国内思想情勢」、一九四一年末か、『報告集』Ⅰ－⑯、二一四頁）。関東憲兵隊司令部防諜責任者（警務部第三課長）として捜査・検挙を指揮した吉房虎雄の「供述書」は、検挙の理由を「共産主義の地下組織を結成し反満抗日の活動をなすと共に、蘇聯と連絡し無線通信に依る諜報活動をなしつつあり」とする。

チチハル憲兵隊の特高班に所属し、特別捜査班の中心であった土屋芳雄曹長にとって、「中国の人たちの抵抗組織を摘発すること、それも大掛かりとあれば」、「やはり面白い対象だった」。チチハル憲兵隊だけでなく、チチハル鉄道警護隊も総動員された。土屋は「短時日の捜査で、これだけの組織の全容を解明できたのは、拷問に明け暮れたすさまじいばかりの取り調べがあったからにほかならない」という。五〇余名がチチハル高等法院に送られ、二名が死刑、ほかは一〇年以上から無期の徒刑となった（朝日新聞山形支局『聞き書き　ある憲兵の記録』朝日新聞社、一九八五年、一三四頁）。

なお、一九四一年一一月には在満日系共産主義運動への弾圧が開始されるが、この「合作社事件」については本書第三・四章に譲る。

「思想警察」の対象には反満抗日運動の地下の非合法組織だけでなく、そうした運動の背後にある在満朝鮮人や「満蒙人」一般の民心の動向も含まれるようになった。一九三九年三月の奉天憲兵隊報告「一般日鮮、満蒙人ノ思想状況ニ関スル件」では、全般的には「特ニ憂慮スヘキ事象ヲ認メス民族相互ノ関係ハ漸次協和ノ域ニ進ミツツアリ」とする一方で、「満人中ニハ建国精神ノ理解ニ乏シク為ニ治廃（治外法権の撤廃）ノ表面事態ヲ捉ヘ直ニ日鮮人ニ対処セムトスルヤノ傾向アリ一部日鮮人ノ誤マレル優越感ト相俟ツテ真ノ民族協和ノ具現ニハ更ニ大ナル努力ヲ要スルモノト思料セラル」と観測している（『報告集』Ⅰ‐④、七七頁）。また、斉藤は一九三九年三月、関東憲兵隊司令部警務部長の就任時に、「偽満国内民心は反日思潮日に益々高まる傾向でありまして表面の安定情態は何時変革するや真に計り難き情勢でありました」とする（斉藤「供述書」）。こうして次第に高まる「反日思潮」に関東憲兵隊は危機感を覚え始めた。

まず、物価問題や労働問題などの顕在化に注意を向けていく。一九三九年六月分の関東憲兵隊司令部『思想対策月報』では、「国内各種建設事業ノ激増ニ伴フ人的、物的資源ノ払底乃至諸物価ノ高騰ニ基キ漸ク各地ニ労働問題ヲ惹起セントシツツアルハ時局柄相当警視ヲ要スル問題ナリ」（『報告集』Ⅰ‐⑩、二八一頁）とする。延吉憲兵隊『思想対策月報』の四〇年一月分には「物資統制政策ノ適否ハ一般民心ニ影響スル処甚大ニシテ就中燃料配給不円滑ニ依ル会社工場ノ影響ノ如キ或ハ物価高騰ニ伴フ下層階級ノ不安動揺ハ思想謀略ノ対象タリ得ヘキニ鑑ミ当局ハ速カニ之カ対策ノ万全ヲ期スルト共ニ一般民心ノ動向ヲ厳ニ視察指導ノ要アリト認ム」（同前Ⅰ-②、四四三頁）とある。錦州憲兵隊の同年二月分では、「近時生活必需品ノ配給不円滑ナルト物価騰貴ニ伴ヒ民心稍不安ノ徴ナシトセス」（同前Ⅰ-⑥、一五三頁）とする。

さらに東寧憲兵隊『思想対策月報』同年六月分では、「戦時統制経済関係事象ニ対スル住民ノ動向ハ反日策動乃至ハ反戦思想ヲ誘発シ不逞徒輩ノ策謀ニ乗セラル、虞ナシトセス」（「外務省記録　満州国政況関係雑纂／治安情況関係」A-6-2-0-2）とする。

前述のように、ノモンハン事件の影響は広く長くつづいた。一九四〇年一月分の海拉爾憲兵隊『思想対策月報』には、「「ノモンハン」事件ト相前後シ国内ニ於ケル強度ノ諸物資ノ統制並家畜統制購買等就中後者ハ放牧業人間ニハ特ニ影響ヲ齎シタルモノト思料セラル」（『報告集』Ⅰ-①、五頁）とある。

民心の動揺は「流言多発」となってあらわれた。関東憲兵隊司令部『思想対策月報』の一九四〇年三月分には、「最近哈爾賓、奉天地方満人間ニ流言蜚語多発ノ傾向ニアリ特殊ノ反響ナキモ諸種ノ統制化ニ於ケル生活ノ圧迫等ニ伴フ結果トモ認メラルルモノアリテ警視ノ要アリ」（同前Ⅰ-⑪、五二一頁）とある。

ハルビン憲兵隊の『思想対策半年報（甲）』（一九四一年上半期）の「将来ニ対スル判断並対策」には、「最近支那事変ノ長期《ママ》ト共ニ生活必需品ニ対スル統制強化セラレ民衆ノ不平不満ニ乗スル逆宣伝特ニ学生層ニ対スル反日満分子ノ獲得工作深刻化シ来レルモノアリテ将来此種動向益々濃化セラルヘキヲ予想サルル」（同前Ⅰ-⑭、四七三頁）とある。これは「甲目標」に対するものだが、「民衆ノ不平不満」と「反日満分子」が結びつくことを警戒している。奉天憲兵隊は「当隊ハ思想対策服務ノ重点ヲ乙目標ニ指向」（『報告集』Ⅰ-⑯、五五頁）していた。

関東憲兵隊司令部の『通信検閲月報』は、「一般民心ノ動向」を掌握するために作成されていた。その一九三九年一二月分には、「引続キ軍事、普通ノ有害通信防止特ニ軍ノ編成移動ニ伴フ軍人軍属ノ防諜上要注意通信、思想防諜容疑者、特殊地帯居住民、開拓民等ノ有害通信ノ索出発見ニ重点ヲ指向シ防諜対策資料蒐集ニ努メタリ」とある。おそらくノモンハン事件を念頭においてであろう、「防諜上要注意通信特ニ軍機事項ニ属スル有害通信物」が全体の過半数を占めているとして、各部隊の「取締等閑視」（『報告集』Ⅲ-①、一九三頁）の状況に苦言を呈している。

奉天地方検査部（奉天憲兵隊と奉天郵政管理局）による「秘密通信検査」の実態の一部がわかる。日米開戦直前、一ヶ月あたりの開封数は約四万五〇〇〇件にのぼり、そのうち「有害（没収焼却処分）」とされたのが約二五〇件、さらに課報資料として提供されたものは約五〇件であった（『史証』二七六頁）。

一九四〇年五月には前述のように「思想対策服務要綱」が指示された。思想工作は短時間では実効を収めにくい」、「満洲国の治安が安定する一方で、満洲・朝鮮・蒙古などの民族は、その民族意識によって反日反軍の潮流を発生させることは免れない。しかも、それらは不可避的にソ連や中国の策動と結合して、日満共同防衛体制を損なうので、それらに対する警防を強化するために、新たに乙目標に対する対策を考えなければならない」（『偽満憲警統治』一二二頁）という。

対ソ開戦が準備され、対米英戦への切迫感が増す一九四一年には、さらに「民心ノ動向」への警戒が強まっていった。二月二六日、臨時参謀長並びに関東軍直轄部隊長会同における木村兵太郎関東軍参謀長口演の「第四　治安防衛ニ就テ」では、「輓近内外諸情勢ノ緊迫ト統制経済ノ強化及各種国策ノ強行ニ基ク一部民心ノ動揺或ハ謀略行為ニヨル匪賊ノ蠢動及満軍一部ノ背叛等稍々警戒ヲ要スルモノアリ加之之等ノ謀略ハ益々地下ニ潜入シ民心ヲ蚕食スル傾向強キ」（「旧陸海軍関係文書」マイクロフィルムR.１０９）という憂慮が示されていた。これは第一義的に関東憲兵隊の役割であった。

一九四一年五月分の関東憲兵隊司令部『思想対策月報』「要旨」後半を引く（『報告集』Ⅰ-⑫、一一八頁）。

4　民族思想ノ動向
◎民族思想
日人　一部日系官民中ニハ指導性弱化シ其ノ体面ヲ汚損スルノ非行ヲ敢行スルモノアリ
鮮人　民族的偏見ヨリ一般ニ当局ノ対在満鮮人態度並処遇ニ慊ラス不満的言動或ハ挙措ニ出スルモノ漸次
増加ノ傾向ニアリ
満蒙人　満蒙人大衆ノ生活難民族的意識流言迷信等ニ基ク民心ノ動向厳ニ注意ヲ要スルモノアリ
◎重要施政ノ反響
経済　時局並ニ統制経済ニ伴フ満人ノ不平不満ニ便乗スル経済諜略事象頻発シアリ
開拓　開拓民ノ無自覚並内部ノ秩序紊乱ヨリ開拓政策ノ趣旨ニ背馳スルカ如キ不詳事象頻発シアリ
5　治安関係
満蒙軍警〔略〕
満軍徴兵検査妨害策動　共産党第八路軍ノ満人壮丁ニ対スル受検妨害六件
流言　四三件ヲ算シ時局便乗ノ悪質ナルモノ多発シアリ　厳戒ヲ要ス
6　宗教　各宗教共ニ合同統制ノ大勢ニ向ヒ国策ニ副ヒアルモ一部基督教中ニハ其ノ行動反国家的事象アリ
7　労働　一般ニ労力資源ノ確保ニ努メアルモ労働者ノ逃走罷業其ノ跡ヲ絶ス　特ニ労働者引抜工作ノ背後ニ諜
略事象ヲ想像サルルモノアリテ注意ヲ要ス
8　思対成果　検挙人員六四名帰順一名

「3　反日（軍）思想策動」では、「統制経済ノ強化物資ノ不足等ニ基ク生活ノ重圧化等ニ伴ヒ一般満蒙人ハ之カ原因ハ我々満人ノ関係ナキ支那事変ノ結果ナリ或ハ日系ノ独断的措索ニ因ルモノ」と指摘し、「表面平穏ナルモ民心ノ底流ハ相当注意警視ヲ要スルノ現況」（同前、一三七頁）としている。「5　治安関係」の「流言」の具体的なものは、「北支ノ日軍全滅ス（通北省《ママ》、撫松県、奉天市）」、「日本ノ命ニヨリ満洲政府ハ爾後六十才以上ノ者ニハ配給ヲ為サス（奉天省蓋平県）」（同前、一六九頁）などである。「労働」については、「一部素質不良労資間ニ於ケル紛糾市井賃金ノ高騰等ニ原因シ罷業逃走等其跡ヲ絶タス」としている（同前、一七四頁）。

こうした現状把握のもとになった各憲兵隊からの報告はより深刻な内容である。たとえば、奉天憲兵隊の『思想対策月報』一九四一年五月分には、「民生経済ノ逼迫軍需労力不足ニ伴フ強行策生活必需物資配給ノ渋滞等ハ時局認識ノ退化セントシアル民心ノ倦怠感ニ拍車ヲ加ヘ敵性諸国ノ策動ト相俟ツテ民心離反」（同前Ⅰ‐④、一五三頁）を招いているとある。佳木斯憲兵隊の五月分では、東安省の軍工事で八八名の脱走者があった事例を取り上げている。四月から五月にかけて「○前借ノ返済ヲ憂慮　○就労時間ノ延長ニ因ル過労　○前借金ノ搾取常習等」を原因とするもので、「斯種事象ハ防諜並軍工事ノ進捗ニ影響スル処尠カラサル」とする。その上で、「各民族ノ思想動向ハ漸次超非常時気運濃化シ国家ノ諸施策ニ順応積極的ニ自粛自戒シアリト雖モ今尚一部ニ在リテハ国家観念乃至時局ニ対スル認識等ノ欠如シアルモノナシトセス」（同前Ⅰ‐①、四二七頁）と警戒を強めた。

また、対米英開戦直前の「民心動向　満人」は、「事変の長期化に伴ひ、民生に影響を及ぼすところ尠なからず、従来満系下層階級に低《ママ》流しありたる反日思想は、独ソ開戦を期とし、時局の緊迫化に伴ひ、逐次悪化しあるものの如く、日鮮人に対する直接行動に出づるもの多発しあり」（破損のため資料名不明「第二部　国内思想情勢」、同前Ⅰ‐⑯、二六四頁）とされている。

なかでも前述した関特演の影響で、対ソ戦準備のための軍関係工事が激増すると、動員された労働者の逃走や罷業が頻発した。芳井研一「「満州国」期の労働力強制動員」（『環日本海研究年報』第一三巻、二〇〇六年）によれば、一九四一年八月一六日付の関東憲兵隊司令官報告では六月二二日から八月二〇日までの逃走は八五件九一九七名にのぼるとする。その逃走理由は、賃金問題・軍工事就労忌避など・時局不安・生活必需品配給不良などであった。

労働者は中国関内からも多数移入されたが、それにともなって防諜対策を北支那派遣軍配属の憲兵隊と協同する必要があった。作成者不明ながら、一九四一年の「国境地帯ノ労務関係機構並ニ機能調査」によれば、関東憲兵隊側は「(イ)華北労工協会ニ私服ノ憲兵並ニ憲補ヲ密洲《ママ》シ入満ヲ企図スル不逞徒輩ノ索出検挙　(ロ)駅構内ニ於テ(入離満共)列車ノ停車中制服又ハ私服ニテ査察検問」(遼寧省檔案館編『満鉄与労工』第二輯第一巻、広西師範大学出版社、二〇〇三年、三九六頁)などの「主トシテ思想防諜対策」を実施するとしている。

一九四一年七月三日、関東憲兵隊司令部では各憲兵隊に『鉄道防諜月報』の報告を通牒している。内容は「軍事輸送ニ当リ防諜上将来参考トナルヘキ事項」、「鉄道従業員特ニ満露鮮系ノ動向並ニ之等ニ対スル思想策謀ノ状況」、「鉄道防諜上必要ナル流言民心治安等ノ概要」(承徳憲兵隊『鉄道防諜月報』一九四二年一月分、『報告集』Ⅲ-③、一〇八頁)などで、関特演に関連して物資・兵員の輸送が増大し、妨害事故なども警戒されている。対米英開戦後の具体例は次節で述べる。

七月七日、関東憲兵隊司令部警務部長長友次男から発せられた「通信検閲特報提出方の件」では、各憲兵隊に「時局の変化にともなう民心の動向」の「監察」が求められた(小林英夫・張志強・竹内桂「関東憲兵隊の通信検閲の体制と実態」『検閲された手紙が語る満洲国の実態』二二八頁)。

やはり対ソ戦の準備に関連して、軍用地の接収をめぐる問題が「民心離反」を加速させることもあった。吉林省の公主嶺軍用地買収では一九四一年七月以来、反対主謀者を検挙し、「説得ノ上土地売却ヲ承諾セシ」めるほか、反対地主への「懐柔工作」や「当局ノ一般住民ニ対スル宣撫工作」により、ようやく「買収地価ノ支払並住民ノ立退ヲ完了セリ」という状況であった(新京憲兵隊長「公主嶺軍用地買収完結ニ関スル件」一九四二年四月一三日付、『東北日本移民檔案(吉林巻)』第一巻、一九七頁)。また、四一年一〇月二九日付の報告で牡丹江憲兵隊長は、「従来軍用地乃至開拓用地ノ土地建物等ニ対スル買収又ハ損失保障価格等ニ於テ一般市価ノ半額ニモ達セサルカ如キ例アリテ之カ為住民ノ反感ヲ購ヒ民心離反ノ素因トナリツツアルヤニ看取セラル」(「特殊用地設定ニ伴フ民心ノ動向ニ関スル件」、同前第三巻、一六一頁）としている。関東軍および「満洲国」による一方的な「軍用地乃至開拓用地」の買収や接収が住民の反発を招き、「民心離反」の大きな原因となっていることを憲兵隊自身が認めている。

一九四〇年代になって日本人の「開拓団」関係の内訌が顕在化した。一九四〇年一二月分の延吉憲兵隊『思想対策月報』には、「今次冷害ニ伴フ開拓民ノ生活苦境ハ酷寒期ニ入リ深刻ノ度ヲ増シツ、アリテ自由労働ニ転スルモノ或ハ初志ヲ挫折逃走スルモノ漸ク増加ノ傾向ニアルヲ看取セラレタル」と、「開拓団」問題が初めて報告された。この状況に対して、「省当局ノ救済施策ト宣撫ニ依リ」（「外務省記録　満州国政況関係雑纂／治安情況関係」A-6-2-0-2）、事態は収まったという。

また、一一月一二日付でチチハル憲兵隊からも「近時開拓団ノ無統制乃至軋轢ハ漸次深刻化シ開拓政策ニ背馳シアル点尠カラス」と報告がなされた。その原因は「政府ノ開拓政策ノ消極化及幹部ノ独善的指導ニ因ルモノ多キ」（「柏根里義勇隊開拓団員対団長トノ紛争ニ関スル件」『東北日本移民檔案（吉林巻）』第三巻、一九二頁）と指摘され、関係機関による速やかな対応が求められた。

一九三六年頃、富田憲兵少佐策定の「満洲国憲兵指導計画」には「満洲国軍と並行し、国内に潜伏している分散匪を捜査、逮捕する。討伐行動に応じて、共産党破壊団と暗殺の便衣隊を特別に編成する」（『東北「大討伐」』二七八頁）とあった。満洲国史編纂刊行会編『満洲国史』（謙光社、一九七〇年、二五一頁）「各論」の記述に、「一九三七年（康徳四年）、三月憲兵総団令が公布され、従来の討伐や地方防衛の主任務は副任務となり、軍事警察を本来の業務とすることになった」とあるのは、「満洲国」軍憲兵の逃亡離隊や統制難に関東憲兵隊が直面し、事態の打開を図らねばならなかったからである。

一九三九年五月、「満洲国」軍憲兵の改編がおこなわれた。憲兵隊は「一般本科部隊の一基幹兵力として編成された観があり動もすれば軍事機能の活動を欲く嫌ひも少くない」として、新たに「憲兵総団」を設け、治安部大臣の管理下におき、軍事警察を管掌することになった（『東京朝日新聞』一九三九年五月二〇日）。このように関東憲兵隊の統制をより強めようとした。

一九三九年一二月、関東憲兵隊司令部では「思対資料第七三号」（小樽商科大学図書館所蔵）として『満洲に於ける士兵工作』をまとめ、「執務上の資に供せん」とした。「党匪の策謀は益々深刻巧妙を加ふると共に国境の情勢緊迫に伴ひ蘇聯機関直接の対満士兵工作も活発に展開せられ、而も其の結果と目すべき不祥事件頻発しあり」という現状認識に立つが、その焦点は「満洲国軍軍警内部に浸潤しつゝある」ことにあった。「士兵工作」の沿革・手段方法・工作員の活動状況などを詳細に説明し、「軍警士兵の背叛、逃亡、通匪、通蘇等の悪質なる事象」と「一般士兵群衆に与へつゝある隠然たる思想的影響」も指摘する。

「所見」ではその原因として「満洲国軍警自体の脆弱性と対策上の欠陥」をあげ、「尚未だ治安国防の重責を負担するには欠如せる精神的条件」が存在し、「全幅の信頼」をおけないとする。これに対して、具体的な施策として「満洲国軍警内部の日系者は素より一切の日系軍人、官吏が民族感情、思想運動に関して充分の智識を有すべきこと」、「軍隊、警察が所在する地方の一般民衆の動向を常に査察して之が士兵に及ぼすべき影響を不断に注意すること」などを列挙する。この「士兵工作」について「最後的危機は日蘇戦時にある」と予測するほか、「特に徴兵制を厭忌して動揺を示しつゝある青年層のある事実に徴して、徴兵制実施後の士兵の動向に就ては今日に於て深甚の考察を加ふる要がある」とする。

しかし、その後もこの「満洲国軍警自体の脆弱性」を立て直すことはできなかった。先の「思想対策服務要綱」の乙目標には「満洲国軍警ノ思想状況」が含まれている。軍警からの逃走、日本人指導者との紛争などが頻発していたためだが、一九四〇年九月、東安省で「満洲国軍」混編第二四旅団歩兵第一営兵士一〇〇名の反乱が起こった。この鎮圧には宝清憲兵分隊も参加した。飛行隊による空襲もあったという。

さらに一九四一年一月にはハルビン郊外で満軍飛行隊兵士一四〇名の反乱事件が起こった。「王崗事件」と呼ばれ、ハルビン憲兵隊も鎮圧に加わり、兵士とその家族二〇〇名が検挙された。「軍紀弛緩」、「幹部ノ素質低下不良」、「士兵ノ国軍意識ノ欠如」などが原因とされ、これを機に「国軍練成ノ根本的」な再検討が図られていく。関東憲兵隊では「士兵ノ身上、素行調査ノ徹底」、「日満両系幹部ノ精神的融和団結」、「書翰所持品ノ検閲、検査ノ励行」、「要注意士兵ノ外出先ノ行動内査励行」、「逃亡兵ニ対シテハ放任主義ヲ採ラス之カ対策処置ノ励行」、「日系幹部反省ト警察眼ノ養成」など、「幾多ノ教訓」を得たという（関東憲兵隊司令部「王崗事件ノ全貌」一九四一年四月、「陸満密大日記」一九四一年）。

一九四一年五月、「満洲国軍」内に「王崗事件」に関連して「思対委員会」を組織し、「士兵平素ノ思想動向監察」を図ろうとしたが、日本人幹部の主導でおこなわれたため、「蒙軍官中ニハ蒙系ヲ度外視セルハ不都合ナリトノ反対的気運濃厚」となったという（錦州憲兵隊『思想対策月報』一九四一年五月分、『報告集』Ⅰ-⑥、二〇六頁）。

第五節　「熱河省粛正工作」と「民心の動向」警戒――アジア太平洋戦争期の憲兵活動

1　反満抗日運動弾圧の継続

戦後、いわゆる東京裁判の「弁護関係資料」として関東憲兵隊関係者によって作成されたと思われる「満洲ニ於ケル憲兵制度及其運用ノ実績」（『極東国際軍事裁判弁護関係資料』七一、国立公文書館所蔵）には、「大東亜戦勃発後一年半憲兵隊ノ制度上ニ何等ノ変化ナシ軍命令ニヨリ服務ノ重点ヲ防諜ニ指向シ相当ノ成果ヲ収メタリ」とある。

対米英開戦直後の一九四一年一二月一三日から「貞星工作事件」として、チチハル・ハルビン・吉林・奉天などで国民党抗日愛国者が検挙された。これは「田白事件の時に仕掛けたエサに見事に反応があり、いわばその釣り糸をたぐる作業であった」とあるように、チチハル憲兵隊特捜班の土屋芳雄らが端緒をつかんで断行した事件である。土屋らの捜査手法は関東憲兵隊司令部の「偵諜培養方式」ではなく「芋づる式検挙」、つまり「一人を逮捕し、取り調べをして新しい容疑者を自白させ、間髪をいれずに逮捕、そして取り調べ、を繰り返す」（『聞き書き　ある憲兵の記録』一三九頁）もので、検挙者はチチハルで六十数名、「満洲国」全体で五五〇名にのぼった。二百数十名が送検され、二十数名が死刑となった。吉房虎雄の「供述書」によれば、検挙者は七〇〇名とされる。吉房は「日米開戦前後の一般情勢より判断し偵諜の完結を急ぐよう要求しました」という。

「田白工作事件」も「貞星工作事件」も、鉄道従業員が主に関与していたため、関東憲兵隊司令部では「鉄道機関ニ潜在スル之等地下細胞ノ諜報謀略活動」の発見に全力をあげた（『鉄道防諜実施月報』一九四一年一一月分、『報告集』Ⅱ-③、八一頁）。鉄道防諜については各憲兵隊にすでに一九四一年七月に『鉄道防諜月報』の提出を義務づけていたが、吉房は「日米開戦前後の当時の状況に鑑み、各憲兵隊に鉄道警護隊と緊密に連繋して偵諜を強化すること及び事故発生のときにはその背後関係を深く探求することを要求してその行動を積極的に指導しました」と供述する。少なくとも二〇〇名以上を「鉄道輸送妨害の疑いあり」として検挙したという（吉房「供述書」）。

開戦時（一九四一年一二月分）の各憲兵隊『鉄道防諜月報』をみると、奉天では「鉄道従業員特ニ満露鮮系ノ動向」について、「大東亜戦ニ伴ヒ北辺ノ危機ハ漸減ストノ気運濃化シ一般ニ平静ナルモ給与ニ不満ヲ抱キ他ニ転職セントシ或ハ疾病ニ藉口退職セントスルモノ依然跡ヲ絶タス」（『報告集』Ⅱ-③、一三二頁）とみている。牡丹江でも「庶民一部者間ニハ当面ノ問題等ヨリ経済統制強化ト民族的差別処遇ニ関スル不平不満ヲ吐露スル者アルモ一般ニハ克ク時局ノ重大性ヲ認識シ凡有不自由ヲ克復シ日本ノ聖業完遂ニ協力ノ態度ヲ示シアリ」（同前、三三〇頁）とする。

東安憲兵隊では「列車内ニ於ケル検問検索要領ニ就テ」（一九四二年三月二〇日）という詳細なマニュアルを作成している。たとえば、「容疑者策出ノタメニハ秘標対策（偽造身分証明書などを見きわめること）ト相俟ツテ容疑者ニ対スル爾余ノ観察ヲ深刻ニ各種事象ヲ綜合判断スルコト極メテ必要ナル」（同前Ⅱ-②、一九三頁）として、身体、服装、言動、挙動などへの着眼点を列挙している。

「満洲に於て最も重要視せらるゝは民族主義思想と、共産主義思想に基く諜報活動であらねばならぬ」とは、在満日系共産主義運動について総括した関東憲兵隊司令部の『在満日系共産主義運動』（一九四四年、六二八頁）のなかにある一節である。この防諜責任者として警務部第三課長だった吉房は、「主なる私の任務」の第一に「日本帝国主義（偽満洲国を含む）の軍事、経済、政治等に対する諜報行為の防止」をあげる。また、アジア太平洋戦争下、「瀋陽、長春、哈爾賓などの要点に対し憲兵の質的量的な重点的集中を行い、その地の勤務を強化」したともいう（吉房「供述書」）。

関東憲兵隊の「昭和十七年度思想対策服務の要点」（一九四二年一月一〇日）の第一に掲げられたのも、「ソ連・中国など敵側の満洲国に対する策動を警防・鎮圧する」ことであった（『偽満憲警統治』二四〇頁）。また、一九四三年二月の隷下部隊副官並庶務主任会同で関東軍総参謀長吉本貞一は「防諜ノ強化徹底」（「総参謀長口演」防衛省防衛研究所図書館所蔵）について言及し、「殊ニ関東軍ノ対蘇企図ニ重点ヲ指向シ軍警ノ拉致、秘密文書ノ窃取、諜者ノ軍内偽装潜入、付近住民ノ諜報謀略的利用等ニ努力シアルハ注目ヲ要スル所ニシテ現ニ重要書類ノ紛失及謀略的火災事件ノ増加シアル時日ハ厳ニ監督警戒ヲ要スル所ナリ」と指摘して、「防諜教育ノ強化及軍紀ノ振作」を図ることを求めている。

一九四二年八月から四三年八月に臨時鶏寧憲兵隊長を務めた堀口正雄の供述によれば、国境に近いために服務の重点は「防衛ニ関係アル軍事防諜」にあり、「警務、思想対策」は従であった。「防諜成果」として約八〇名を検挙しているが、その中で「密偵ノ知ラセタルモノ　約二五名、平素ノ内定ヨリスルモノ　約一五名、検問検索ニヨルモノ　約一〇名」であったという。「処置」についても、陸軍特務機関で利用約二〇名、検察庁に送致約二五名、「懐柔」して「連絡者」として利用約五名、さらに「憲兵司令官ノ認可指令ヲ得テ哈爾賓第七三一部隊」に送致約二〇名だった（堀口「供述書」）。

この日本側の「逆諜者」に対してソ連側がおこなう「懐柔」にも注意を向けている。関東憲兵隊司令部『防諜要報』第一二号（一九四二年五月二七日）に、「「ソ」側ハ一昨年末頃ヨリ我方ノ逆用主義ヲ察知シ之等逆諜者ニ巧妙ナル懐柔ヲ施シ再派遣シアル状況ニ鑑ミ諜者帰満後ノ動静並之カ前歴ヲ有スル者ノ監察ニ就キ関係機関ト密ニ連絡シ遺憾ナキヲ期セラレ度」（『報告集』Ⅱ-②、二三九頁）とある。

「諜者」発見の具体相がわかる史料がある。一九四二年五月一〇日、東寧憲兵隊から司令部に報告された「共産八路軍系諜者李興徳抑留取調状況ニ関スル件」で、「住民粛正ノ一斉検索」をおこなって「管内無証者」を一斉に検束する方法により、「軍事ニ就労又ハ古物買屑拾ヒノ傍ラ（中略）軍情民情等ヲ蒐集」していた「八路軍系諜者」を見つけ出した。この人物は「抗日思想鞏固ニシテ改悛ノ情ナク且逆利用ノ価値ナキヲ以テ特移処分ニ付スルヲ適当ト認ム」（防衛省防衛研究所図書館所蔵）と判断された。

関東憲兵隊司令部は「防諜資料」を作成し、各隊などに配布している。現在見出しうる一九四三年五月の第三七輯「検問検索等ニ依ル諜者発見上ノ著意」（小樽商科大学図書館所蔵）は、「近時情報網ヲ重視スルノ余リ憲兵自体ヲ以テスル検問検束ニ対スル熱意ヲ欠キ其ノ著意適切ナラサルニ因ルモノアル」という観点からの作成である。検問検索などに際し、「容疑者発見ノ「コツ」」として、視覚による判断のほか、「問答ニヨリ相手ノ陳述ト外形的観察トヲ綜合関連セシメテ其ノ中ニ不自然不調和ノ点ヲ発見スル」ことを伝授する。

つづく第三八輯（一九四三年五月、同前所蔵）の「無電諜者ノ地上捜査ニヨル発見上ノ参考」でも、「八六部隊ニヨル技術捜査開始以後地上捜査ニ依ル無電諜者ノ発見皆無ニシテ無電諜者発見対策ハ挙ケテ八六部隊ノ技術捜査ニ委シ憲兵本来ノ警察的著意ニ基ク地上捜査ニ対スル努力稍々消極的トナリタルヤノ感アルハ遺憾トスルトコロ」とあるように、憲兵の任務遂行上の弛緩や消極性などを問題視している。かつての地上捜査における端緒の大部分は「犬棒式」の地道なものだったとする。

一九四三年七月作成の関東憲兵隊司令部「有力諜報網（諜者）発見ノ体験ニ基ク積極防諜服務ノ参考」（同前所蔵）は、三六年以降の二四事件を検討したもので、対ソ開戦を予測しつつ、次のような具体的で実践的な項目が並んでいる。

発見　検問検索・尾行張込、諜者ノ取調、科学捜査、情報（偵諜）網ノ構成、温存偵諜、郵検ノ利用、現場偵諜
判用　適切ナル懐柔利用、懐柔利用ノ失敗
検挙取調　秘密保持・一網打尽、諜報手口ノ徹底的究明、思想事件トノ関連性究明
其他　事件ノ処理

「所見」をみると、「科学捜査」では「開戦時ニ於テハ無線電者ノ活動価値絶対的大ナルヲ以テ潜伏ヲ予想セラルル本諜者ノ索出ニハ一段ノ努力ヲ要スヘシ」、「温存偵諜」では「有力諜報網ハ地下深度大ナルヲ常トシアルヲ以テ一度其片鱗ヲ捕捉セハ軽挙ニ検挙スルコトナク温存偵諜シ全貌究明スルヲ要ス」となっている。

奉天憲兵隊の作成した「ソ聯無電諜者容疑者（A３P）検挙計画」という演習想定問題がある（〔一九四三年か〕一月三〇日、同前所蔵）。「厳ニ企図ヲ秘匿スルト共ニ確実ニ検挙シ且神速ニ一味ヲ索出逮捕ス」という方針の下に、「（A３P）出現セバ直チニ外側警戒班ヲ配置シ次イデ内側警戒班ヲ配置シ主力ハ廟南側ニ前進待機ス」など五項目の要領がつづく。特高課長を検挙隊長とする一一一名を動員する規模である。

関東憲兵隊司令部が作成した「防諜施策強化対策案」（一九四三年七月、同前所蔵）は、「入満諜者ノ発見捕捉」の施策が講じられていない「満支国境」における、「旅行者（主トシテ苦力）取締ヲ強化シテ中共、重慶及「ソ」聯系諜者諜略員ヲ索出弾圧」するための「実施要領」である。錦州・大連各憲兵隊からなる「関門特別班」の編成、「奉山線列車検索班」・「工人査証班」の設置を規定している。

一九四四年六月の営口憲兵分遣隊『状況報告』には、次のような「服務」の現況が記載されている（『満鉄与侵華日軍』第二一巻、一九九九年、四三二頁）。

当隊ニ課セラレタル戦務ノ重点目標ハ「重慶中共ノ満系有力者青年智識層ヲ通スル諜報策動ノ策出究明弾圧」ニシテ　イ、幹部ノ陣頭指揮　ロ、重点目標ニ透徹セル穿貫的偵諜　ハ、断シテ敵ヲ破摧セントスル攻撃精神ノ旺盛　ニ、情報網ノ拡充指導　ヲ服務方針トシ重点目標ニ基ク当隊ノ乙目標ヲ左ノ如ク選定夫々服務計画ヲ立案シ兵力ヲ重点的ニ使用シ戦果ノ獲得ニ一意努力シツヽアリ

○中国ニ資産家族ヲ有スル者　○出入船舶　○満系学校教職員　○満系留学生　○入満労働者　○宗教慈善団体（紅万字会　道徳会　回々教　天主堂）

とくに「重点目標」については「穿貫的偵諜」の徹底が指示されていた。

一九四四年五月から四五年七月末まで志村行雄が隊長を務めた海拉爾憲兵隊（本部・分隊合計二一五名、補助憲兵を含む）の四四年度「戦時防衛計画書」は、「（1）国境地帯タルニ鑑ミ検問ヲ強化スルコト（2）郵便検閲ヲ強化スルコト（防諜及不逞企図防止ノ見地ヨリ）」などとなっていた（志村「供述書」）。一九四五年一月二〇日、チチハル憲兵隊長がおこなった訓示のなかには、「当隊ニ於テハ曩ニ密偵連絡者ノ整理ヲ行ヒ刷新セラレタルヲ認ムルモ」（『報告集』Ⅱ－①、三〇頁）、実績があがっていないとある。

『防諜要報』から変更されたと推測される関東憲兵隊司令部『防諜月報』を見ると、戦局の悪化にともない、ますます防諜に重点がおかれてきていることがわかる。一九四四年四月分では、「「ソ」聯」の「対満諜報判断」として「「ソ」聯ノ対満諜謀策動ハ依然軍ノ移動状況諜知ニ重点ヲ志向シアルモノヽ如シ」（同前Ⅱ－②、二八五頁）、「中共」の「情勢判断」として「中共ハ総反抗ノ切迫ヲ呼号シ執拗ナル秘密戦活動ヲ継続シアリ」（同前、三〇四頁）、さらに「蔣系」の「情勢判断」として「蔣系ノ対満策動ハ依然執拗潜行的ニシテ逐次積極化ノ傾向アリ」（同前、三一三頁）とみている。六月分には、「「ソ」聯ハ表面親日満的ニシテ努メテ対日刺戟ヲ避ケツヽアルカ如キモ対日満諜報策動ハ依然活発ニシテ厳戒ヲ要ス」（同前、三五七頁）とある。

これらは各憲兵隊から提出された『防諜月報』を総合的にまとめたものである。もとになった各憲兵隊の報告を見ると、一九四四年三月分の間島憲兵隊の場合、「蘇聯ノ対満諜報策動ハ依然対民衆工作ニ重点ヲ指向シアルモノ、如ク春暖期ノ到来ト共ニ更ニ活動ノ潜行熾烈化ヲ予想セラル」（同前Ⅱ-③、二八七頁）とある。同月の通化憲兵隊『防諜月報』では、「中共ハ対満積極諜報ヲ企図シアルモノ、如ク之カ目標ヲ日満軍情資源施設並ニ運輸関係施政方針等ニ指向」（同前Ⅱ-③、五〇〇頁）していると観測する。

関東憲兵隊司令官「昭和十七年度思想対策服務の要点」の二番目に「満洲人中の知識人と学生の共産抗日組織を重点的に捜査・鎮圧する」（『偽満憲警統治』二四〇頁）とあるように、アジア太平洋戦争下においても反満抗日運動弾圧は継続されていた。

関東憲兵隊司令部『思想対策月報』からも、その弾圧には枚挙にいとまがないことがわかる。たとえば、一九四三年三月分には「浜江、北安省下ニ於テ北満党匪系民衆組織ヲ徹底的ニ剔抉セリ」（『報告集』Ⅰ-⑬、三頁）として、三月一五日の一斉検挙で四六七名（それ以前に六五名）を、五月分には同第二次検挙として一五九名を検挙したとある（同前、一五〇頁）。

一九四三年一二月、新京憲兵隊によって「満洲建国大学」の学生・教員一三名が検挙された。「最近一般民衆層ノ傾向寧ロ良好ナルニ反シ一部学生層ノ反日傾向昂揚シツツアル折柄今次検挙ハ頗ル注目セラル」（「外務省記録　満州国政況関係雑纂／治安情況関係」A-6-2-0-2）と、青木一男大東亜相宛の在満大使報告（一九四三年一二月一八日付）にある。

堀口正雄の供述によれば、臨時鶏寧憲兵隊長時代（一九四二年八月〜四三年八月）、「工人中ニ混入シテイル抗日愛国ノ前歴ヲ有スルモノ」一五名を牡丹江地方検察庁に送致したという（「何レモ五年以下ノ徒刑デアッタ様」）。それは「現在抗日愛国行動ガナイ、静的デアルコトヲ、憲兵ガ徒ラニ醜イ検挙件数ヲ争フトイフ心裡ニ出テ送リマシタ」と担白する（堀口「供述書」）。

上坪鉄一は鶏寧憲兵隊長（一九四四年八～一〇月）時代と東安憲兵隊長（同年一〇月～四五年七月）時代、「部下憲兵に命じて抗日地下工作人員を検挙の上拷問を以て厳重なる取調べを実施せしめたる者は既報せる者一五〇名以上、内特移扱として哈爾賓石井部隊に特移送せる者四四名、拷問致死二名であります」と供述する。この「特移送」について、上坪は「防諜（思想）上の重大犯人にして将来逆用の見込なき者は特移扱として憲兵隊司令官に申請し司令官の認可及移送命令に依り哈爾賓憲兵隊に送致」（上坪「供述書」）したとする。

一九四三年三月一二日付の関東憲兵隊警務部長通牒「特移扱ニ関スル件」には、「特移扱」により輸送される者の区別表がある。「諜者（諜略員）」は「犯状」と前歴・性状・見込みなどの「具備条件」によって、「思想犯人（民族、共産主義運動事犯）」は「事件送致スルモ当然死刑又ハ無期ト予想セラルルモノ」、「他ノ工作ニ関係アリ或ハ重要ナル機密事項ニ携リタルモノ等ニシテ其ノ生存ガ軍乃至国家ニ著シク不利ナルモノ」という「標準」によって判断されるとする。「備考」には、「各部隊長ハ右標準ニ依リ個々ノ人物ノ処分ニ当リテハ満洲国ノ実情ニ鑑ミ国政上或ハ社会上ニ与フル影響、公徳上ノ感作等十分ニ考慮シ検討ノ上確信ヲ以テ司令官ニ特移扱ヲ申請スルモノトス」（『細菌戦用兵器ノ準備及ビ使用ノ廉デ起訴サレタ元日本軍軍人ノ事件ニ関スル公判書類』外国語図書出版所、一九五〇年、二一七頁）と、その「処分」の手続きが規定されている。

ここで、関東憲兵隊の憲兵の教習についてまとめて触れておく。まず、一九三三年に旅順に創設された「憲兵上等兵候補者教習所」は三四年に新京に移転、そして三七年一二月に「憲兵教習隊」と改称された。教習隊の教育期間は一〇ヶ月と規定されたが、実際には八ヶ月で、戦争末期には六ヶ月となる。

土屋芳雄の回想によれば、関東軍増強にともなって関東憲兵隊の増員も必要になり、教習所の合格者が一九三一年には一〇名以下であったが、三二年には約二〇〇名、三三年には約一五〇名となった。土屋が合格した三三年の応募倍率は五倍強で、三分の二が中等・高等教育を受けていた。尋常小学校卒の土屋は「いわば落第にあたる原隊復帰をさせられるのが嫌で」（『聞き書き　ある憲兵の記録』五九頁）、猛勉強した。三ヶ月の速成教育を受けて卒業後も補助憲兵としての期間が八ヶ月間ある。その後、各憲兵隊に配属となり、「憲兵教習所では教えられなかった憲兵の実務を学ばされた」（同前、六二頁）。土屋の場合、新米憲兵として抗日容疑者の取り調べにあたった際、「「憲兵とは、こんなことまでするのか。ここまでやらなければ一人前にはならないのか」と、拷問の手ほどきを受けながら思い続けた」という（同前、七〇頁）。

一九四〇年一二月に教習隊に入隊した本原政雄の同期は三一〇余名で、入隊式では「この関東憲兵隊教習隊では、兵の階級や年次の差別はなく、すべて同等の憲兵教習兵である」と訓示されたという（「憲兵として生きて」）。

堀口正雄は関東憲兵隊に直属する憲兵教習隊中隊長（一九三九年八月～四二年八月）、教習隊長（四三年七月～四五年四月）を務め、合せて二五六五名（憲兵補約一五〇名と憲補約五〇名を含む）を教習した（堀口「供述書」）。『憲友』一九四一年九月号（第三二巻第九号）の懸賞の入選論文「憲兵隊教育を論ず」において、堀口は「在満憲兵隊教育」について、次のように記している。

戦地以外に於ける作戦準備態勢に在る在満憲兵隊は
1、作戦準備上必要なる野戦憲兵隊に関する教育、同要員に対する教育
2、在満共産党剿滅を主体とする思想対策教育　〔略〕
3、戦時防衛下の諸活動に関する教育
4、諜報、防諜教育
満洲の国防国家たる不動の本質及軍駐屯の理由より必然的に諜報防諜に対する特種技術を教育する必要がある。

しかし、教習隊においては「基礎的技能」の付与を目的としながらも、「憲兵トイフ全ク形式ダケノ輪郭線ヲ付スルダケデ手一杯ノ実情ニアツタ」とし、各憲兵隊に配属されて実践で鍛えあげられていくとする。関東憲兵隊にとっ

て教習隊の果たした役割について、「其ノ各個人ニ反人民的行為ヲ行フ機動力ヲ与エタモノハ何カ、溯及シテ其ノ根源ヲ真面目ニ深刻ニ考察シテミナケレバナラナイト思ヒマス。其ノ根源ハ教習隊ノ教育デハナカツタカ、満々ト帝国主義的要素ヲ含ンダ教習隊ノプールデハナカツタカ。ソノ要素ヲ含メタ水デプール中ノ教習兵トイフ小魚ヲ真黒ナ帝国主義ノ分子ニ育成シテ各地ノ分隊分遣隊へ送リ出シタノハ教習隊デアリ、即チ現存シタ期間ノ私デアル」と供述している(11)（堀口「供述書」）。

一九四〇年後半から国境地帯の反満抗日運動対策を迫られた熱河省では、一九四一年六月から「特別粛正工作」を開始して成果をあげたかに見えたが、対米英開戦とともに抗日運動は勢いを盛り返した。このため、関東憲兵隊は西南地区での思想的討伐に全力をあげることになった。しかも、この熱河省の治安回復は「満洲国」全体にとっても重要課題であった。それを示すのが、四三年六月、総務庁次長古海忠之・治安部次長渋谷三郎らの熱河省視察である。治安工作が督励されるとともに、熱河治安工作費として一八〇万円の予算が追加された（それまでは年二五〇万円程度）。

関東憲兵隊司令部「昭和十七年前半期満洲党共産抗日運動概況」では、「南西部国境地区で憲兵が討伐隊行動に協力しておこなった粛正工作の重点は、興隆県と青龍県の中共系組織を破壊し、各地で厳重な偵察をおこない、敵の組織を萌芽のうちに削除し、敵に大打撃を与えるところ」（『東北大討伐』六八三頁）にあったとする。青龍県西部地区の地下組織事件について「二月以来、承徳憲兵隊が上述の地区に共産党匪の策動があることをつかみ、偵察網を強め、全貌を明らかにしてから、まず選択的に逮捕をおこなった。全部の状況を掌握してから、部隊が当地区の粛正工作に常に援助し、大規模な逮捕を実施した」という。この間の検挙者は一二九二名にのぼる。それらの「処分」は、検察庁送致五一一名、「特移送」四名、スパイとして利用九一名、釈放者六八六名となった（同前）。釈放者の多さは、抗日運動と無関係な民衆が一斉に検挙されたことを推測させる。

「粛正工作」の中心となった承徳憲兵隊の規模は、それまでの二〇〇名前後から一九四二年度には急増して五七〇名となっていた。憲兵隊本部に約二〇〇名、古北口分隊に約一二〇名、喜峰口分隊に約一五〇名、赤峰分隊・平泉分遣隊に各五〇名という規模である（仁木ふみ子『無人区長城のホロコースト』青木書店、一九九五年、一三四頁）。

古北口憲兵分隊長・熱河第一遊撃隊長として最前線で「特別粛正工作」を遂行した長島玉次郎は、その全般について次のように供述している（『東北「大討伐」』七四四頁）。

熱河地区で、憲兵、偽満警察、鉄道警備軍に逮捕された中国人民革命戦士、愛国農民は合わせて一〇六五六名であり、そのなかで熱河特別治安庭で審判されたのは約三六〇〇名、死刑となったのは九八〇余名で、投獄されたのは二六〇〇名あまりである。

〔前略〕獄中で拷問死となったのは五〇％以上で、秘密裡に殺され、あるいは人体解剖で死亡した人もいた。これは、抗日愛国人民を全部死刑にすることが、さらに人民大衆の反攻を勇気づけ、制御できないことを考慮して、公開での死刑執行数を減らすことにより、秘密に法令によらずに殺害したのである。

また、撫順戦犯管理所で憲兵隊関係者が執筆した「熱河に於ける憲兵の罪行」（中帰連平和記念館所蔵）には、「一九四二年一〇月－一九四五年七月の間憲兵が統制指揮し又は独自で熱河省全域及河北省〔中略〕で中国人民を逮捕した人数は約一三〇〇〇余名でこの中約四〇〇〇余を偽熱河特別治安庭に送致し約一〇〇〇名を殺害し約三〇〇〇名を投獄し虐殺し其の殆んどを死の道に陥れた」とある。一九四一年五月から四四年一〇月の間、承徳憲兵隊特高課長兼対共調査班組長を務めた木村光明は、かかわった検挙数を二九四三名と供述している（木村「供述書」）。いずれも戦後の戦犯管理所におけるものだが、それらは実態をほぼ正確に突いている。

一九四三年一月、関東軍の一部の南方転出にともない、熱河省国境地帯の治安悪化が急速に進んだ。これに対して、承徳憲兵隊長安藤次郎は「之は憲兵の責任だ。八路軍は一人残らず殲滅せよ。八路軍に高粱や粟等食糧を与へた者も皆死刑にせよ」（木村「無住地帯」中帰連平和記念館所蔵）という命令を発した。それが具体的にどのような「服務実績」として現れたかについては、関東憲兵隊司令部『思想対策月報』にうかがえる。

まず同年一月分では「熱河省ニ於ケル第一号作戦間（自一月一日至一月二八日）ニ於ケル憲兵ノ服務実績ノ大要」として、「工作員」一〇名・「共匪」一一名・民衆地下組織一六五五名・その他九八名を検挙したとする。一月分の「処分別」を見ると、「事件送致」五〇七名・「利用」一名・「宣撫放遣」一〇九五名・取調中五二名である（『報告集』Ⅰ－⑫、二二五頁）。二月分には「西南部地区党匪ノ策動ハ依然衰退セス」、「本期基号粛正ニ依リ根拠地ノ大部ハ覆滅セラレタルモ依然我警戒網ヲ脱出シ執拗巧妙ナル策動ヲ継続シ春季攻勢ヲ企図シアルハ厳戒ヲ要ス」（同前Ⅰ－⑫、二四五頁）とある。

承徳憲兵隊『思想対策月報』の二月分には、「憲兵ハ第一次基号作戦間ハ青龍県地区、第二次基号作戦間ハ承徳県南部及興隆県一体《ママ》ニ亘リ中共党匪ノ有力分子並地下組織ノ剔抉芟除ニ重点ヲ指向シ敵糧道遮断ヲ併行実施シ概ネ所望ノ目的ヲ達セリ」（同前Ⅰ－⑦、一九八頁）とある。これを裏づけるのが、「満洲国」警務総局特務処『特務彙報』第四号（一九四三年）にある承徳憲兵隊がおこなった一九四三年一月一〇日から二八日にかけての「第一次基号作戦期間に於ける中共党政匪関係者検挙」の一六五五名という数値、さらに二月一日から二八日にかけての承徳・青龍・興隆県・喀中旗地区中共党政匪関係者検挙の五〇四三名という数値である（荻野富士夫編『治安維持法関係資料集』第四巻、新日本出版社、一九九六年、四六七頁）。

五月分の関東憲兵隊『思想対策月報』司令部には「西南部地区中共党匪ハ依然民衆工作ニ狂奔シアリ」として、注意すべき傾向を次のように列挙する（『報告集』Ⅰ－⑬、一七九頁）。

1　紅槍会大刀会等ノ邪教団体懐柔利用

2　有力匪団ノ青龍県東部錦熱省境侵入ニ伴ヒ同方面ノ策動強化

3　日文（語）ヲ以テスル対第一線日軍宣伝工作
4　武力ヲ以テスル集家工作ノ妨害強化
5　軍警ニ対スル士兵工作特ニ民族意識ノ挑発乃至利慾ヲ以テ懐柔セントスル傾向

この五月分の検挙者は二二名ながら、一月分以来の累計は七〇四五名に達している（同前I－⑬、二四二頁）。ついで、六月分では「西南地区中共ノ策動ハ依然タルモノアリ近時内部機構ノ整備強化、幹部ノ訓練素質ノ向上、今後ノ実態ニ対処スルタメ徴兵、拡軍工作並民衆武装工作鞏化等ニ努メ以テ総反攻準備態勢ノ整備ヲ企図シツツアルモノノ如シ」（同前、二四七頁）となっている。この「総反攻準備」に、日本側「憲兵ハ（中略）新タニ配属ヲ受ケタル補助憲兵ヲ併セ依然重点地区ヘノ分散配置ヲ為シ軍ノ行フ集家並ニ無住工作推進援護ニ伴ヒ、抜本的党匪地下策謀ノ究明弾圧工作員ノ補足検挙ニ任シ全面的企図封殺ニ鋭意努力中ナリ」（承徳憲兵隊『思想対策月報』一九四三年六月分、同前I－⑦、二六六頁）と対峙する。

満洲国史編纂刊行会編『満洲国史』「各論」には、「一九四三年ごろ承徳県下の一部落の部落民男性ほとんど全部といえる七六名が、目的遂行行為の違反者として日本軍憲兵隊により一挙に検挙送致され起訴された」という治安維持法違反事件の一例が記述されている。この事件では「宣告猶予制度」により全員が釈放となった（四二一頁）。「満洲国」司法部と関東軍の齟齬が垣間見られるとともに、憲兵隊の一斉検挙がどれほど無茶で強引なものであったかを想像させる。

関東憲兵隊司令部の平山一男曹長は、「熱河省の満支国境で討伐部隊協力憲兵として服務した当時の経験」を『憲友』別冊に寄稿している（「体験に基く部隊協力憲兵の服務要領」一九四二年一二月）。「配属憲兵」とは異なり、指揮系統は本属の憲兵分隊長にある「協力憲兵」の任務として「其特有する技能及識量を有機的に発揮し部隊の行動を側面的に援助す」、「部隊協力の機会を利用し警察目的を達成す」などをあげる。「部隊長期駐屯間の服務」の一つ「匪分子の検挙」について、「有力なる匪団の討伐は部隊に於て任ずるも少数人員殊に隠密行動を主とする工作員の検挙は憲兵の任務とすべきである、匪分子の検挙取調より得る資料は最も確実性あり且之が検挙が民衆に及ぼす影響は亦重大なるものあるを以て憲兵は常に之等匪分子の検挙に重点を指向すべきなり優秀諜者の獲得、警察官の利用も帰する所は匪分子検挙の一手段に過ぎないのである」と記している。

治安粛正工作のなかで集団部落の建設と無住地帯の設定は以前からおこなわれ、「間島」や東辺道地方で一定の効果をあげていた。「熱河省治安粛正工作」でも一九四二年から実施された。同年三月、西南地区防衛委員会の会議で防衛委員長がおこなった「八路軍は山塞を利用するから無住地帯を作つて糧道を遮断する。一切の糧食は八路軍に食わせてはならぬ。八路軍は一人も逃さず殲滅せよ。熱河省の各警務機関は安藤憲兵隊長の区署《ママ》を受け八路軍の地下組織を剔抉すべし。熱河省長は別に示した要綱に従い無住地帯を設定すべし」（木村「無住地帯」中帰連平和記念館所蔵）という指示は、これに関連している。四三年には国境の重要治安地帯で、四四年には国境各県の全部と内陸の主要治安不良地帯でも実行された。

治安工作としての集団部落では、「盗匪工作員潜入の途絶、盗匪糧道の切断、盗匪宿泊地の消失、盗匪情報の断絶」などの「盗匪と民衆の分離」とが重視された。しかし、耕地と集団部落の距離が離れていること、無住地帯の設定による耕地の縮小や禁種地区の実施などは民衆に大きな負担を強いることになり、「民力枯渇」をさらに進め、治安粛正工作そのものも困難にした（「満洲国」軍事部思想戦研究部「南西地区治安問題の考察」一九四四年四月、『東北「大討伐」』六一〇頁）。

一九四三年の治安粛正工作の重点は集団部落の建設におかれ、とくに六月までに集中的に推進された。熱河省公署「防衛集団部落建設指針」によれば、二一二七部落・約一六万戸を対象に、百戸以上を基準とする建設位置は県・旗長・防衛連絡会議で決定するものとし、耕地との距離はおおよそ六キロとした。連座制の励行を規定している。当初の一六万戸は再調査後、一八万戸に増加した。これにともない、軍事対策重点指向の五地区が無住地帯とされ、そこには特定の許可証がなければ出入りと耕作が禁止され、違反者は「盗匪」とみなされた。実際には「僻地での調査が難しく、散らばっている戸数が予想外に多く、地形なども加わり」、「盗匪討伐の対策効果」は十分にはあがらなかった（「満洲国」司法部刑事局「中国共産党の対満策動及び其の治安対策――冀東、熱河を中心に」『思想特別研究』第一号、一九四四年二月、『東北「大討伐」』六〇八頁）。四三年二月分の承徳憲兵隊『思想対策月報』には、「国境地区住民ハ集家工作並無住地帯設置ニ伴フ他省移住ニ関シ嫌忌的動向濃厚ナルモノアリ」（『報告集』Ⅰ-⑦、一九八頁）と観測されている。

一九四四年三月分の承徳憲兵隊『西南地区粛正月報』に「冀熱中共ハ無住地帯残存ノ反集家民衆ニ対シ生必諸物資及春耕資金等ヲ貸与下山阻止ニ努ムルト共ニ之カ武装化ヲ図リアリ」（同前Ⅱ-①、四〇九頁）とあるように、両者は民衆の争奪をめぐってしのぎを削っていた。それゆえに、憲兵隊は「討伐」に躍起となった。その一端は「満洲国」警務庁長の職にあった三宅秀也の、「偽西南地区特務憲兵隊（隊長憲兵少佐橋本岬）のみにても偽警察援助の下に一九四二年秋より一九四三年七月に至る間に、偽熱河省無住地帯認定区域内に於て「検挙」せる中国人民は千三百三十名に達し、内九百十名を偽検察庁に送致し四百二十名を釈放して居ります」という供述にうかがえる（三宅「供述書」）。

西南地区における関東憲兵隊（とくに承徳憲兵隊）の活動状況を別の観点からみておこう。

一つは一九四三年の「遊撃隊」の編成である。関東憲兵隊司令部『思想対策月報』二月分には、「憲兵ハ部隊ノ粛正工作ニ即応シ前期ニ引続キ一部兵力ヲ部隊ニ協力セシムル外主力ヲ以テ游撃憲兵隊ヲ編成シ中共党政軍中核体分子ノ捕捉並民衆地下組織ノ剔抉ニ努メアリ」（『報告集』Ⅰ-⑪、二五二頁）とある。これに関連して、『日本憲兵外史』は次のような記述をしている（六六二頁）。

昭和十八年三月《ママ》初旬、承徳憲兵隊は全満各憲兵隊より憲兵の増援を得て、憲兵を基幹とした遊撃隊、熱河特別警備隊を新たに編成した。その編成は次のとおりである。

警備隊本部（承徳憲兵隊本部）　本部長　安藤　次郎憲兵中佐
第一特別警備隊　隊　長　生田　省三憲兵大尉
第二特別警備隊　隊　長　笠井　種雄憲兵中尉
第三特別警備隊　隊　長　長島玉次郎憲兵中尉

〔略〕

隊員は隊長以下全員が便衣（満服）を着用し、主として担当地域内に侵入した八路軍遊撃隊、武装工作隊の捕捉、撃滅、さらに地下組織の剔抉に任じた。しかも、昼夜の別なく果敢に武力遊動を実施したため、八路軍にとってたちまち恐怖の的となり、敵の作戦行動および情報活動を大いに牽制、封殺することになった。したがって、特別警備隊が作戦上敵の本拠を求めて長城線を越えて華北地域に侵入することも珍しくはなかった。

編成兵力は、第一特別警備隊が承徳分隊を中心に増援憲兵を含めて約五〇名、第二特別警備隊が青龍憲兵分隊を中心に約三〇名、第三特別警備隊が古北口憲兵分隊を中心に約三〇名で、『日本憲兵外史』は「全員第一線級の実力憲兵の集団」（六六二頁）であったとする。

この「遊撃隊」＝「特別警備隊」の活動状況は、先の関東憲兵隊『思想対策月報』一九四三年二月分の「実績状況」から判明する（『報告集』Ⅰ‐⑫、二五三頁）。全体の検挙者数五〇四三名のうち三四三四名が「遊撃憲兵」による（その約八割が「民衆地下組織」の「会員級」、つまり一般民衆である）。部隊に配属された「直協憲兵」による検挙は四〇七名にとどまる（「区処下満警」（関東憲兵隊の指揮下）は一一三八名を検挙）。

もう一つは「対共調査班」で、一九四三年七月頃に設置された。「西南防衛地区対共調査班設置要領」によれば、「西南防衛地区ニ於ケル八路匪及中共党軍政外廓団体活動ノ現況ニ鑑ミ之等実態調査並我ガ方工作ノ実績蒐集ヲ組織化シテ対策樹立ノ基礎資料ヲ提供シ以テ関係機関ノ施策ノ適正化ト之ガ徹底ニ資シ速ニ治安粛正ノ完遂ヲ期ス」という方針の下、日満治安機関を動員し、三班体制をとった。その第一班の第一期（七月・八月）の作業内容は「中共党、軍、政、民衆組織ノ実態調査」、「中共ニ呼応シ又ハ其ノ虞レアル邪教結社其ノ他ノ実態調査」、「一般民心ノ動向調査」のほか、「偵諜、検挙、取調技術ノ研究」にまでおよぶ。第二班は「過去五ヶ年ニ亘ル西南地区粛正工作ノ実績ノ検討ニ主眼ヲ置」くほか、「集団部落建設地帯ノ実態調査」（『満鉄与侵華日軍』第二一巻、三九六頁）も任務とした。

承徳憲兵隊特高課長を務めるとともにこの第一組長を兼務していた木村光明は、蒐集した「資料の中には司令部から移送された八路軍の捕虜其の他の戦死者の日記の中にあったとか、北支等より日軍から来た戦斗教訓等もあり、管下関係機関に通報しました」と供述している（木村「供述書」）。

一九四三年以降も弾圧取締は継続された。史料が乏しくなるが、四四年前半にはほぼ組織的な抵抗を封じ込め、治安「改善」の見通しを立てたように思われる。三月分の関東憲兵隊司令部『西南地区粛正月報』には、「本期間ニ於ケル西南地区蠢動匪団ハ略前期同様ニシテ大匪団ハ策動ヲ見サルモ民衆武装ヲ根幹トスル小《ママ》数分散匪ハ依然活発ナリ」とある。「捕獲実績」は「中共系」一〇件三八名（ほかに「自首」が一一件一一三名）であり、前年に比べると大幅に少なくなっている（『報告集』Ⅱ-①、三三六頁）。

2 「民心の動向」への注視と警戒

対米英開戦直後、「民心の動向」に最大の警戒が払われた。一九四一年一二月三一日付の錦州憲兵隊『特日報』は、「綜合判断（日人、鮮人、満蒙人、白系露人・外人）」として第一に「開戦ニ伴フ民心ノ動向」に注目し、「◎協力緊張事象　◎言動　◎要注意事象」（『報告集』Ⅱ-④、二二五頁）の項目にまとめている。また、四二年一月一七日付の大連憲兵隊『特週報』第一報は、次のような構成となっている（同前Ⅱ-④、一頁）。

一、時局ニ伴フ民心ノ動向（日人、満人、外国人）

二、開戦ニ伴フ米英蘇重慶側ノ対満策動ト之ニ伴フ民心ノ動向
三、恐米英蘇乃至親米英蘇動向並反日独思想ノ動向
四、政府並軍ノ方針態度ニ対スル動向
五、日米英開戦ニ伴フ経済界ノ特殊反響
六、日独伊離間策動並ニ之ニ伴フ動向
七、流言蜚語
別紙　通信検閲成果

その後、関東憲兵隊司令部は「民心ノ動向」掌握を図るために新たな対策を講じた。その一つが『思想対策半月報』の刊行である。一九四二年半ば頃からとみられ、六月前期報の構成は「民心ノ動向　一、各民族ノ動向　二、治安ニ影響ヲ及ホス経済界ノ推移　三、流言蜚語」であり、「満内各地各民族共ニ概ネ平穏ニ推移シアリ　然レ共民食問題其他配給経済等ニ対シテハ相当不安動揺シアルヲ認ム」という概括である。「防共ノ情報」も掲載される（『報告集』Ⅰ-⑯、三二六頁）。一〇月前期のハルビン憲兵隊『思想対策半月報』も同様な構成だが、そこでの「総合判断」は、「（日鮮人）一部鮮人中ニハ民族的偏見ヨリ不満的動向尚散見セラレアリ　（満人）物資不足乃至出荷工作ヲ目前ニ控ヘ不満的動向ヲ窺知セラル」となっている（同前Ⅰ-⑰、八三頁）。

これに関連して、関東憲兵隊司令部高級副官（一九四二年一〇月～四四年八月）を務めた吉房虎雄は関東憲兵隊司令官の長期命令（訓示）起案の指示を受け、一九四二年一〇月頃、「日米戦争の推移に伴ひ抗日人民の一般的動向に注意することを重点として命令」したと供述している（吉房「供述書」）。

戦局の悪化とともに「民心ノ動向」をさらに注視する必要に迫られた関東憲兵隊では、各憲兵隊に『国内情勢月報』の報告を求めた。それは一九四四年二月分から見いだせる。新京憲兵隊の報告の「情勢判断」は、「民心ハ表面

平静ナルモ貯蓄政策ニ非協力的ニシテ経済事犯激増シアリ又満軍兵ノ誤レル優越感ニ基因スル多衆暴行事件多発ノ傾向並敵側優勢ノ流言乃至鮮系ノ徴兵又ハ徴傭忌避渡満者漸増等ニ鑑ミ之カ警防並指導ハ更ニ徹底スルヲ要ス」（『報告集』Ⅱ-⑮、四三一頁）となっている。通化憲兵隊の報告の「民族ノ動向」の「満人」の項では、「表面平穏ニ推移シアルモ時局認識依然低調ニシテ利己的利潤追及ニ捉ハレ反日的言動散発シアル外物資配給労務供出ニ対スル不平忌避乃至物資不足ニ伴フ闇ノ横行ト生活苦等ニ依リ民心離反ノ傾向ニアルヲ窺知セラル」という危機感が強く出ている（同前Ⅱ-⑮、一三五頁）。

「鮮満人」に対しては厳戒態勢が敷かれた。関東憲兵隊『思想対策月報』一九四三年三月分では、「流言蜚語」について「憲兵ニ於テ流布者ヲ検挙セルモノ十一件十二名ニ達シ之等流言発生ノ大部ハ無智蒙昧ナル鮮満系下級層ニシテ国内複合民族ノ特殊性ニ鑑ミ適切ナル取締輔導ト相俟チ早期禍根ノ一掃ニ努ムルノ要アリ」（同前Ⅰ-⑬、六一頁）とする。承徳憲兵隊『思想対策月報』四四年一月分には、「満蒙人　一部知識層ヲ除キテハ時局ニ対スル認識極メテ低調ニシテ生必物資就中民食不足ハ勢ヒ闇価格ノ高騰トナリ下層民衆ノ生活苦ヲ助長シ時局不認識ト相俟ツテ漸次民心離反ノ気運ヲ醸成シアルヤニ看取セラレ」（同前Ⅰ-⑦、三五五頁）とあり、佳木斯憲兵隊『思想対策月報』四四年一月分にも、「一部鮮満系ニハ依然民族的差別待遇ヲ誇張乃至ハ迷信的動向窺知セラレ注視ヲ要スルモノアリ」（同前Ⅰ-②、九八頁）とある。営口憲兵分遣隊からは「鮮人」について、「依然伝統的偏見思想ヲ固持シ或ハ反時局的言動ニ出スル者等散見セラレ」（『満鉄与侵華日軍』第二一巻、四四三頁）という「状況報告」がなされた。奉天憲兵隊では朝鮮人対策を重視し、特高課に「鮮系班」を設置している。

「満人」の反発要因の一つに、憲兵らの強権的対応があった。そのため、「民衆ニ対シ威嚇弾圧ヲ行ヒ為ニ民心離反シ党匪ニ乗セラルルナキコト」（関東憲兵隊司令部『思想対策服務（教育）資料』一九四三年四月、『報告集』Ⅰ-⑯、一八七頁）と注意を促すほどだった。日本人による土地買収や「開拓団」への反発もあった。一九四二年五月二日の関東憲兵隊司令部「撫順県下一部軍用地買収ニ伴フ地元農民ノ忌避動向ニ関スル件」には、「軍ニ於テハ撫順県下ニ軍事施設ヲ建設スル為四月十日関係各機関協議ノ上之カ要地買収ニ着手セル処地主及一般地元農民ノ大部分ハ買収交渉ヲ忌避シ外出不在策ヲ講シ或ハ陳情ノ為代表者ヲ中央ニ派遣スル等動揺甚タシキ為買収事務ヲ一時中止ノ已ムナキニ至レリ」（『東北日本移民檔案（吉林巻）』第一巻、五一一頁）とある。また、七月二一日のハルビン憲兵隊「防水開発工事ノ反対運動状況ノ件」では、「地元農民ノ反対的態度濃厚ナルモノアル」という現状に対して、「本件ハ思想的背後策動ヲ認メラレサルモ近時満系ノ思想状況ハ食糧問題発生等ニ伴ヒ益々悪化ノ傾向ニアリテ此ノ機ニ乗シ不逞分子ノ策謀ハ容易ニ侵透《ママ》サル、現況ナルニ鑑ミ之カ処策ニハ一段ノ顧慮ヲ要ス」（同前、第二巻、三三六頁）と注意が喚起された。

戦局の悪化にともない、郵便検閲がさらに厳重化したことは小林・張・竹内「関東憲兵隊の通信検閲の体制と実態」に詳しい。一九四四年一月一四日に発せられた三浦三郎関東憲兵隊司令官「郵便検閲実施の件」によって、「臨時郵便取締法の制定に伴う郵便検閲指導要領」が制定された。同時に、国外への郵便物、国外からの郵便物、在満の欧米人からの郵便物、在満日本人からの郵便物が「郵便検閲重点目標」として指定された（『検閲された手紙が語る満洲国の実態』一三〇頁）。

また、一九四四年初頭には「郵便検閲派遣憲兵の選定の報告」を指示し、優秀な憲兵を郵便検閲に派遣した。チチハル地方検閲部『通信検閲月報』の一九四三年三月分には、「満洲国内に於ける蒐貨工作・経済統制の強化は相当民生に影響し、之れに伴ふ不平不満は漸次昂揚の傾向を看取せられありて、長期戦下敵国の思想宣伝謀略の熾烈化に鑑み、民衆思想動向監察と共に通検の強化を緊要とす」（「『検閲月報』にみる満洲の日本人」より重引、八〇頁）とあり、通信検閲の結果が施政に直接反映している。

一九四四年一月、関東憲兵隊司令部の都築敦中佐は郵政関係者を前にした「通信機関ト防諜」と題した講演において「軍人軍属ノ信書ハ憲兵ニ於テ検閲ヲ実施スルコト」と述べた上で、「信書ノ円滑ナル逓送ノミニ偏シテ有害通信ヲ看過シ或ハ有害通信ノ摘発ノミニ急ニシテ信書ノ逓送ニ支障ヲ及ホス様ナ独善的行為」（『報告集』Ⅲ-④、七九頁）

を戒むべきと釘を差している。

防諜との関連で、宗教（＝「邪教」）への注視もみられた。たとえば、一九四三年三月分の関東憲兵隊司令部『思想対策月報』には、「一部ニハ依然米英崇拝思想ヨリ離脱シ得ス基督再臨ヲ強調反国家的布教ヲ為スモノ或ハ諜報容疑活動ヲナス等不穏思想策謀ノ温床体タルカ如キ観アルハ将来厳ニ警視ヲ要ス」（『報告集』Ⅰ－⑬、五三頁）とあった。

さらに、より一般的な状況への警戒もあった。一九四二年九月三日の東安憲兵隊「本年度農作物第一回収穫予想ニ関スル件」の「作柄状況ニ伴フ民心ノ動向」では、「三年来ノ凶作ニ一般農民ハ昨冬来相当ノ不安動揺ヲ来シアリタルカ如ク見受ラレシモ本年度作柄状況ニ漸ク愁眉ヲ開キアリ」（『東北日本移民檔案（吉林巻）』第三巻、四一二頁）としている。

吉房虎雄は「一九四四年二月乃至三月の間、私は憲兵隊の情報蒐集のため平和人民を雇傭する制度について（中略）一年約六十万円の経費を以て延人員約二十五万の中国人民を強制的に罪悪的情報蒐集に当らしむる組織を作り、この人員を毎月各憲兵隊に配当しその実行方法について指導しました」と供述しているが、その「情報蒐集」の組織については不明である（吉房「供述書」）。

戦局の進展にともなう経済生活の窮迫化は、治安の観点からも憂慮された。一九四三年四月分の関東憲兵隊司令部『思想対策月報』では「年度ノ作柄不良、蒐荷工作ノ強行等ニヨリ最近各地特ニ農村地区テ民食並種子不足ヲ来シ餓死、自殺等ノ不詳事《ママ》一部地方ニ散見セラル」（『報告集』Ⅰ－⑬、一七四頁）、一九四三年九月分では「民食不足ニ伴フ奉天市付近ノ食糧闇搬入ハ著シク集団的悪辣化ノ傾向アリ」（同前Ⅰ－⑭、一二三頁）とされる。四四年一月分の大連憲兵隊『思想対策月報』には、次のようにある（同前Ⅰ－⑤、一三〇頁）。

在連満支人ハ大東亜戦後新秩序建設ニ協力シ来レルカ如キモ近時大東亜戦争ノ見透ニ付種々ナル憶測ヲ下スモノアリテ特ニ中下層級ニ於テ表面飽迄対日寄与ヲ装ヒアルモ漸次食糧ノ減配物資ノ入手難闇取引並高税賦課等ニヨ

リ益々生活難ノ状態深刻トナリ戦局ノ急速ナル終結ヲ希望シ逐次反戦思潮抬頭シアリ将来長期戦ト戦局ノ推移如何ニヨリ相当対日不安感ヲ抱クモノ多発スルハ必至ニシテ思想謀略分子ノ乗スヘキ好機トシテ特ニ注意ヲ要ス

こうした状況に、関東憲兵隊司令部は『蒐荷民食月報』を刊行する。一九四二年一二月分では「十二月末現在蒐荷量ハ割当量ノ六九％ニ達シ一般ニ順調ニシテ所期ノ量ヲ獲得シ得ルノ見込ナリ」としつつ、「民食配給陳情七件約二、七〇〇名（内三〇〇名以上ノモノ四件）蒐荷誹謗流言二件八路軍ノ蒐荷反対宣伝二件発生セリ」とする。その「出荷阻害原因」は「（イ）綿布、麻袋、資金ノ不足　（ロ）下部機構ノ怠慢不正　（ハ）出荷督励班員ノ横暴　（ニ）満軍警ノ阻害　（ホ）其他」（『報告集』Ⅱ‐⑰、二六三頁）と分析された。

ほかに各憲兵隊からは『火災発生月報』『伝染病月報』『火災伝染病月報』などの報告が一九四三年に集中しており、火災や伝染病も思想的謀略事件との関連で警戒が強まった（『報告集』Ⅱ‐⑰）。

一九四二年一〇月分の延吉憲兵隊『思想半月報』には、「満人　炭坑就労輔導工人並ニ軍就労工人等□与逃走続発シアリ」とあった。これに先立つ七月二六日の牡丹江憲兵隊通報では、ハルビン・牡丹江線の鉄道工事中、就労二万一六六名のうち二三七五名が逃走し、一三〇名が死亡したという（中央檔案館・中国第二歴史檔案館・吉林省社会科学院合編『東北経済掠奪』「日本帝国主義侵華檔案資料選編」第一四巻、中華書局、一九九七年、八八九頁）。

熱河・錦州地区の強制動員については前掲芳井論文に詳しい。一九四四年には軍用労働者の緊急動員数割当の達成が困難になった。錦州県では「一斉検索」による「強制力を発動して所要数を充足する状態」で、憲兵隊自身が「斯種強制手段は民心に及ぼす影響大にして却て軍施策」の遂行を妨げかねないと憂慮するほどだったが、この労働者は興安北・南省へ送られた（五月三一日付、錦州憲兵隊長「軍用労務者緊急供出状況」、「「満洲国」期の労働力強制動員」より重引）。

『日本憲兵外史』にも関連する記述がある。一九四四年頃、警務部第二課に「軍需生産係」が設置され、特に「生産隘路の究明と、これが打開策」、「作為、不作為の思想的背景の究明、敵性謀略による生産阻害の有無など」の「軍需監察」をおこなったという。「兵站、補給業務の推進、円滑化促進と、軍補給諸廠の能率向上」の実施のために、「潜伏憲兵を投入する。憲兵の身分を完全秘匿して満期除隊兵を装い、前記諸対象の新入職員として就職させる」などもおこなっている（三〇八頁）。

「開拓団」をめぐる内訌は前述のように一九四〇年には表面化していたが、その後さらに深刻の度を増した。四二年五月二七日付の東安憲兵隊「管内開拓団（含義勇青年隊）ノ状況ニ関スル件」をみると、「一部幹部ノ素行不良乃至無責任等ニ基因スル団長排斥運動一件其他誤レル民族的優越感ヨリ原住民ニ対スル傷害暴行其他非行等昨年六月以降一六件ニ及ヘリ」とするほか、「一部ヲ除キ未タ入殖後日浅キト昨年度冷水害ニ因ル不作ノタメ一般ニ生計困難ノ現況ニアリテ離団言動ヲ云為スルモノアリ」（『東北日本移民檔案（吉林巻）』第三巻、二八五頁）と観測している。また、七月二二日付の白城子憲兵分隊「満警ノ開拓団員ニ対スル党与暴行ニ関スル件」からは、「満洲国」警察官の「日本ノ開拓政策ニ対スル憤懣」が高まっていたことがうかがえる（同前第二巻、三四四頁）。

本件原因ハ渡満後日浅キ日系ノ優越感ニ基因シアリト認ムルモ最近満系ノ民族意識ニ基ク侮日的行為散見シアル折柄而モ警察官タルモノ実情ヲ精査スルコトナク党与ノ上団服ヲ着用セル開拓団員ヘノ暴行ハ日本ノ開拓政策ニ対スル憤懣ヨリ発生セル反日意識ニ基クモノト推断セラル、ヲ以テ此ノ際断乎タル処置ヲ講シ此ノ種事象ノ絶無ヲ期スルノ要アリト認ム

一九四三年三月のハルビン憲兵隊『思想対策月報』では「開拓団（員）ノ非行多発シアル外義勇訓練所ニ於ケル生徒ノ対教員暴行事件発生シアルハ注意ヲ要ス」と指摘するとともに、「内地人（日本人）」の「（一）日系ノ弛緩現象（二）反国策的事象　（三）開拓団ノ要注意事象」（『報告集』Ⅰ-②、二六九頁）に注目する。在満日本人の「弛緩現

象」や「反国策的事象」という「戦意」の低下が問題視されていた。

なお、「在満日系共産主義運動」の取締については第四章に譲ることとして、憲兵が日本人・朝鮮人反戦運動への警戒を強めたことに触れておく。一九四三年七月、関東憲兵隊司令部がまとめた「在敵日鮮人反戦運動」には、次のようにある（小樽商科大学図書館所蔵）。

一、中共ハ戦時ニ於ケル「コミンテルン」ノ常套政略ヲ踏襲シ日本人反戦運動ヲ展開シテ日本軍隊内ノ厭戦気運ヲ醸成シ戦闘士気ノ喪失ヲ企図シアリ

二、中共ハ朝鮮人ノ反戦独立運動ヲ重視積極開放的ニ工作指導シ其ノ建軍活動ニ重点ヲ指向シアル外敵中ノ反戦独立運動ト相呼応セル運動ヲ治安地区、朝鮮、満洲ニ於テ展開セント策シアリ

こうした警戒感は、「中共側ノ隠密巧妙ナル策動ハ逐次満内ニ浸透シ来ルノ虞アリ、将来各種微細ノ点ニ留意視察シ其ノ動向ヲ究明スルコト必要ナリ」という見通しから導かれていた。

一九四三年一二月から四五年八月まで新京憲兵分隊長だった藤原広之進は、「新京分隊長在任中軍人軍属の逃亡離隊が非常に多く約四、五十名もありました。〔中略〕此等逃亡離隊は兵に多く兵よりも軍属に多く軍属は朝鮮人軍属に多くありました」と供述する（藤原「供述書」）。軍務の過大な負担が朝鮮人軍属に、ついで一般軍属に、ついで一般兵に重くのしかかり、「逃亡離隊」という非常手段さえとらざるをえなくなった。一九四三年六月分の『海軍々事警察月報』には、在満海軍軍人軍属の「非違行為」や「軍隊ト地方トノ関係」（『報告集』Ⅱ-⑮、一〇一頁）について言及がある。

また、「満洲国」憲兵総団司令部『高等警察月報』一九四三年一一月分の「軍内思想動向」には、「一部ニアリテハ上官暴行、経済事犯、特ニ軍士兵級ニ於テ誤レル軍人優越観念ヲ抱持スルモノ等其ノ跡ヲ絶タサル状況ニシテ之等動向

ニハ尚一層ノ警視ヲ要スルモノアリ」（同前Ⅱ－⑮、三頁）とある。かいらい国家の軍隊である「満洲国」軍の軍内秩序が弛緩し、動揺していることがわかる。

第六節　関東憲兵隊の終焉――一九四五年八月

一九四四年後半になると、関東憲兵隊自体の軍紀弛緩が表面化した。一月、横田昌隆チチハル憲兵隊長は「内務班長教育ニ当リ訓示」として、「由来憲兵ハ戦務ヲ重視内務ヲ軽視スルノ風アルノミナラス年少ニシテ営外ニ居住シ起居容儀ニ於テ放恣ニ流レ易ク特ニ初年兵教育ノ経験者ニ乏シク内務教育ノ骨ヲ会得セザル者多キ憾ミアリ」（『報告集』Ⅱ－①、三四頁）と指摘する。あえてこの時期に、二泊三日の日程で「班長要員タル准士官以下ニ軍隊内務ノ神髄ヲ体得セシメ班長トシテノ班員指導要領就中個性指導ノ□領ヲ会得セシメ以テ班長タルノ素質ヲ具備セシムルニ在リ」（同前Ⅱ－①、三六頁）という「内務班長教育」を実施するのは、弛緩気味で士気の沈滞した隊内の刷新を意図したものである。すでにそれは関東軍全般にわたって蔓延していたが、憲兵隊にも波及してきた。人員の急速な拡充にともない、憲兵の資質の低下はまぬがれず、教育も徹底しなかったといえる。

この軍紀風紀の乱れや弛緩に対処するため、関東憲兵隊司令部では『軍紀風紀月報』をまとめた。その構成は「一、犯罪非行ノ概要特ニ軍紀風紀上要注意事象　二、軍紀風紀振粛ノ為採リタル措置　三、成果」となっており、「軍人軍属犯罪一覧表」と「軍人軍属非行一覧表」が付されている（『報告集』Ⅱ－①、一一七頁）。一九四五年一月分『軍紀風紀月報』には憲兵隊の現況について、「軍紀風紀ノ粛正ニ関シ最近発生ノ事犯ヲ引例之カ原因（欠）ニ内務的欠陥及将兵一般ニ職責ノ自覚欠如ニ因ルモノナルヲ強調シ且従来憲兵隊編制、勤務ノ特殊事情ハ動モスレハ戦務ヲ重視シ内務ヲ軽視スルノ傾向アル」（同前Ⅱ－①、三頁）と概括する。これは憲兵隊長会議において報告されたものだが、関東憲兵隊司令官の言はチチハル憲兵隊長の訓示のなかで以下のように伝達された（同前、二一頁）。

一、軍紀風紀ニ就テ　将兵一般ニ戦局ノ急迫並ニ時局下憲兵ノ職任ノ重大ヲ忘レ自制心ノ減退ト志気ノ沈滞ヲ来セルトニ因ル〔略〕
二、必勝ノ信念堅持ニ就テ　時局下大東亜戦完遂ノ枢軸ヲナスモノハ軍ヲ置イテ他ニナシ、然シテ軍ノ健全ヲ擁護スルハ云フ迄モナク我々憲兵ナリ〔略〕
五、職務ノ刷新ニ就テ
1、軍秩維持ニ一層協力スルコト　2、思想傾向ヲ重視スルコト　3、軍需観察ニ就テ　4、諜者密偵ノ陣容刷新ニ就テ

「戦局ノ急迫」にもかかわらず「必勝ノ信念」が動揺しつつある状況に、「士気昂揚」や「軍紀風紀ノ徹底的粛正」を求めざるをえないことは、関東憲兵隊の弱体化が忍び寄っていることを推測させる。一九四五年四月分の満洲第三六五部隊配属憲兵の『軍紀風紀月報』によれば、管内主要地点で「剿匪秘密戦」をおこなっているものの、「動々モスレハ厳粛ナル内務服行ノ不確実治安ノ表面的小康ニ依ル志気ノ沈滞化並戦地気分ノ醸成等軍紀風紀ヲ紊ル虞ナキニアラス」（『報告集』Ⅱ-①、二五八頁）という現状である。

関東軍の主力の転出にともなって「満洲国」内の根こそぎ動員が実施されると、兵士の質の低下も顕著となり、憲兵隊の軍事警察としての役割は増した。「反戦反軍の思想保持者は、召集が激しくなるにつれて皆無ではなくなってきた。土屋たちは、隊内での言動の監視や、手紙類の徹底した検閲を繰り返し、こうした連中をあぶり出した。そして共産党甲を共甲、その下を共乙、そのほかの思想要注意人物を思要と略して、名簿に載せていた。彼らについては、所属の部隊長にも連絡をとり、警戒してもらった」（『聞き書き　ある憲兵の記録』一六九頁）という土屋芳雄の証言は、それを物語る。

いうまでもなく関東憲兵隊の崩壊まで、反満抗日運動の弾圧取締はつづいた。先の満洲第三六五部隊配属憲兵は「依然前月同様治安粛正ノ為部隊ノ討伐戦ニ即応敵党匪ノ地下進攻破砕ニ重点ヲ指向シ」(『報告集』Ⅱ-①、二五八頁)、活動していたのである。一九四四年一〇月から四五年七月にかけて東安憲兵隊長を務めた上坪鉄一は、「一九四五年二月頃以前より平陽分隊にて工作中の「ソ」諜並に道徳会の名目の下に反満抗日運動を策動しありたる事件の一味十数名を検挙せしめ〔中略〕石井部隊に特移送せしめたり」と供述している(上坪「供述書」)。四五年四月から八月にかけて錦州憲兵隊長であった堀口正雄の供述にも、「錦州省一帯、特ニ鉄道線ニ沿フ地帯ニ於ケル思想対策即チ愛国分子ノ地下組織ヲ見出スコトニ努メル」(堀口「供述書」)とある。

対「ソ」防諜を通じて、関東憲兵隊ではソ連軍の進攻が迫っていることをつかんでいた。この「八月危機説」について、『日本憲兵外史』は「関東憲兵隊司令部は、ソ満国境のソ連軍の急激な増強に、早くから八月危機説を主張していたにもかかわらず、関東軍司令部はこれを軽視した」(三一二頁)と述べる。また、国境最前線のチチハル憲兵隊情報班長の土屋芳雄の証言にも、ソ連「進攻の時期は予知できていた。部下のロシア語の通訳が、毎朝、土屋に報告してくれた。〔中略〕土屋は上司に報告したが、関東軍にうつ手がなかったからか、情報源が怪電波にすぎないからか、黙殺された」とある(『聞き書き　ある憲兵記録』六四頁)。

「八月危機説」を軽視したとはいえ、関東軍司令部は対ソ戦に向けて関東憲兵隊の大改編をおこなっている。のちに東京裁判に向けて準備された「満洲ニ於ケル憲兵制度及其運用ノ実績」(国立公文書館所蔵)に、次のような記述がある。

昭和二十年前期関東軍ノ指示ニ基キ服務ノ重点ヲ軍事警察ニ指向シ軍秩維持ニ専念スル事トナリ制度転換ニ関スル具体的研究ヲ進ム　中期以降前期方針急速ニ具体化シ軍令ニヨリ制度上ノ大転換ヲナシ従来ノ一般保安勤務ヲ憲兵隊ヨリ切離シ新タニ編成セラレタル特別警備隊ニ軍事警察ヲ除ク総テノ警務ヲ移管セリ〔中略〕制度転換ノ

議起リテヨリ服務成果低下シ特ニ蘇聯カ宣戦ヲ布告シタル当時ニ於テハ最悪状況下ニ置カレタリ

この特別警備隊の編成には、北支那軍特別警備隊司令部の大森三彦大佐らの示唆があったといわれる。関東軍主力の転出・弱体化を補うために、約二〇〇〇名の憲兵を転出させる計画が立てられた。まず一九四五年七月一日から基幹要員養成教育のために各憲兵隊から要員将校二〇名が召集され、「各国秘密戦の実情、満州国内の防衛態勢の現況、特別警備隊編成企図の内容等」（『日本憲兵外史』五一六頁）に関する特別教育が実施された。関東憲兵隊司令官大木繁は反対したが、関東軍は強行した。「ソ連後方の都市・村に潜入して遊撃戦を実施」（『史証』二九一頁）することを目標に、八月三日より編制開始、一〇日までに完結予定という慌ただしさだったため、編制は未完に終わり、混乱に拍車をかけた。

奉天を本部とする関東軍特別警備隊の司令官には奉天特務機関長の久保宗治少将が就いた。奉天に第一特別警備隊、牡丹江に第二特別警備隊、チチハルに第三特別警備隊を配置した。八月「上旬の改編は憲兵、情報、兵警及在満応召者をもつて、第一－第三特別警備隊が編成され、従来の憲兵の任務であつた防諜、保安関係の業務を継承したので、憲兵隊は軍事警察以外の人員を特警要員として転出せしめた」（「関東憲兵隊合同調査綴」）とされる。

第一特別警備隊第二大隊（隊長・和田昌雄憲兵大佐）は、新京の治安確保を理由に中国民衆多数を虐殺したという（『史証』二九一頁）。

大改編にともなって消滅する憲兵隊・分隊・分遣隊では、この段階で文書の焼却がおこなわれた。虎林分隊では、一九四五年八月三日、分隊長の「機密漏洩防止のため、直ちに文書類を焼却する」という下命があったが、「文書焼却班は容易ではなかった。分隊の焼却炉だけでは間に合わず、分隊裏に穴を掘り、さらに炊事場のかまどまで使って焼却したが、二日間燃やしつづけであった」（『日本憲兵外史』五三六頁）という。

関東憲兵隊は防諜・保安関係を特別警備隊に移譲した結果、役割は軍事警察に限定された。一九四五年七月一〇日の編制下命時の定員は、二〇〇〇名以上減って三三一九名となった。一六あった憲兵隊は、新京・チチハル・ハルビン・牡丹江・通化・奉天・大連・錦州・興安の九憲兵隊と教習隊に縮小され、「国境前線付近の憲兵隊本部はなくなった」。創設以来の大改編によって、「この非常の時局上、関東憲兵隊の業務は八月三日以降ほとんど停止してしまった」(『日本憲兵外史』三五三頁)。「八六部隊」も第一特別警備隊へ移り、「無線探査隊」と改称された。

ソ連軍の進攻に際して「戦時有害分子の一斉逮捕」があったと、チチハル憲兵隊の土屋芳雄は回想する。あらかじめリストアップしていた「有害分子」を「ソ連軍が国境線を越えた日」、一斉に検挙した。「全部で何人になったものか、よく分らないが、ともかく、憲兵隊や警察の留置場はたちまちいっぱいになり、チチハル陸軍監獄まで使った」(『聞き書き　ある憲兵の記録』一六九頁)。チチハル憲兵隊長の玉岡巌は、刑務所の思想犯を殺害したという(『史証』二九五頁)。

奉天の状況について三宅秀也は、「一九四五年八月十日、偽奉天警察庁は奉天日本憲兵隊の指揮の下に、之に協力し、偽奉天市内に居住する「戦時有害分子」たる「白系露西亜人」二十八名を「抑留」致しました。〔中略〕「被抑留者」は停戦後釈放されました」と供述する(三宅「供述書」)。

八月九日、間島憲兵隊では「憲兵隊長白浜重夫大佐からソ連参戦が通告され、直ちに民情の視察など情報の収集と管下各分隊以下の連絡を密接にする命令が出された」(『日本憲兵外史』四六九頁)。また、牡丹江の特別警備隊第三大隊は、独立守備隊・特務機関・憲兵班の三班体制となっていたが、「憲兵班は全員満服に着替え、旧市街(満人街)一帯の住民の動向査察、その他情報収集に出動して行った」(同前、五一六頁)。海拉爾憲兵隊・牡丹江憲兵隊の一部はソ連軍と交戦している。

対ソ開戦時の関東憲兵隊司令部は大改編の直後でもあったが、大木繁を司令官とし、庶務課・警務課・経理課・第四班(化学偵諜班)という組織になっていた。一九四五年八月一〇日、通化に移転、一七日に四平で業務停止、二九日に四平で武装解除となった。ここに関東憲兵隊は崩壊した。四五年秋、主要幹部らはソ連に連行され、収容所に入った（同前、三二八頁）。

おわりに

敗戦直前の特別警備隊に移譲された保安・防諜機能（残るのは軍事警察業務）こそ、関東憲兵隊の特質といえよう。それは、防諜（外事）・検閲・経済警察・労務警察までを含む広義の特高警察機能と、共匪などに対する武装警察・武力鎮圧の実行、中国共産党を主な対象とする弾圧取締、大多数の一般民衆に対する取締と統制という狭義の特高警察機能に区分しうる。本章では触れなかった「在満日系共産主義運動」の取締は後者に属する。そして、この広義・狭義の特高警察機能は、一五年戦争期における憲兵全般をつらぬく特質といえるが、ここまで述べたように関東憲兵隊に突出して顕在化したものといってよい。したがって、この経験・ノウハウは中国関内や占領軍政下の憲兵活動に移出・寄与していくことになる。

ここまでに触れることのできなかった「関東憲兵隊員となること」の意味をみておこう。関東憲兵隊の一員となるためには、難関の試験を突破することが大前提だった。一九三三年、土屋芳雄が志願する際の倍率は「五倍強」であった。その難関をあえて受験する際の動機が興味深い。土屋はみずからの志願理由はほかの志願者にも共通しているのではないかとして、「鉄砲玉の飛び交わない後方部隊であれば、命を落とす危険がより少ない、という計算ずくの志願が多かったのではないか」と回想する（『聞き書き　ある憲兵の記録』五六頁）。大連憲兵隊などに所属した長沼節二も「憲兵なら最前線には出ない。戦死する危険は少ない」（長沼「教育と戦争」『季刊　中帰連』第四〇号、二〇〇七年）と証言する。

晴れて憲兵隊の一員となったとき、その高給は魅力的で、手放せないものとなった。土屋は「補助憲兵の時は手当がついても月額十円前後だったと思う。補助がはずれたら、営外加俸や憲兵加俸がついて四十九円九十銭にはね上がった。(中略)一般兵科の上等兵の給与は十円ほどだった」(『聞き書き　ある憲兵の記録』六一頁)という。やはり率直に「当時、兵隊の月給は七円五〇銭、憲兵は一二〇円だったと記憶している」と述べる長沼は、大連憲兵隊在職時、給料以外にも「様々な実入りがあり、羽振りの良い暮らしが出来た。今から思うと、「やりたい放題、めちゃくちゃ」であったが、当時はそのようには感じていなかった」(「教育と戦争」)。

一九三〇年代半ば、憲兵の給与は上等兵では本俸六円四〇銭だったが、これに営外加俸三六円と憲兵加俸七円五〇銭が加わり、合計四九円だった。さらに「満洲」に在勤する場合には二〇円七〇銭が支給される。憲兵の進級は他兵科に比べて遅いものの、「長く勤められて、四十歳以上になつてから辞めるやうになるから、恩給額もずつと増加するし、部外へ就職するのにも非常に楽になる」(池田壽助〔憲兵中佐〕『憲兵志願手引』一九三六年、三三頁)という。

ここまで関東憲兵隊の創設から終焉までを見てきたが、「満洲国」治安体制のなかでの関東憲兵隊の位置について、まだ論じるべき問題は多い。関東憲兵隊が満洲・「満洲国」の「憲警統治の要」として位置していたことは、大使館警務部の設置問題や「警務統制委員会」による「区処」に典型的に現れていた。ちなみに、対外務省警察の「区処」の度合の強さは、「満洲国」>中国関内・華北>中国関内・華中となるはずである。

「満洲国」警察の場合は総数一〇万名のうち、日本人警察官は一割弱ながら、中枢や特務警察を独占した。「偽満警察罪悪史」(中帰連平和記念館所蔵)の記述には、「警察が創設されてから一九三七年中日戦争の開始迄に於ける警察幹部は日本憲兵出身者が最も多」かったとある。この統制の主導権も関東憲兵隊が握った。また、「鉄路警護軍」(「満洲国軍」)の前身は「路警」(満鉄)、そして「鉄道警護総隊」(治安部外局)であるが、これらの「指揮系統は、鉄道警備については関東軍の指揮統制を受け、警察業務中の重要事犯はすべて関東憲兵隊司令官の統制区処を受けた」(『満洲国史』「各論」一二六三頁)。これらの治安諸機関のなかで、関東憲兵隊の実質的な指揮統制の状況が明らかにされなければならない。

あわせて関東軍との関係もさらに検討が必要である。とりわけ、東条英機の存在・役割に注目する必要がある。東条は関東憲兵隊司令官を最初のステップとして関東軍参謀長となり、そこからホップして一躍陸軍次官になった。軍・政府の中枢にたどり着いたあとは、陸相、そして首相として絶大な権力を握ったのである。逆にいえば、関東憲兵隊司令官の約一年半なくして、戦時下の東条独裁は生まれなかったといってよい。

それは「満洲国」国務院総務長官を経て東条内閣の内閣書記官長を務めた星野直樹の次のような証言にも明らかである（「憲兵司令官東条英機」『文芸春秋　臨時増刊』一九五五年六月）。

> 東条さんの関東軍《ママ》憲兵隊司令官在職はほぼ二年であつたが、その間、内は部下を完全に統率し、外は満洲における憲兵の地位を確保向上したことは、非常なものであった。しかも、治外法権の撤廃とか、二・二六事件のごとき空前の大事件に際会し、もつとも多事な時代だつたにもかかわらず、その判断処置は大体において正しく、立派に処理していつた。まず、東条さんとしては業績の極めて挙つた時代で、これは内外にもひとしく認められ、本人も甚だ得意の時代であつたと思われる。
>
> 　後年東条さんは政治に携わることとなつたが、この時代の措置、手法を、いろ〳〵な場面で応用している。つまり、行政家として修練の場を得たわけで、東条さんに対し、関東軍《ママ》憲兵隊司令官の経験はかなり自信をつけたことは疑いない。
>
> 　しかし、それよりも実質的にもつと大きなことは、憲兵全体が東条さんに推服、傾倒したということで、憲兵は東条氏において始めて、真の頭領、親玉を見出したということである。

東条が絶対的権力を振るうことができたのは、いわゆる「東条憲兵」の存在があったからである。関東憲兵隊時代の子飼いといわれる加藤泊治郎や四方諒二らがそれぞれ憲兵司令官、東京憲兵隊長などの要職にあり、強権的な憲兵政治で東条独裁を支えた。これらの具体的な検証が不可欠となる。

最後に、憲兵全体のなかに占める関東憲兵隊の位置づけである。第四章で反満抗日運動の弾圧と「在満日系共産主義運動」の取締をおこなう関東憲兵隊を関東憲兵隊と関東憲兵隊という二つの顔というイメージで説明する。つまり前者は関東軍の一翼として、反満抗日運動の弾圧取締や防諜を任務とする関東軍のための憲兵隊であり、後者は、「在満日系共産主義運動」の剔抉という、「思想警察」の機能を意識的に発揮した憲兵隊である。この点をさらに具体的に考える必要がある。また、関東憲兵隊と植民地憲兵との比較、占領地軍政下の憲兵との関わりについても検討を加えなければならない。

注

(1) 荻野富士夫『外務省警察史』(校倉書房、二〇〇六年)、松田利彦「近代日本植民地における「憲兵警察制度」に見る「統治様式の遷移」」『日本研究』第三五集(二〇〇七年五月)参照。

(2) 第一次世界大戦に参戦すると、関東憲兵隊は対独戦において一二名の憲兵を青島に臨時に派遣している。

(3) 「第三「インターナショナル」ノ煽動」への警戒のため、「赤化宣伝防止機関」として一九二六年以前にハルビンに将校一名を配属させた(「密大日記」一九二六年)。一九三〇年六月、関東憲兵隊に転勤となった大谷敬二郎は「わたしは着任して隊の特高主任を命ぜられた。特高といっても「実働」をもたない書類上の情報扱いであったが、月一回定例的に開かれる、関東庁、満鉄、軍司令部、憲兵隊の情報連絡会議にはいつも参加して得るところが多かった。なかでも満鉄の中国共産党情報、関東庁の対朝鮮人情報はすぐれたものであった」と回想している(大谷敬二郎『憲兵――元・東部憲兵隊司令官の自伝的回想』新人物往来社、一九七三年、一七頁)。

(4) 傅大中『関東憲兵隊』(偽満史叢書、吉林省教育出版社、一九九一年、三九頁以下)は、長春憲兵隊の活動として、長春・吉林の状況報告・軍事行動のガイド・占領地警備(治安確保)・長春施政の監督統制(電報電話の統制・銀行管理)・長春市内の軍事関係工場の占領をあげている。

(5) 延吉憲兵隊では「特殊工作」として「間島協助会」を創設している。一九三四年九月、延吉憲兵隊長加藤泊治郎が「産婆役」となり、「朝鮮人の思想教化救済を目的として活動し、共産党撲滅工作に挺進」させようとした。(中央檔案館・中国第二歴史檔案館・吉林省社会科学院編『偽満憲警統治』中華書局、一九九三年、一八四頁)。

（6）軍政憲兵は憲兵令（勅令）にもとづき、陸軍大臣の管轄下にあり、行政警察においては内務大臣の、司法警察においては司法大臣の指揮を受ける。戦地における憲兵は作戦要務令により、軍司令官に直隷する。これを軍令憲兵と呼ぶ。

（7）戦後の撫順戦犯管理所における憲兵隊関係者による回想記録「熱河に於ける憲兵の罪行」（中帰連平和記念館所蔵）には、「熱河憲兵隊の任務は占領地に於ける治安維持であり治安維持会、偽政権を指揮監督して中国抗日愛国者及中国平和人民を逮捕・虐殺し又これに必要な情報の収集、報導《ママ》・文化機関を掌握して欺瞞宣伝愚昧化政策を実施すると共に中国本土及内蒙古に対し侵略準備の為の情報収集を実施した」とある。

（8）佳木斯憲兵隊長などをつとめた宇津木孟雄は、戦犯管理所の「供述」において、「警務統制委員会ハ憲兵隊ノ共産党検挙ノ失敗ニヨリ創設セラレタモノ」（宇津木「供述書」）と述べている。

（9）『日本憲兵外史』によれば、一九三七年八月から三八年七月の間、関東憲兵隊司令官であった田中静壱少将の下で「満洲重工業確立要綱が決定し、関東憲兵隊は質的に重大な変化をもたらすことになる。それが大軍需工業地帯に発展した奉天鉄西地区を抱える奉天憲兵隊であり、中共八路軍と宿命の遊撃戦で対決する承徳憲兵隊である」（二九三頁）という。ただし、これを裏づける史料は不明である。

（10）一九四〇年四月、関東軍情報部が創設された。シベリア出兵以来のハルビン特務機関がもととなり、ハルビンの本部のほか、一一の支部がおかれた。復員局資料整理課「満洲に関する用兵的観察」第一〇巻（防衛省防衛研究所図書館所蔵）の記述によれば、「関東軍情報部は、対蘇対共情報収集の見地から、憲兵、警察、保安局との間に密接なる連繋を保持し、動々もすれば起し易い憲警間の縄張り争いを調整する役割を演ずると共に、満洲国保安局の行う諸工作を指導し且援助した」という。
「満洲国」最高検察次長平田勲の提案で、一九三九年から四一年初頭にかけて、防諜及謀略防衛勤務関係諸機関の主任者の会合が毎週一回開かれていた。「大和ホテル懇談会」と呼ばれ、情報交換や対策の連絡協議において「極めて良好なる成果」をあげたとされる（「満洲に関する用兵的観察」第一〇巻）。中央保安局特務処の責任者であった島村三郎も、「大和ホテル懇談会」について「一九四四年度は防衛司令官が主催してゐましたが四五年度より憲兵司令官大木〔繁〕中将が主催しました」と供述しているが、その実態は不明である。

（11）なお、一九四五年二月から八月までの間、「満洲国」軍憲兵隊の訓練処長《ママ》を務めた斉藤美夫は、教育科目に「思想対策として反満抗日思想警察（反満抗日思想政治行動鎮圧警察務）、普通特高警察――思想政治民心動向、内査、調査、治安情況観察、新聞出版物等の検閲取締」などがあったと供述している（斉藤「供述書」）。

第三章　合作社運動の軌跡――「合作社事件」の背景として

江田憲治

はじめに――満洲における合作社運動

一九三四年に満洲に渡り、橘樸《たちばなしらき》の論文「特産恐慌対策としての農村協同組合」（『満洲評論』第六巻第二五号、一九三四年六月三〇日、第七巻第一八号、同年一一月二日）に表明された「新重農主義」に共鳴し、「満洲国」における農村協同組合運動の展開を目指すようになった佐藤大四郎が、橘樸・大塚譲三郎とともに新京で新たな農村協同組合創立の方針を協議したのは、三六年秋のことであったとされている。自治的生産組織の結成による農民の救済を目指す協同組合設立の実験の場は、大塚が勤務していた浜江省綏化県に決まった。省都ハルビンの北北西約一〇〇キロ、ハルビン郊外から北へ海倫まで達する呼海線が県域を通っている、人口二五万人ほどの大豆を主産物とする農業県である。

翌一九三七年一月、綏化県農村協同組合籌備処（準備部局）が設立されることになるのだが（田中武夫『橘樸と佐藤大四郎――合作社事件・佐藤大四郎の生涯』龍渓書舎、一九七五年、一九九頁）、佐藤大四郎はこの運動の理念を、小笠原泰治の変名で書いた「満洲合作運動史」（『農事合作社報』第一巻第三号、一九三八年一〇・一一月合併号、第二巻第一号、一九三九年一月号。以下、「運動史」と略）で次のように説明している。
——満洲ではその「母胎である支那社会が資本主義経済の発達に遅れ、協同組合が他律的に移植せられ」たために、その協同組合には必然的に「非自主性」が招来され、「植民地型協同組合の特質を持つ」に至った。しかし、そこでの住民は、「自治生活を経験し、協同自主の伝統を濃厚にもつところの人民である」。橘樸によれば、「自生的にデモクラシーになれた満洲国民を相手とする合作運動であつてみれば、少なくも日本が現に到達してゐる地位を目標にしてスタートを切るべきであ」り、「朝鮮を模範とした」金融合作社の法令は、「明らかに失敗である」。奉天自治指導部の農村協同組合運動の提唱の結果成立した金融合作社は、当初奉天省の瀋陽県（一九三三年三月）と復県（同年五月）で営業を開始、一九三四年九月には金融合作社法が制定され、三八年六月末で全国一〇六社の規模に及んでいるが、この金融合作社は一県一社の大区域主義をとっているため（一社平均五万八〇〇〇戸強）、組合員間の人的接触の希薄化、組合精神の弛緩、物的要素重視と「下層階級者」の軽視といった欠陥が「遺憾なく現はれてゐる」。

これに対し、識者（たとえば橘樸）は、村から集落の規模を単位区域とし、一県かその約二分の一の区域に合作社の連合機関を設定するべきだ、と提言している。また、合作社は出資額をできるだけ少なくし、「下層民の加入を可能ならしめ」ねばならないが、金融合作社法では出資額が五円から三〇円となっている。出資額が少額でないこと、貸付が担保貸付に偏っていること、生産信用が大部分であることからして、金融合作社は「地主的富農的」に「偏倚」している。しかも、信用事業だけでは「合作社員の経済の発達を企図する」ことは不可能であって、合作社運動が購買や販売の機能の兼営に向かうのは必然であった。

こうした金融合作社の運動の「批判的克服」の中に、産業五ヶ年計画と相前後して生まれたのが、農事合作社運動である。それは、橘樸の「特産恐慌対策としての協同組合」に代表される、「農村協同組合運動の新思潮」＝新重農主義の具現化であり、さらに「日系官吏の創意による自然発生的な活動」の結果、北満で「各種形態の農民の側にたつ販売機構の組織化及び農民金融がまづ最初に着手実現せられた」。そうした事例は青岡県糧穀市場と糧穀共同倉庫の開設（一九三五年一一月）として始まり、ほかにも龍江省克山県の交易市場、同省富裕県の共同販売共同購入事業、突泉県の穀物統制事業、依安県の共同販売事業、浜江省双城県の交易市場、三江省連合交易市場や蘭西県の小農貸款などを挙げることができる。これらの活動を濫觴とし、あるいは経験を摂取して農村協同組合運動経営方針の体系を作り上げたのが、「綏化の合作運動者たち」なのである。こうして綏化県の農村協同組合運動の設立準備工作が一九三六年秋から開始され、翌三七年夏に『綏化農村協同組合方針大綱』（綏化県農村協同組合連合会編、満洲評論社、一九三七年九月、以下『大綱』と略）を「綏化の人々が発表した」。同県における「実行合作社の組織化」、「機械的な行経一致論に対する実践的な反駁」、「勤労農民中心主義」はその「功績」である。――「運動史」の主張は、おおよそ以上のようなものである。

だが、この時点でのこうした総括は、楽観的にすぎたというべきであろう。佐藤らの運動は、この一九三七年五月の本格化（綏化県農村協同組合連合会成立）ののちまもなく、後述するように「満洲国」の増産政策に組み込まれ、九月には「農事合作社」へと名称変更され、規約も一部改正されるのである。一方で、佐藤は省レベルの組織の実質的なナンバー2（主事）となり[1]、いわゆる「北満型合作社運動」を指導する立場に立ったのだが、四〇年三月には農事合作社と金融合作社の統合が実施され、彼らの運動は実質的な解体に追い込まれた。そして、四一年一一月に「合作社事件」が起こり、佐藤をはじめとする合作社の関係者五十数名が逮捕されることになるのだが、それではこの「合作社事件」の背景にある「北満型合作社運動」とは、いかなる運動実態をもつものであったのだろうか?

このように問いかけるのは、従来の研究では、「満洲国」の北満型合作社運動の運動実態について、前掲田中武夫書が概括的に述べる以外、ほとんど言及してこなかったからである。弾圧の経緯については、松村高夫「フレーム・アップと『抵抗』――満鉄調査部事件」（松村高夫・江田憲治・柳澤遊編『満鉄の調査と研究』青木書店、二〇〇八年）が多くのことを明らかにし、弾圧時点で北満型合作運動はすでに存在しなかったことを論証している。また、福井紳一「佐藤大四郎の思想形成とその協同組合思想」（『日本獣医畜産大学研究報告』五一、二〇〇二年一二月）は思想史的アプローチを試み、同「『満洲国』の合作社政策とその展開」（船橋治編『興農合作社関係資料』解説、不二出版、二〇一〇年）は、合作社の成立過程と政策史を概観しているが、これらも運動史としての分析視角を採るものではない。要するに先行研究は、合作社運動の「実態」がいかなるものであったのかについて関心を寄せていないのである。唯一、運動史的叙述を有する田中の著作も、佐藤とその周囲の言説が中心であって、事実関係の叙述にある種の偏りが生じていることは否定できない。

そもそも、北満型合作社運動はどれほどの財政規模を有し、どれほどの数（あるいは比率）の農民を組織しえたのか？　その社員たちにどれほどの営農・生活資金を提供しえたのか？　その運動には、外部からの圧力以外に、内在する問題はなかったのか？　北満型合作社運動の中で指導権は確立されていたのか？　いったい農民たちは、佐藤の運動をどれだけ支持していたのか？　合作社事件で逮捕された運動幹部たちは、佐藤の思想と運動をどのように評価していたのか？　「中核体事件」として立件された情野《せいの》義秀《よしひで》をはじめとするグループのメンバーと佐藤らの北満型合作社運動グループはどのような関係にあったのか？(2)　などの、運動に内在する問題は、まったく問われてこなかったのである。

合作社「運動」と合作社「事件」を考えるのであれば、こうした運動実態に則した事実関係が究明されねばならない。そこで必要なのは、佐藤やその周辺にあった人々の言説だけにもとづくのではなく、運動の内側で佐藤の運動を必ずしも積極的に支持していなかった人々、あるいは批判的であった人々の言説をも取り上げ、より客観的な視座を確保することであろう。さらに、具体的な統計の検討を通じて運動実態を明らかにすることは、合作社運動が「満洲国」の支配層に危機感をもたせるほどのものであったのかどうかを示すことにつながろう。こうした作業を通してはじめて、われわれは、合作社「運動」からどのように合作社「事件」が引き起こされたのか、その実相に迫ることができる。

そこで重視されるべきは、近年復刻刊行された「合作社事件」研究会編『十五年戦争極秘資料集　補巻34　「合作社事件」関係資料』（不二出版、二〇〇九年、以下『関係資料』と略）、と『農事合作社報』（前掲『興農合作社関係資料』所収）であろう。前者は、「合作社事件」の中でも「中核体」を組織したとして立件された情野義秀・進藤甚四郎・井上林《いのうえりん》・岩間義人・田中治と平賀貞夫の取り調べ資料（憲兵隊・検察官の尋問調書や逮捕者の「手記」など）(3)であり、彼らの合作社運動についての「生」の発言を知ることができる。また、一九三八年八月に創刊された後者は、統計資料が豊富に掲載されているほか、田中が『橘樸と佐藤大四郎』を著す際に利用した津久井信也編『満洲農村合作運動論叢』（浜江省興農合作社連合会、一九四〇年六～八月）には収録されていない論文（佐藤大四郎らの運動に批判的なものを含む）を見ることができ、運動の実態解明には不可欠の資料である。

以下、われわれは、運動実態の解明を目指す作業を、一九三七年にさかのぼって始めることにする。

第一節　調査・組織工作と政府の「公認」――一九三七年二月～一九三八年

1　綏化県における農村調査と組織工作

田中武夫も指摘し、佐藤大四郎の『大綱』からも明らかなように、綏化県における協同組合運動の開始のため、佐藤が最初に取り組んだのは、同県の農村調査であり、一九三七年二月から三月にかけてのことである（前掲田中、一八四頁）。調査の区域を県城付近A（県城から五里以内、一里＝〇・五キロ）、県城付近B（同一〇～二〇里）、津河鎮付近（同三五里前後）、永安鎮付近（同五〇里前後）と分け、合計九〇六戸について、農家の経営形態や土地所有状況、年収などを調査した。その結果は、驚くべきものであった。一〇垧《シャン》以下（一垧＝約一ヘクタール）の零細土地所有農戸が一八・七パーセントを占めることはさておいても、それまでヤシュノフ『北満支那農村経済研究』（原載『東省雑誌』第三二、三六、四一、四二、四五号、一九二四年）によって約三割と推定されていた耕地無所有農家の割合が、ここでは七四・〇パーセントにも及んでいたのである（『大綱』二七頁）。このうち雇農が約六〇パーセント余（同前、五四頁）、雇農の中でも日工（日雇い）の年収は八〇円以下（同前、六一頁）であることも、調査によって判明した。

のちに佐藤は、綏化県のこうした状況について、「満洲事変後の各種災害及びその後に来つた農村恐慌が如何に深刻な衝撃を農村に加へたかを想像し得る」（同前、二七頁）と指摘した上で、同県の「在住屯民耕地所有権態様」を、

一、無所有農戸の圧倒的多数
二、零細耕地所有の支配的なること
三、県城よりの地理的距離の増大に伴ひ、無所有及び零細耕地所有農戸の相対的減少傾向、逆に大規模耕地所有農戸の相対的増大傾向あること

とまとめている（同前、二八頁）。

なおここで佐藤は、これを「要約して規定すれば、半封建的土地所有として特徴づけることができる」（同前、二八頁）と述べ、「満洲農村は、この国の半植民地的・半封建制的社会経済構成に規定せられて、半封建制的土地所有＝隷農制的零細農耕＝高率現物地代を基礎として立ち、その限りに於いて土地所有者の圧倒的優位、半封建制的寄生地主制が維持・発展せしめられつゝある」という「理論的前提」（同前、二九頁）を述べている。これらの議論の背景となり、また引用されているのは『満洲経済年報』（満鉄経済調査会発行）の一九三五年版である。また、「所謂増産の遂行が一般的にはこの国農業の植民地化過程の急速なる進展、その政治的結果の一つとして中・貧農層の没落過程を益々拍車することは必至である」（同前、一四頁）との主張、あるいは地主以下、地主兼自作、地主兼小作、自作農、自作農兼小作といった農村の「階級構成」の指摘（同前、四〇頁）、「大規模な隷農的定雇をもつ隷農主的耕作の支配性」（同前、四一頁）といった用語、これに前述のヤシュノフ『北満支那農村経済研究』からの引用を加えれば、佐藤

がその出自たるマルクス主義の学徒として恥じることのない、「理論」重視の立場を保っていたことが理解される。

こうした調査工作の次に佐藤らが取り組んだのは、農事実行組合の組織化であった。現行の農村行政組織が「土豪劣紳の暗黒なる封建的支配」の下にあり、その「搾取関係」に奉仕していると考えていた佐藤は、「組合の区域を原則として行政区域に一致せしめる」見解を採用せず、屯（自然村）を組織単位としたのであるが、具体的には、実行組合はどのように組織されたのであろうか。この工作は佐藤大四郎ら二名の日本人と中国人が、二名ないし三名で組織班を組み、四月一六日から五月七日のわずか三週間の間に県城付近で七組合（六七一名）、永安鎮付近で二五組合（三八九一名）の組織化を達成したものである。複数の屯から構成されている組合も多いため、包括屯数は七一を数えるし（県城付近一七、永安鎮五四）、永安鎮は県城から二五キロほど離れており、佐藤が年初に農村調査を行った屯も四ヶ屯にすぎない。しかも、県本部での協同組合設立準備活動に従事しながら、その合間を縫ってのことである。にもかかわらず、一日一組合を超えるスピードでこれだけの数の実行組合を設立しえたのは、地元の有力者の援助を得たからである。

佐藤自身は、「甲長なり有力者の助けを借りて牌長及一般屯民の中の物識りを動員し」、屯民の集合を甲長らに依頼し集会を開く、とモデル・ケースを述べている。その上で、趣意書やポスターを配り、事業の必要を「具体的に説き聞か」せ、「彼等に理解させ」、設立の意向を屯民にただし、設立が決定されたのち、役員を選挙する、というのである（大槻雪夫〔佐藤大四郎〕「綏化県農事合作社の農村組織工作について」下『満洲評論』第一五巻第六号、一九三八年八月六日）。

ただし、集会での事業の紹介や説明で、農民たちに「説き聞か」せ、「彼等に理解させ」ることが本当にできたのか、彼らからの意向聴取に意味があったのかについては疑問である。『満洲評論』とはまったく異なることを、『農事合作社報』第一巻第四号掲載の綏化県農事合作社名義（実際には佐藤大四郎の執筆だろう）の記事が述べているからである（「出資制に関する一つの見解」一九三八年一二月）。すなわち、農村協同組合を組織するため、「農村に赴いて全屯民の会合を求め」、彼らの日常生活を協同組合運動と結びつけて話しあったのだが、「彼ら農民は少しも理解しようとはしなかつた」。同記事が以下のように述べるように、従来衙門（役所）は農民の利益になることを何もしなかったが、組合も衙門と同様に見なされたからである。

如何に口をすつぱくして話しても農民は之を卒直に受入れようとしない。却つて彼等は衙門の云ふことを真実と思つてあてにしてゐると腹が立つ以外何ものもないとして居り、むしろ我々の説明を聞いて却つて用心をしなければ又騙されると云ふ様な感想を彼らにいだかしめた（中略）又合作社も彼等農民よりは衙門なりとしか理解されず、むしろ危険視せらるるものと云ふことを知悉したので、我々はかかる宣伝・宣撫工作の必要性は認むること乍ら、之のみにては何等の効果を求むることが不可能であることを痛感した。

その結果、「組織工作は事業実施と結合する以外に方策」がなくなった。つまり、「屯実行合作社の結成には必ず借款申込・現物購入申込等を屯農事合作社役員を通じてなさしむることとし」た、というのである。つまり、農村協同組合の組織工作は、農民の運動参加への同意を得ることも積極性を引き出すこともまったくできなかった。「宣伝・宣撫工作」は形式にすぎないものと化し、彼らの同意を得ることなく、半強制的に借款申し込み・現物購入申し込みをさせて運動に組み込んだのである。

さらに、組織工作が準行政機関である保甲制を利用して農民を集めたことも、大きな弊害をともなった。「屯農事実行組合の役員選挙に於て結局選ばれる多くは甲長及び牌長」となったからである。このため「貧農層の役員たり得たものは少なかった」し、しかも、保甲制を利用しての組織化では、貧農層の要求は「上層農家」の場合と異なって、組合加入申込書などを通じて表明されなかった。「貧農層に至つては或は完全に（組合加入から）除外せられ、或は加入に記載せらるるも、借款その他の申込は除外せられる有様であつた」（『大綱』一〇〇頁）。しかし、農民たちから合意を引き出すことなく、準官権力を利用して半強制的に組織化し、しかも「貧農」たちを員数としては組合に加入させながら、資金貸付などから排除していたとすれば、この組合はこの階層以上の利益を反映する性質を持つことになる。「貧農中心主義」を掲げながら、運動推進のためにはこれを堅持できなかったことになるが、こうした問題は、その後も繰り返されることになる。

そして、こうしたやり方での農村組合の組織化は、後年の事例でも確認できる。綏化県の隣県にあたる海倫県では、県の合作社職員（日本人一名、中国人ら三名）が屯に着いたその日の夜のうちに区長宅に牌長（二〇名）を集め、農民を招集するよう求めている。そして、翌朝集まった数百名の農民たちを前に、あらかじめ中国語で用意された合作社紹介の宣伝文を読み上げ、次に役員を決定させ、その後信用貸款額と購買品（塩・マッチ）の申し込みを聴取している。集会の開催から申し込みまでに要した時間はわずか二時間ほどである（海倫県農事合作社「組織工作及信用・購買事業報告」『農事合作社報』第二巻第六号、一九三九年六月）(4)。

なお、こうした組織工作の間に、佐藤は綏化県農業協同組合連合会の「暫行定款」を五月一日付で作成している。これによれば、県組合連合会（総務部・信用部・事業部）は、その下に屯実行組合が直属する二段階の組織形態をとり、①所属組合・組合員への農業経営や生活の向上に必要な資金の貸し出し、②所属組合・組合員の貯金取り扱い、③農産物の委託販売、④経営や生活に必要な物資の組合員への売却、⑤農業や生活に必要な設備の構築、⑥農業技術指導、⑦農産物交易市場・農業倉庫の経営、⑧組合員およびその家族への教育を事業内容とした。また組合員の出資額は一円と、金融合作社に比べかなりの低額に抑えられ、総代会などの民主的規定も盛り込まれた（「綏化県農村協同組合連合会暫行定款」『大綱』一三八頁）。ここに一九三七年五月、綏化県農村協同組合連合会が成立した。

2　協同組合運動の全国事業化と「農事合作社」の発足

しかし、佐藤たちの農村協同組合運動は、前述の内在的矛盾以外に、外からの干渉という問題に直面する。まもなく「満洲国」政府が全国的「事業」として「農事合作社」の設立に乗り出したからである。

佐藤は「運動史」の前記紹介の後の部分で、一九三三年三月制定の「満洲国経済建設綱要」[5]に見られる協同組合政策が、三八（正しくは三七）年五月新京で開催された「第一回農政審議会（農業政策審議委員会）の結果として、農事合作社政策として発展し具体化され」たと述べ、この農政審議会の決定を「史的画期」と位置づけ、同年「晩夏」（産業部「県農事合作社設立要綱」の日付は七月三〇日）「早くも農事合作社の全国七十五県の設立」をみたとしている。だが、「発展し具体化された」農政審議会の「農事合作社政策」の背景とその後の展開に、佐藤は触れていない。

たしかに、一九三七年六月二八日付で産業部は「農事合作社設立要綱」を作成、ついで七月三〇日、「県農事合作社設立要綱」を作成して、各省に「農事合作社設立助成ノ見込」の県名を通達した（奉天省一五県、吉林省一二県、龍江省八県、浜江省一五県、熱河省四県、錦州省九県、安東省三県、間島省三県、三江省五県、通化省一県〔三七年度中止〕、牡丹江省二県、黒河省一県。満洲国産業部大臣官房資料科編『農事合作社関係資料』一九三七年、三七～四五、五六～五八頁）。しかし、三三年の「満洲国経済建設綱要」で言及されたにとどまる協同組合が、その四年後の三七年、「農事合作社」として政策化され、「全国」的に組織されることになった背景には、田中武夫も留意しているように（田中前掲書、一四五頁）、この年から始まった「産業開発五カ年計画」がある。この計画では約四七〇万トンの食糧増産（三〇パーセント増）、約三〇〇万ヘクタールの作付面積拡大（二四パーセント増大）が設定されており（五十子巻三『満洲帝国経済全集』10、農政前編、満洲国通信社、一九三九年、一六〇頁）、こうした目標達成の課題に「即応」することが、農政審議会の結論であったのである（満洲国史編纂刊行会編『満洲国史（各論）』満蒙同胞援護会、一九七一年、七九〇頁）。

そもそも、佐藤の『大綱』は「増産の遂行が一般的にはこの国農業の植民地化過程の急速なる進展、その政治的結果の一つとして中・貧農層の没落過程を益々拍車する」（一四頁）と述べていたのだが、運動が全国化（国の事業化）されたのちに書かれた「運動史」では、こうした増産政策への批判は影を潜め、橘樸による協同組合の提唱・一部の日系官吏による実践・佐藤らの活動の結果としての全国化の実現という叙述がなされたのである。だからこそ「運動史」は、「協同組合」運動が政府の「合作社」事業となった時点で、運動に一定の変質がもたらされたことについても言及を避けている。

前述のように、佐藤は県合作社の下部に位置する自然村の「実行組合」に運動の力点をおくことで、行政権力が合作社の運動体に介入することを防ぐ「行・経分離」を目指した。したがって、綏化県の県レベルの農村協同組合も、実行組合の「連合会」として発足している。これに対して、満洲国政府産業部は、「県農事合作社設立要綱」を作成したように、事業単位として県を想定した（県農事合作社の董事長以下の役員は官選であって、「可成ク行政機構ト人的ニ連繫セシムルコト」になっていた）。また、産業部の「暫行農事合作社定款例」によれば、合作社の社員は「社費」や耕地一天地当たりで徴収される経費を負担することになっていたが、佐藤らの「綏化県農村協同組合連合会暫行定款」には、「社費」や経費についての規定がなく、出資金も低額（一円、五回での分割払込可）に抑えられていた。(6) また、綏化県の「暫行定款」には総代会の開催規定があるが、（『大綱』一四一頁）、こうした自治的契機は、農事合作社では実行されないことになった。

さらにこののち、産業部の事業としての合作社拡大のために、日本の産業組合関係者が浜江省の農事合作社の指導者として派遣されることになるが、彼らはこの産業部の「要綱」にもとづいて「行・経一致」の立場を取りがちであったし、日本の産業組合法が規定する出資制（帝国産業法規社編『産業組合法及関係法規』帝国産業法規社、一九三九年、八頁）に固執しがちであった。このことは、やがて佐藤との間で激しい軋轢を生むことになる。

次に運動／事業の全国化（公認化）にともなって、政府が資金をどのように手当てしたかを見ておこう。一九三七年九月二〇日になって、これら前記七六県の農事合作社に長期資金（倉庫施設資金、農産物交易場施設資金、共同施設資金）、短期資金（出回調節資金、配布種子買付資金）の借入斡旋が通達されているが、このうち、倉庫施設資金は一県当たり一万円、農産物交易場施設資金は一県当たり一八〇〇円が予定されていた。また、出回調節資金は、出回歩合を大豆八〇パーセント、小麦七〇パーセント、取扱数量を出回量の一二パーセント、受託取扱価格の七〇パーセントの六分の一（六回転）、大豆一トン八〇円、生産量五〇〇万トン、小麦一トン九〇円、生産量一〇九・二万トンと計算した上で、所要資金は大豆四四八万円、小麦九六三・九万円であるとされている（『農事合作社関係資料』八一～八二頁）。

したがって、政府の援助は長期資金よりも短期資金のほうがはるかに大きな額となるが、産業部次長名の「農事合作社事業資金融通ニ関スル件」（『農事合作社関係資料』九九～一〇一頁）によれば、同年一一月になって満洲中央銀行が決定したのは、施設資金五一万九〇〇〇円、調節資金五〇〇万円を限度として貸し出すことであった。産業部が予定した額よりも圧倒的に少ない。また、産業部案では、長期資金は利子年六分、三年間据え置き一二年賦償還（一万円を借りた場合、最初の三年間は利子の六〇〇円のみ支払い、四年目から一二年目にかけては、毎年一一九二・七七円を支払う方式）、短期資金は日歩二銭、一年以内の償還となっていたが、中央銀行の貸出条件は、長期資金の場合利率は同じであるものの、担保（当該合作社所有の不動産、機具）、保証人（県公署）を必要とし、しかも期限は「向フ一年」と厳しいものであった。短期資金のほうは、利率は日歩一銭五厘とむしろ軽減され、担保も不要（信用）だったが、やはり県公署が保証人となることが求められている。

だが、満洲中央銀行が合作社に対する貸出限度額を、長期資金で産業部算定の約半分、短期資金で三分の一に減額したとしても、満洲中央銀行の決定は、「満洲国」における「合作社運動」が政府の「事業」として始まったこと、この事業には「国家」の資金助成が必要であったことを示している。事実、綏化県の協同組合の場合で、一九三七年に三〇万円の基金が県公署から支出されているし、後述するように、綏化県を含めた各地の合作社はここに見える貸出限度額を超えた長期・短期の借入を行っていくことになる。

だからこそ、佐藤は「運動史」の中で、自分たちの「運動」が国家レベルの「事業」となったことを評価してみせたのだろう。こうして、一九三六年秋に新京で橘樸・大塚譲三郎・佐藤大四郎が綏化県農村協同組合の創立方針を協議して以来、三七年一月の綏化県農村協同組合籌備処設立、農村調査（二〜三月）、屯農事実行組合組織（四〜五月）、綏化県農村協同組合連合会成立（五月）という道のりをたどってきた組合連合会は、「県農事合作社」へと組織改編され、三七年九月に綏化県農事合作社の発会式が行われる。この後、綏化県では同年一一月に交易市場が開設された（佐藤大四郎『満洲に於ける農村協同組合運動の建設』満洲評論社、一九三八年、龍渓書舎復刻、一九八〇年、一四九頁。以下『建設』と略）。一つ上のレベルの浜江省では、三八年五月、農事合作社輔導委員会が成立し、佐藤はその実質的なナンバー2たる主事の地位につき、傘下一五県を指導する立場に立った。

なお、この同じ一九三八年五月、「修正五カ年計画」が決定されるが、佐藤は「運動史」で、当初政府の政策は増産計画を画一的に採用している点に問題があったが、この「修正五カ年計画」で「農業政策の方向転換」がなされた結果、農事合作社は「本来的な姿」を取り戻し、「県公署行政科の外局的地位」から脱することができていると述べる。が、これも、楽観的にすぎる見解であろう。彼がこのように述べた根拠は、「第一次産業開発五カ年計画」の修正計画が「民政の安定＝厚生経済拡充を第一義」としたと判断されたこと（浜江省農事合作社輔導委員会事務局編「産業開発五箇年計画と農事合作社」上『農事合作社報』第一巻第一号、一九三八年八月）や、産業部が三八年九月、「農産の改良及び生活の合理化を促進すること、農事金融の疎通を円滑ならしめることに重点を置」くと表明したこと（無署名「農業部門に関する産業部施政方針」『農事合作社報』第一巻第四号、一九三八年一二月号）なのであるが、そうした文言上の政策説明が、農事合作社の主体性確立・農民の生活安定を導くとは、まったく限らないからである。

であればこそ、佐藤らの合作社運動が全国的に認可されたのちの、そして佐藤が省レベルの指導者的立場に立って以降の、運動実態が解明されねばならない。

第二節　綏化県農村協同組合（農事合作社）の信用事業・組織化と「論争」
——一九三八年五月～一九三九年二月

1　綏化県農村協同組合（農事合作社）の信用事業の実態

表3－1　綏化県農村協同組合の信用事業計画（1937年）

	金　　額	対　　　象
農耕貸款	75,869.04円	2,058戸
経済貸款		
塩　　購入費	53,385.60円	42,060人十役畜9,919頭
石　油購入費	15,133.35円	6,000戸
マッチ購入費	5,047.20円	6,000戸
小　　計	73,566.15円	
合　　計	149,435.19円	

出所：綏化県農村協同組合連合会編『綏化県農村協同組合方針大綱』満洲評論社、1937年、157～160頁。

綏化県農村協同組合連合会編の『大綱』は、その末尾で「康徳四年度」（一九三七年度）の同県農村協同組合の事業計画・予算について述べている。この計画でまっさきに挙げられていたのが、農民に対する「信用事業」での経営農家に対する「農耕貸款」と、「共同購買事業」の名の下での「経済貸款」、つまり塩・石油・マッチの現物貸付であった（表3－1）。この事業計画の対象は、六〇〇〇戸の組織予定農家（このうち経営農家は約三分の一の二〇五八戸と想定）[7]で、その総額は四二万五五五一円であったが、このうち信用事業である農耕貸款と経済貸款の合計額は、その三分の一を超える約一五万円であった。

　このうち「農耕貸款」とは、組織予定戸数六〇〇〇の約三分の一と想定された経営農家を対象に、除草期に雇農を傭うための資金などの営農資金を貸与するものであり、貸付限度額は一〇〇円とされた。一方、ほぼ同じ予算規模をもつ「経済貸款」は、全農家を対象に（塩の場合は農家単位ではなく家族と役畜の数に従う。家族数は一戸当たり七人で計算）、現金ではなく生活必需品とされた塩・石油・マッチを現物で支給し、八月と旧正月に代金の返済を求めるものであった。これは全農家を対象とするものではあったが、「貧農層」（非経営農は従来こうした必需品を雑貨商から掛け買いする際に「二、三割」高めに購入しており、その「損失がカヴァー」されるはずであった（『大綱』一六二頁）。ここで想定されている「貧農層」は、六〇〇〇戸から経営農二〇五八戸を差し引いた、三九四二戸ということになる。雇農層が約六〇パーセントという農村調査の結果が反映されている、といってよい。

表3－2　綏化県農事合作社の信用事業実績（1938年）

貸付方法	用　途	金　額
第一種信用貸付	除草および食料品購入資金	390,250.00円
第二種信用貸付	塩・石油・洋火〔マッチ〕等	32,331.46円
同　上	種子配給	14,911.77円
第一種動産貸付	批糧防止資金	6,715.00円
合　計		444,208.23円

出所：陳崇奎「農事合作社信用事業について」『農事合作社報』第1巻第4号、1938年12月。

この事業計画の開始一年後の一九三八年四月、佐藤らの組織は、協同組合から農事合作社に改組されて半年を経ており、翌五月には、浜江省の農事合作社輔導委員会が成立して佐藤がその主事職に就いた。では、こうした信用事業はどの程度計画通りに進展していたのだろうか？　佐藤の主事職就任の三ヶ月後には、浜江省農事合作社輔導委員会事務局の刊行する『農事合作社報』の刊行が始まっており、この雑誌には佐藤が主張する「北満型合作社運動」の立場からの発信（あるいは佐藤の見解表明）を数多く見ることができる。その一つが、陳崇奎「農事合作社信用事業について」である（『農事合作社報』第一巻第四号、一九三八年一二月）。文体からして講演記録であろうこの文章には、三八年末までの信用事業の統計数字を見ることができる。

ここで、佐藤の盟友であった陳崇奎は、金融合作社の不動産信用は土地の権利証を持つ者しか対象としないし、その利用者は借り入れた資金で搾取的な高率で農民に貸し出すことがあるから所定の成果を上げえないと批判することから始める。そして農事合作社の運動は農村の戸数で九〇パーセントを占める「中・貧・雇農大衆」を対象としており、綏化県では主に彼らに対する信用事業を行っていることを強調し、一九三七年以来、除草資金（経営農・小作農向け）・食糧購入資金（雇農・零細農向け）の貸付、塩・石油・マッチの現物貸付、種子配給、動産貸付（批糧〔糧穀の市場外売買〕防止資金、経営者向け）を行っていたことを述べる。そして綏化県農事合作社が三八年に貸し付けたのは、表３－２のような費目と額である。

この一九三八年の主要な信用事業は、第一種信用貸付（除草および食料品購入資金）三九万二五〇・〇〇円と第二種現物貸付（塩・石油・マッチ等）三万二三三一・四六円の合計四二万二五八一・四六円である。

そして、これらの数字と一九三七年度の綏化県農村協同組合の信用事業計画を比較すると次のようなことがいえる。第一に、三七年度の組織予定戸数は六〇〇〇戸、信用事業の予算額は約一五万円であったが、三八年に実施された信用事業の総額はこの前年度予算のおよそ三倍になっている（陳は事業実績から「昨年の四倍」としている）。このことは同時に、綏化県で合作社に組織化された農家の戸数も、およそ三倍に増加していることを推測させる。綏化県の農事合作社運動は、前述のように屯実行合作社の結成に際し社員に貸付や現物購入の申し込みを必ずさせるようにしており、信用事業の拡大は社員の増大に比例していたと考えられるからである(8)。

第二に、一九三七年度の協同組合の事業予算で七万三五六六・一五円であった経済貸款が、三八年の合作社の執行額となると三万二三三一・四六円と、前年度予算の四四パーセントほどになっていることである。社員数の増大を考えると、割合はずっと少なくなる。このことは恐らく、雇農層の事業に対する消極性を表している。そもそも塩・石油・マッチの現物貸付は、返済時期を雇農が賃金を受け取れる八月と旧正月に設定しているように、彼らの協同組合加入を前提としていた。が、恐らく雇農層は組合に加入しても、三七年の綏化県農村協同組合発足時に想定されていたほどには貸付を受けようとはしなかった（あるいは佐藤も認めるように、受けることができなかった）。食料品購入用の貸付でも、雇農の反応が鈍かったことは、その貸付限度額の増額が二年連続で図られていることからも知られる（綏化県農事合作社「六年度春期放款中間報告」『農事合作社報』第二巻第六号、一九三九年六月）。

陳宗奎は、綏化県合作社の信用事業は「中・貧・雇農大衆」向けのものであると述べている。しかし、実際には、協同組合（一九三七年）から合作社（三八年）にかけての運営規模の急速な拡大は、佐藤が農民の最下層と見、その割合を「約六〇％余」とした雇農層に依拠するものではなかったようである。前述の農村協同組合組織の時点で生まれていた問題を考え合わせると、恐らくそれは、「中・貧農」層以上を対象とした信用事業を基盤に実現されたことは、ほぼ確実と思われる。また、翌三九年の綏化県の信用事業計画でも、社員全体の中に占める貧雇農層の率は後掲表3－4に示すように四〇パーセントであり、彼らの農民総数に占める割合に沿った信用供与は計画されていない。しかも、後述のようにこうした低位の計画数値さえ、実現されていないと考えられる。

ただし、一九三八年、綏化県の農事合作社が信用事業をテコに、「三倍」と推定できる社員数の増加を実現し、規模の拡大という点では大きな成果をあげたことは確かである。このほか、浜江省農事合作社輔導委員会が同年五月に成立して省管下各県の合作社の指導機構となるし、同じ五月には第一次五ヶ年計画の修正計画によって「農業政策の方向転換」がなされ、佐藤大四郎は、このことによって農事合作社は「県公署行政科の外局的地位」から脱しえたと考えていた（「運動史」）。産業部が三八年度になって作成した「農業政策要綱」も、「農事合作社の指導並に普及発達は、民心の把握及び恒久的農業政策滲透の母胎として最も重要である」とし、農民の福利増進・農業生産力維持のための「生産品の円満なる配給」「実行合作社の育成発達」「直接農事金融の疎通」などの「指導目標」を掲げた。さらに同年八月、浜江省農事合作社輔導委員会事務局が編集する「農事合作社の木鐸」、月刊誌『農事合作社報』も刊行された。規模の拡大、機構の整備、政策の「転換」、そして機関誌の刊行は、すべて運動の順調な進展を告げるものであった（「創刊の辞」、「情報」『農事合作社報』第一巻第一号、一九三八年八月）。

2　浜江省農事合作社の運営をめぐる「論争」と対立

だが、一九三八年一一月二日付の浜江省次長から傘下の各県合作社董事宛の通達（浜江省長官房公函第二九八八号）は、以下のように述べる（「公牘」『農事合作社報』第一巻第四号、一九三八年一二月）。

合作社事業運営ノ過去一ヶ年の実績ニ鑑ミ、事業執行上各種規程ニ改訂附加スヘキ事項生シタルノミナラス、今後ノ運営上必要ナル事項ニ付、未タ方針ノ確立セサルモノ有之ヲ以テ、十一月下旬以降之カ整備ノタメ、省県係員ニヨル協議会開催ノ予定ナルモ予メ一部問題ニ付テハ、別冊指定居ノ事項ニ付キ、空欄ニ意見記入ノ上十一月十五日迄ニ回報相成度（句読点・傍点は引用者）

ここで「今後ノ運営上必要ナル事項」で「未タ方針ノ確立セサルモノ」として県合作社に諮問されたものの第一が「出資制の可否に関する件」であり、それは、「1、社費を廃して出資のみによるべきか、2、出資制をとらず社費のみによるべきか、3、社費出資を併有せしむべきか」というものであった（前掲「公牘」の無署名「農事合作社協議会のための諮問事項」）。すなわち、農事合作社が全国規模で成立してから一年有余を経ても、浜江省では合作社の財政基盤は統一されてはいなかった。各合作社の自由裁量に任されていたようである。

これに対して『農事合作社報』の同じ号に、綏化県農事合作社「出資制に関する一つの見解」が掲載されている。同じ号ではあるが、浜江省次長の通達に対する反応であることは間違いない。同文は、綏化県農事合作社は、日本の産業組合のような「制限附出資制」をとらないし、配当制も認めていない（「出資の不同が持ち分関係を差違あるものたらしめ」「地主的協同組合に偏倚するに至」るからである）、「合作員に一口一円宛の出資」をさせることにし、雇農層のように一、二回で払い込みが困難な場合は、五回程度の分割払い込みを許可している、と強い調子で述べる。すでに触れたように（また後述するように）、綏化県における佐藤たちの運動は、出資制や社費による農民負担を回避すべく、比較的高額の交易場手数料（従価二パーセント）を徴収し、これを農民の中でも「地主・富農を中心とする中・上層階級」に負担させる構想であった（『大綱』一一六頁以下）。そこへ降ってわいたような出資制・社費制の議論提起は、佐藤らにはみずからの運動に対する論難とも受けとめられる事態であったろう。

さらに、『農事合作社報』の翌号（第二巻第一号、一九三九年一月）の、佐藤大四郎「協和会と農事合作社の統合論」

は、同じくみずからの運動論に対する異論への、強い調子の反論となっている。すなわち、全満専務董事協議会（一九三八年九月開催）で主催者の産業部から「協和会との連携について」との議題が出されたことを受け、この議論は「南満」方面で「旺盛」となっており、北満浜江省の双城県でも協和会分会長の同県農事合作社への「事実無根」の「論難」（具体的には書かれていない）がなされ、協和会本部事務長が農事合作社に対し「発言権の保障乃至拡大」を求める事例も生じている、と佐藤は述べる。そして、佐藤は、協和会との「提携」論以外の「統合論」として、①協和会と農事合作社の連合協議会を合作社の総会にしようとする「機械的な単純化」の議論や、②県の街村輔導委員会・農事合作社役員会・商工公会参事会を協和会県委員会に統合しようとする「機構一元化論」、③同じく一元化論である「（街村公所と）協和会分会と農事合作社を一つにせよ」という主張を紹介し、これらは「いずれも観念的なこと、無知愚劣な点で問題にとり上げることすら不快となるしろ物」であり、「協和会の使命や活動、実行合作社の役割や性質についてはつきりした認識を持つてゐ」ない者の主張である、と強く反駁している。

一九三八年一二月に「出資制」について、翌三九年の初めに「統合論」について、佐藤がこうした議論を述べねばならなかったのは、前年の三倍もの事業規模の拡大という「成功」のわりには、そして彼が自身の運動論として少額出資制や「行・経分離」論を確立していたわりには（あるいは、それゆえに）、反対論がかなり根強く存在していたからである。

こうした事例をもう一つ紹介しよう。双城県農事合作社の「双城県に於ける郷倉設立事業案」（『農事合作社報』第一巻第三号、一九三八年一〇・一一月合併号）は、飢饉に備えて穀物を農民に貯蓄させる郷倉の創設を提案し、この郷倉長を実行合作社董事長と村長が兼ねる構想を述べたが、佐藤は翌月の『農事合作社報』で厳しくこれを非難した。それでは「行・経一致」になってしまうし、義務制の貯蓄は貧農層にとって大きな負担となるからである。

ところが、今度は双城県農事合作社（実際には専務董事亀田信三が執筆）の「出資制の可否について」が『農事合作社報』第二巻第二号（一九三九年二月）に掲載され、前述の綏化県農事合作社「出資制に関する一つの見解」に非難の矢をあびせた。すなわちこの記事は、農事合作社の構成を農事合作社県連―村合作社―屯実行合作社（実行班・実行区）とし、実行班の出資制度は無限責任制だが、「幅のある制度たらしむる」ことは自明である、と述べる。そこで、「（イ）出資制は自由主義的日本産業組合の遺した最も有害なる制度で吾満洲農事合作社に採り入らるべきでない。……（ハ）持分を認むる出資を採用せる日本産業組合はその結果として地主的性格を帯ぶるに到つた」といった見解は謬論である。日本産業組合の地主的性格は、「『持ち分を認める出資制』が然らしめたのであると断言したならば、それは笑い話に外ならない」と主張する。当時、合作社には、日本の産業組合出身者が多かった（恐らく亀田もそうであったろう）が、その議論の直輸入には佐藤は本来批判的であった。ここでは、日本の産業組合への評価が対立軸としてあったように思われる。

これに対し、佐藤大四郎「亀田君へのお答へ」（同前、第二巻第三号、一九三九年三月）は、「『出資制は自由主義的日本産業組合の遺した最も有害なる制度で吾満洲農事合作社に採り入らるべきでない』などといつてはゐない」。「自分が云ったのは、『満洲国の農事合作社は政府によつて設置され、事実上の全農民強制加入である。立前からして自主的に発展した協同組合のなすごとき出資制度をとることは理屈の通らぬ話である』といふことである」と反論し、さらに、「出資制度再論・其他」（同前、第二巻第四号、一九三九年四月）でも出資制について論じているのだが、議論は結局不完全燃焼に終わり、省の合作社全体が出資制・社費制に移行することもなかった。

それにしても、こうした佐藤の出資制についての主張、そしてまた、佐藤・亀田論争の所在は、彼の「北満型合作社運動」における指導権が必ずしも確立されていたわけではないことを示していよう。佐藤が提起した手数料二パーセント論も、これを採用したのは、一九三八年段階では、浜江省管下一五県合作社のうち綏化・望奎・慶城・海倫・巴彦の五県にとどまっていた（〔浜江省農事合作社輔導委員会〕事務局「浜江省農事合作社の概況」同前、第一巻第三号、一九三八年一一・一二月合併号）。彼の指導力は、運動が信用事業から共同販売事業（交易市場・農業倉庫経営）へと進展する中で、さらに試されることになる。

第三節　綏化県農事合作社による交易市場・農業倉庫の経営
――一九三八年一一月～一九三九年五月

1　交易市場の運営

合作社運動内部で以上のような論争を行いながら、佐藤らが一九三八年に取り組んでいたのが、「新交易市場＝農業倉庫」の開設である。そもそも、綏化協同組合の事業計画（一九三七年度）は、①信用事業、②共同購買事業、③共同販売事業の順に重点が置かれ、このうち①は農事組合（合作社）の組織化と同時に実施され、②は「現物貸款」と名を変えて同時点で実現を見ていた。また、③は交易市場と農業倉庫経営を車の両輪とするものであり、三七年のうちに「糧穀交易市場及び農業倉庫案」が作成されていたが、「要するに時期尚早のため」、同年度では交易市場が三七年一一月に開設されるにとどまっていた（綏化県農事合作社「綏化県農事合作社の新交易市場＝農業倉庫案」『農事合作社報』第一巻第一号、一九三八年八月）。

したがって一九三八年から三九年にかけて、佐藤らの運動が目指したのは、既設交易市場の問題点を改善し、農業倉庫を開設、そしてその成果を総括してアピールすることであった。

このうち交易市場とは、「出荷人」が大豆や小麦などの糧穀の積荷を搬入し、合作社が検査（等級付け）を行い、係員が農民の代わりに売り方として立会場に立ち、「公開糶《ちょう》売」（販売）を行うものであった。[9] しかも、その手数料は比較的高額（従価二パーセント）に設定された。これは、①生産物の大部分を所得し、搬出し売却するのは地主・富農を中心とする中・上層階級であって、②「下級貧農」の「商品化率は低度であり」、「零細小作・雇農」も商品化される生産物の全体量は、中・上層に比較して「著しく少いと見なければならぬ」。したがって、③「交易手数料を相対的に高率とし、之による収入を事業資金主要財源として、農村に対し貧農層を中心に適宜且つ有効に各級農民に向つて還元すれば……本会〔綏化県農村協同組合連合会〕の根本方針を生かす」ことになる、と考えられたからである（『大綱』一一六〜一一七頁）。この方針は、綏化県農村協同組合が農業合作社に改組された後でもまったく変わりがなかった。

しかし、この検査と公開販売を担う交易市場についての佐藤の評価は、それが運営される前の『綏化県農村協同組合方針大綱』（一九三七年九月）と、一九三七年一一月の運営開始後の『満洲に於ける農村協同組合運動の建設』（一九三八年九月序）との間では、やや異なっている。

すなわち、後者の『建設』では、取引一般が公正化され、農家にとって大きな負担となっていると考えられていた「糧桟」（糧穀商兼倉庫業者）の中間搾取をなくし、農民の手取金額が増えたなどの満鉄や鉄道総局調査が述べるプラス面を紹介した上で、その限界も指摘される（九八〜一〇二頁）。農業倉庫が併設されていないため、穀物は合作社の検査と糶売後（売買契約成立後）、結局は糧桟の倉庫に運ばれ「各馬車毎に現物見本を取引人の前に並べて実際の売買が行はれる」（すなわち「二重検査」になっている）[10]。しかも、農事合作社の検査員・販売員と糧桟との談合がありうるし、「いまの機構では市場外取引や計量の公正化や代金支払の正しさを保証できない」と。こうした佐藤の論調の変化には、他者からの批判の影響も推測しうる。すなわち、『建設』の序文が書かれる前の一九三八年七月、佐藤は、協和会浜江省連合協議会に出席し、同会で提起された農事合作社運営への改善要求を受け止めているからである（「糧穀交易市場の充実化のために（二）」『農事合作社報』第一巻第二号、一九三八年九月）。

たとえば、巴城県連「交易市場改善要望ノ件」は、農事合作社運営の交易市場は、「農民ノ利益擁護」という意図に反した点が多いとし、以下のように市場係員の横暴や糧桟の不当行為の非を鳴らしたのだった[11]。

すなわち、

①市場の開場時刻が遅いため糧穀を持ち込む農民が一泊を要するようになっている

②市場員が官僚的で「農民ノ手違ヒ等」に対し殴打する
③糧桟側の言い値に農民がクレームを付けた場合、後回しにされ不必要な宿泊料を要することになる
④売買契約成立後、搬入された糧穀と見本が不一致であると糧桟が言いがかりをつけ、その結果交易市場に紛糾が持ち込まれることがしばしばあり、その場合、市場係員は糧桟側の言い分のみ取り上げ農民に罰金を課している

などである(12)。

こうした批判に対し佐藤が、②と③は「全く市場側の責任」と述べ、④についても、こうした交易市場は「直ちに潰して再組織せねばならぬ」としているように、実態としてあったことなのだろう。また佐藤は、①については多少の反論を試みている。すなわち、開場があまりに遅い場合は改めなければならないが、そもそも、検査と売買に大きな手間がかかっているのは、前述の「二重検査」になっているからである。こちらのほうは、「合作社検査の存在理由を我々自ら否定する」ものであり、「糧桟に見せずとも票によつて取引できるやうに検査員能力の向上に努め」、「農業倉庫の本格的経営による証券取引制度への移行」を目指すべきだ、との持論を導いている。

本来佐藤は、農村協同組合が「旧き封建的流通機構の近代化的合理化を目標として第一に着手すべき事業」（『大綱』一〇九頁）として、交易市場と農業倉庫の兼営を構想していた。それは、「鉄道沿線においては、交易市場と農業倉庫を経営し、沿線外にあつては農業倉庫を経営し、そこにおいてはただ地場消費の糧穀物をのみ交易することを原則とする。この場合、もちろん農業倉庫においては必ず金融機能を附備し、委託ならびに買収販売を併せて実施する」（『建設』一一三頁）というものであった。

具体的には、農民には、積荷を駅からの引き込み線に沿って設立された農業倉庫に持ち込ませる。ここで、格付・計量・調整・検査の手続きを取り、大豆の場合、満鉄の混合保管に準じて、一・二・三等および等外の四つに仕分け、

「受託品の保管証券を作成して荷主に渡す」。交易市場にはこの証券を提出させ、証券売買をさせる。「買方は之に依つて現物を見ずに買入れられる」（『大綱』一一三頁）。この「預り証券」は交易市場に持ち込まれ、その中の「糶売場」で売却されたのち、市場事務所で現金に換金され、あるいは動産金融や委託販売の対象となるのである（同前、一一九頁）。こうして農民は穀物を現金化したり、販売を委託して前金で金を受け取れる。佐藤は、初期の具体的な事例として、浜江省の最初の農業倉庫（綏化県農業合作社双河鎮支社、一九三七年一二月一日設立）で、「三斗乃至五斗、若しくは一石程度の糧穀を三人乃至六、七人の貧農（傍点引用者、以下同）がまとめて持参し、それに対して時価の七、八割の金融をなし、七日乃至十日の保管期間の中に売却し清算した」（『建設』一二三頁）ことを挙げている。

こうしたやり方は、たしかに糧桟の中間搾取の余地をなくし、その意味では正当な糧穀の代価を支払うことができたと考えられる。交易市場＋農業倉庫ではなく、交易市場だけで運営されていた場合の、前述のような農民の負担ははるかに軽減されるはずである。だからこそ、佐藤は、一九三七年九月の『大綱』でも、三八年九月の「糧穀交易市場の充実化のために」でも、三八年一一月の『建設』でも、農業倉庫の重要性を強調したのだった。

ただし、一九三八年三月までの綏化省の農業倉庫の取り扱い量は、「全省を通じて三四八四石」にとどまる。当時運営されていたのは双河鎮支社の農業倉庫だけだったからであり、同年の綏化県の出回見込数は一三〇万石であったから、これは無視されていいほどの量である（浜江省農事合作社輔導委員会）事務局「浜江省農事合作社の概況」『農事合作社報』第一巻第三号、一九三八年一〇・一一月号）。

2　本格的農業倉庫の建設

したがって、綏化県に鉄道とリンクした本格的な農業倉庫が建設され、運営を開始するには、一九三八年一一月一日を待たねばならなかった。[13] 綏化県農村協同組合連合会の一九三七年度事業計画においては、「それが実施の上におおくの困難をもつてゐたために、未だ実現の日程に上らされなかつた」のであるが（綏化県農事合作社編『綏化県農業倉庫に関する報告』浜江省農事合作社連合会、一九三九年、二頁。以下、『報告』と略)、三八年になってそれまで糧桟の倉庫が利用してきた綏化駅接続の引き込み線が廃止されることになり、これを好機として合作社は専用線を敷設、かつ糧桟倉庫の買収へとかじをきったのである。綏化県公署の「援助と協力」を得ながらの糧桟商人との折衝に加え、ハルビン鉄路局・国際運輸ハルビン支店との連絡協議のすえのことである(『報告』三～四頁)。

田中武夫は、「この日、佐藤大四郎は、綏化駅頭に大塚譲三郎(当時、浜江省開拓庁農林科長)と同道で視察に来た橘樸を出迎えている」と述べ、この最初の「沿線型農業倉庫」発足の日に橘と対面できたことを、「大四郎にとって感激一入、晴れがましいことであったであろう」と想像しているのだが(『橘樸と佐藤大四郎』二九二頁)、この想像は恐らくあたっていよう。さらに、浜江省農事合作社連合会の名義で書かれたある文章(佐藤大四郎の執筆か)は、半年後の一九三九年五月二〇日に新京で産業部農務司主催の農業倉庫報告会が開かれ、「全国方針として本事業をとり上げ実施に移すべきことを打合せ決定した」ことを誇らしげに述べている。それは、「綏化県城より移輸出する農産物を一切、一つの農業倉庫内に統一的に収容し、処理する仕組み」であり、「粮桟を完全に現物から引離してしまふことによつて、個々別々の現物取引に付随する一切の『不正』を防除」でき、農民に「従来よりも多大の利益を一般に付与しうる」。しかも、農業倉庫は、満洲国の統制経済――小麦・大豆価格の統制、農産資源の対日供給に貢献するばかりか、「国家総動員体制樹立強化」にも大きな役割を演じることになるというのである(浜江省農事合作社連合会「現勢と進路(二)」『農事合作社報』第二巻第六号、一九三九年六月)。

統制経済や総動員体制への寄与といった点は、官庁からの支持を獲得するためのアピール・誇張ではあろうが、それにしても、綏化県の農業倉庫が、恐らく前例をみないほどの大きな規模と詳細な規程を有するものであったことは確かであろう。総面積八万五八〇〇平方メートルの敷地は二〇の「区」に分かれて(一区の面積は四二九〇平方メートル、もしくは七四・五メートル×六六メートルとも表記される)、大豆は等級別の一〇区画と分置用の二区画に、小麦は等級別の四区画と分置用の二区画に保管されるようになっていた(「綏化県農事合作社農業倉庫平面図」[14]『報告』所収)。

出荷のために必要とされた専用線も、設立当初には未完成であったが、一九三九年四月の時点では二四三〇メートルが完成している。これらの敷地確保、倉庫建物建設、専用線の敷設、保管器材、作業器材など、固定設備には二〇万五一七三・三八円を要した（『報告』五頁）(15)。

そもそも一九三八年度県合作社事業資金見込額は、一一六万一三八四円に膨れあがり、このうち四五万七七三一円は借入金、さらに県公署の貯金二〇万円と「預入れ」一〇万円が必要とされていた（『報告』七九〜八〇頁）。また、翌三九年度にも、固定設備費として長期借入二五万円が要望されている（浜江省農事合作社連合会「各合作社康徳六年度事業計画概要」『農事合作社報』第二巻第五号、一九三九年五月）。

さらに「綏化県農業倉庫康徳五年度事業計画」の損益予想は差し引き二万六七四七・四〇円が「純利益」となるはずであったが、一九三八年一一月一日の開設から翌年三月三一日までの五ヶ月間の損益計算は、一万四一三三・七四円の赤字となった（『報告』八二、四〜六頁）。だが、『報告』はこうした赤字を補填することは容易だとする。なぜならば、従価二パーセントに設定してある前述の交易場手数料から補填できるし(16)、調整減量および自然減量として必要以上に徴収している分の売却代金が四万円もあるからだと述べている(17)。

しかし、こうした資金手当ができたとしても、綏化県の本格的な農業倉庫の出発は、決して順調なものではなかった。なぜなら、綏化県の交易市場で取り扱われる穀物（主に大豆・小麦）の数量は、農業倉庫開設後、前年に比べ大幅に減少するからである。ほかならぬ『農事合作社報』も、当初の出回り高は四〇〇〜五〇〇台、最盛期は八〇〇〜一〇〇〇台と見込まれると述べているのだが（大津順吉「新農業倉庫の現況——綏化通信」『農事合作社報』第二巻第一号、一九三九年一月、台＝大車の数）、農業倉庫開設以前の綏化交易市場では、交易市場の出回り最高が「一日大車一、二〇〇台を超過すること珍しからざる実情」であったはずであり（綏化県農事合作社「綏化県農事合作社の新交易市場＝農業倉庫案」『農事合作社報』第一巻第一号、一九三八年八月）、出回りの最盛期は一一月から一二月である。

さらに同じ大津の「綏化農業倉庫を繞る諸問題」は、以下のように述べる。

商工公会（糧桟・商店など）は、①倉庫は調製減量として数パーセントも多く穀物をとっている、②支払いを農民が受け取るまでに三日もかかる、③職員が官僚的で不親切である、などの理由から倉庫開業後出回り量がそれ以前の三分の一前後まで激減し、綏化の糧桟・雑貨舗は「全く売行減少」していると主張するが、これらは不当な議論である。①の「減量」を見込むことは当然（糧桟もやっていた）、②の支払いまで三日もかかるというのは「デマ」、調査では「普通二時間、最長三時間」で「検査―入庫―計量―売買―現金受取」をすませることが可能と判明している。③は「職員訓練の不足」もあろうが、「一般には親切で迅速に事務を処理する合作社の係員の姿」を見ることができるし、「改善の努力」は絶えず払われている。出回り量は昨年の「三分の一を越えている」。「綏化区における満商の開閉店調査」から見ても、「出回りの減少が、綏化の商店の繁栄を一挙に抹消し去らうとしている」事実はない（『農事合作社報』第二巻第二号、一九三九年二月）と。

しかし、出回り量が「三分の一になった」のなら、それは農民の支持がなかったことになるのではないか？[18]
だからこそ、綏化農事合作社の『報告』（一九三九年五月）は、「綏化県農事合作社交易市場出回数量表」（一九三七年一一月～三九年三月）を掲載し、主張してみせた。「康徳四（一九三七）年十一月以降と新農業倉庫営業開始後の康徳五年以降と比較してみると、小麦においては平均三分の一乃至四分の一の出回減をみ、大豆においては十一月のみの比較は康徳五年度が多いが、それ以後は小麦の場合と同様である。これの理由については第九章の「綏化新農業倉庫の現状」「綏化県農業倉庫を巡る諸問題」稿をみられたい。それをみることによつて、読者はこの出回り減が世上に伝へられるよりは遙かに僅少であつた、といふことをお知りになるであらう」（二八頁）と。だが、こうした主張は具体的に数字を見た場合、かなりの問題がある。『報告』の表から農業倉庫開設以後の五ヶ月間（一九三八年一一月～三九年三月）に交易市場に出荷された大豆の量（重量および換算貨車数）と前年同期分を抽出すると表3‐3のようになる。

こうした数値を見るかぎり、少なくとも、「出回り減が世上に伝へられるよりは遙かに僅少であった」とはいえな

表3－3　綏化県交易市場大豆回り数比較（1937・38年）

	重量	貨車数		重量	換算貨車数	前年比
1937年11月	4,761.1	155	1938年11月	7,914.5	265.5	1.66
12月	17,419.4	568	12月	11,391.0	382.2	0.65
1938年 1月	15,010.4	489	1939年 1月	7,614.5	255.5	0.51
2月	3,294.3	107	2月	1,448.8	48.6	0.44
3月	13,370.2	436	3月	3,610.9	121.2	0.27

注：原表では1938年10月までの数量は容積（石）で計算されているが、税捐局の換算率一石＝0.0745トンに従い、重量（トン）で示した。貨車数の単位は輛。
出所：「綏化県農事合作社交易市場出回数量表」（綏化県農事合作社編『綏化県農業倉庫に関する報告』浜江省農事合作社連合会、1939年、27〜28頁）から抽出。

い。「世上に伝へられる」「出回り減」とは、「綏化農業倉庫を繞る諸問題」（一九三九年二月）がいう「三分の一前後」への減少という風評であろう。同文は同時に、昨年の「三分の一を越えてゐる」とも述べるのだが、一九三八年一一月の前年比数値が一・六六と前年を上回る以外、一二月以降の各月の前年比は、〇・六五→〇・五一→〇・四四→〇・二七と完全な低減傾向を示している。

しかも、「綏化新農業倉庫の現状」や「綏化農業倉庫を繞る諸問題」の記載を根拠に、「出回り減」が「僅少であつた」と主張しようとする『報告』の論理は破綻している。この二つの文章で述べられているのは、出回り減少には、さまざまな理由、①「新機構」に対し農民が不慣れであること、②糧桟などが「デマ」を流している[19]、③鉄道運賃改正の影響で望奎の農産物が綏化県四方台へ流れるようになった、④慶城—鉄嶺に鉄道が開通した、⑤昨年九〜一〇月に高値を見込んだ小麦が大量に市場に現れたこと、⑥大豆の検査方法が水分検査に変わった、⑦農民が重量取引に不慣れである、などがある、ということだけである（「綏化農業倉庫を繞る諸問題」）。すなわち、出回り量について『報告』が述べるのはかなりの強弁である。

しかも、ここで問題にしたいのは、農民たちが農業倉庫が数パーセントの調製減量を徴収したことについて、佐藤大四郎が次のように述べていることである。

> 綏化県農事合作社では、其の新農業倉庫で、搬入される糧穀から、調製減量として、例へば、特・一等二％、二等二・五％、三等三％を差引くこと、な

つてゐる。いまの農民の大部分の搬出する穀物をみるときは、この程度に致し方ないといふ一般的な結論からして、専門家の意見により決められたものである。それにも不拘、この場合、小作料のことを看過してゐたので、或るとき合作社員たる小作人から、この調製減量を一律に取られるために、小作料を納入するときにその差引かれた分だけを追加納入せねばならないので困つた、といふ申出を受けたのである。（佐藤大四郎「目標と其の方法――官僚主義を排せ」『農事合作社報』第二巻第二号、一九三九年二月）

佐藤は、この引用部分のあとに、「二％から三％の調製減量で、この問題が貧しい小作人には手痛いものとしてひびくのである」と述べ、調整減量を地主負担とするよう対策を立てることになるが、指摘されるべきは、「貧しい小作人」の小作料も交易市場・農業倉庫に搬入される以上、検査手数料従価二パーセントが徴収されていたはずだ、ということである。

そもそも、比較的高額の手数料徴収は、農産物の大部分を搬出し売却するのは、地主・富農など中・上層階級であって、「下級貧農」の「商品化率は低度」、「零細小作・雇農」の商品化作物は「著しく少い」との議論に基づいていた（だから高率の交易手数料を「事業資金主要財源」とし、「貧農層を中心に適宜且つ有効に各級農民に向って還元」すればよい、と佐藤は考えていた）。しかし、こうした高額手数料正当化の議論は正しかったのであろうか？ 前述のように、綏化県の最初の農業倉庫（双河鎮に一九三七年一二月設立）を利用したのは「貧農」たちであった。佐藤自身が「三斗乃至五斗、若しくは一石程度の糧穀を三人乃至六、七人の貧農がまとめて持参し」た、と述べている（一石は、大豆あるいは小麦七四・五キロほどである）。佐藤の調査によれば、綏化県で最も貧しい農民である雇農層の一部は、賃金の一部を現物で受け取っており（『大綱』五六頁）、彼らがそれを現金化するためには、検査手数料を支払わねばならなかったはずである。ならば、その生産物を商品化することが少ないと考えられた「下層」の農民たちも、実は現金収入を得るため交易市場を利用し、そこで二パーセントの手数料を納め、場合によってはこれに加えて調整（自然）減量分を取り立てられていたのであった。

すなわち、佐藤の想定に反し、実際には、貧農・雇農たちにも負担が強いられていた。しかし、運動を開始し、交易手数料から多くの財源を確保できていた以上、佐藤は既定の方針を変更することはできなかった。浜江省農事合作社輔導委員会事務局「浜江省農事合作社の概況」（『農事合作社報』第一巻第三号、一九三八年一〇・一一月合併号）は、浜江省の糧穀市場設置県（一三県）における一九三七年度（三七年一〇月～三八年三月末）の交易場手数料が七〇万七六九六・四八円にのぼったことを報道しているが、各県の糧穀出回見込数と手数料率を勘案して計算すれば、綏化県の交易場手数料収入は一二万三九二〇・九七円となる。[20] 事業規模がほぼ三倍になった三八年度以降では、それだけ数字が伸びていたに違いない。しかし、経費のかかる農業倉庫の運営（さらには増設）を担っている以上、「二パーセント」論を撤回することは決してできなかった。

しかし、このことは、運動が展開されるにあたって、本来の「貧農中心主義」から分離していったことを意味したのではないか。合作社による大豆の調整減量分の徴収は、実際の減量を大幅に上回っている。この部分は農民に還元するのではなく、倉庫経営の赤字の補填にまわせるといった前述の議論にも、そのことは指摘できる。あるいは、運動当初の組織のあり方（保甲制を利用し、保長らが役員となっていった）や、貧農たちは組合に加入しても生活資金の貸付申請ができなかったという事実を想起してもよい。佐藤の運動は、本来の理念を反映しがたい構造をもって展開されていったのである。

第四節　浜江省の合作社運動の状況——一九三九年三月～一九四〇年三月

1　浜江省各農事合作社の「批判的総括」

図3-1　浜江省・北安省農事合作社所在県市図

注：北安省の海倫・綏稜・慶城・望奎・綏化の各県は、1939年までは浜江省に属した。
出所：国際地学協会編纂部編『満洲帝国分省地図並地名総攬』（1942年）の「満洲帝国全図」をもとに作成。

綏化県の合作社運動は、農村調査を皮切りに、農民の組織化工作を行うと同時に、信用事業・共同購買（現物貸付）を実施し、農民たちを運動に組み込み、さらに共同販売事業（交易市場と農業倉庫の経営）に進もうとするものであったが、一九三八年五月以降、佐藤大四郎は、浜江省農事合作社輔導委員会事務局・浜江省農事合作社連合会の主事であって、現場での運動指導のほか、さまざまな会議を主催し、あるいはそれに出席し、雑誌『農事合作社報』や『満洲評論』に記事・論文を執筆し、そうすることで、「北満型合作社運動」を対外的に擁護し、対内的に指導する立場にあった。

たとえば、佐藤大四郎の「農事合作社当面の諸問題」（『満洲評論』第一七巻第一号、一九三九年七月一日）は、一九三九年三月に結ばれた金融合作社・農事合作社間の「暫定的取極事項」[21]を批判しているし、彼の「緊密な聯携とは何か」（『農事合作』第二巻第六号、一九三九年六月）は、同年四月中旬に肇東県農事合作社が金融合作社と結んだ「春耕貸款」協定に対し、現地協和会の地区本部が介入を試みたことに批判の矛先を向け、介入の結果なされる貸款では、「地主富農群や商人群の利益に追随するようになる」との議論を展開している。しかし、佐藤がいかに非難の言辞を吐いたとしても、この二つの出来事——農事合作社の資金調達先と金融対象が制限されたこと、そして金融合作社との協力で春耕貸款が始まったこと——は、三九年度のはじめの段階で農事合作社の独自運営に影がさしていたことを示している。

では、佐藤は当時、浜江省全体の合作社運動をどのように評価していたのであろうか。この点では、『農事合作社報』に掲載されている「批判的総括」と呼ぶべき文章や、県農事合作社からの諸報告、そのとりまとめの文書が参考になる。たとえば、浜江省農事合作社連合会の名で掲載されている「現勢と進路（一）」（第二巻第五号、一九三九年五月）は、経理員会議（一九三九年二月）、ブロック会議[22]・専務董事協議会（同三月）の開催といった組織的配慮にもかかわらず、県合作社の「事業計画書」には提出の遅れが多々あり（期限までに提出は八県、一県は四月中旬になっても未提出）、このため借入金の申請・認可が八月ないし九月まで遅延していると述べ、一部県合作社に「サボタージュ」という語まで用いながら、各県農事合作社を以下のように分類、評価している。

①発展型　…「堅実な発展」　——綏化・望奎
②再建A型…①を「追つて前進を開始せるもの」　——海倫・呼蘭・肇東
③再建B型…「停滞状況の克服に熱心に努力」　——五常・青岡・肇州・巴彦
④停滞型　…「低迷し或ひは失敗しつゝあるもの」　——賓・阿城・双城・安達

このほか、ハルビン市、郭後旗・綏稜・木蘭は「昨年度」籌備処（準備部局）が設置されたため、「第三或ひは第四の型」とされているが、それにしても、こうした評価からは、浜江省＝北満の合作社運動の中でも、その成果や運営状況はかなり不揃いであったことが知られる。しかも、綏化県と並んで「発展型」とされた望奎農事合作社は、同じ綏化ブロックに属したが、交易市場をめぐって「縄張り」争いをする関係にあった（大槻雪夫「綏化県農村協同組合運動の一箇年」下『満洲評論』第一四巻第二五号、一九三八年六月二五日）。

さらに、そのことは、一九三九年七月に各県合作社から「〔康徳〕六〔一九三九〕年度実行合作社組織並春季放款中間報告」を受け取り、これに「批判的検討」を加えた浜江省農事合作社連合会「合作運動の新しい躍進——各県農事合作社春期中間報告の批判的検討」（『農事合作社報』第二巻第一〇号、一九三九年一〇月）でも確認できる。同文は、県合作社の活動に「跛行的状態」を指摘し、「今春来、未だ金融合作社との関係の問題が中央政府において解決されぬといふことが大きな原因であると共に、いま一つは若干の合作社が尚多くの内部整備を要する段階にあったといふ理由によるものである」と述べ、表「浜江省管下農事合作社活動状況」を掲げ、そこから「長所」と「弱点」をそれぞれ指摘、さらに各県について「具体的批判」を展開している。ここでは同表と三九年度の各合作社事業計画（浜江省農事合作社連合会「各合作社事業計画概要」『農事合作社報』第二巻第五号、一九三九年五月）の数値を合せて作成した表３－４から具体的な様相を見てみよう。

第一に、一九県・市のうち一九三九年七月時点で報告がないのが五県、三八年から三九年にかけ実行合作社の数が増えていないのが慶城と肇州の二県、減っているのが巴彦県一県、これに実行合作社の規模が一〇社に満たなかったり、社員が一〇〇〇名に満たない青崗・肇東・賓県を加えれば、半数を超える一一県の運動は進展していなかったと見るべきであろう。比較的上位の県を、もう少し具体的に見れば、以下のようになる。

肇州：信用事業は経営農向けに限られ、中間報告の現物貸款額も、三九年度事業計画の半分以下である。
望奎：計画では信用事業二〇万円、購買事業約八万円であるが、春期貸款では約一七万円にとどまり購買事業（現物貸款）の形跡がない。

表3－4　浜江省管下農事合作社活動状況

	1939年度事業計画(1939年3月)			1939年度中間報告書(1939年7月)						
	信用事業		購買事業(現物貸款)	実行合作社数(前年度実績)	合作社社員数(県人口)	貸款件数	春期貸款額(円)	現物貸款(円)	其他貸款(円)	総貸款額(円)
	金額(円)	内訳(動産貸款を除く)								
綏化	560,000	除草 448,000(8000戸) 食糧 11,200(8000戸)	110,800	207 (195)	20,000 (256,163)	11,476	491,341.00	—	—	491,341.00
肇州	253,412	出回調節 219,912 春・夏期 33,500	52,967	64 (64)	5,965 (226,502)	—	—	21,048.0	—	21,048.00
望奎	200,000	(4000戸)	79,400	58 (56)	4,466 (203,918)	4,112	166,680.00	—	—	166,680.00
呼蘭	122,850	春耕・除草等 113,400 食糧 9,450	21,060	137 (17)	3,772 (268,308)	3,772	154,468.00	—	—	154,468.00
慶城	130,000	(経営農向け) (1000戸)	56,576	81 (81)	3,355 (135,523)	1,761	68,537.00	2,189.65	—	70,726.65
安達	—	—	—	36 (—)	2,297 (98,767)	1,312	—	40,060.00	—	40,060.00
蘭西	250,000	除草 50,000(1000戸) 生産出回調節 200,000(不明)	19,540	29 (15)	2,296 (173,108)	—	—	—	—	—
巴彦	—	—	—	25 (69)	2,152 (275,230)	1,976	65,155.00	2,509.64	—	67,664.64
阿城	151,840	出回調節 79,840 生活資金 45,000	27,000	20 (—)	1,758 (202,395)	—	28,529.00	2,661.00	4,690.0	35,880.00
海倫	50,000	—	12193.5	19 (—)	1,447 (332,225)	1,066	48,505.00	3,042.00	62,635.0	114,182.00
ハルビン	40,000	除草・収穫	250,000	24 (—)	1,395 (470,575)	979	55,820.00	—	—	55,820.00
青崗	—	—	—	8 (5)	1,086 (179,461)	636	20,000.00	—	—	20,000.00
賓	20,000	価格調節	50,000	24 (—)	872 (263,221)	872	5,460.00	205.00	4,612.0	10,277.00
肇東	70,000	春耕 50,000　除草 20,000	20,000	5 (—)	167 (186,327)	167	—	2,678.23	—	2,678.23
五常	438,708	出回・春耕等 391,814 生活資金 46,894	23,662	— (60)	—	—	—	—	—	—
双城	—	—	—	—	—	—	—	—	—	—
綏稜	—	—	—	—	—	—	—	—	—	—
木蘭	—	—(「信用貸付を為さず」)	1,500	—	—	—	—	—	—	—
郭後旗	—	—	—	—	—	—	—	—	—	—

注：(1)原表記載の各県・市・旗の順を実行合作社の社員数の多い順に並べ直した。

(2)塩・マッチ・石油などの共同購買事業は、県によっては現物貸款（貸付）として信用事業にも掲げられているが、ここでは購買事業としてまとめた。

出所：浜江省農事合作社連合会「各合作社康徳六年度事業計画概要」『農事合作社報』第２巻第５号、1939年５月、同「合作運動の新しい躍進――各県農事合作社春期中間報告の批判的検討」『農事合作社報』第２巻第10号、1939年10月。人口は『満州国現勢』康徳5〔1938〕年版、満州国通信社、165頁によった。

慶城：計画では信用事業一三万円、購買事業五・七万円だが、春期貸款額は七万円弱、現物借款は二〇〇〇円にすぎない。前者でほぼ半分、後者で二〇分の一も実現されていない。

阿城：計画では信用事業が一五万円、購買事業が二・七万円に対し、春期貸款額で二・九万円、購買で二七〇〇円。明らかに計画は未達成である。

海倫：計画では信用事業五万円、購買事業一・二万円だが、春期貸款額は四・八万円、現物借款は三〇〇〇円であるから、前者のみ計画達成と判断できる。

第二に、省内では綏化県が群を抜いた存在であった。実行合作社は二〇〇を超え、社員数は二万人、佐藤の推定にならって家族数を七人、農村と県城との人口比率を五対一と見れば、綏化の農村人口二一万人のうち一四万人までが社員とその家族であった。こうした数字を見る限り、綏化県では間違いなく運動が進展している。また事業計画では、除草（経営農）と食糧購入向け（非経営農＝雇農）の信用貸款額は四七万円で、実際の春期貸款は四九万円が支出されているから、ほぼ計画通りであったように見える。しかし、対象戸数に注目すると、除草と食糧購入はそれぞれ八〇〇〇戸の計一万六〇〇〇戸が計画されていたのに対し、実際の貸款件数は一万二〇〇〇件弱である。綏化県では永安鎮での雇農の貸付減少が報告されているから（綏化県農事合作社「六年度春期放款中間報告」『農事合作社報』第二巻第六号、一九三九年六月）、事業計画の半分ほどしか、雇農層への貸付が行われなかったことが想定される。

では、中間的な位置を占める県（といっても半数以上が下位に属する以上、比較的高位に属することになるが）ではどうだったのだろう。ここでは、実行合作社の数で第二位、社員数で第四位、貸款件数で第三位を占める呼蘭県に注目してみよう。呼蘭県農事合作社「呼蘭県農事合作社の再建」（『農事合作社報』第二巻第四号、一九三九年四月）によれば、ここでの農事合作社は、県農会を基礎に一九三七年に設立されていたが、実行合作社一五社は「甲」を単位とし、「貧、雇農層を排除した処の、小数《ママ》の地主・富農に偏倚した」ものとなっており、交易場の手数料も農村に還元され

表3－5　呼蘭県農事合作社1939年度信用事業計画

第一種　春耕資金（春耕・除草・収穫資金）		
中・小農群（60%）に放款		
放款資金		113,400円
（イ）春耕期	一戸平均当	25円
資金		18,900円
（ロ）除草期	一戸平均当	50円
資金		48,000円
（ハ）収穫期	一戸平均当	30円
		46,500円（1550戸）
第二種　糧食（現物貸付）		
小・雇農群（75%）に放款す。		
放款資金		9,450円
1戸2箇月平均1石（単価10円見当）945戸		
第三種　生活必需品（現物貸付　塩・石油・洋火）		
富農層下半より雇農層に到る各群（95%）		
放款資金		21,060円
塩	50斤（単価　6銭）	
石油	10斤（単価 15銭）	
洋火	10包（単価　7銭）	

出所：「各合作社康徳六年度事業計画概要」『農事合作社報』第2巻第5号、1939年5月。

ず、しかも乱脈な経理から多額の欠損を出していた。このため、省農事合作社輔導委員会が介入し、新たな信用購買事業の計画が立てられ、現状の一五の実行合作社を六〇から七〇のそれに再編し、年度内に一四〇の実行合作社（＝「四二〇〇戸内外」）を組織する、時期別には第一期（五月末まで）一二六〇戸、第二期（七月中旬まで）一六〇〇戸、第三期（一〇月中旬まで）二五〇〇戸、一一月末三〇〇〇戸、翌年三月末には四二〇〇戸とする数値目標が決まった。さらに「呼蘭県農事合作社康徳六年度事業計画概要」（同前、第二巻第五号、一九三九年五月）によれば、「本年度中心事業として特に重視す」と述べる「信用事業」の計画には、①信用貸款と②動産貸款があり、前者は表3－5のような計画内容であった(23)。

この計画の数字を、前掲表3－4の中間報告の数字と比べてみよう。中間報告では浜江省農事合作社連合会が受け取った七月までに成立した呼蘭県の実行合作社の数は一三七、ほぼ年度の目標に到達している。その結果、社員数は三七七二名となったが、この数は、貸付件数とまったく同じである（前述のように合作社への加入は貸付を必ず伴っていたからである）。

表3－5の計画での生活必需品の一戸当たりの額は五・二円、したがって第三種の二万一〇六〇円をこの五・二円

で除すると四〇五〇となり、これが「富農層下半より雇農層に到る各群（九五％）」、合作社の資金手当の対象戸数となる。したがって、社員数三七七二は目標にやや足りない。一方、中間報告のいう春期貸款額が、計画での第一種・第二種・第三種の貸款と現物貸付に相当するとすれば、春耕・除草などの経営農向けの貸付（約一一万円）と小・雇農（非経営農）向けの食糧貸付（約九五〇〇円）、それに生活必需品の現物貸付の合計をやや上回っている。つまり、戸数では計画にやや足りない、貸付額では計画をやや上回る、全体的にはほぼ計画通りという結果が出ていたことになる。

しかし、よく考えてみたい。計画そのものが、対象戸数を四〇五〇戸、小・雇農を九四五戸と見積もっているのである。貸款事業について、担保あり（二〇万四二〇〇円）を含めれば、呼蘭県の計画が掲げた全体経費は三三万円となる。小・雇農（非経営農）向けの食糧貸付（約九五〇〇円）とは、この三三万円の中の数字である。したがって、この呼蘭県農事合作社の一九三九年度信用事業計画の数字は、明らかに経営農（中・小）以上を重視し、雇農層を軽視している。食糧貸付の対象は、一〇〇〇戸に満たない九五〇戸、そもそも計画段階の経営農の数字（一五五〇戸）を大幅に下回っている。前述の「貧、雇農層を排除した処の、小数《ママ》の地主・富農に偏倚した」状況に、改善は見られないのである。

こうした事実から、表3－4に立ち戻ってみると、われわれは、一九県（市・旗）合作社のうち、信用事業の中で食糧・生活資金の貸付を事業計画に掲げているのは、綏化・呼蘭・阿城・五常の四県だけであることに気づかされる。しかも、このうち阿城・五常には、薪炭生産に従事する住民向けという特殊な事情があり、一般的な非経営農に食糧を貸し付けることをしていたのは、綏化と呼蘭の二県にとどまる。この二県の実態から、非経営農＝雇農が農民の約六〇％を占めることを指摘し、彼らを中心とする貧農層への救済を運動の出発点とした佐藤大四郎の「理念」と乖離した運動「実態」、あるいは限界が指摘できる。

われわれは、佐藤が綏化県における農村実地踏査から、「貧農中心主義」あるいは雇農重視の理念を打ち出したことを知っている。しかし、彼はこの理念を実地の運動へと移そうとした時、両者が乖離していく現実に直面した。運動を支えたのは経営農以上であって、貧農や雇農ではなかった。そして、彼は、政府の支援を得て公的に実際に動き出した運動の成果を手放すことができなかった。このことは、綏化県における農村協同組合／農事合作社の運動実態が、あるいは、浜江省全体における農村協同組合／農事合作社の運動実態がいかなるものであったかを示している。

2 「大豆専管制」の実施と金融・農事合作社の統合

しかも、中間報告が届けられた一九三九年八月三一日には「大豆専管制」の方針概要が公表され、九月一二日には、大連倉庫渡しの統制価格が七円と発表された。一〇月一七日に成立した重要特産物専管法の下で、一一月一日から満鉄の混合保管大豆を対象とした特産専管公社による買収が開始されることになるのだが(24)、この時『農事合作社報』に掲載されたある論文は、「買付価格設定に際しては、大豆の生産費・市場価格・農民の手取り等は実際に於ては殆ど考慮されて」いない、大豆専管制度実施によって国家財政支出が節約されるが、その結果、「重工業主義的経済政策に一層の拍車」がかかり、他方で「重農主義的政策面に於て国家は一歩後退せんとしているのだ」と指摘した。それはまさに正鵠を射るものであった（岩船省三「大豆公定価格の検討」『農事合作社報』第二巻第一〇号、一九三九年一〇月）。だが、佐藤たちの運動は、そもそも統制経済を支持する建前をとっていたし、しかも政府側（満洲中央銀行や金融合作社）からの多額の資金助成を仰いでいたのであるから(25)、これ以上なんらかの政策批判が可能であったとも思えない。

この間の一〇月二日、国務院会議は金融・農事合作社の統合方針を決定したが、それも統制政策の推進のためであったことは間違いない。これに対し、浜江省農事合作社連合会は一一月、従来の金融合作社の農工銀行化、農事合作社の四種事業合作社への改組という主張を撤回し、統合を支持する「統合方針に対する根本方針」（『農事合作社報』第二巻第一一号、一九三九年一一月）を発表した。それは、統合方針の可決を、金融合作社の「発展的改組」・農事合作社の「体制整備」終了と受けとめ、新合作社（仮称・農本合作社）の設立を、「喧嘩両成敗」ではなく「満洲国農業政策の目標」に向けての「再編成」であると説く総務庁次長岸信介らの説明について、「私共のひとしく欣ばしく感ずるところである」と述べるものであった。すでに、農村金融の資金を金融合作社に仰ぐことを年度当初に余儀なくされ、農業倉庫設立のアピールも佐藤が期待したほどにはうまくいっていなかった。各県の業務内容は不揃いで、進展をみていない県も数多かった[26]。だから、浜江省連合会は、次のようなことを述べて釘を刺しながらも、統合を支持したのであろう[27]。

合作社本来の目的たる農民生活の安定保証を基本として、農業生産力の積極的拡充、集荷配給機構整備確立の一翼として闊達且つ縦横に活躍し得られる如き新たなる合作社の再編成といふ点に不動の基礎がおかれねばならない。統合問題はこの基礎に立つてのみ初めて正しい解決を得たものとされうると信ずる。

しかし、統合合意に追い込まれた以上、こうしたことを述べて大きな意味があったとはとても思えない。翌一九四〇年一月一二日、産業部農務司によって招集された会議（新京）に出席した浜江省などの農事合作社指導者は、新合作社＝興農合作社の設立要綱の説明を受け、はじめて新合作社が農事合作社と異なる組織原則をもち（省連合会の権限縮小、実行合作社の形骸化）、彼らの資金源であった交易場手数料が廃止されることを知った。このため、つづいて開かれた第一回北満七省農事合作社協議会は、政府方針の批判へとかじをきるが、すでに遅すぎた。四〇年三月、興農合作社法が成立する。佐藤らは新たに四月から七月にかけ新雑誌『北満合作』を刊行し、六月から八月にかけては『農事合作社報』掲載の主要論文を二冊にまとめた『満洲農村合作運動論叢』（津久井信也編）を刊行したが、もはやその活動は後退戦というべきものであった[28]。

第五節　「合作社事件」逮捕者たちの証言――一九四二年

最後に、本章冒頭で掲げた問題、すなわち合作社「運動」と合作社「事件」の関係性について検討しよう。そこで、「合作社事件」逮捕者の中でも、次章で詳しく検討されるいわゆる「中核体」グループが逮捕後「手記」の形で残した証言を見ることにする。ここで注目したいのは、①彼ら「中核体」は佐藤大四郎たちのグループとどのような関係にあったのかであり、②また彼らが浜江省の合作社運動（『関係資料』所収の憲兵隊文書の中では「北満合作運動（浜江イデオロギー）」と呼ばれている）を内側からどのように評価していたのかである。彼らは一九四二年二月頃に、第一の「手記」を書き（情野義秀日付不明、進藤甚四郎二月二三日付、井上林日付不明、田中治二月二六日付、岩間義人二月二八日付）、翌三月には、第二の「手記」を書いている（情野三月一六日付、進藤同、井上同、田中同、岩間三月一一日付）。この二つが検討の対象となる。

①については、満洲での最初の逮捕者である情野義秀が、その第一手記で、「合作社運動内ニ於ケル中核体構成メンバーノ政治的立場ハ「共産主義オルグ」デアリ」、そのグループは合作社内の「共産主義的フラクション」であったと述べる（『関係資料』第一冊、六九頁）。しかし同時に彼は、「佐藤グループトノ関係」について、（イ）「中核体」グループが佐藤グループに参加する、（ロ）佐藤グループの誰かを中核体に吸収する、（ハ）参加も吸収もせず、かつ「中核体」の存在を知らせずに「何等カノ方法ニヨッテ」佐藤グループと連絡をつけるという三つの方法が考えられた、としている。ところが情野らは、佐藤グループのことを「『自分ノ気ニ入ラヌト直グムクレル』ト云ッタインテリノ最モ悪イ傾向ヲ多分ニ持ツ非労働者的性格ノ所有者」と見ていたことから、（イ）と（ロ）は考えられなかった。このため「塙トノ合作デ紫村安原石橋等ヲ構成メンバートシタ（ハ）ノ方法ニ該当スル現地間ノ横断組織ノ活動ニヨッテ佐藤グループトノ連絡ヲ図ッタ」というのだが、「同時に具体的ナ活動ニ動キ出サナカッタ」とも述べ（同前、

七〇頁)、さらに一九四二年三月一六日付の第二手記では、「中核体トシテノ農民対策ハ決定サレテ居リマセンデシタ」(同前、一四五頁)としている。

同じ日付の第二手記で、井上は「概括的ニハ浜江合作方針ノ基本線ニ沿ツテ行ク様テ、其ノ方針ニ基イテ実践シテ行ケ□良イ様私ハ考ヘテ居リマシタ」と述べた上で、「浜江コース即中核体コーストモ考ヘラレ」るとまで踏み込んでいるし(同前、三二〇頁)、岩間の手記(三月二一日付)は、「北満型合作社運動ハ中核体ニトツテハ母体デアルト共ニ、中核体ノ合法的農村共同組合的外郭組織デアルト思ツテ居マシタ」(同前、第二冊、八七頁)としているのだが、情野の記述と合わせて考えれば、これらは佐藤の農事合作社運動を中核体の運動に連累させようとする当局への迎合以外の何物でもないだろう。「外郭組織」も「横断組織」も、現実には実体をもたなかった。

すなわち、合作社「運動」を舞台に合作社「事件」が大規模に引き起こされたのは、憲兵隊が「中核体事件」をフレーム・アップし、これを合作社運動の指導者と参加者に拡大させたからである。とくに、平賀を除く「中核体」グループの五名全員が、彼らの第一手記で、佐藤大四郎を指導者とする浜江省農事合作社運動の「本質」について述べさせられたことは、佐藤たちの「罪状」決定にとって重要であったと考えられる。彼らは、合作社運動が「左翼運動」であるとの規定を行っている。

其ノ運動ノ階級的基礎ガ何デアルカニ依ツテ、左翼デアルカ否カノ運動ノ思想的規定ガナサレルコトハ運動ノ基本的理論デアル。(中略)故ニ零細農(小作人)ニ運動ノ基礎ヲ置イタ旧浜江省ノ農事合作社運動ハ其ノ根本ニ於テ左翼的デアルト思想的ニ規定シテモ誤謬デハナイト信ジテキル(情野、同前、第一冊、三四頁)

北満型合作社運動(浜江イデオロギー)ノ本質トイフモノヲ、一言ニ結論ツケルト、階級運動ノ思想ヲ「レール」トシタ。《ママ》階級運動ヘノ農民大量ノ組織的参加ヲ見通シタ国策トイフ、衣装ヲキセタ合作社運動トイフコト?《ママ》

ニナルト思ヒマス（進藤、同前、一九六頁）。

左翼理論―マルクス主義的立場ノ協同組合運営ヘノ適用、其ノ左翼的発展ヲ計ツタ（中略）客観的ニハ北満型合作運動ハ満洲合作社ノ左傾化ヲ企図シ現実的ニ一歩□進ムト共ニ、其ノ発展ヲ明日ニ俟ツモノト云ヒ得マス（井上、同前、二八二頁）。

該運動ガ将来ニ於ケル危機ニ際シテ、農民ノ左翼的動員ヲ展開セントスル意途ヲ蔵シテ居ルコトヲ認識致シマシタ（岩間、同前、第二冊、五一頁）。

佐藤大四郎ハ其ノ著「満洲ニ於ケル農村協同組合運動ニ就イテ」ニ於テ唯物史観的分析ヨリ出発シテ、農事合作社運動方針ヲ示シテヰマス。従ツテ佐藤大四郎ノ具体化サレタモノデアル、北満型合作社運動ハ、国家ノ要請タル農業生産力増大ト言フ様ニ一応ハ沿ツテハヰマスガ、左翼運動ト言フコトガ出来マス。彼ハ又政府ノ農業政策、合作社運動ニ対スル方針、指示等ヲ同様ニ自己ノ唯物史観的立場ヨリ批判シ、北満型合作社運動ヲ指導シマシタ。コレヨリシテモコノ運動ガ左翼運動デアルト言フコトガ出来マス（田中、同前、一七六頁）。

「信ジテヰル」「思ヒマス」、あるいは「客観的ニハ……云ヒ得マス」といった口調には、ある種の躊躇が認められるのだが（田中だけはまったくの断言口調である）、そもそも彼らの「証言」は、それぞれの第一「手記」の第二〇項目「今次事件関係」の「（二）所謂北満合作運動（浜江イデオロギー）ノ本質ニ関スル認識」で記されているから、憲兵隊のフォーマットによって執筆を迫られたことは間違いない（情野はこうしたことを「与ヘラレタ課題」と言っている）。

しかも、前述②の問題提起にかかわることであるが、彼ら五名は前述のように一九四二年三月に第二手記を書いており、ここで合作社運動の実態について触れている。憲兵隊は狡猾にも、第一手記で合作社運動の「本質」が左翼運動であるとの結論を逮捕者に出させておいてから、具体的な実情への言及を求めたのである。彼らが第二手記で憲兵隊から与えられたフォーマットは以下の通りである（進藤の第二手記より。同前、第一冊、二二〇〜二三三頁）。

一、中核体トシテノ農民対策
（浜江イデオロギートノ関係）
（1）綏化講習会ノ状況
（2）将来ノ見透シニツイテノ差異
（3）浜江イデオロギートノ一致点

二、実践運動
1．事業
（イ）農民ニ対スル貸付
（ロ）農民合作
（ハ）交易場設置経営
（ニ）保管倉庫設置経営

2．政治運動
（イ）行経不一致運動
（ロ）津久井排斥運動
（ハ）金融、農事統合問題
（ニ）転向者擁護運動

3．啓蒙並同志獲得運動
（イ）地区ブロック会議
（ロ）県通信員
（ハ）研究会
（ニ）啓蒙

問題になるのは、これらの第二手記の中で、彼ら（の一部）は、自分たちが第一手記で認めてしまっていた「北満型合作社運動」の左翼性と矛盾する見解を表明し、あるいは自分たち「中核体」と合作社運動との関係を曖昧に述べていることである。たとえば情野の第二手記は、浜江イデオロギーが「運動ノ対象ヲ貧農層ニ置イタコトニハ異議ナク」、「中核体トシテノ農民対策ト浜江イデオロギートノ基本的一致点モ其処ニ見出シテ居リマシタ」としながら、「浜江イデオロギー」の指導者たちが「農民金融ノ信用貸款ヘノ一元化」や「農業倉庫ノ設置及運営」などの農民政策に「飽クマテモ固執シタコトニ異議ヲモツテ居リマシタ」と述べ、「実践運動」の部分では、「詳細ニツイテハ判リマセン」「何事モ聞知シテ居マセン」などといった文面を含め、極めて短い記述しか行っていない（同前、一四五〜一四六頁）。これは、彼が県公署と合作社省連合会でしか勤務経験がなかったため、現場の実情を知らなかった以上当然のことなのだが、同時に、北満型合作社運動＝左翼運動という憲兵隊の見立てに必ずしも従っていないとはいえる。

それは進藤甚四郎も同様である。進藤は一の（1）「綏化講習会ノ状況」（一九三九年一月の二五日間、佐藤大四郎・鈴木公平・津久井信也を講師として開催）で、佐藤らの講義内容を左翼的なものとして描いていない（同前、二二〇〜二二一頁）[29]。また（2）「将来ノ見透シニツイテノ差異」で進藤は、合作社の中で貧農が「将来彼等ガ土地ヲ奪フベキ人々、彼等ノ正反対ノ立場ノ富農層ト一ツノ組織（合作社）ノ中ニ結バレ」ていることに違和感を表明し、どんなに浜江イデオロギーに従って貧農に役員の地位を割り振ろうとしても、合作社の指導権は一〇〇パーセント富農層が握っている「事実」は否定できない、運動は「現実的ニハ従属関係ノ強化ニ導クコトニナル」と指摘している（同前、二二一頁）。そうであれば、合作社はまったく左翼的ではないし、加えて佐藤の目指すところは少しも実現されていなかったことになる。さらに、進藤は（3）で、「勤労農民ノ共《ママ》同組合運動ヲ通ジテノ農民ノ組織化、組織的訓練」によって彼らが社会的に啓蒙され、社会性が向上する、そして「将来別ノ階級的組織ガ作ラレテ行ク場合ノ最モ手取早イ確実ナ足場ニナル」（同前、二二二頁）と述べるのだが、その前提は合作社運動と併行してプロレタリア党に協力できる「貧農中心ノ純粋ノ階級的組織」が作られることだと主張する（同前、二二二頁）。つまり、進藤から見れば、合作社はそうした「貧農中心ノ純粋ノ階級的組織」ではないのである。

したがって、情野と進藤は、左翼運動としての「北満型合作社運動」について具体的には述べない点で、そしてまた「中核体」と合作社運動との間に距離があったものとしている点で、共通していることになる。この両者の間の距離という点では、田中も「従来ノ「浜江コース」ノ孤立的傾向ヲ排シ、県公署、協和会、合作社三位一体トナツテ政府及合作社中央会等ノ農業政策ヤ合作社方針ニ融合シテ強権的ニ下部機構ニ政府ノ農業政策ヲ滲透ナシ、遂行シ他面ニ於テ中、小、貧農層ヲ直接目標トシテ広ク農民ヲ獲得組織スルト云フ人民戦線戦術ヲ採用シマシタ」（同前、第二冊、二〇三頁）と述べているが、これは実態を反映しているというよりも、当局の見解に寄り添った記述をしたと考えられる。これに対し、前述のように岩間と井上は、「中核体」と「北満型合作社運動」の親和性を述べるのだが、それにしても、憲兵隊による「誘導」の存在の割には、わずか五名の逮捕者の「手記」の方向性はかなり錯綜している。だからこそ、新京高等検察庁の起訴状も、彼らが「合作社運動ヲ支持シテ農民ノ階級意識ヲ昂揚シ漸次之ガ組織化ニ努ムルコト」を運動方針としたことを取り上げただけなのであろう。

では、②の課題に立ち戻ろう。ならば、合作社運動の実態を知る上で、われわれは「中核体」グループ六名のうち、誰の「証言」（手記）を重視すべきだろうか？　もちろん、運動について述べていない平賀は除外される。情野も、「詳細ニツイテハ判リマセン」「何事モ聞知シテ居マセン」などと述べ、実際、彼には合作社運動の現場での経歴はなかったのだから、やはり除外される。岩間義人は、

北満型合作社運動ニ於ケル短期信用貸款ハ、勤労耕作農層ニ対スル春耕及除草資金、雇農層ニ対スル吃糧資金ヲ非常ナ低利(30)ニ依ツテ、対人信用ヲ基礎トシテ、社員ノ耕作面積、労働能力、其他勤勉、誠実、健康等ヲ査定基準トナシ、実行合作社ノ連帯責任ニ於イテ、春貸付ケ、出来秋ニ回収致シテ居リマシタ。回収態度モ金融合作社ノ酷烈ナルニ比シテ割合寛大デアリ、自然〔災〕害ノ甚シイ場合等ハ合作社ノ経営内容ト比較検討ノ上書替減免等モ行ヒマシタ。而シ回収成績ハ一般ニハ甚ダ良好デアリマシタ。（同前、八八～八九頁）

と述べ、「対農民的ニハ相当好成績ニシテ彼等ノ貸款要望モ活発デアリ、〔中略〕コノ信用事業及次ニ述ベル購買事業

ノ恩恵ヲ受ケンガタメ実行合作社組織ヲ希望スル部落モアツタノデアリマス」（同前、八九頁）と主張するのだが、岩間も浜江省や北安省の合作社の省連合会にのみ在職していたためか、その記述は単調で具体性に乏しい[31]。一方、進藤は海倫の、田中は、巴彦の県合作社に在職していたが、この二つの県は「一九三九年度事業計画」（一九三九年三月）などからみても、合作社運動を代表する例として検討するに値するものとは言いがたい。

これに対して、井上の場合、綏化県で合作社についての講習を受けた（一九三九年一月）のち逮捕に至るまで、一貫して呼蘭県の合作社に在職した。しかも同県は前述のように、浜江省一九県の中で社員数・信用事業規模等で有数の地位を占める。こうした位置を占める合作社で活動してきた経歴ゆえか、彼の第二手記は、合作社運動の実態がより詳しく、同時に運動の問題点をも指摘するものとなっているように思われる。そこで以下、この井上の手記の記述を彼の立てる項目に従って紹介し、運動内部からの「証言」として検討を試みよう（以下『関係資料』第一冊の頁数のみ示す）。

（1） 信用事業

井上は、「信用事業」について、「農民ヲ合作社ニ惹キ付ケル」ための「唯一ノ」手段であると考えられていたと述べている。「生産、生活必要資金主義」の名の下に、農具・馬などの動産を抵当物件に認めることで「小作農ニ対スル貸附便宜化」を図り、同時に一戸当たりの貸付額に「最高制限」を設けることが「主義」とされていたという。これは、経営規模が二〇～三〇坰程度の農家に必要な資金を最高額とするもので、一九三九（康徳六）年度で一〇〇円、翌年で二〇〇円が限度額であった。しかし、この点について、井上は、「現実的ニハ下部組織役員＝富大農ノ認定、其ノ意見及力ニ依リ其等ヲ通ジテ結局ハナサネバナラヌ事」や「資金関係ノ許ス限リ〔貸与を〕多クシタイ意向デアツタ事」から、「中小貧農主義」というよりも、「富大農ニ偏倚シナイ」程度にとどまったとしている（三一一頁）。

しかも、この信用事業は（一九三九年には二〇〇〇〇戸の農家に約一〇万円が貸与されたとされる。三一一頁）、いくつもの問題を抱えていた。たとえば、査定が四月末から五月に遅れてしまったため、生活資金の貸与は、雇農層にとってはや必要ではない時期になっていた。[32]だが、「看板上カラモ全ク為ナイ訳ニハ行カヌト云フ甘イ考」から、雇農には家族の数にもとづいて五〜二〇円が、また耕作農には一垧当たり五円から七円が貸与された（二〇垧以上には一律一〇〇円）。しかし、井上はこれを「失敗ト認メザルヲ得ナイ結果」に終わったとする。実際、雇農には資金が渡されなかったり、同一人が二、三名の名前を用いて受け取っていたりするなど、「経営状態ガ実ニ出鱈目」であり、何よりも一つの集落の中で「洩レテヰル者」、農事合作社の資金貸付を知らなかった者が「予想外ニ多カツタ」のである。これを、井上は「完全ニ農民ニ一杯喰ハサレタモノ」としている（三一二頁）。

翌一九四〇年でも、この信用事業は予定通りにはいかなかった。そもそも新暦の三月末までに二〇から三〇の実行合作社（約五〇〇〇戸）を新規加入させ、資金貸与の申し込み・査定を済ませることになっていたが、そのための資金が準備されておらず、新京へ陳情に行かねばならなかった。こうした「紛糾」が解決したのは四月末から五月初めのことで、第一期春耕資金の予定額約三〇万円の貸与が終わったのは、六月初旬のことであった。この時にも、雇農層への貸与は「必要ナイ」と考えられながら、「惹キツケル餌モ見当ラ」ないので、井上たちは不本意ながら、一ヶ月分の吃糧資金として一〇円から二〇円を貸与した（三一二頁）。

雇農以外の耕作農に対しては、直接雇傭労働賃（耕作面積・自己労働力・平均労働賃金を基準として算出。零細農には耕牛農具費を加算）の中で、農家階層別に「自己資金充当可能係数」を推定したと井上は述べているのだが、同時に、合作社の組織の基礎が不十分であったためその成果は疑わしい、「組織的獲得」（＝実行合作社への加入）もこの時だけだったとする。「可ナリ農家経営状況ノ偽申告ガアル様デ方法ダケノ科学性モ実際ニハ、ドレ程ノ真ノ適切性ヲ以テ行ハレタカ、再調査ナク不明デアリマス。組織的獲得モ、只一遍ノコレダケデ、其レ以後何等工作ガナサレズ、事業ダケニ終ツタノデアリマス」[33]（三一二頁）。

(2) 農民合作

井上は、実行合作社の理念について、「協同―団結ノ利益ヘノ自覚及中小農民ノ人間的自覚ニ於テ実行合作社ガ自ラノモノトシテ。《ママ》自発的ニ正シク階級的偏倚ナク運営サレテ行ク様ニナラネバナラヌ」(三一二頁)とし、中小貧農階級から役員を選出する主張がなされたが、それは失敗した、と述べる。「結局選出サレルモノハ貧雇農デアッテモ、富農ヤ大農ト特別ナ関係ガアル者ダケデアル」という(三一三頁)。

彼は、また、このようにも指摘している。「ヤハリ代表者トシテハ相当力ガナケレバ致シカタナイ」。「組織ノ中小貧農主義ハ亦別ノ面カラモ現実性ガアリマセンデシタ。農村ニ出テ〔タ〕私達ニ〔協力〕スルノハ、ヤハリ余裕―暇ノアル大家ノ農民デアリマシタ。土豪劣紳、寄生的存在ト考ヘテモ、〔彼らを排除することは〕出来ナイ事デアリマシタ」(三一三頁)。

(3) 交易場設置経営

この交易場での手数料(二パーセント)は、旧政権時代の販売慣行からして、農民の手取りを減らすものではないと井上は述べる。

然モ出荷スル農民ノ大多数ハ富大農民ガ占メテキル。

交易場経営費以上ノ収入ヲコウシタ富大農層ノ利潤中カラ手数料トシテ控除シテ、此ヲ中小農民ヘ還元スル。一例スレバ其等ヲ含ム全農民ニ必要ナ生活必需品共同購買其他ノ諸経費ニ充当シテ。《ママ》原価配給ヲ行フ。或ハ災害救助基金トシテ役立テル処ニ其ノ意図ガ含マレテ居リマシタ。

そして呼蘭県では、呼芸・康金井・対青山の三ヶ所で交易場を運営したが、「購買品仕入レ難」のため一九三九年度は塩・マッチを「極一部分ニ原価配給」しただけであって、後はすべて「積立金トシテ自己資金中ヘ繰入レ来、還元ノ意図ハ不十分ニシカ果セマセンデシタ」と述べる（三一四〜三一五頁）。

（4）保管倉庫設置経営

さらに井上は、媛化県で佐藤大四郎が「成果」を誇った保管倉庫について、みずからの見解と運動実態とを以下のように詳述している。

保管倉庫ハ一面農産物販売機構ノ近代化、証券化ヲ計ツタモノデ、コノ限リ公平ニ見テ粮機《ママ》モ堅実ナ営業ヲ続ケテ行ケルモノデアリマシタ。勿論粮機《ママ》ハ其レ迄ノ様ナ農民ノ無智ニ乗ズル不正利得、枡目計量ノ誤魔カシハ出来ナクナリマス。現物操作ニヨル商売ノ旨味ハナクナリマス。然シ其等ハ失クナルノガ当然デアルト考ヘラレマシタ。

私トシテハ更ニ次第ニ粮機《ママ》―個人資本ノ農産物流通機構ヨリノ放逐、都市資本ニヨル農村ノ中間搾取ノ絶滅ガ企図サレテ居ルモノト考ヘテ居リマシタ。合作社ハ其等ニトツテ代ル実力ヲ徐々ニ養ハネバナラナイ。

亦一面、自由経済時代、其ノ農産物ノ高値待ガ出来ルノハ富裕ナ農民ダケデアリマス。借金ニ追ハレテヰル中小貧農民ハ安イト知リツツモ売リ放サネバナラナイ。然シ保管倉庫ニ入レ、其ノ倉荷証券ヲ担保ニ金融ヲツケル事モ「粮機《ママ》ニ於テモ同ジク其ハ中央銀行デ担保物ト認メラレテヰマシタ」高値ヲ待ツテ売ル事モ出来、或ハ合作社ニ委託販売モ出来ル。ヤガテハ共同販売―農産物ノ平均売化モ可能デアル。ト見透サレテ居リマシタガ、準備着手間モナク統制経済トナリ、コレハ意図ニナラナクナリマシタ。（三一五頁）

一九三九年一一月に井上のいた呼蘭県では二ヶ所に保管倉庫を開設したが、「予想以上ノエネルギーヲトラレ」、経営方法に慣れたころには「農産物交易方法ノ目マグルシイ転変ニ会ヒ」、そのたびに変更を迫られ、同年七月に準備に着手後、「其ニ主精力ヲ奪ハレ、然モ尚不十分ナ運営ヲ続ケテ来タト云フ状態」であった（三一五頁）。

井上はまた、「手記」の別な箇所で、合作社の「本質」を衝く次のような発言を残している。

――合作社のことを浜江イデオロギーのように、「農民ノ組織タルベキ、其ノ農民ノ自発的ナ合作カラ」などと言ってみたところでそんなことは「出来テハ居ナイ」。また、そもそも合作社は「行政機関ノ援助カラ成立シ、其ノ庇護ノ下ニノミ成長シ得ルモノ」であった。「農民ニトツテハ、何ト云ツタ処デ、県公署モ合作社モ離シテ考フル事ナド不可能デアル」（三一六頁）と。この発言は、前掲（一九三八年一二月）の『農事合作社報』に見える「合作社も彼等農民よりは衙門なりとしか理解され」なかったと述べる一文と見解を一致させているし、運動がもっとも進展をみていた綏化県での資金調達状況（三七年の発足時に県から三〇万円の基金支出を必要とし、三九年一一月の時点で政府系の金融合作社から五〇万円を借り入れていた）を思い起こしても、首肯できるものである。

さらに、雇農層への生活資金貸与は、「失敗ト認メザルヲ得ナイ結果」に終わったし、「組織ノ中小貧農主義ハ」「現実性ガ」なかった、自分たちに協力するのは、「余裕―暇ノアル大家ノ農民デアリマシタ」といった「証言」と合わせ考えると、佐藤の「中小貧農主義」は内在的な矛盾からも成功は困難だったというべきである。資金源を確保するための佐藤の「二パーセント論」を井上は支持しているが、その成果が一九三九年度における塩・マッチの「極一部分」の「原価配給」、以後の「積立金トシテ自己資金中へ繰入レ」であったのなら、井上が認めるように、佐藤大四郎がもともと構想していた「還元ノ意図」は「不十分ニシカ果セ」なかったのである。これが、三九年の時点で、合作社の数で第二位、社員数で第三位の呼蘭県の運動実態であったとすれば、そしてまた、綏化県の運動もこれまで述べてきたような限界に直面していたとすれば、従来の研究が述べるイメージとは異なる合作社運動の実態が明らかとなる。

そして、合作社運動についてこうした問題点を指摘する井上の見解は、当局に迎合したものとはいえないのではないだろうか。なぜなら迎合して運動の進展を強調した方が、佐藤を含め運動参加者の「罪状」が重くなる。前述のように、大筋では「中核体」と合作社運動の一致をいって当局の意を迎えながら、ここでそうはしていないのは、それが事実であるからではないだろうか。「中核体」グループの中で同じく県（海倫）合作社の運動現場で勤務していた進藤甚四郎が、交易場と保管倉庫につき、次のように述べているのも、この見解を裏付けるであろう。

此ノ場合右ノ方針〔交易場の設立運営〕ニ農民ガ全的ニ賛成シタカドウカノ問題デアリマスガ〔中略〕農民ノ十人ハ十人ガ不賛成デアルヤウデアリマス〔。〕少シ位手間取ツテモ手数料ガ少シ位少ナクトモ糧桟ノ方ニ行キタガツテヰルヤウデアリマス。コレハ職員ガ不親切ナノヤ限ラレタ職員ノ手デ検査サレタリスルタメ長イ時間ヲ要スルノヤ農民ハ色々ノ手続ヲ面倒ガル等色々原因ガアルコトト思ヒマス。（二二四頁）

おわりに

綏化県の一九三七年当初の信用事業計画（前掲表3－1）では、組織予定の六〇〇〇戸のうち、二〇〇〇戸が農耕貸款を受けることが予定されていた。逆にいえば、組織農家のおよそ七割は非経営農（雇農）と想定され、生活資金の現物貸款と食糧購入資金を受け取ることが予定されていた。三八年の合作社の信用実績の公表（前掲表3－2）は、経営農向けの貸款と雇農向けの貸款とが同じ項目で行われているので、彼らがどれほど雇農層を把握していたのか不明だが、三九年の事業計画となると（前掲表3－4）、経営農向けの除草資金の対象戸数と雇農向けの食糧資金の対象戸数が同じく八〇〇〇戸、この時期の社員数は約二万人であるから、雇農の割合は四〇パーセントということになる。これだけでも農村調査当時の数字である六〇パーセントを大幅に下回る。

しかも、同年の実際の貸款件数は一万一五〇〇件ほどであるから、計画の対象戸数一万六〇〇〇戸からここまで減少したことになる。この減少も、雇農層への貸与が行われなかったことが主な原因と考えられる。浜江省の県合作社の中でも、実行合作社の数で綏化県に次ぐ呼蘭県の一九三九年度計画が立てられた時点で、社員数は四二六三人、このうち雇農は九四五戸、二二パーセントほどにすぎない。この事例も、以上の推計を裏付けるものである。綏化県の農事合作社の中に占める雇農層の割合は、三〇パーセントを下回る程度であろう。

ならば、佐藤が標榜した「貧農中心主義」は、決して成功していなかったことになる。綏化県の目を見張るほどの合作社参加農家の増大は、経営農を主体としていたのである。そして同時に、交易市場の手数料は、佐藤が標榜するところと異なり、小作農（貧農）層にも負担を強いるものだったし、農業倉庫が取り立てた大豆と小麦の調整・自然減量分（一～四パーセント）も同様であった。減量分を見込んで取り立てることは当然であり、糧桟もやっていたというのが佐藤の言い分であるが、少なくとも自然減量については糧桟の側が負担していたとする満鉄側の報告がある（岡部牧夫「『大豆経済』の形成と衰退」、同『南満州鉄道会社の研究』日本経済評論社、二〇〇八年、四一頁）。この報告は一九二〇年代のものであり、地域的にもどこまで普遍性をもつのか確認できないが、もしこれが北満地方の一九三〇年代末にも妥当するのであれば、佐藤たちが運動者の側の論理を優先させたことが、さらに例証されることになろう。

そして、これらのことは、従来の研究に見える「綏化県農事合作社が貧農層に対する完全な信用貸款を効果的に遂行し得たのは、実に屯農事実行組合の組織が農村・農民との内部的連結を緊密に保持しているがゆえに外ならなかった」（前掲田中『橘樸と佐藤大四郎』二七八頁）といった評価が過大なものであることを示している。また、「満洲国」政府（具体的には岸信介総務庁次長）が農事合作社と金融合作社の統合を強行したのは、前者が「土地所有関係にまで抵触する志向性と可能性を持つ政策であるととらえ、危険視した」（前掲福井「『満洲国』の合作社政策とその展開」五二頁）との見解もあるが、運営の実態として、合作社の役員選出やその資金の貸与対象が主要には経営農であったこと、また一九三九年には浜江省の農事合作社は資金を金融合作社に仰ぎ、満洲中央銀行から多額の資金を借り入れていること、さらに合作社事件で逮捕された運動参加者たちが運動の限界や「失敗」を語っていることからしても、佐藤らの合作社運動を過大に評価することはできない。それは、政府に危機感を与えるような運動体ではなかったことは確かである。

しかしながら、当局によって「中核体」を組織したとされた「左翼前歴者」の合作社運動参加者たちは、憲兵隊の作り上げた枠組みに沿って「手記」を書き、そこで「北満型合作社運動」について「左翼運動である」との認識を一様に示してしまった。このことは、佐藤をはじめとする合作社運動の指導者や参加者の摘発、そして量刑の決定に大きな影響をもたらしたと考えられる。

注

(1) 一九三八年五月、浜江省農事合作社輔導委員会が成立し、佐藤はその実質的なナンバー2たる主事の地位につき、傘下一五県を指導する立場に立った。

(2) 「中核体事件」については、本書第四章を参照。

(3) 〔「満洲国」〕最高検察庁『情野義秀ニ対スル治安維持法違反被告事件』、同『進藤甚四郎ニ対スル治安維持法違反被告事件』、同『井上林ニ対スル治安維持法違反被告事件』、同『岩間義人ニ対スル治安維持法違反被告事件』、同『田中治ニ対スル治安維持法違反被告事件』、同『平賀貞夫ニ対スル治安維持法違反被告事件』。

(4) 前掲田中武夫『橘樸と佐藤大四郎』は、綏化県の農民組織工作について、運動の具体的様相を辿ることなく、「一人一人の農民に対する直接に行き届いた援助、また説得といい訓練という教育の重要性を認識し、組織の上に事業を行い、また、事業を通じて組織を強化するという組織運営上の原則を忘れることがなかった」(二二二頁)と述べているが、こうした評価は運動史としての事実追求を抜きにした叙述にすぎないというべきである。

(5) 「満洲国経済建設綱要」(『満洲国政府公報』一九三三年三月一日)は、

農村ノ振興ヲ図リ農家ノ経済力ヲ充実セシムルヲ目途トシ盛ンニ農村組合制度ヲ興シ以テ生産消費ノ改善ヲ図リ融資ヲ円滑ナラシメ斯業ノ発達ヲ促スノ外農村ノ改善確立ヲ図ル〔中略〕各種産業組合及金融組合ノ健全ナル発達ヲ図リ相互扶助ノ実ヲ挙グルニ努ム、

と述べている。

(6) その代わりに、第三節第一項で述べるように交易場手数料を高めに設定し、これを収益源としようとした。

(7) 大槻雪夫〔佐藤大四郎〕「綏化県農事合作社の組織工作について」上（『満洲評論』第一五巻第四号、一九三八年七月二三日）によれば、一九三八年一月三一日現在で屯農事合作社の数は五〇社、社員数五九七四人に達している。

(8) 第四節第一項で述べるように、一九三九年の「中間報告」に見える社員数が「約二万戸」であることも、この推測を成り立たせるものといえる。

(9) 前掲佐藤大四郎『建設』一〇三頁、「綏化県農事合作社の新交易市場＝農業倉庫案」『農事合作社報』第一巻第一号、一九三八年八月。係員が農民の代わりに売り方として立会場に立つことは、『大綱』にも見えるが、綏化県農事合作社でも同様であったと考えられる。

(10) ただし、綏化県は他県とは違い、「票」（証券）を用いた交易であることを佐藤は強調している。

(11) 巴城県の一九三七年の「糧穀搬出見込数量」は一七〇万石、浜江省の合作社設置一五県一七八五万石のうちほぼ一〇パーセントを占める（「浜江省農事合作社の概況」『農事合作社報』第一巻第三号、一九三八年一〇・一一月合併号）。

(12) この他、市場の入り口が狭く、馬を傷つけ馬車を損壊する恐れがあること、検査済みであることを示すために馬車に刺す旗のうち破損したものがあり、このため糧桟とトラブルが起こることが挙げられている。

(13) 浜江省には綏化県農業倉庫開設以前、前述の同県双河鎮支社以外に、五常・満溝・安達・青崗・慶城・巴彦の六ヶ所に農業倉庫があったが、その詳細は不明（無著名「浜江省農事合作社農業倉庫交易場所在地並主要出廻（＝出産）《ママ》数量」『農事合作社報』第一巻第二号、中国語版）。恐らく、双河鎮支社農業倉庫と同様、小規模なものであったと考えられる。

(14) このほか平面図には、「等外」とのみある区が一つ、予備区画のためか空白の区が二つある。

(15) 同書八〇頁には、二〇万三八五三円とある。

(16) 実際、第三節第二項で述べるように、前年度の段階でさえ、綏化県の交易場手数料収入は推定で一二万円強だった。

(17) ここで『報告』は、五ヶ月間の「本部会計の中において処理される農業倉庫の調整減量及自然減量の残余分として、残された《ママ》現物の売却によつても充分相殺出来るものである」とやや意味不明の部分が残る文章を述べた上で、浜江省の「農業倉庫業務規程」による合作社調整減量が大豆で二～四パーセント、小麦で一～三パーセントであることの文献参照を求め、「農業倉庫が実際に採取した実際《ママ》数量は単位数量当大豆〇・〇〇九八％、小麦〇・〇一一％」であった、この差額分（大豆で三〇万八八一〇トン、小麦で一一万八六七二トン）の売却代金が「大豆・小麦のみにても合計約四万円に上る」ということを述べているようである（『報告』四五、一九～二〇頁）。

表3－6　旧浜江省管下糧穀（大豆）出回集計表　（単位：大車）

	1938年				1939年			
	10月	11月	12月	計	10月	11月	12月	計
綏化	1,239	6,233	7,640	15,112	1,721	3,266	3,249	8,236
呼蘭	1,075	3,553	3,795	8,423	1,856	947	1,065	3,868
肇東	131	1,527	1,422	3,080	184	335	144	663
五常	274	6,540	15,148	21,962	818	3,262	6,540	10,620

出所：連合会「新設農業倉庫に就て（中間報告）」（『農事合作社報』第3巻第1号、1940年3月）所掲の表から県城で1938年10〜12月、39年10〜12月の数値を確認できるものを抽出。

(18)「農業倉庫事業開始後に於ける綏化商工概況」『北満経済月報』一九三九年二月号（『報告』三二頁）も、具体的な数字を挙げて出廻り量の減少を指摘している。『農事合作社報』第三巻第一号掲載の連合会「新設農業倉庫に就て（中間報告）」が農民の搬入する大車数を挙げているが（表3－6）、同表でも、出回り量減少の事実は確認できる。

(19)『哈爾浜日日新聞』一九三九年一月一二日付「綏化農事合作社倉庫業務運営困難」、および一月一八日付「特産余談」（綏化の一年間の手数料収入を「二、三十万円といふ嘘のやうな本当の話」とする）の記者は、小運送業者を兼業しており、駅と接続した倉庫・市場ができたため、城内から駅までの運送独占ができなかったことからの「私的怨恨関係」のものだとする。

(20)そして同記事は、交易場手数料一パーセントの県の「糧穀出回見込数量」（単位・石）が賓県九五万、肇東二五〇万、呼蘭一五〇万、五常五八万、阿城八三万、双城一一〇万、蘭西六七万、肇州一二〇万の合計九四三万石、同二パーセントの県の出回見込は望奎一一二万、海倫二八〇万、綏化二三〇万、慶城五〇万、巴彦一七〇万の合計八四二万であったとしている。価格を一様とし、県の交易場手数料収入が出回見込数量に比例していると仮定すれば、綏化県の交易場手数料は、七〇万七六九六・四八×四六〇／二六二七の式で求められ、一二万三九二〇・九七円と推定できる。

(21)この結果、農事合作社の所要資金は金融合作社から供給されることになり、農事合作社の金融対象も制限されることになった。農事合作社の金融は原則として出回調節資金・特用作物耕作用資金に限定され、農事合作社の貸付金利を金融合作社と同率に引き上げることが取り決められた。

(22)「浜江省農事合作社の概況」（『農事合作社報』第一巻第三号、一九三八年一〇・一一月合併号）によれば、一九三八年後半の時点で、浜江省の県合作社は、満溝ブロック（肇東など五県）と綏化ブロック（綏化など五県）の二つに分かれており、さらにハルビンブロック（ハルビン市と阿城など四県）が形成されることになっていた。綏化ブロックが交易手数料二パーセント派、そのほかは一パーセント派であった。

(23)この他、短期動産貸款が一戸当たり平均五〇円、四〇〇戸を対象に二万円、長期動産貸款が試験的に四二〇〇円、倉庫受寄物担保の貸付一八万円が予定されていた。

（24）「大豆専管制」については、玉真之介「満洲産業開発政策の転換と満洲農業移民」（『農業経済研究』第七二巻第四号、二〇〇一年）、「重要特産物専管法」（『政府公報』一九三九年一〇月一七日）、「満洲経済政策の動向（下）特産専管公社制を再検討の必要あり」（一九三九年一二月六日付『大阪毎日新聞』）を参照。

（25）一九三九年一一月末時点での浜江省の各農事合作社の満洲中央銀行からの借入額は合計五五万二六〇〇円、金融合作社からの借入額は一九五万九〇〇円、後者のうち綏化県が五〇万円と約四分の一を占める（浜江省農事合作社連合会「旧浜江省管下の県農事合作社・連合会現況表」『農事合作社報』第三巻第一号、一九四〇年一月）。一九三九年六月一日、龍江省の九県と浜江省の六県（綏稜・鉄驪・慶城・綏化・海倫・望奎）で新たに北安省が成立したが、浜江省農事合作社連合会の所属県（市・旗）は、この行政区画変更によって変わることがなかった。浜江省農事合作社連合会が作成した表に「旧浜江省管下の」とあるのは、このためである。

（26）『農事合作社報』にもそのことを強く批判する論文が掲載されている（岩船省三「肇州県農地造成事情」上『農事合作社報』第三巻第一号、一九四〇年一月）。

本年十月号の「合作運動の新しい躍進＝各県農事合作社春期中間報告の批判的綜観」（第五四頁）に明かなる如く、造成計画実施第一年度の―基本実施建設にはもう着手していなければならない―康徳五年度末に於て実行合作社の組織されている県が十九件中僅かに九県、而も一、二の県を除く大部分の県は、実行合作社とは名ばかりで〔行政組織たる〕街村的なものであり、屯単位の実行合作社が全省的に形成されはじめたのは、漸く昨年春耕資金貸款開始以後の時期に属する。実行合作社の組織とその指導に直接関係ある事業として農事合作社がなし得たものは、種子配給と耕作の各時期に照応する諸貸款に過ぎない。実行合作社といふ組織を通じての「生産の指導」に至つては今日に至るも「宿題」の域を出でない。

（27）この統合への「支持」について、田中の『橘樸と佐藤大四郎』はまったく触れていない。

（28）なお、佐藤らの北満合作社運動はこの時点で終わっていないとの見解があるが（福井紳一）、佐藤自身が自覚的に述べている運動の三つの中心原則（小区画・貧農中心・行経分離）が失われている以上、運動の継続を認めることは困難であろう。

（29）進藤の手記によれば、佐藤の講義内容は「満洲国」実業部の『農村実態調査』の数字にもとづく農村の階級分化の状況や、公刊された『満洲に於ける農村協同組合の建設』の「素読と解説」、組織工作の注意点などであった。

（30）田中の手記によれば、日歩二銭八厘（『関係資料』第二冊、二〇四頁）。

（31）浜江省連社報編輯係（一九三八年六月～三九年八月）、北安省連籌備処主事（三八年九月～四〇年三月）、北安省興農合作社省連

企画科長（四〇年四月～四一年七月）を歴任した（同前、八七頁）。

(32) 雇農層への貸付は旧暦で二月ないし三月、つまり前年の夏の稼ぎを費消し尽くし、しかも地主や富農層の労働需要のない時期に、なされるべきものであった（同前、第一冊、三一二頁）。

(33) なお、岩間によれば（同前、第二冊、八九頁）農事合作社運動の信用事業は、浜江省管下（＝北満型合作社運動）で年三〇〇万～四〇〇万円程度、一方で、金融合作社が年一五〇〇万円以上にのぼった。したがって高利貸資本による農民搾取を阻むまでの力を持たなかったとする。

第四章　「合作社事件」から「満鉄調査部事件」へ
――「在満日系共産主義運動」弾圧における「中核体」をめぐって

荻野富士夫

はじめに

一九四三年七月七日の「満鉄調査部事件」第二次検挙者の一人であった石堂清倫は、関東憲兵隊・新京高等検察庁の取り調べを通じて、「私たちのあいだに同志的な結合や連帯意識が存在していなかった」と証言するとともに、「私たち満鉄調査部事件での下獄者と、新京監獄で見た建国大学の中国人学生の受刑者とは好対照でした。彼らには、団結があり連帯心がありました」とも語る（「満鉄調査部とは何であったか」井村哲郎編『満鉄調査部――関係者の証言』アジア経済研究所、一九九六年、五九八頁）。事件を主導した関東憲兵隊は『在満日系共産主義運動』（関東憲兵隊司令部編、一九四四年、復刻版、巌南堂書店、一九六九年）の中で「満鉄調査部事件」について、「所謂人民戦線戦術の範疇に於て満支に於ける日系左翼運動の地盤を開拓し、内地に於ける左翼落武者を収容鼓舞し、東亜各地に亘る国策的満鉄調査機構をして実質上左翼運動組織と化し、東亜的スケールを以て着々企図の実現に邁進し来たつたもの」（二頁）と大事件に仕立てて、「さしも複雑困難なる事件の処理を完結した」（三頁）と自画自賛する。

これまでの「満鉄調査部事件」についての石堂をはじめとする当事者の証言・回想、それらにもとづいて積み重ねられてきた多くの研究は、「同志的な結合や連帯意識」の存在しない調査部関係者が、「東亜的スケール」を有する「左翼運動組織」に、どのように、どのような意図のもとにフレーム・アップされてきたのかを明らかにしようとしてきた。

しかし、それらの証言・回想や研究には二つの大きな見落としがあったといわねばならない。石堂が「好対照」とみる「建国大学の中国人学生の受刑者」、すなわち反満抗日運動に関する何らかの事件で検挙され、拷問と厳罰を受けた人々への想像力が欠如していた。第一次検挙者の一人であった具島兼三郎は、監房の壁の上に刻まれていた「抗日到底《ママ》」「打倒日本帝国主義」などの文字を見つけると、「当時日本の関東軍が満州の地下工作を主導していた中国国民党や中国共産党の党員狩りに血眼になっていたことを思えば、その網にひっかかった不幸なこれら党員中の誰かが書いた」（具島『奔流――わたしの歩いた道』九州大学出版会、一九八一年、二一〇頁）ことに想いを及ぼし、みずからの弱々しさへの励ましとしたとする。

実はこうした反満抗日運動の弾圧取締こそ関東憲兵隊の本領であり、そこに大部分の活動が振り向けられた。その関東憲兵隊が、なぜ「在満日系共産主義運動」の剔抉に向かったのかが問われなければならない。それら二つの弾圧は関東憲兵隊のなかでどのように統一的にとらえられるだろうか。

もう一つの見落としは、「満鉄調査部事件」に先行し、その導火線ともなったというべき「合作社事件」において、無名の秘密結社「中核体」関係者とみなされた五名に、「満洲国」治安維持法第一条を適用して「無期徒刑」（＝無期懲役）の厳罰が下されたことである。「合作社事件」においては、その理論的指導者佐藤大四郎に関心が集まりがちだった。「満鉄調査部事件」においては、満鉄調査部の解体という衝撃とは別に、判決はすべて「宣伝罪」が適用され、執行猶予付の「徒刑」だった。この二つの事件の間の大きな落差にもかかわらず、「中核体」に対する「無期徒刑」という厳罰への注目は弱かった。

当事者の憲兵隊・検察がこの事件を重視したことは、各人別の詳細な捜査・取り調べ資料の作成状況がよく物語っている。

対米英開戦直後に制定された「満洲国」治安維持法は日本の治安維持法（一九四一年「改正」）をモデルとする。日本国内の治安維持法の適用で「無期懲役」となったのは、佐野学、鍋山貞親、三田村四郎らに限られる。戦時下にあっても、たとえば「横浜事件」の場合、敗戦前に刑の確定した和田喜太郎は「懲役二年」だった。その点で、「中核体」に対する「無期徒刑」という厳罰度は突出している。それは、「満洲国」治安維持法第一条第一項の「国体」変革の「団体結成罪」を適用することで「非合法団体」として認定したからである。しかも、これに味をしめた関東憲兵隊は「在満日系共産主義運動」の本丸たる「満鉄調査部事件」を立件化するなかでも「中核体」の存在をフレーム・アップしようとした。しかし、それは検察段階で断念された。このようにみると、「在満日系共産主義運動」の剔抉をこの「中核体」をめぐって検討することは一つの切り口として意味があるだろう。その際、「中核体」はなぜ「合作社事件」では立件に成功し、「満鉄調査部事件」では立件に失敗したのかも焦点となる。

第一節 「合作社事件」

1 「在満日系左翼前歴者」の検挙

「満鉄調査部事件」の取り調べに目途の立った一九四三年八月一一日、「思対下士官集合教育資料」として関東憲兵隊司令部の武本実中尉が作成した「最近に於ける日系共産主義運動と捜査着眼」によれば、「建国初期に於ける満洲国治安の特性上軍警の主力は陽動的兵匪の掃蕩、直接行動的共匪、共産党、或は反満抗日諸団体の剿滅に指向せられありたる為日系共産主義運動の如き合法場面に寄生して展開しありたる陰性思想運動の剔抉は勢い思想対策の重点目標外に置かれありたる」状況であった（小林英夫・福井紳一『満鉄調査部事件の真相』小学館、二〇〇四年、一七五頁）。

前掲『在満日系共産主義運動』にも、「日系左翼運動再燃の憂なし」と楽観し、「専ら建国匆々の国内民族的対象に集中」（一頁）していたとある。これらは、「満洲国」の「建国初期」から一九四〇年前後までのことだろう。

それでも関東憲兵隊司令部が管下各憲兵隊などからの報告を総合してまとめた『思想対策月報』では一九三九年以降、「コミンテルン並蘇共、日共ノ策動状況」という項目が立ち、「日本共産党（含左翼）ノ策動状況」への警戒がはじまっていたことがわかる。三九年二月分には、「某地協和会職員某ハ蘇聯ノ反日政策ヲ紹介スル目的」でコミンテルン執行委員会の機関誌から「岡野参次《ママ》」（野坂参三）の「悪質激烈ナル論説」を翻訳印刷し、各地に郵送したことを取りあげる（吉林省檔案館編『日本関東憲兵隊報告集』第Ⅰ輯第一〇巻、広西師範大学出版社、二〇〇五年、七頁。以下、『報告集』Ⅰ-⑩と略）。さらに三月分には、「日共乃至左翼運動者ノ表面的策動トシテ特記スヘキ事項ナキモ近時要視察（含注意）邦人ノ満洲移住乃至来往スル者漸増ノ傾向ニアリテ而モ移住者中社会的ニ相当重要ナル地位ヲ獲得シツツアル者多キ」（同前Ⅰ-⑩、七三頁）とある。

四月分にも、「未転向思想要注意人及左翼文芸関係者ニシテ転向ヲ装ヒ暗ニ同志ト密絡策動シアルヤノ傾向ヲ窺知セラルル」（同前Ⅰ-⑩、三六頁）とあったが、七月分ではそれらの「大部ハ所謂思想転向者ニシテ概ネ正鵠ニ時局ヲ認識シ過去ノ非ヲ悟リ各々正業ニ精進シアリテ特殊ノ状況ヲ認メス」（同前Ⅰ-⑩、三五〇頁）となり、以後は「特記スヘキ事象ナシ」がつづいた。それは『在満日系共産主義運動』にある「支那事変勃発を契機として、協和会に、農事合作社に、或は満鉄調査部に職員として渡満して来た日系左翼前歴者の行動に対して、一部世評に兎角の風説が生ずるに至」り、「言論界の風潮に正常ならざるものあるを感じ、秘かに其の拠つて来る根源の究明に意を注ぐに至つた」（五一八頁）という叙述と照応する。関東憲兵隊全体としては「日共ノ策動」に関心をもちつつも、具体的な端緒をつかみかねていたといえよう。

そのなかで新京憲兵隊特高課が「日系左翼前歴者の行動」を追いつづけ、やがて合作社に到達する。一九四〇年七月、警視庁による協和会中央本部の平賀貞夫検挙を直接的契機に独自の内偵捜査を進め、「農事合作社に於ける左翼前歴者の集団的策動の背後に、思想関係が伏在しありとする容疑極めて濃厚なる結論」（五一九頁）を導き出したのである。これにつづけて『在満日系共産主義運動』は、次のように記している（五一九頁）。

昭和十五年十二月時の新京憲兵隊本部特高課長は、支那事変下特に思想事犯取締の重要性に鑑み、断乎不逞思想の根源を摘発すべく決意し、事件の性質上予め長期間偵諜を覚悟し、本部特高課に少数精鋭なる人員を以て特別工作班を設け、爾来有能なる連絡者の獲得操縦に、或は関係情報並確証の収集把握に、直接指導督励すると共に、更に臨時郵便物検閲班を編制し、関係者の発受信を極秘厳密裡に速写せしむる等、係員の全捜査技能を之に集中発揮せしめ、約一年に亘る組織的偵諜活動を実施したる結果、昭和十六年六月頃に至り遂に農事合作社及協和会を温床として合作社運動、協和運動等の国策に便乗して行はれありたる在満日系共産主義運動の実在を確認するに至つた。

ここで「関係者」として「偵諜」対象となったのは、佐藤大四郎や情野義秀《せいのよしひで》ら「農事合作社に於ける左翼前歴者」であった。尾行や身辺調査、「有能なる連絡者」＝スパイによる言動の逐一把握、「臨時郵便物検閲班」による信書類の「速写」などを行って、交友関係や思想動向の把握に努めた。しかし、おそらく関東軍司令部の意向を受けて、「在満邦人は元より、異民族に及す反響の甚大なるを考慮し、弾圧方法には慎重なる考慮」（同前、五一九頁）を必要とせざるをえなくなった。さらに、「満洲国」内外の情勢変化により、「再検討」の指示もなされ、停滞してしまう。

一九四一年一〇月一三日、新京憲兵隊は「偵諜補足の為の抽出検挙」の「絶好の機会」（『在満日系共産主義運動』五二〇頁）として、公金横領の容疑で情野義秀を検挙するという独断的行動に出た。新京憲兵隊本部思想対策班の一員として情野検挙の「実行者」である川戸武の撫順戦犯管理所での次のような供述（一九五三年四月一〇日）にもとづき、松村高夫は「思想関係の検挙理由や確証なし」の「綱渡り的検挙」・「見込み検挙」とみる（松村「フレーム・

アップと「抵抗」」〔松村・柳沢遊・江田憲治編『満鉄の調査と研究』青木書店、二〇〇八年〕より重引、四五〇頁)。

それは憲兵隊として窮余の策であつたと言へる。その訳は、今まで事件中、中心格の人物と目星を付けて「偵諜」をやつていた情野義秀が瀆職行為の暴露を恐れ、一日日本に引上げた上職を求めて広東に赴くとの情報を得、此の際検挙しなかつたなら、機会を逸する必要に迫られたからである。〔中略〕大島〔英雄、思想対策班班長〕の実行していた「偵諜工作」も案外「実」の無いもので判り《ママ》と根拠の上に立つての「自信満々」では無かつた事を知り、早まつた事をやらかしたと考へた。

「偵諜工作」の不調に加え、関東軍司令部内の根強い検挙反対の空気もあった。「合作社事件」検挙に新京憲兵隊特高課防諜班班長として加わっていた工藤胖《くどうゆたか》は著書『諜報憲兵』(図書出版社、一九八四年)において、「一斉検挙に際しては、事前に関東軍の了解を得ていたが、軍第四課だけは、満州国政治指導担当の立場からこれに強く反対した」(二四九頁)と記す。取り調べが難航すると、「もともと最初からこの捜査にまっ向から反対していた軍第四課の参謀をはじめ、グループに同情的であった軍内外の右翼運動者までが騒ぎ出し、事件は憲兵のでっち上げであるとの声さえあがるにいたった」(二五〇頁)という。

こうした障害にもかかわらず、新京憲兵隊は一〇月一三日、情野検挙に踏み切った。情野は「公金費消の事実」を認めたのち、「更に二日を過して心気《ママ》一転し、従来の偵諜内容に符合する在満日系左翼前歴者を中心とする一・二八工作事件の実体を供述するに至つた」(『在満日系共産主義運動』五二〇頁)という。一〇月二〇日頃のことである。

新京憲兵隊思想対策班班員だった川戸武「供述書」はこの間の経緯を詳細に記している。川戸によれば、情野は検挙の三日後から陳述をはじめ、自筆「手記」に五つのことを書いたという。公金横領の事実以外に、「満州に来て以後、満州評論社及満鉄調査部から発行している図書の中にマルクス主義が巧妙に織り込まれている事を知り、それ等の執筆者の多くが転向者であり、マルクス主義を捨てきっていない事を感じて、大いに啓蒙された」こと、六人で「浜江グループ」を結成したこと、そして四つ目は次のようである（松村高夫「フレーム・アップとしての満鉄調査部弾圧事件」〔『三田学会雑誌』第九三巻第一号、二〇〇二年四月〕より重引）。

「浜江コース」の開祖は佐藤大四郎であって、彼はその労作『満州に於ける農村協同組合運動』『満州農事合作社運動』の中で満州の農業政策はマルクス主義に基いて実施さるべき事を判《マ》り《マ》と述べている。「浜江コース」は転向者以外に多くの進歩的人々に支持せられ、それ等総べての人々を《ママ》「浜江グループ」と言はれているが、意識的連繋のある者は六名に限られる。

この「非合法活動」の中心六名は「中核体」と呼ばれ、平賀・情野・進藤甚四郎・岩間義人・井上林《いのうえりん》・田中治からなるという。五つ目は「中核体以外に非合法活動はやっていない」ということである（同前）。川戸「供述書」によれば、「浜江コース」支持者のうち、「意識的連繋」をもつ六名で「非合法運動」であることを自覚して「中核体」を結成した、というのが情野陳述の核心である。憲兵検挙直後の陳述・「手記」執筆という状況ゆえに、「非合法活動」という認識があったのかは留保する必要があるが、おそらくマルクス主義の信奉という「意識的連繋」にもとづく「浜江グループ」を、何度かの会合の結果として組織したことは確かであろう。ここが、後述する「満鉄調査部事件」で「中核体」・「新京グループ」という「非合法活動」が最終的に認定されないこととの大きな差異となる。

「偵諜工作」では知りえなかったこれらの内容を新京憲兵隊で検討した結果、川戸「供述書」によれば「中核体を結成した六名は、秘密結社の組成分子と看做され、彼等に啓蒙的作用を及した満州評論同人、満鉄調査部、協和会及政府機関の一部進歩的分子を共産主義者と認め、彼等に対する検挙名簿と理由書が、関東軍司令部に提出された」。しかし、関東軍は一斉検挙者のリストから満鉄調査部関係者を除くことを指示し、事件の立証に失敗した場合には

「憲兵隊長以下の責任を問ふ」（松村「フレーム・アップと「抵抗」」より重引、四五二頁）という条件を付したという。なお、この経緯を『在満日系共産主義運動』は、「秘密結社中核体」出現の報告に「関東軍に於ても事態を重大視し慎重審議の結果断乎弾圧するに決し」た（五二一頁）と記述する。

条件付きながら関東軍司令部の了解を得ると、事件は「一・二八工作事件」と名づけられ、「検挙並に処理に関しては関東憲兵隊司令官の統轄下に、満洲国側関係機関を協力せしむること」（同前、五二一頁）になった。新京憲兵隊は是が非でも「秘密結社中核体」と「浜江コース」を立件し、しかも重大事件に仕立てあげることに迫られた。以後、フレーム・アップに一路邁進することになる。

一九四一年一一月一日、関東憲兵隊警務部長を長とする「臨時捜査部」を編成、四日に一斉検挙が断行された。憲兵隊による検挙者は二六名にのぼり、重要人物とみなされた情野・岩間義人・佐藤大四郎・深谷進・大塚譲三郎らが含まれている。新京以外で検挙された井上林・進藤甚四郎・田中治は新京に連行されている。動員された「満洲国」警察は二五名を検挙した（『在満日系共産主義運動』五二七頁）。「満洲国」治安維持法違反として、「合作社事件」の検挙者は五〇名を超えた。

一斉検挙が終了すると、「臨時捜査部」の統轄班は、直接取り調べを担当するハルビンなどの各隊特高課長を集めて事件の詳細を説明するとともに、「各隊に於ける取調担任官中、先任者各一名を司令部に集め、約一週間に亘る取調教育を実施し、且新京憲兵隊本部に於ける取調を実地見聞せしめて其の要領を会得せしむる等」（同前、五二九頁）の実地訓練を施した。関東憲兵隊全般では、「在満日系共産主義運動」に対する認識は乏しかった。

新京憲兵隊では応援を得て「処理班」を編成し、「文字通り不眠不休の取調を続行した」。関東軍に在籍していた元東京地検の思想検事中村哲夫少尉が関東憲兵隊司令部勤務となり、「事件処理を指導すること、なつた為取調は一段進捗するに至つた」（同前、五三〇頁）。憲兵隊関係では大半を検察庁に送致している。憲兵隊関係の起訴者は一〇名、警察関係の起訴者は二名となった。

関係者とみなした全員を勾留した上で、まず「中核体」関係者と目された情野ら五名の取り調べが優先的・重点的に進められた。三ヶ月余の取り調べを経て、一九四二年二月二八日、新京憲兵隊長から「中核体」関係者五名が新京高等検察庁に「送致」された。事件の重大性から考えると、「不眠不休の取調」という、かなりのスピードが求められたといえよう。その拙速さは、「満洲国」治安維持法第一条第一項「団体結成罪」の適用、つまり、「満洲帝国ノ国体ノ変革ヲ目的トスル結社ヲ組織」（新京憲兵隊長門田善実「意見書」、「合作社事件」研究会編・解説『十五年戦争極秘資料集　補巻三四「合作社事件」関係資料』第一冊、不二出版、二〇〇九年、五頁、以下『関係資料』と略）という、強烈なインパクトを狙ったことにも関連するだろう。『在満日系共産主義運動』で「合作社事件」をあつかう第九章の「緒言」には、「本事件取調の進捗」にともない、「政府並関係諸機関に大なる衝動」（四四七頁）を与えたとある。

司法処分の状況をみると、「当時司法部思想科長兼職中の新京高等検察庁藤井勝三検察官以下極めて少数の検察官を以て、憲兵隊に於ける捜査に積極的協力をなすと共に満洲国警察の直接指導に当り、而も事件送致以後は多数関係者の取調を一手に引受け、複雑なる諸関係を短時日の間に解決せざるを得ない実情にあつた」（『在満日系共産主義運動』五三二頁）。「憲兵隊に於ける捜査に積極的協力をなす」とあるように、「偵諜工作」を経て検挙・取り調べという段階から、憲兵隊・検察の協力態勢が確立していた。「送致」後も、憲兵隊による「浜江コース」との関連取り調べもあり、一ヶ月ほどは関東憲兵隊内で検事の訊問がおこなわれていた。藤井勝三の前職は広島地裁検事局の思想検事であった。

藤井ら治安係検事による訊問と「手記」執筆を経て、四月一四日、「中核体」関係者五名が起訴された[1]。短期間での起訴処分は、やはり「団体結成罪」適用というインパクトを重視したからであろう。

「浜江コース」の中心人物佐藤大四郎の起訴は九月一九日で、その前後に被疑者の多くは起訴猶予となっている。一九四三年一二月三〇日にようやく起訴猶予となる大塚譲三郎のように、長期間、未決監に勾留される場合もあった。『在満日系共産主義運動』は、本件の「検挙以来司法当局に於ては事犯の重要性に鑑み、急遽思想検察陣の強化を企図し、国内思想検察官を動員して事件に対処すると共に、日本内地より専掌検事の出向を求め、陣容の整備強化を期し以て非常時局下此の種運動に対し断乎剔抉方針を以て臨むこと、な」り、「昭和十八年五月内地より専掌検察官三名増強せられ検察官、憲兵一体となり相互密接なる連繫の下に終始円滑に事件処理に当つた」（六一〇頁）とする。ただし、「専掌検察官三名増強」は一九四三年五月だったため、その効果は主に「満鉄調査部事件」で活かされることになった。

2 「満洲国」治安維持法の適用

対米英開戦後の一九四一年一二月二七日、「満洲国」治安維持法が公布・施行された。一二月二〇日付の『満洲日日新聞』は、「司法部では日本に後顧の憂ひなく聖戦目的を貫徹させなくてはならないと、協力体制を強化するため治安維持法の制定を協議中であつた」と報じる。より直接的な意図は、新京高等法院審判長を務めた飯守重任の「この法律の立法目的は、一九四一年に八路軍が熱河を解放するため、偽満を襲撃したということで、関東軍の侵略行動の効果を収め、偽満の治安を回復するという目的に達するため、八路軍の作戦に協力した愛国人民を迅速に処置しなければならなくなったからである」という撫順戦犯管理所における供述（一九五四年六月二〇日、中央檔案館・中国第二歴史檔案館・吉林省社会科学院編『東北「大討伐」』中華書局、一九九一年、七三五頁）にうかがうことができる。

その要点は、八田卯一郎「満洲国治安維持法の解説」（『法曹雑誌』一九四二年二月、『在満日系共産主義運動』に転載）によれば、

一、国体の観念を明徴にし、国体の変革を目的とする犯罪及国体の否定事項流布を目的とする犯罪に関する規定を設けたること

二、兇悪手段に依る安寧秩序紊乱を目的とする犯罪に関する規定を設けたること

三、建国神廟又は帝室の尊厳冒瀆事項の流布を目的とする犯罪に関する規定を設けたること
四、集団的犯罪としては、団体に関する処罰規定を設けたること
五、目的遂行罪に関する規定を設けたること

にあった（八〇五～八〇七頁）。同時に制定された「満洲国」治安維持法施行法により、暫行懲治盗匪法の「臨陣格殺」「裁量措置」の規定が存続された。八田によれば、「満洲国」の「国体」とは、「日満不可分一徳一心の基調の上に立たせ給ふ垂統万年の皇帝の統治権を総攬し給ふ君主国たるところに在る」（同前、八一七頁）というものであった。

このように「満洲国」治安維持法は日本の治安維持法を母法にしているが、第一条に限っても、はるかに重罰である（日本の治安維持法は、第一条前段の結社組織などの処罰は「死刑又ハ無期若ハ七年以上ノ懲役」、後段の目的遂行罪は「三年以上ノ有期懲役」）。ただし、「予防拘禁」についての規定はなく、一九四三年九月の「思想矯正法」制定に譲られる。

一九四一年末から四五年八月の「満洲国」崩壊までの三年半余の間に、この治安維持法がどれほどの弾圧に用いられたかについては、やはり飯守の証言が有力な手がかりとなる。日本への帰国後、「偽装の作文」と否定するものの、撫順戦犯管理所では次のように「手記」に記していたのである（「カトリック教徒たる親友に宛てた手紙」『アカハタ』一九六〇年八月一二日号に要旨紹介、同紙より引用）。

僕が一九四一年中央司法部参事官の時、斯かる抗日愛国の士に対して死刑その他の重罪を以て臨んだところの「治安維持法」の立法者の一人となった。僕は何んと抗日愛国の中国人民を徹底的に弾圧する事が正しい処置であると考えていたのだ。この法律を立法する事に依って、ぼくはいわゆる熱河粛清工作に於いてのみでも、中国人民解放軍に協力した愛国人民を一千七百名も死刑に処し、約二千六百名の愛国人民を無期懲役その他の重刑に

処している。ぼくの立法した「治安維持法」の条文は愛国中国人民の鮮血にまみれている。この法律に依り愛国中国人民は一万数千名も逮捕された。

この熱河粛清工作における治安維持法による死刑判決が一七〇〇名に及ぶという証言が過大でないことは、『東北「大討伐」』所収の統計表によっても裏づけられる。錦州高等法院の特別治安庭では、一九四三年五月から四四年四月までの一年間で一七七〇名を公判に付し、死刑二七二名、無期・有期「徒刑」一一三九名にのぼっている（七七一頁）。熱河粛清工作での検挙者が大半を占めるとはいえ、「満洲国」全体での治安維持法の死刑判決は二〇〇〇名近くに達するのではないかと推測される。それは、日本国内はもとより、朝鮮での適用と比べても、圧倒的な数値である。

「合作社事件」全体の中でまず起訴された五名の「中核体」関係者は、一九四二年六月以降、新京高等法院の治安庭において公判が開始され、八月二八日、「治安維持法第一条第一項の所謂団体結成罪として一率《ママ》に無期徒刑の判決が確定し」た（『在満日系共産主義運動』五三三頁）。

同書は、「満鉄調査部事件」について「これ等の犯罪行為が概ね本法施行前に於て為されあり、従つて満洲国建国当初公布せられたる暫行懲治叛徒法に該当する行為であるが、新法に依れば旧法の罪の悉くが処断すべく規定せられてゐる」（六〇四頁）とする。「合作社事件」も同様であった。前掲八田「満洲国治安維持法の解説」には「本法の効力」として、「暫行懲治叛徒法及暫行懲治盗匪法の改正法であるから刑法第八条の適用があり、犯罪後法律の変更があつた場合は新法を適用するのであるから、此等の法律に依つて従来処罰されてゐた行為であつて而も新しき治安維持法に於ても矢張り処罰すべきものとせられてゐる行為に付ては、新法たる治安維持法を適用し得るのである。唯此の場合旧法たる其れ等の法律に定めたる刑より重く処断することを得ないものとせられてゐる」（八一一頁）とある。

「合作社事件」を「在満日系共産主義運動」弾圧の嚆矢とし、「国体」変革の団体として「中核体」を仕立てあげることは、「満洲国」治安維持法の第一条第一項「団体結成罪」の適用を意味する。そこでは「死刑又ハ無期徒刑ニ処ス」と規定されていた。[2]暫行懲治叛徒法の第一条では、「首魁ハ死刑」「役員其ノ他ノ指導者ハ死刑又ハ無期徒刑」とされていたから、「旧法たる其れ等の法律に定めたる刑より重く処罰することを得ない」とされていたものの、実質的には治安維持法の第一条第一項を適用する以上、「死刑又ハ無期徒刑」以外はありえないことになっていた。さすがに実態のほとんどない「中核体」結成の「首魁」とすることには躊躇があり、また「日本人」ゆえ「転向」可能という判断があったためだろう、「死刑」ではなく「無期徒刑」が選択されたと思われる。

一九四三年四月一五日になされた「浜江コース」六名への判決は「満洲国」治安維持法第五条第一項の宣伝罪を適用したもので、佐藤大四郎が「徒刑十二年」（求刑は「徒刑十五年」）[3]、他は三年から七年の「徒刑」だった。これらの治安庭における審判長は佐藤竹三郎である（前職は札幌地裁予審判事）。

高等法院治安庭は第一審であり、最高法院への上告がありえたはずであるが、『在満日系共産主義運動』の「関係者中一人として不服を申出ずるものなく、却つて今回を最後の獄中生活として真に後生を意義あらしめ度いとする誠意を訴へ、潔く服罪し係官を感激せしめたと伝へらる」（五三三頁）という記述によれば、上告はなされず、高等法院の判決が確定判決となった。「誠意」や「潔く服罪」をそのまま信じることはできない。上告断念を強要されたか、上告の無意味さに諦観したためと推測される。

後述する「満鉄調査部事件」が一段落した時点（一九四四年後半）で編纂された『在満日系共産主義運動』は、その「緒言」で「合作社事件」を「農民左翼組織を企図する北満型合作社運動、日共再建を目指す中核体組織並協和会関係左翼運動等の全貌が白日下に曝し出され」（一頁）たものとする。同書第九章では「所謂一・二八工作事件」＝「合作社事件」を「便宜上佐藤大四郎を中心として漸進的一種の人民戦線戦術を巧に採用したる浜江コース関係と、かゝる運動に尚一抹の慊たらぬものを感じて、之とは別個に、急進的左翼運動を企図した情野義秀、平賀貞夫一派の中核体結成事件及之等の運動に相呼応しつゝも、未だ直接の連繋を保つに至らざりし鈴木小兵衛《すずきこへい》等の協和会、満洲評論同人、満鉄部内に於ける左翼グループ活動」（四六四頁）と描いた。つまり、「北満型合作社運動」を「浜江コース」関係、「中核体」関係、これらと未連繋だったいくつかの「左翼グループ活動」という三つの集まりととらえる。「浜江コース」は「究極に於ては共産主義社会の実現を意図するところに其の本質がある」（四七四頁）とし、「中核体」の性格は「日本共産党の流れを汲み、共産主義世界革命の一環として、日・満・支同時武装蜂起に依る暴力革命の意図を内蔵してゐた」（五〇三頁）とみなす。ただし、その「活動」は「比較的貧弱なる活動に終つた」（五〇三頁）という。三つ目の「協和会内部の左翼運動」は「未だ端緒的段階」だったとはいえ、「聴ては国策の企画面をも左翼化すべく虎視眈々たるもの」があり、「浜江コースに劣らざる危険性」（五〇六頁）をはらんでいたとする。

ついで、それらがいかに「運動の危険性」を有していたかを指摘する。第一はそれぞれが「強烈なる左翼意識」を有していたことで、「中核体」の場合、平賀の検挙がなかったとすれば「寒心すべき実を結んで居た」（五一三頁）とする。「浜江コース」の場合、「建設過程に於ける満洲国重要政策の空隙に乗じて全面的左翼運動に押し進めんとする深謀は、其の潜在意識の強烈なる点に於て寧ろ前者中核体運動に勝るものあり」（五一三頁）と重大視する。

第二は「巧妙なる戦術手段」で、ここでも「浜江コース及鈴木小兵衛等協和会関係者の合法」運動は「聴て機の熟するを俟つて中核体に勝る強力過激なる指導的組織体を期待せんとする巧妙且陰険なる左翼実践運動」（五一四頁）に進んでいったとする。そして、佐藤の落とした「一粒の種」は、「彼の巧妙なる宣伝に培はれて」、「国策面に深く根を下して将来に伸びんとして居る」（五一五頁）という位置づけとなる。ここから、佐藤に対する判決の「徒刑一二年」という重さが引き出される。ほかに「運動の危険性」として、「関係者の牢固たる社会的地位」と「地域的関係よりする危険性」（五一六頁）があげられている。

このような関東憲兵隊の描く構図からいえることは、三つのグループのそれぞれに重要性があったということである。それでも、全体として「浜江コースを紐帯とする拳固なる同志的結合を背景」とするように、「合作社事件」の中心におかれたのは「浜江コース」であり、佐藤を理論・実践面の指導的人物とした。「浜江コース」は合法的・漸進的ながら、「国策」的な重要政策にかかわるだけに、「脅威」・「危険」とみなされた。「中核体」は「浜江コース」

から出発しつつ、急進的・暴力革命の実践を志向しており、日本共産党再建運動と接点をもつとみなされた。「之を放置せば嘗つての日本共産党満洲事務局（一九三一年）の如きものに発展する可能性は充分包蔵して居た」（四三七頁）と観測された（「日本共産党満洲事務局事件」については、本書第一章第四節参照）。

鈴木小兵衛らの協和会関係者は、「浜江コース」関係者の取り調べを通じて浮上したもので（中間検挙）、「国策の企画面をも左翼化すべく」活動していたがゆえに、そこに潜在的な「脅威」・「危険」を見出した。「鈴木小兵衛、佐藤晴生、花房森は取調の結果満鉄調査部に於ける共産主義運動の一味なる事実判明」（五三二頁）したとされ、「満鉄調査部事件」への接続という点で重要な意味をもった。

関東憲兵隊司令部からの報告を受けて憲兵司令部が作成したと思われる「在満思想運動の推移と特質」（憲兵司令部「コミンテルンの解散と共産主義運動の将来性」所収、一九四三年八月、名古屋大学法学部図書室所蔵）では、「第一、共産運動の推移概況」として「鮮系共産運動」「在満蘇聯共産党」「在満中国共産党」についで「在満日系左翼運動」を取りあげている（「第二　反日民族運動の概況」、「第三　蘇聯の対日満策動」とつづく）。「思想前歴者の来満増加」傾向に注目し、「政府機関共和会《ママ》及び興農合作社若くは満鉄調査部等に就職」、「所謂合法場面を利用とする共産主義的活動が盛ん」となってきたとした上で、「所謂合法運動として国策に併行しつゝ行はれるために之を暴露摘出することが極めて困難となつてゐること」を強調する。

「合作社事件」に言及する箇所では重罰の程度という点で「中核体」の断罪は突出しているものの、運動そのものの危険性という点では合法運動としての「浜江コース」を「中核体運動に勝るものあり」とみる。(4)「一見左翼的に混同せられ易い国策に着眼して所謂「北満型合作社運動方針」を提唱」しつつ、「裏面的には唯物史観―「マルクス主義」の立場から満州農村社会を分析〔中略〕表面的方針の実践過程に於て封建的勢力を打破し、中貧農層の協同組織を拡大強化〔中略〕其の社会的階級的自覚を促し社会主義革命の遂行に備へんとする企図」をもっていたとするのである。合作社社員に思想前歴者を「殊更に」採用し、「常に共産主義の意識を注入し啓蒙」していたとする。

ついで「中核体結成事件関係者」については、「「浜江」グループ」などの「左翼「グループ」を横断的に連絡して在満日系共産主義運動の強力なる発展を図るべく哈爾賓に於て無名の秘密結社を設けたもの」とみなし、「官憲に暴露し難かつた」とする。一九四二年八月二八日の「中核体」関係者に対する判決については言及していない。

これら二つのグループ以外の関係者も「何れも国家的要請に添ひつゝ、裏面で独自の左翼的活動を為しつゝあつた」、「各々「エキスパート」として重宝がられ、相当の信用を博してゐたこと」というとらえ方をしている。これらから導かれる教訓は「左翼分子の偽装、合法運動は大いに警戒を要する」ということであり、その例として「「ゾルゲ」事件の尾崎秀実の如き事例」を挙げている。

3 「中核体」として何が問題にされたのか

「合法非合法結合形態」としての立件、さらに「中核体」というかたちのフレーム・アップは「合作社事件」固有のものではなく、つづく「満鉄調査部事件」でも実行されようとした。その手法はとくに対米英開戦前後の「共産主義運動」とみなしたもののえぐり出しにおいて、しばしば用いられていた。

一九四〇年九月の内務省警保局保安課「最近に於ける共産主義運動の概要」（荻野富士夫編『特高警察関係資料集成』第三一巻、不二出版、二〇〇四年、以下『資料集成』と略）では、「分散して居る革命勢力を急速に結集拡大し、事端発生の際は直ちに立ち上り、大衆の先頭に立つて果敢なる行動に出で一挙に革命の目的を達成せねばならぬとして合法擬装の活動に相併行して徹底的潜行の方法により而かも積極的に日本共産党の再建に奔走しつゝある」（三八八頁）と観測するようになる。四一年四月、枢密院で橋本清吉警保局長がおこなった報告「現下の治安状況に就て」（『資料集成』第一九巻）では、「共産主義運動の状況」についての説明が全体の半分以上を占め、「合法、非合法の両場面を通し、益々深刻巧妙なる戦略、戦術に依り蠢動しつゝある」（二二九頁）と最大の警戒が向けられていた。

七月の大本営政府連絡会議に特別に列席した田辺治通内相による報告「現下の治安状況に就て」（同前、二五一頁）

では、「共産主義運動の非合法活動の芟除《さんじょ》潰滅は勿論、その当面の実践活動が如何に合法的客観性を有するやに見受けられましても、其れが究極目的を達する為めの過程に於きまする一手段である以上、何等の躊躇なく之を制圧しなければならないことは申す迄もありません」と、対米英開戦を日程に上らせた段階ゆえの治安確保への決意が述べられる。また、大阪府特高課が「主として捜査初心者のために」作成した「特高警察に於ける視察内偵戦術の研究」（一九四二年頃、『資料集成』第二〇巻、一九九三年）では「戦時共産主義運動の趨勢如何」として、「国内至る処＝日満支其の他共栄圏をも含む＝各地の随時随処にあらゆる契機を求めて共産主義グループが簇出する処に主潮がある」（五三一頁）としている。

神奈川県特高課が一九四二年一一月に一斉検挙した「佐伯鉄工所グループ」や「浪漫グループ」も、「党再建」のための「集団」という見立てである。前者の佐伯鉄工所グループは、「共産主義グループとして将来党再建の素地たる事を目的としたるものであり、反面共産主義運動の一翼として産業部門を担当し、産報運動を利用して大衆を啓蒙宣伝し、党の目的遂行に資することを目的としたる集団」（検挙者は五名、『特高月報』一九四二年四月分）とみなす。

そして、「横浜事件」でも富山県泊町における細川嘉六らの懇親会が「党再建準備会」＝「中核体」と位置づけられて、別個の複数のグループがそこに収斂されていくという構図が組み立てられた。たとえば、「政治経済研究会」グループについて「本研究会を、所謂党再建準備会の一翼として其の傘下に糾合せんと意図せる」という「供述」をもとに、高木健次郎・勝部元らの芋づる式の検挙がつづいた。そして、「党再建準備会」の一員とされる小野康人（『改造』編集者）に対する予審終結決定（石川勲蔵予審判事、一九四五年七月二〇日）をみると、「所謂「党再建準備会」なる秘密「グループ」を結成し之を速に拡大強化して同「党」の中心勢力たらしむへきことを提唱」したとされた（笹下同志会編『横浜事件資料集』東京ルリユール、一九八六年、五〇頁）。これらは特高課・検事局・裁判所という神奈川県の治安当局が一体となって、「中核体」とみなした「党再建準備会」の存在を強弁しようとしたことを示している。

「合作社事件」で「中核体」とされた六名について、「満洲国」最高検察庁は「情野義秀ニ対スル治安維持法違反被告事件」などの関係資料を個人別に作成した。関東憲兵隊・新京高等検察庁の事件関連資料を網羅し、大部な資料にまとめあげること自体、「満洲国」治安機関にとって「中核体事件」が特別な意味をもっていたことをうかがわせる。情野・進藤・井上・岩間・田中の場合、その主な内容は次のようになっている。

新京憲兵隊長事務取扱門田善実（憲兵中佐）の「犯罪事件送致書」（新京高等検察庁宛）

同　「意見書」（新京高等検察庁宛）

「手記」（憲兵隊作成）

「訊問調書」（憲兵隊作成）

「訊問調書」（検察庁作成）

「手記」（検察庁作成）

新京高等検察庁検察官藤井勝三「起訴状」（新京高等法院宛）

ほかに被告に関する「身上照会」・「始末書」などが含まれている。平賀貞夫については新京高等検察庁から東京刑事地裁検察局に対して「共助事件」として取り調べ要請がおこなわれたため、その「共助事件回答書」「聴取書」（東京刑事地裁検事局岡嵜格作成）が主となる。

「中核体」が出現してくる状況をみよう。「抽出検挙」された情野の陳述からみても、情野への追及によって「中核体」像をまず固め、それをもとに残る五人の「供述」を引き出していったことが推測される。情野の憲兵隊における「訊問調書」だが、二〇〇丁におよぶ（前掲『在満日系共産主義運動』で引用される情野「手記」はこの資料では欠けている）。また、検察の「訊問」の回数も情野が九回と最も多く、念入りに取り調べがおこなわれたことをうかがわせる。

ついで進藤の取り調べも重視された。

「中核体」の萌芽は一九三八年八月頃の阿佐ヶ谷における平賀・進藤・情野の集まりにあったとされる。いずれも渡満後にハルビンの興亜塾で再会し、三九年八月と四〇年一月の「綏化会談《すいか》」には井上が加わる。そして、四〇年三月の「栄屋ホテル会合」と四一年四月の「天満ホテル会談」に岩間と田中が参加する。この「天満ホテル会談」に六名全員が参加し、無名の秘密結社「中核体」が結成されたことになる。情野の憲兵隊「訊問調書」には、「昭和十四年ノ九月頃カラ中核体ノ必要性ニツキ、平賀、進藤、私ノ三名ノ間デ問題ニサレテ居リマシタガ、〔中略〕中核体組織化マデノ及組織化以後ノ指導者ハ平賀デアリマス」（『関係資料』第一冊、六三頁）とある。また、進藤の検察「訊問調書」では、「斯クシテ私ハ平賀貞夫ヲ中心トシテ左翼「グループ」ノ結成ニ向ツタ訳デアリマス」（同前、二二三頁）とされる。

情野の供述をもとに憲兵隊・検察庁の描く「中核体」像は平賀を軸とする（図4-1）。すなわち、それは平賀の信念から発しており、情野と進藤を渡満させ、在満日系共産主義者を「糾合」し、「満洲国」内における共産主義運動の統一発展を意図したもので、潰滅に瀕した「党」再建をめざしたという構図である。「中核体」結成の場とされる「天満ホテル会談」について、情野は検察「訊問調書」で「既ニ綏化会合以来数次ニ亘ル私達ノ会合ニヨツテ平賀ノ話シタ核ナルモノ、性格ハ即チ在満共産主義運動ノ指導体テアルト云フ事ハ誰ニモヨク判ツテ居タ事ト思ヒマス」（同前、一三九頁）と供述している。

さらに情野は「中核体ノ性格ニ対スル認識」の中で、「コミンテルン「日本共産党、中国共産党」トノ関聯性」（同前、六七頁）について図4-2のような図を用いて説明する。このうち、「満洲ノ場合」は「在満ノ共産主義者ハ日本トノ関聯性ニ於テ政治的指導体ヲ組織シ、既ニ存在スル満洲共産党トノ組織的連絡ノ下ニ抗日民族戦線ヲ統一シテ満洲ニ期待スル日本ノ経済的、政治的意図ヲ粉砕シ日支戦争デノ日本ノ全面的敗北ニ助力スル」（同前、六八頁）という。しかし、これは情野の個人的な認識といってよく、他のメンバーに共有されていたわけではない。井上は検察

図４-１ 「中核体ノ機構」

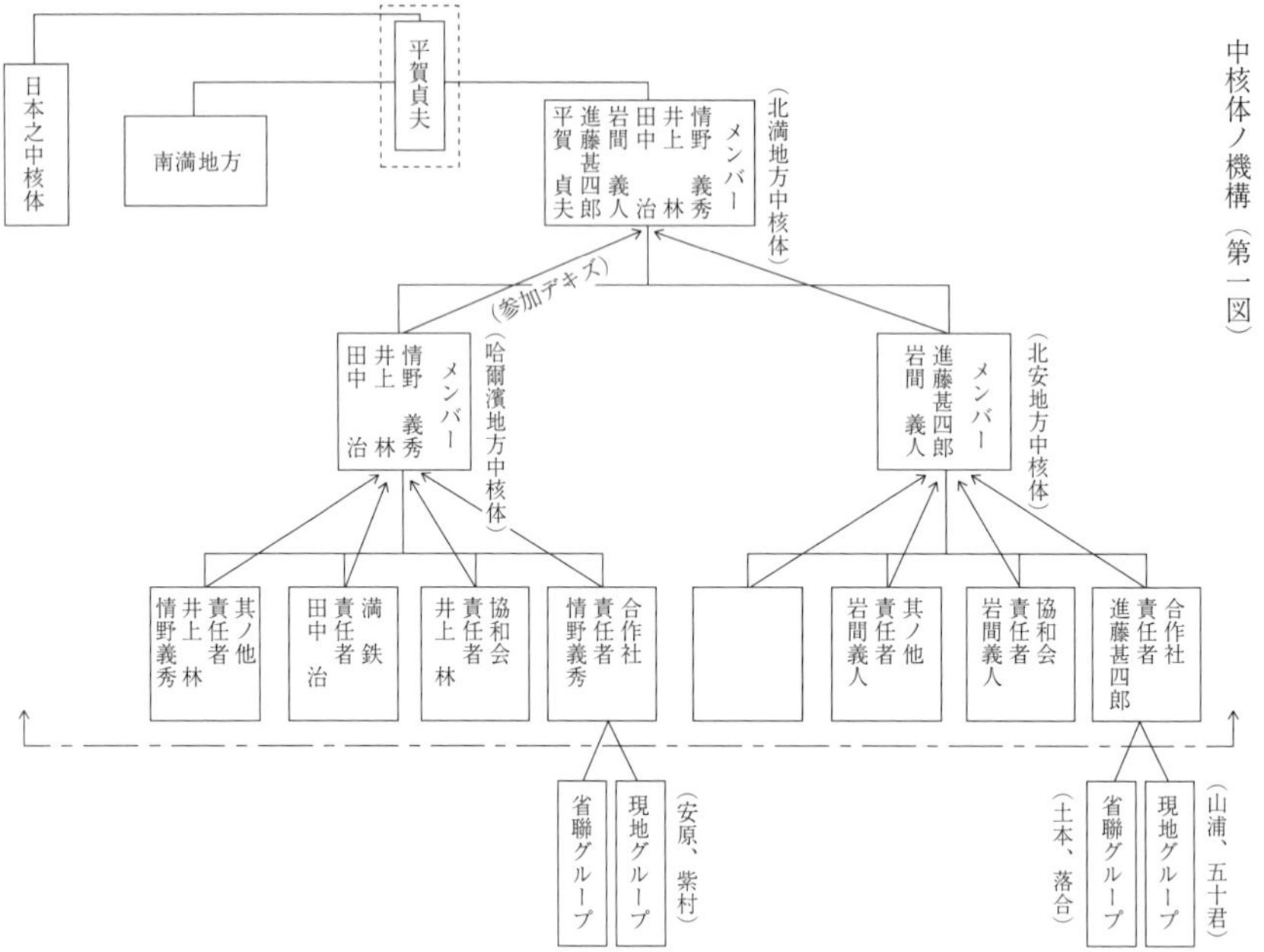

出所：「合作社事件」研究会編『十五年戦争極秘資料集　補巻34 「合作社事件」関係資料集』第一冊（不二出版、2009年）63頁をもとに作図。

図４-２ 「中核体ノ性格ニ対スル認識」

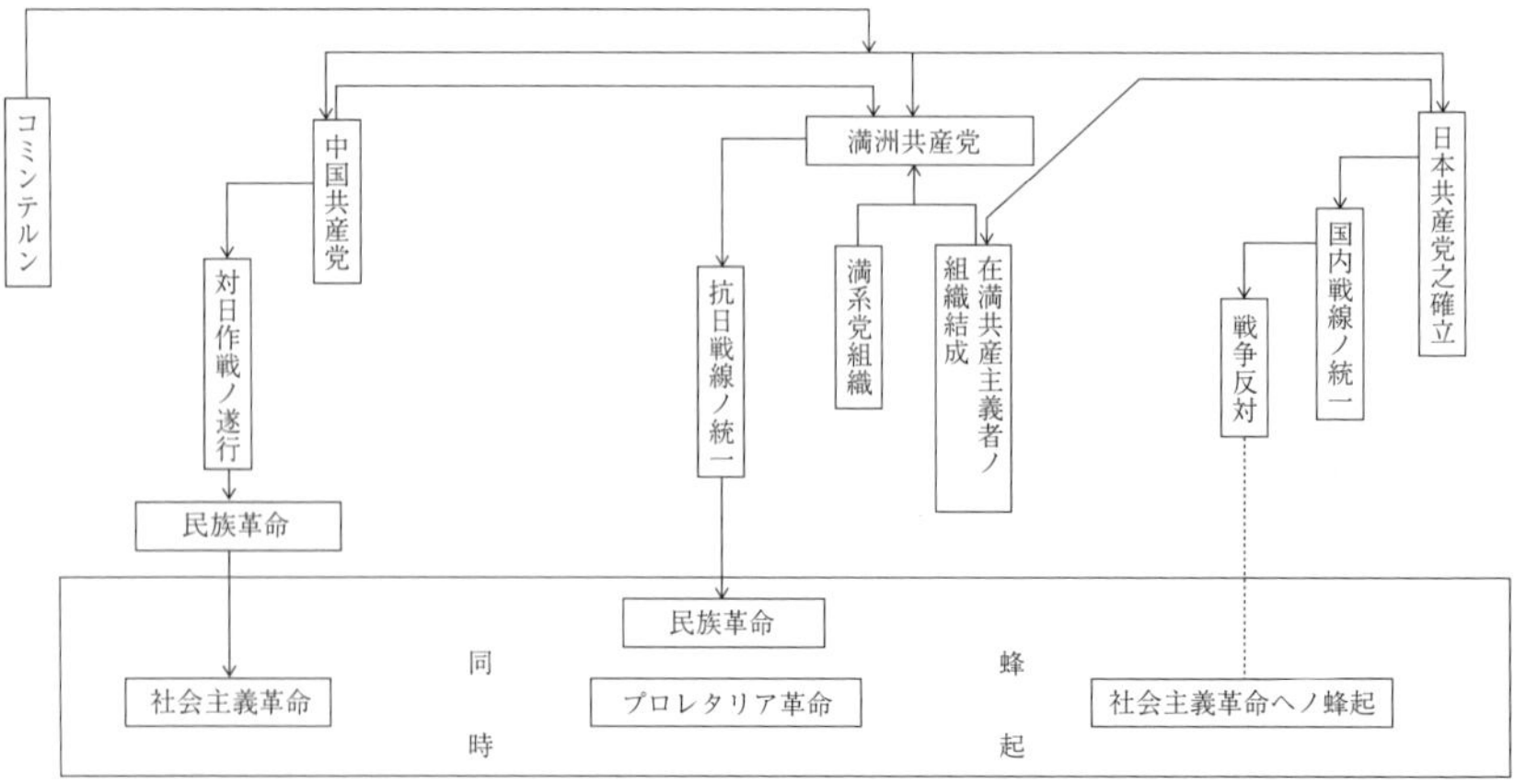

出所：「合作社事件」研究会編『十五年戦争極秘資料集　補巻34 「合作社事件」関係資料集』第一冊（不二出版、2009年）68頁をもとに作図。

「訊問調書」でみると、「中核体ノ性格」について問われるなかで、たとえば中国共産党との関連性について「多分日本共産党ヲ通シテ間接的ニ繋カツテ居ルモノト想像シテ居ル丈ケテ詳シイ具体的ナ事ハ知リマセン」（同前、三六一頁）と答える程度だった。

情野は憲兵隊「訊問調書」において、「天満ホテル会談」の「協議及決定事項」の第一に図「中核体ノ機構」（前掲図4－1）を示し「指導部ノ機構」を説明する。「哈爾賓地方中核体」と「北安地方中核体」を統合した上部機関として「北満地方中核体」を設け、これを「所謂中核体」とする。平賀を通じて「南満地方」、さらに「日本之中核体」と連携する。二つの「地方中核体」下に、合作社・協和会・満鉄という部門「責任者」がおかれる（同前、五九頁）。これとほぼ同じ図が『在満日系共産主義運動』中の情野「手記」にもある。進藤の検察「訊問調書」にもこれを簡略化した図が描かれている。

平賀貞夫を除く「満洲国」在住の五名が「無期徒刑」とされた「中核体」は、では何が問題とされたのだろうか。新京憲兵隊が検察庁に送検するにあたって付した一九四二年二月二八日付「意見書」には、「六名ヲ以テ日本及中国ニ於ケル共産主義運動ト相呼応シ満洲国ニ於ケル日系共産主義運動ヲ指導スル無名ノ秘密中核体ヲ結成シ以テ満洲帝国ノ国体ノ変革ヲ目的トスル結社ヲ組織シタルモノナリ」（同前、五頁）とあったが、四二年四月一六日付の検察の起訴状では次のようなとらえ方となる（同前、一六四頁）。

日本帝国主義ノ我満洲国及支那ニ対スル熾烈ナル攻勢ハ各其ノ地ニ於ケル被圧迫大衆ノ窮乏化ヲ激成シ居ルモノト判断シ斯ル情勢下ニ於ケル世界革命ノ遂行ノ為ニハ先ツ日満支ニ於テ右両党ノ有機的連携ヲ通シテ各其ノ地ニ於ケル同時武装蜂起ヲ決行スルコトヲ以テ先決条件ト解シ茲ニ其目的実現ノ為志ヲ同シクセル平賀貞夫、情野義秀、進藤甚四郎、田中治、岩間義人等ト共ニ（中略）現ニ分散状態ニ在ル我国日系共産主義運動ノ指導統一ヲ図ル為ノ中核体タル「核」ヲ結成シ（中略）共ニ我国ノ国体変革ヲ目的トスル無名ノ秘密結社ノ組織ヲ為シタルモ

ノナリ

「意見書」段階では日中の共産主義運動の「相呼応」という把握だったが、「起訴」段階では「同時武装蜂起」とされた。『在満日系共産主義運動』では、さらに「日・満・支同時革命の構想を抱きつゝ、在満日系共産主義者の結集並に各地共産党との横断的連繋を意識するに至つた」(四四九頁)、「日本共産党の流れを汲み、共産主義世界革命の一環として、日・満・支同時武装蜂起に依る暴力革命の意図を内蔵してゐた」(五〇三頁)とエスカレートする。情野の示した「コミンテルン「日本共産党、中国共産党」トノ関聯性」は、こうした「同時武装蜂起」を強調して「中核体」の危険性を増幅させることに憲兵隊および検察庁が躍起となっていたことを示そう。

東京刑事地裁検事局に対する平賀貞夫の「捜査嘱託」に際し、新京高等検察庁が求めたのは「四、在満日系共産主義運動ノ指導体タル中核体ヲ結成スルニ至リタル事情」やその性格・展望・活動、そして「一〇、右合作社運動ヲ中核体ニ如何ニ結ビ付ケントシタルヤ」であり(『関係資料』第二冊、二五一頁)、「中核体」の認定に力点がおかれていた。

後述する「満鉄調査部事件」でも、関東憲兵隊司令部は「非合法運動」として「中核体」を出現させ、治安維持法第一条の「団体結成罪」を適用しようとするが、検察庁送致後、「中核体」は消えてしまう。それと比較すると、「合作社事件」の場合、「中核体」は事件の一部として成立した。「中核体」は憲兵隊から検察庁、そして法院でも一貫して認定され、断罪された。

「手記」や「訊問調書」から浮かびあがる「中核体」の実態は茫漠としたものであった。その形成途上の一つとされる一九四〇年一月の第二回「綏化会談」(井上・進藤・平賀が参加)で合意されたことは、「グループヲ作リ皆ナ集ツテ目標ヲ決メルコト」(井上「手記」、同前、第一冊、二八六頁)、「グループヲ作ルコトニヨツテ個人ノ生活ヲ建直スコト、合作社事業方針ヲ足並揃ヘテ進ムコト尚最後ニハ組織的運動ノ足場トモナルデアロウト一石三鳥ノ効果ヲ思ツテ〔中略〕大体最初ハソンナ軽イ気持デ」（進藤「手記」、同前、二〇四頁）という程度にすぎなかった。

さらに「中核体」の結成と目され、最初で最後となる六名全員が揃った一九四一年四月の「天満ホテル会談」における状況について、情野は「平賀カラ抽象的テハアリマシタカ運動ノ正シイ発展ノ為ニハ政治的性格ヲ有スル核ヲ持タナクテハナラナイト切出シマシタ平賀ハ夫以上核ノ性格ニ付テノ基本的ナ説明ハ行ハス又誰カラモ之ニ対シテ質問モ出マセヌテシタ」（検察「訊問調書」、同前、一三八頁）という。平賀自身は「聴取書」において「当面満洲ニ於ケル共産主義運動ノ中心カ無イ為先ツ当面ノ情勢下ニ於テ何ヲ為スヘキカト云フ事ニ付キ討議研究シ共産主義運動ノ当面ノ運動方針及目標ヲ見極メ之ニ基ク政策綱領ヲ樹テソレニ基キ満洲ニ於ケル共産主義運動ノ中心指導体トシテ運動ノ統一ヲ図リ満洲ニ於ケル大衆組織ヲ作リ之ヲ拡大シテ前衛党タル共産党ノ組織確立ノ基礎ヲ作ラントシタルモノテアリマス」（同前、第二冊、二六三頁）と述べたとする。

肝心の「中核体」の定義についても、微妙に異なっている。平賀は「満洲ニ於ケル共産主義運動ノ中心指導体」としたが、情野は「北満地方最高指導部」を「中核体」とする。また、検察「訊問調書」でも、「全満的ナモノテハナク哈爾浜ヲ中心トスル北満地方ヲ政治的地盤トスル存在テアリマス」（同前、第一冊、一四四頁）とする。これに対して、進藤は「満洲ニ於ケル最高ノ中心指導体最高水準ノ左翼組織」（検察「訊問調書」）、井上は「満洲ニ共産主義的気運ヲ醸成シ、共産主義ニ基ク運動ヲ展開シ、其ニ基ク革命ヲ用意準備スル、即チ共産主義運動ノ唯一ノ最高指導体デアル」（憲兵隊「手記」、同前、二九七頁）という把握である。岩間と田中においても同様である。「北満」に活動範囲を限定する情野と、「満洲」全体とする平賀・進藤らとは、微妙ではあるが明らかに重要な部分でくいちがっている。それは「中核体」の存在自体が虚構の産物であったことを推測させる。

「中核体」結成後の活動について、平賀は「核結成後ノ活動ハ内地同志トノ連絡、運動資金ノ方面テハ可成リ進ミマシタガ我々ノ分担シタ研究テーマハ未タ少シモ研究出来ス従ツテソレニ付テノ会合モ持タナカツタノテス又同志ノ獲得モ情野カラ田中ヲ紹介サレタ丈ケテ具体的ニハ進ンテ居リマセヌ」（「聴取書」、同前、第二冊、二七七頁）と述べ、井上は「中核体トシテ差当リオ互ニ是ト云ツタ具体的ナ行動ハナイ」（『手記』、同前、第一冊、二九六頁）と記している。強制的に書かせた「手記」にしても、その「活動」はこのように「比較的貧弱なる活動に終つた」（『在満日系共産主義運動』五〇三頁）とせざるをえなかったのである。

その程度のものにすぎなくても、関東憲兵隊・新京高等検察庁の手により日中両共産党の「同時武装蜂起」のための「中核体」結成に仕立て上げられてしまった。そもそも「中核体」は取締側による虚構の産物であったと断言できよう。

にもかかわらず、六名の「聴取書」や「手記」からは増幅されながらも、戦時下の日本および「満洲国」の国民の社会的不安・動揺について、彼らが認識を共有していたことが読みとれる。一九四〇年三月の「栄屋ホテル会談」についての進藤に対する検察の「訊問調書」には、次のようにある（『関係資料』第一冊、二三七頁）。

其時平賀ガ遺ツタ内地情勢ノ話ハ今良ク覚エテ居リマセヌガ大略申シマスト日本ニ於テハ最近愈々物資ガ不足シテ国民生活モ低下シ又日支事変ガ長期化シタノデ国民ニハ厭戦的空気ガ漲ツテ来タノミナラズ一方産業資本家ハ政府ノ態度ニ悖ラズ協力ヲ拒ム様ナ傾向ガアツテ戦争一本槍デ進マントスル軍部ガ之レニ憤慨シテ居ル斯様ナ諸事情ガ交錯シテ次第ニ社会的不安ガ生レ国民モ動揺シテ来タト云フヤウナ事デアツテ〔後略〕

また、彼らに「グループヲ作ルコトニヨツテ個人ノ生活ヲ建直スコト、合作社事業方針ヲ足並揃ヘテ進ムコト尚最後ニハ組織的運動ノ足場トモナルデアロウト一石三鳥ノ効果」（進藤「手記」）とあるように、左翼運動再興の志があったことも確かと思われる。取締当局にとっては、「合法場面に寄生して展開しありたる陰性思想運動」（「最近に於ける日系共産主義運動と捜査着眼」一七五頁）、あるいは「国策」に便乗した巧妙な運動と組織という思い込みが危機感を増幅させ、虚構の産物たる「中核体」を生み出し、まだ萌芽的な活動にとどまっていた「在満日系共産主義運動」への強引な弾圧に駆り立てた。

「中核体」とされた五名に下った「無期徒刑」という厳罰の意味を考えてみよう。「浜江コース事件」では佐藤大四郎の「徒刑十二年」を筆頭にすべてが「徒刑三年」以上の実刑となっており、全員が執行猶予付きとなった「満鉄調査部事件」と比べると、「合作社事件」全体の有罪の程度ははるかに重い。とりわけ「中核体」の場合は突出している。

「無期徒刑」となるのは、「満洲国」治安維持法第一条の「団体結成罪」の適用を受けたからである（「浜江コース事件」の場合は治安維持法第五条第一項〔宣伝〕の適用）。その母法たる日本の一九四一年「改正」の治安維持法の適用においては、大半は第一条後段の「目的遂行罪」の適用だが、国内の朝鮮独立運動関係の結社として認定した場合（「朝鮮独立ノ素地ヲ作ルコトヲ当面ノ主要ノ任務トスル結社竹馬稧ヲ組織シ」一九四三年一二月二四日、『大審院刑事判例集』第二二巻第二〇号、三〇五丁）でも、「懲役四年」の判決だった。

「在満日系共産主義運動」弾圧の嚆矢として「合作社事件」を重視し、「国体」（「満洲国」の「国体」！）変革の団体として「中核体」を仕立てあげることは、自動的に治安維持法の第一条第一項の適用を意味した。関東憲兵隊の強硬な姿勢は、「中核体」関係者の検察庁送致に際しての「意見書」において、「厳重科刑ノ要アル」だけでは飽き足らず、その上に「最モ憎ム可ベキモノニシテ」（『関係資料』第一冊、五頁）と付していることに明らかである（井上林のみは「厳重処罰ノ要」だけ）。また、前掲『在満日系共産主義運動』では「天満ホテル会談」の記述にある「闘志満々たる之等同志」、「白昼堂々而も哈爾浜市内目貫の繁華街に位置する天満ホテルの客室に布陣して、かゝる不穏極まる謀議をなしたるは、如何に満洲取締官憲を軽貫しあるかを裏書する」（四九三頁）などには、面目を失ったと考える関東憲兵隊の憤怒ぶりを見てとれる。

暫行懲治叛徒法を継承する「満洲国」治安維持法が、その制定時において想定していたのは反満抗日運動弾圧であり、「在満日系共産主義運動」の取締は予定されていなかった。ただし、前述のような理由と経緯により「中核体」

を弾圧の俎上にのせた際、「国体」変革を目的とする団体の結成を処罰するには、治安維持法は牛刀をもって鶏を割くほどの絶大な威力を示した。

「満洲国」治安維持法により情野ら五名が「無期徒刑」となったことと比べて、平賀が日本の治安維持法により「懲役七年」に止まったことを、『在満日系共産主義運動』は「日・満に亘る此の種思想運動取締に対する統一性の欠如」と批判的に書いている。「事件処理関係官として、国家的良心に於て、将又一般社会に及ぼす影響に於て、慎重考慮を要する問題には非ざる乎」（六二七頁）と不満を漏らすのである。

なお、「浜江コース事件」も、佐藤大四郎の「徒刑十二年」（一九四三年四月一五日判決）を筆頭にすべて実刑判決であったことは、治安維持法第五条第一項の「宣伝罪」の適用が「死刑又ハ無期若ハ三年以上ノ徒刑」という規定の適用からしても十分に重いことを示している。『在満日系共産主義運動』では、佐藤は「浜江コースの提唱者であり、且終始運動に於ける中心的存在であつた本事件の立役者」（四六六頁）と位置づけられ、「浜江コースは、其の実践に於て社会主義革命の成功的発展に寄与し、究極に於ては共産主義社会の実現を意図するところに其の本質がある」（四七四頁）とされる。「中核体」と「浜江コース」との関係についても、情野らをして「今日かくあらしめたるは、本来の左翼意識と其の後に於ける相互間の連絡奔走に俟つところ多しと雖も、之を培養し其の母体をなしたるものは実に浜江コースに外ならない」（五〇二頁）とする。

さらに、『在満日系共産主義運動』は佐藤らをことさらに陰険・悪質な存在ととらえる。たとえば、浜江省連合会主事の要職につく佐藤の「心中にはか丶る好機に乗ぜんとする恐るべき画策が秘められていた」（四七二頁）とみる。また、金融・農事合作社の統合により「運動に対する無言の鉄槌」が下った際、「彼等は、此の様な当局の親心を機会に、具さに過去の行為を省み思想清算を誓ふべきであつた」が、その後も「執拗陰険に策動の継続を意図してゐた」（四七三頁）とするのである。このような佐藤への敵対視は、そのまま検察庁・法院でも共有され、「徒刑十二年」という厳罰となったと思われる。

第二節　「満鉄調査部事件」

1　「満鉄調査部事件」の構図

「合作社事件」の「浜江コース」関係者の取り調べを通じて鈴木小兵衛らの協和会関係者が浮上し、中間検挙、「満鉄調査部事件」に接続していった。『在満日系共産主義運動』によれば、一九四二年四月頃からの鈴木の「供述」を機に、「合作社事件」の「関係者を以てする在満日系共産主義運動の母体なるものが、満鉄調査部にありと推定し得る多数の供述を得た事」(五四〇頁)が事件の出発点となった。一九四三年八月一一日の日付のある関東憲兵隊司令部の武本実中尉が作成した「最近に於ける日系共産主義運動と捜査着眼」(前掲『満鉄調査部事件の真相』所収)にも「九、二一事件発覚の端緒は一、二八工作の捜査中に於て副次的に把握し主として容疑者の執筆投稿せる左翼論文の検討に依りて確信を得」(一六八頁)とある。

『在満日系共産主義運動』は、二つの連続する事件を「理論と実践の関係」ととらえた。「合作社事件」＝「一・二八工作事件」が「実践活動」であり、「満鉄調査部事件」が「主として理論活動」である。そして、両者の結節点に佐藤大四郎を据え、次のように述べる(五三九頁)。

浜江コースの提唱者であり、指導者である佐藤は、年報イデオロギーの実践者であると同時に、当時満洲に於ける左翼理論の最高水準と称せられたる年報理論は、一般左翼分子就中農民運動に挺身せる一・二八工作事件関係者に対し影響を及ぼしたるは又疑の余地なく、人的関聯に於ても相互密接なる交友関係持続せられあり、茲に必然的に本家、分家の関係が生ずるに至つたものである。

もちろん関東憲兵隊の見るところ、「本家」は満鉄調査部であり、「分家」は佐藤・「浜江コース」関係者である。それは調査部を「在満日系共産主義運動」の「母体」とすることと重なる。したがって、「在満日系共産主義運動」の本命であり、えぐり出しの最大の標的は「本家」であり「母体」である満鉄調査部に向けられた。

そのために、一九四二年七月一〇日、関東憲兵隊は司令部警務部内に「思想班」を設置し、検挙に向けて一元的な統制・指揮の態勢をとった。「合作社事件」においてなされた「関係隊に各処理班を置き、司令部に其の統制班を置くが如き分散的処理」（五四七頁）に齟齬や不都合が生じ、改善が求められたのだろう。川戸武「供述書」には、「此の事件は、一・二八事件以上に複雑困難であり、且つ訊問は可成り長期間を必要とする見越を付け、事件処理は憲兵隊司令部が担当する事と成り、松本〔満貞〕少佐以下一・二八事件処理班の大部分は司令部に転属、新に特別班を設けた」（松村高夫「フレーム・アップと「抵抗」」より重引、四六一頁）とある。これが「思想班」か。川戸は「此の事件は一・二八事件被検挙者の陳述書が基礎になって証拠がためがされた為「偵諜工作」は全然やっていない」ともいう（松村「フレーム・アップとしての満鉄調査部弾圧事件（一九四二・四三年）」より重引）。尾行・スパイの使用・信書類の検閲などを行わなかったということだろう。

ここまでの「合作社事件」捜査の延長線上で、「満鉄調査部関係左翼分子大部の運動形態は、合法場面を利用する所謂人民戦線戦術に拠り国策調査に便乗し、専ら調査執筆活動を通じ、主義の宣伝啓蒙をなしある」（『在満日系共産主義運動』五四九頁）という判断を得ていた。新設の「思想班」では「物的証拠の収集検討」に着手し、満鉄調査部関係の出版物・印刷物に「精細厳密なる検討」を加えた。「被疑者をして索出論文の検討に協力せしめ」（同前、五五〇頁）とあるように、鈴木小兵衛のほか深谷進らも動員された。『在満日系共産主義運動』にはその検討例が二つ収録されているが、鈴木が「研討者《ママ》」となった第一次検挙の一員石田七郎「満洲工業生産に於ける動向」（一九三四年版『満洲経済年報』）の場合、「山田盛太郎の「日本資本主義分析」の工業分析による強き影響が示されてゐる」として、

「それは皇道発揮をもつて単なる資本の運動となし、其の結果としての工業畸形化を示してその支配への不満を表せるもの」（五五四頁）とみなした。

これらにもとづき、「人的、物的資料の綜合整理をなすと共に検挙予定者の決定」（五五六頁）へと進んだ。鈴木の「供述」以来、「僅か半歳《ママ》」で事件の概要を把握したとする。九月一七日、「一・二八工作ニ依リ満鉄関係者ノ共産主義運動ノ全貌判明セリ」（五五七頁）として、加藤泊治郎関東憲兵隊司令官による第一次検挙命令が発せられ、二一日に一斉検挙が実行された。

『満鉄調査部事件』（解学詩・宗玉院編『満鉄内密文書』第三〇巻、社会科学文献出版社、二〇一五年）の刊行によって、九月二一日の検挙後、加藤泊治郎関東憲兵隊司令官名による「九・二一事件（満鉄調査部職員ヲ主トスル在満日系共産主義運動）検挙ニ関スル件報告（第一報）」が九月二三日に発せられていることがわかった。この「第一報」は、一斉検挙時点での内偵を通じて組み立てた「調査部事件」の見取り図といえる。検挙者名簿が付されている。

まず冒頭「要旨」では「一二八工作」（「合作社事件」）の取調進捗にともない、「在満日系共産主義運動ハ概ネ満鉄調査部ニ発芽セル」（一二頁）ことが判明したとして、満鉄調査部の関係者二五名の検挙がなされたとする。本文では、満鉄調査部について「満洲建国当時ヨリ左翼分子ノ巣窟トナリ在満日系共産主義運動ノ貯水池的役割ヲ果シ」ていたとみて、『満鉄経済年報』などの論文類が「実ハ其ノ大多数カ共産主義ノ立場ヨリ執筆セラレ同主義ノ宣伝啓蒙ノ効果ヲ具有スルモノタルノ事実」（一三頁）があったという。(5) そして、「所見」として次のように記載されている（一四頁）。

現在迄ニ把握セル証憑ニ於テハ今次検挙者ノ共産主義運動ハ合法場面利用ノ文化運動ナルモ取調ノ進捗ニ伴ヒ「グループ」結成其他非合法運動ノ存在ヲ予期セラレ且前記九十余名ノ容疑者中所謂「ゾルゲ」事件ニ連坐シテ既ニ検挙セラレタルモノ尾崎秀実ヲ始メ合計六名ヲ算シアル実情ニ照シ同事件トノ関連ヲモ予期セラル

「今次検挙者ノ共産主義運動ハ合法場面利用ノ文化運動」という把握は、すでに前述のように七月頃には固められていたものだった。注目すべきは、この一斉検挙の時点で「「グループ」結成其他非合法運動ノ存在」が「予期」されて、早くも「非合法運動」の剔抉へと事件拡張の方向が示されていたことである。いうまでもなく、「合作社事件」における「中核体」の剔抉という「二匹目のドジョウ」を狙ったものであろう。また、同様に事件拡張のもう一つの方向として、「ゾルゲ事件」との「関連」も追及していこうとしていた。被疑者に対する取り調べの焦点がこれらに据えられていった。

「第一報」から三ヶ月後の一九四二年一二月二四日、関東憲兵隊司令官は「第二報」として「九、二一事件ニ関スル件報告」を通牒する。(6) 冒頭には「目下事案ノ全貌把握ヲ主眼トシテ鋭意取調実施中」として、「各種集団的又ハ個別的左翼活動ノ事実ハ既報本事件ニ対スル見透ヲ裏書シツ、アリ」(六七頁)とある。「各種集団的」とは「第一報」の「「グループ」結成其他非合法運動ノ存在」を指すはずだが、「第二報」の「本事件ノ概要」における記述は、「時局下ノ国家的要請ニ巧ニ便乗シテ実ハ社会主義革命ノ為ノ前提諸条件ノ促進ヲ図ル等満鉄調査機構ヲ直ニ左翼組織トシテ利用」(七八頁)という程度にとどまる。まだ、検挙者総数三一名中の「首脳者」一二名の取り調べに着手したという段階だからだろう。

「所見」の「1．左翼運動上ノ地位」では、「満鉄調査部左翼分子」の活動が「合作社協和会等ニ於ケル左翼運動(一二八工作)ノ如キ満洲ニ於ケル各種日系左翼運動ノ母体ヲナシ又共産党運動ニモ利用セラルル可能性大ナリシモノ」(八一頁)あったとするが、ここではまだ「中核体」や「新京グループ」は登場していない。つづく「2．運動形態」には、次のような記載がある(八二頁)。

今次事件ハ巧ニ合法場面ヲ利用シテ其運動ヲ展開スルト共ニ(中略)其ノ究極意図ヲ秘匿シ非合法性ヲ露呈セサ

ルカ故ニ長期間弾圧ヲ免レ来レルモノニシテ此種形態ノ運動ハ発見困難ナルト共ニ其ノ危険性ヲ軽視看過セラレ易キモ所謂人民戦線戦術ナル新戦術ニ則リタルモノニシテ従前ノ非合法ヲ露呈セル党運動党《（ママ）》ニ比シ遥ニ悪質危険ナル運動ナリ

「第一報」にあった「合法場面利用ノ文化運動」を「所謂人民戦線戦術ナル新戦術」とみなしてその「悪質危険性をとくに問題視しているが、「中核体」・「新京グループ」への言及はなされていない。「遥ニ悪質危険ナル運動」という断定は、この事件の「反国家的有害影響」の強調につながる。事件は「聖戦ノ真意義ヲ歪曲否定シ満洲建国新中国ノ建設ノ理念ヲ混乱ニ陥レ」るだけでなく、現機構に対する「不安不信ノ念」を強め、「階級的観念」を培養し、さらに「各種不逞運動ノ素地」（八五頁）の醸成を導くとする。調査部の「左翼調査方法ノ誤謬」――「資本主義ノ矛盾面ノ剔抉指摘ニ終始スル公式的一面的調査方法ノ偽瞞《（ママ）》」――を指摘した上で、次のように満鉄首脳部をはじめとする「国家的調査機関」の責任を追及する（八七頁）。

之ヲ要スルニ今次事件責任ノ大半ハ左翼理論及左翼的調査方法ヲ許容セル満鉄首脳者ニ在リト言ハサルヘカラサル実状ニ在ルモ満鉄以外ニ於テモ左翼分子ヲ利用スルモノ多ク且之ヲシテ調査ヲ担当セシメアル傾向多キニ鑑ミ本事件ノ徹底的究明ニヨリ其欺瞞性ト危険性ヲ認識セシメ特ニ国家的調査機関ニ於ケル監督ヲ透徹シテ左翼分子ノ欺瞞ヲ看破シ建設部面ニ於ケル彼等ノ策動ノ余地ナカラシムルノ要切ナルモノアリト思料ス

「本事件ノ徹底的究明」による「左翼分子ノ欺瞞」性と危険性の未然防止こそが、関東憲兵隊が「満鉄調査部事件」に求めたものといえよう。それは満鉄調査部の解体をもたらしたことで一定の目標を達成した。のちほど、あらためて「満鉄調査部事件」の意味を考えることにして、その後の経過を追おう。「合法場面利用ノ文化運動」の断罪にとどまらず、事件の拡張が企図された。

一九四二年一二月二四日の「第二報」には、「本事件首脳者ノ取調ニ依リ既ニ満内ニ於ケル運動ノ全貌ヲ把握シ引続キ日支ニ於ケル運動ノ実相ヲ究明中ナル」（七〇頁）という一節があった。「満内ニ於ケル運動ノ全貌」把握を進める一方で、「日支ニ於ケル運動ノ真相」究明の方向、すなわち「第一報」にあった「ゾルゲ事件」や中西功を中心とする「中国共産党諜報団事件」との結合が模索されていたと推測される。

「ゾルゲ事件」関連で検挙された宮西義雄（満鉄調査部東京支社調査室）の証言が、その手がかりとなる（「満鉄調査部事件」『満鉄調査部――関係者の証言』五三六頁）。

満鉄調査部事件で捕まった人のなかには、尾崎秀実のことを追及された人は二人や三人ではないのです。まったく関係のない人でも、たとえば下條英男君さえ尾崎秀実とのことを追及されています。小泉吉雄君は、はっきり自分でも、尾崎との関係の取り調べで気が狂うようになったということを書いていますね。ですから、尾崎秀実事件に引っ掛けようと思ったけれどもだめである、中西事件でも、満鉄調査部で検挙されたのは六人だったと思いますが、これも尾崎秀実との関係を調べたけれども直接の関係は出てこない。

具島兼三郎（満鉄調査部第三調査室）の回想にも、「わたしは突然呼び出しを受けて、取調べを受けることになった。ところが取調べの内容は、当初わたしが予想していたものとは全く異なっていた。わたしに対する訊問は、尾崎秀実や中西功との関係に集中されていたからである。なんでこの二人との関係を執拗に訊くのかと思った」（『奔流――わたしの歩いた道』一四三頁）とある。

調査部関係者の中には、一斉検挙を前に「ゾルゲ事件」や「中国共産党諜報団事件」との関連を追及されるのでは、という懸念をもつものもあった。『回想　満鉄調査部』（勁草書房、一九八六年）で野々村一雄（満鉄調査部文化班）は

「尾崎秀実＝ゾルゲ事件と中西功等の対敵通報事件とが、調査部事件の原因、根拠であることは、否定できないと思う。僕が、これらの事件のあとで、調査部の弾圧を必至と考えたことによって、僕のまわりに「火の車」がぐるぐると廻り出したと感じたのも、その理由の一つは、ここにある」（二四八頁）と述べている。

後述する一九四三年三月二五日付の関東憲兵隊司令官「九、二一事件ニ関スル件報告」通牒「第四報」（前掲『満鉄調査部事件の真相』所収）は渡辺雄二（満鉄東京企画室）と「中核体」結成についてのものだが、そこでは渡辺が尾崎から「満鉄調査部内左翼分子の結集組織方を示唆」（一八五頁）されたと記している。また、満鉄上海事務所調査室などに勤務した加藤清（起訴猶予となる）に対する関東憲兵隊司令部の検察庁宛「意見書」（同前）には、「支那抗戦力調査」において「中西功の指導の下にマルクス主義観点より支那抗戦の発展過程並特質を明瞭にする」（一八三頁）行動などがあったとの一節がある。さらに『在満日系共産主義運動』の「新京グループ」の結成経過の記述にも、松岡瑞雄が尾崎らより「満鉄調査機関内左翼分子の組織方を暗に慫慂せられたる結果」（三四六頁）とある。

このように、関東憲兵隊司令部では調査部事件を「日支ニ於ケル運動」、具体的には尾崎や中西と結びつけようと努めた形跡が濃厚である。関東憲兵隊による「本事件ノ徹底的究明」の重大性と画期性を示すには、それが「日支ニ於ケル運動」に広がっていたことを提示することが有効と考えたからであろう。しかし、この結合の試みはうまくいかなかったと思われる。「ゾルゲ事件」や「中国共産党諜報団事件」と連結させるためには警視庁特高部などとの協力関係が不可欠であるが、関東憲兵隊司令部にはそのパイプもなかった。

一九四三年八月一一日付の関東憲兵隊司令部「最近に於ける日系共産主義運動と捜査着眼」では、「満鉄調査部事件」を「建設途上に在る大陸を安固なる舞台として之を開拓し日系左翼運動上に於ける強靭なる基礎を着々構築しありしもの」（『満鉄調査部事件の真相』一六八頁）と位置づけており、「ゾルゲ事件」などへの言及はみられない。遅くともこの「捜査着眼」が作成された四三年八月時点では、「日支ニ於ケル運動」への拡張の企図は断念されていた。(7)「日支ニ於ケル運動」への拡張の模索と同時に、もう一つの事件拡張の試みもなされていた。「日支ニ於ケル運動」

ともからめて、「中核体」と「新京グループ」という「非合法運動」を出現させる方向である。

事件に対する関東憲兵隊司令部の「第三報」は発見されておらず、一九四三年三月二五日付の「第四報」に飛ぶ。この報告は「要旨」の第一に「被疑者渡辺雄二は昭和十五年春同人首謀の下に左翼中核体を結成せることを自供せり」（同前、一八四頁）とあるように、渡辺の供述が大部分を占める。ここに初めて「中核体」が登場する。「中核体結成の動機」の一つは、日中戦争長期化にともなう経済破綻の危機に対処するため、三九年一一月、東京において渡辺が尾崎秀実より前述のような「示唆」を受けたためという。「中核体の性格」は、「調査部マルクス主義者グループの組織中心体たると共に尾崎秀実を通ずる日本共産党の外廓団体たらしめんと構想せるもの」とされた。構成メンバーは渡辺のほか野間清（満鉄上海事務所南京支所）・松岡瑞雄（関東軍司令部第五課）・石田七郎（満鉄調査部総務課）・三輪武（関東軍司令部）の五名とされ、四〇年三月、大連本社における業務主任会議に参集したことを機に「結成を完了」した（同前、一八五頁）。

「第四報」の出される直前の一九四三年三月二三日、応召中の松岡は「任意留置」され、検挙となった。松岡の所属した新京調査室、石田の所属した北京調査室に「左翼組織」が結成されていたとし、その「真相及中核体との関係追究中」とある。三輪については「応召南方に出征中」のため、その「取調方法研究中」（同前）という（四月二六日検挙）。このような経過をみると、「第一報」で「予期」した「非合法運動」が「中核体」として浮上してきたのは、一斉検挙からしばらく経過して四三年に入ってからと思われる。「所見、処置」に、「中核体メンバーたる石田七郎、野間清及謀議参与者稲葉四郎の供述は右渡辺雄二の供述と大綱に就き一致しありて中核体結成の事実は確実と判断せられ引続き詳細取調中」（同前）とあることも、それを裏づけよう。

「第四報」では、「中核体」について「日本共産党の外廓団体たらしめんと構想せるもの」と記述する。それは、八月一一日付の「最近に於ける日系共産主義運動と捜査着眼」でなされる「大連本社、新京、北京、上海各地調査員五名を以て調査部マルクス主義者グループの組織中心体たると共に日共の外廓団体たらしめんとの意図を以て大連に於て結成せられたる」（一六六頁）という位置づけと同じである。また、「首謀」者と目された渡辺の手記「中核体に就て」（一九四三年三月、『満鉄調査部事件の真相』所収）では、「党の影響下に其の左翼的意図即ち危機の発展を激化し革命の為の客観的条件の成熟に貢献せんとすること」が「調査部マルクス主義グループ中核体の任務」（二一八頁）とされている。

関東憲兵隊司令部から新京高等検察庁への事件送致は、一九四三年五月八日の吉植悟（満鉄調査部新京支社調査局）と狭間源三（満鉄調査部東京支社調査局）を手始めに、一〇日には下條英男と吉原次郎（ともに満鉄調査部新京支社調査局）とつづいた。満鉄調査部新京支社調査室に属するこの四人は「集団（新京グループ）活動」をしたとされ、もう一人のメンバーとされた米山雄治（満鉄調査部新京支社調査局）の送致は七月三日となる。米山を含め、「非合法運動」の容疑で「新京グループ」がまず「処理」された事実は注目に値する。

『在満日系共産主義運動』は、「新京グループ」の組織者を松岡瑞雄としている。同グループは、松岡が「当時の急迫せる客観情勢に対処して、社内に於ける左翼分子の結集と調査視角の統一を期して、自己の提唱する総合調査の強力なる推進を図るべく、新京支社調査室内優秀左翼分子四名を糾合し、当面新京調査室員を組織する為の第一段階として結成したる法律上所謂集団である」（三四六頁）とする。

なお、三輪武は「関東憲兵隊の話では、第一次検挙では、ぼくや松岡瑞雄とか和田耕作とかは召集されており軍籍があるものですから、手続き上、将校は陸軍大臣を通らないと検挙できないので、半年くらいのズレができたのだということを聞きましたね」と語る（「満鉄調査部事件」『満鉄調査部――関係者の証言』五三四頁）。確かに松岡瑞雄の検挙は一斉検挙から半年後の一九四三年三月二三日であるが、「新京グループ」四名の検察庁送致が五月上旬であることは、まだ不自然さが残る。三月二五日付の「第四報」では松岡の所属した新京調査室や石田の所属した北京調査室について「真相及中核体との関係追究中」とあり、それが急進展して五月上旬の「新京グループ」送致となったとは思えない。

一九四四年半ば以降の編纂と推測される関東憲兵隊司令部編『在満日系共産主義運動』は、松岡を「新京グループ」の組織者に仕立てあげているが、おそらく四三年五月上旬の送致時点では「新京グループ」は松岡との関連なしに取り調べが進んだことが考えられる。「最近に於ける日系共産主義運動と捜査着眼」は、そのことを推測させてくれる。そこでは「重なる運動形態」の四番目に「左翼グループ及中核体の形成」をとりあげ、まず「「新京グループ」の結成」について、「新京調査室に於ける左翼分子四名に依り左翼活動を通しての国体変革を究局《ママ》の目標として結成せられたるものなり」（一六八頁）と記している。この「左翼分子四名」に松岡は含まれておらず、吉植・狭間・下條・吉原を指すと思われる。

三輪武は、この「新京グループ」や「中核体」出現の発端が鈴木小兵衛の「創作」だったと証言している。「満鉄調査部事件」（『満鉄調査部——関係者の証言』五三五頁）での発言である。

> 新京グループをまず作って、それで松岡君や吉植悟君が中心になって業務担当者会議を動かしていたというように書かれていますが、その理由付けなどを見ても、やはりぼくは鈴木小兵衛君が創作したのだと思います。業務担当者会議というのは、ある意味では調査部運営の中心だったのですから、業務担当者が中核体であると言われてもやむをえないところもありますが、取り調べの際に見せられたリストのことから考えて、このような考え方というのは鈴木小兵衛君から出たのだと思います。

この三輪の証言に信を置けば、一斉検挙直後の「第一報」にある「取調ノ進捗ニ伴ヒ「グループ」結成其他非合法運動ノ存在」の「予期」は、鈴木の「創作」にもとづいていたといえそうである。

2 「中核体」・「新京グループ」立件化の挫折

関東憲兵隊司令部が「満洲国」治安維持法の第一条＝「団体結成罪」関連として送致した「中核体」メンバーの「処理状況」「適用法律」「処理年月日」（検察庁への送致日）は、次のようになっている（『在満日系共産主義運動』六〇一～六〇二頁）。

野間　清	「結社（中核体）並単独活動」	第一条第一項後段・第五条第一項	四三年七月三〇日
渡辺雄二	同	第一条第一項前段・第五条第一項	八月二〇日
三輪　武	同	同	九月一六日
石田七郎	同	同	一〇月二日
松岡瑞雄	同	同	一〇月二日

関東憲兵隊司令部は『在満日系共産主義運動』の中で、「今次事件関係者はマルクス主義の世界観に基き究極に於ては、満洲帝国の国体を変革して共産主義社会を実現せんことを目的」（六〇四頁）としていたと概括した。一九三〇年代後半以降、えぐり出した「共産主義者」を治安維持法によってからめとるために特高警察・思想検察によって開発された手法である「究極に於て」がここでも用いられている。その際には「コミンテルン」に対する認識」および「日満支に於ける共産主義運動に対する認識」が、取り調べや「手記」の焦点の一つとなった。

では、「中核体」として何が問題とされたのだろうか。『在満日系共産主義運動』「第二編　事件処理状況」は「中核体」について次のように記している（六〇五頁）。

この非合法組織たる中核体は、当時満鉄調査部第一班業務係主任であつた渡辺雄二が日本内地の左翼分子の影響を受け、日・満・支に亘る客観情勢の緊迫感より之に対処し得る主体的条件の緊急組織の必要を感じ、新京、北京、上海、東京等各満鉄現地機関の有力分子を以て組織員となすべきことを意図し、昭和十五年三月中旬頃業務担当者会議を機に大連市大和ホテル松岡瑞雄止宿室に於て、前記渡辺、松岡、石田、三輪の四名を以て中核体を結成し、爾来右中核体の拡大強化の為諸般の活動を為したるもの

野間清については、渡辺から協力を求められたものの、渡辺との「感情的憤懣より積極的態度を示さゞるのみならず、中核体結成に当つては巧に参集を回避し、自らは右中核体の外廓として之を側面より支持」(六〇六頁)したとする。したがって、渡辺ら四名を「満洲国」治安維持法第一条第一項前段の「団体結成罪」に該当させるのに対して、野間の場合は同項後段の「要務掌理罪」の該当とされた。

なお、これら「中核体」関係者はその結社前の「擬装合法活動」として、各種の「刊行物を通じ共産主義思想の啓蒙に努め、或は調査部左翼勢力拡大強化の為諸般の活動を展開し来りたる」(六〇六頁)として、それらについては治安維持法第五条第一項後段の「宣伝罪」に該当するとされた。

前掲『在満日系共産主義運動』「第一編　運動の状況」では「中核体」を「調査部左翼分子全体を将来の組織目標とし、当面経調派を第一段階として結成せられたる秘密の左翼結社」(三四〇頁)と定義し、「当面の任務」が「(一)経調派を対象とする組織活動の展開」「(二)調査部運営の左翼化」「(三)左翼調査研究の確保推進」「(四)調査成果の国策への反映に依る左翼意図の実現」(三四一頁)にあったとする。しかし、「渡辺の組織的政治手腕に比し、野間の事務家的潔癖性、松岡、三輪の中途に於ける応召」などにより、「中核体としての活動は所期の進展を見るに至らなかつた」(三四二頁)とする。にもかかわらず、もし放置すれば「運動の将来発展性」において重大な局面を迎えたはずだとして、「中核体」の危険性を次のように記している(三七五頁)。

政治的実践運動の指導組織として結成せられたる中核体は、将来日共との連繋に成功し、日共に対し唯一の温床

体となる外、之が指導下に現在迄採りつ、ありたる合法擬装場面利用の運動を更に積極化し、左翼調査を通じて国策の企画中枢に進出し、以て日・満・支に亘る革命の客観情勢の促進に努むると共に、満鉄並在満の左翼分子を傘下に結集して、主体的条件を強化し革命に備へることであらう。

関東憲兵隊自身が指摘するような渡辺・野間の疎隔などの「中核体」の人的結合の弱さ、「政治的実践運動の指導組織」としての活動が「所期の進展」を見るに至らなかったと認めざるをえないこと、「日共」の存在を前提に推論することなどを考えれば、「中核体」を浮上させたこと自体が絵空事であった。関東憲兵隊司令部内部では可能だったフレーム・アップ化も、事件送致後、新京高等検察庁では認められなかったことが、その虚構性を裏づける。『在満日系共産主義運動』の「新京グループ」の項でも、「中核体」の場合と同様に松岡瑞雄が中心人物とされ、「満洲国」治安維持法第一条第一項の適用とされた。吉植は「松岡が同志を糾合して所謂新京グループ結成を企図しあるを察知し、且右グループなるものが究極に於て満洲国の国体を変革して共産主義社会建設を意図するものたるの情を知りながら之に参加し」、さらに松岡応召後は「自ら其の指導者的地位を掌握し団体の要務を掌理した」（六〇七頁）として、第一条第一項の「要務掌理罪」に該当するとする。下條・狭間・吉原は第一条第二項の「団体の参加罪」にあたるという。米山は『満洲評論』などを通じて「左翼理論の啓培」（六〇七頁）に努めたことが第五条第一項の「宣伝罪」に、「新京グループ」への参加が第一条第二項の「参加罪」にあたるとする。

関東憲兵隊司令部では「非合法運動」として「中核体」と「新京グループ」を出現させ、この二つを関連づけるために松岡を位置づけようとした。しかし、松岡を接点として両者を十分説得的に結びつけることはできなかったといえよう。松岡の検察庁「送致」の意見書には、「グループ」結成による「新京調査室ノ中心的推進力」（『満鉄調査部事件』五四九頁）の形成、「農業近代化論」提唱による「新京グループノ推進的理論」（同前、五五二頁）化、戦時経済調査における「新京グループノ指導権確立」（同前、五五五頁）など、「新京グループ」に比重がおかれている。「中核体」については、「左翼調査員組織化運動ノ推進指導ニ任スヘキ秘密組織」（同前、五四九頁）という位置づけである。

では、「新京グループ」として何が問題とされたのだろうか。『在満日系共産主義運動』「第一編　運動の状況」は「新京グループ」を前述のように位置づけた上で、その「主なる活動」として、「左翼調査の推進と之が政策への反映」、「左翼理論の昂揚並視角の統一」、「同志の結集と指導権の確保」の順で例示する。それらは「従来の調査部の左翼運動を強力に推進せしむる」ことにほかならず、「故に本グループ結成後に於ける（中略）彼等の左翼活動の大半は、亦本グループとしての活動でもあつた」（三四八頁）。要するに「満鉄調査部事件」の本質である「合法場面利用ノ文化運動」の「大半」は、非合法運動たる「新京グループ」の活動でもあったことになる。

この項の冒頭には「所謂中核体及グループ活動は、会社機構内に於ける地位を利用し結成せられたるものにして、表面合法的に存在し、其の活動に至つては殆んど擬装合法運動であった。此の意味に於ては、之等の結成行為も擬装合法運動と云ひ得るのであつて、彼此確然たる区別を付することは困難である」（三三六頁）という一節もあった。調査部の調査・研究・評論活動を、表からは「擬装合法運動」として、裏からは「非合法運動」として把握しようとする。二つを区別しうるのは、「中核体」および「新京グループ」ともに「共同の不逞目的を有し、共産主義運動上に於ける主体勢力確立てう非合法意識が存在していた」（三三六頁）とする点である。

「最近に於ける日系共産主義運動と捜査着眼」は、「満洲国」治安維持法第一条の「団体結成罪」に相当するかどうかについて、「中心的分子」の固定、「構成員」の特定、「結合力」の強さ、客観的な「共同目的一致」という要件から判断するとする。「新京グループ」・「中核体」はこれらの要件を「充足」するとして、規模は「弱小」ながらも「団体結成罪」を構成するとみなしている（『満鉄調査部事件の真相』一七〇頁）。また、二つの「非合法団体」結成について、「客観的社会情勢緊迫せりとの観察より爾後の直接行動展開の準備たりしもの」とする（同前、一六九頁）。しかし、「擬装合法運動」でもあり「非合法運動」でもあるという説明は、「団体結成罪」の構成要件の点からしても、やはり説得力に乏しいといわざるをえない。

関東憲兵隊司令部は一九四三年一二月二七日までに四〇名を新京高等検察庁に送致し、事件を一段落させた。『満鉄調査部事件の真相』および『満鉄調査部事件』所収のいくつかの関東憲兵隊司令部「意見書」をみると、「処罰に関する意見」として「厳重処罰の要」と「相当処罰の要」で分類される。おそらく、これに対応して、前者の松岡瑞雄・稲葉四郎は「起訴」され有罪となり、後者の林田了介・加藤清の場合は「起訴猶予」となっている。『在満日系共産主義運動』では事件送致の「計四十名は悉く厳重処罰の意見を附し」とあったが、実際にはやや軽微とみなされた場合には「相当処罰の要」があるとされていた。

一九四二年九月二一日の一斉検挙組の一人野々村一雄の場合、四三年七月三日に新京高等検察庁に送致されたあと、一〇月から検察官の取り調べがはじまり、一二月まで集中的につづいた。検察官は吉岡隆直が主任で、ほかに大越・大川が担当した。野々村は「例によって例のごとく、憲兵隊で書いたとほぼ同じ趣旨の手記を書かされた。最初に検察官から与えられた手記の必要項目も、関東憲兵隊本部で高橋曹長からもらった形式とまったく同じであった」と回想し、「検察官が憲兵の予め敷いたライン以外の線で、われわれを取調べることは、思いもよらなかったであろう」と推測する（『回想　満鉄調査部』二三五頁）。

第二次検挙組の一人伊藤武雄は獄中でわずかな情報の断片から、「取調べの進行状況」を次のように推測したと記している（『満鉄に生きて』勁草書房、一九八二年、二五三頁）。

> われわれを検挙はしたものの憲兵隊側では非常に困惑したらしい。逮捕した以上なにかやったことにしなければひっこみがつかない。だがスパイ事件を構成するにはちゃんとした証拠が必要です。その点、思想問題にきりかえればなんとかつじつまをあわせやすい。それで事件を検察側にうつして、われわれが満鉄の調査部内にあって調査活動を将来の革命に役立てるように計画立案していたという筋書きをつくり、この線で検挙したわれわれの身柄に結着をつけようとしました。

このおおよその把握は、「ゾルゲ事件」などの「スパイ事件」立件がうまくいかず、「思想問題」にきりかえて「なんとかつじつまをあわせ」たという点で、ほぼ的を射ているといえる。一方で憲兵隊の「困惑」や検察側への委任という推測はおそらくあたっていない。上述のように関東憲兵隊は周到な準備を整えた上で「満鉄調査部」の弾圧・解体を実行し、検察側は「憲兵の予め敷いたライン」で司法処理を進めたとみることができる。

一九四四年夏頃と推定される新京高等検察庁の「起訴」をめぐる「処理状況」表が『在満日系共産主義運動』に掲載されている（「処理」日は一九四三年一二月三〇日から四四年六月二九日まで）。鈴木小兵衛・花房森・佐藤晴生という「合作社事件」からの編入三名を含めた二八名のうち、大上末広ら五名は獄中で病死している。残り二三名中、加藤清ら八名が起訴猶予となり、一五名が起訴となった（佐藤晴生は起訴直後に病死）。このなかには下條・吉原、そして米山の「新京グループ」とされた三名、「中核体」メンバーとされた石田七郎が含まれている。野々村が新京監獄で起訴状を受け取ったのは、四四年三月二一日であった。その後、公判までは九ヶ月近くを獄中で過ごした。

小泉吉雄が証言した関東軍司令部爆破計画に関連して一九四三年一一月一日に検挙された枝吉勇は「入獄一〇〇日、読書、書状、面会一切禁止で、外部との交渉は全く断たれ」た状況のなかで、憲兵隊の取り調べを受け（検察庁への送致は一二月二七日）、四四年四月中旬から検察官の取り調べとなった。四四年七月末、「自由主義左派であり時局に合うものではない」という理由で起訴猶予となる。その際、「お前は何もしていないが意識は高いと評定されていた」（枝吉勇『調査屋流転』自費出版、一九八一年、九七頁）という。

九月には小泉も起訴猶予、即時釈放となる。その際、検察官から「若し、君が釈放になったら、国家の命令ならどんな危険でも、構わずにやってくれるか」との質問に、小泉は「何事であれ、身を挺してやることを誓った」（小泉吉雄『愚かな者の歩み』自費出版、一九七八年、七〇頁）。

注目すべきは、ここまでに起訴された一五名すべてに適用されたのは「満洲国」治安維持法第五条第一項であり、

「新京グループ」・「中核体」に対して関東憲兵隊が適用すべきとした第一条第一項の「団体結成罪」ではなかったことである。「起訴」処分の遅れた「新京グループ」・「中核体」の残るメンバーについても同様であっただろう。第五条第一項の条文は「第一条又ハ第三条ノ目的ヲ以テ其ノ目的タル事項ノ実行ニ関シ協議シ若ハ煽動シ又ハ其ノ目的タル事項ヲ宣伝シ其ノ他其ノ目的遂行ノ為ニスル行為ヲ為シタル者ハ死刑又ハ無期若ハ三年以上ノ徒刑ニ処ス」であり、「起訴」にあたっては「国体」変革にかかわる「宣伝」が適用されたと推測される。「満洲国」司法部参事官八田卯一郎「治安維持法に就て」によれば、「国体変革に関する犯罪」――「国体変革を目的とする非団体的犯罪」――「宣伝罪」という分類となっている（『在満日系共産主義運動』八〇八頁）。

これは、新京高等検察庁の段階で、関東憲兵隊とは異なり「非合法運動」の存在を否定したことを意味する。「日本内地より専掌検事」三名の出向者を増強し（一九四三年五月）、「検察官、憲兵一体となり相互密接なる連繋の下に終始円滑に事件処理に当つた」（『在満日系共産主義運動』六一〇頁）が、「非合法運動」の存在を認めて「満洲国」治安維持法第一条第一項の「団体結成罪」を適用するか否かという点で、明らかに見解の相違があった。関東憲兵隊は一九四四年後半と推測される『在満日系共産主義運動』編纂時点でも「非合法運動」＝「団体結成罪」として「中核体」と「新京グループ」の立件化を主張していたが、この「非合法運動」＝「団体結成罪」の一点に限って、検察は関東憲兵隊の意向に従わずに第五条第一項の「宣伝罪」適用を押し通した。

3　「思想洗浄」の急務

「合作社事件」から予想外に出現した「中核体」の断罪に味をしめて「二匹目のドジョウ」を狙った「満鉄調査部事件」において、検察庁送致後に「非合法運動」のフレーム・アップが頓挫してしまった理由はどこにあるのだろうか。おそらく「合作社事件」の「中核体」がそれなりに数次の会合の結果として組織されたなどと説明されたのに比べて、もっともらしいフレーム・アップとするに十分な「意識的連繋」や数次の会合の実績などが、「満鉄調査部事件」においては決定的に不足していたからだろう。「新京グループ」は関東憲兵隊自身が認めるように「擬装合法運動」とも「非合法運動」ともいえる「ぬえ的」な位置づけであり、その中心人物と目した松岡瑞雄の役割も無理なこじつけに終わった。また、「中核体」についても「所期の進展を見るに至らなかった」(『在満日系共産主義運動史』三四二頁)とせざるをえない程度の組織と活動だった。

この頓挫のもう一つの理由を挙げるとすれば、この「非合法運動」否定について不満は残るとしても、関東憲兵隊にとって本命ともいうべき満鉄調査部の断罪は満足すべき成果であり、みずからの存在を誇示する上でも十分な意義をもったということであろう。「合作社事件」で「中核体」をフレーム・アップしたことを「満鉄調査部事件」でも再現しようとして「非合法運動」を無理やりにひねりだしたものの、それはいわば欲張った産物であった。したがって、検察庁・法院段階でその存在を否定されても甘受せざるをえなかったと推測される。

さらに可能性として、関東憲兵隊司令部・新京高等検察庁などを上回る権力、具体的には関東軍司令部が、満鉄調査部関係者を、「満洲国」治安維持法第一条第一項の「国体」変革を目的とする団体のメンバーとして極刑に近い司法処分をすることを押しとどめた、あるいは忌避したということは考えられないだろうか。「合作社事件」の場合に「中核体」とみなされた六名は合作社関係者であり、関東軍司令部が直接かかわる組織ではないのに対して、満鉄調査部と関東軍の関係は密接なものがあり、それを断罪の対象とすることに躊躇し、消極的であったことは確かである。

もし「非合法運動」の存在を認めれば、それは「国体」変革の「団体結成罪」を適用することになり、「指導者」とされれば「死刑又ハ無期徒刑」に、加入していたとみなされるだけでも「無期徒刑又ハ十年以上ノ有期徒刑」となるわけだから、審判長による減刑があったとしても、あまりにも苛酷な刑罰であり、関東軍および満鉄の理解は得られないと考えたのではなかろうか。

このように考えると、「巷間動もすれば今次の如き擬装され、合法化されたる共産主義運動を其の本来の目的、意図を看破し得ずして寧ろ国策型進歩分子を以て遇し、今次検挙を無用視するものがあるが如きは認識不足も甚だしきもの」（六二八頁）という『在満日系共産主義運動』の一節は、被疑者を「国策型進歩分子」と厚遇し、「検挙を無用視する」ほど非協力的・消極的であった関東軍および満鉄の各首脳部に対する痛烈な皮肉とも読みとることが可能である。関東憲兵隊司令部は一方でそれらとも対峙していたといえる。しかし、「非合法運動」の追及のところでは最終的に手を緩めざるをえなかった。

野々村一雄の場合、新京高等法院（飯守重任審判長）で一九四五年一月に三回の単独公判があり、その後に保釈となった。五月一日、野々村を含む二〇名の最後の公判があり、吉岡隆直検察官は「被告たち一同が、日本共産党、中国共産党との直接の連絡はないが、これらが主体となっておこなわれるプロレタリア革命の展望を予め確立しておくために綜合調査をおこない、また、そのために宣伝活動をおこなったことがいけない、これが一種の人民戦線的な運動である」という趣旨の最終論告を行ったという（『回想　満鉄調査部』三七九頁）。求刑の内容は不明である。

判決はすべて「宣伝罪」の適用となった。「宣伝罪」適用でも条文上は「死刑又ハ無期若ハ三年以上ノ徒刑」であるが、実際には大半の判決（二〇名中一六名）は「徒刑二年執行猶予三年」となった。松村高夫は「裁判官の裁量による減刑は可能であり、その結果「二年」の徒刑となった、と考えられよう」としている（「フレーム・アップと「抵抗」」五〇一頁）。何より重要なことは有罪という断罪を下すことであった。それゆえ、重い判決は必要がなく、条文の規定以下の「徒刑」と執行猶予が付された。

具島兼三郎は「裁判長はわたしを有罪とすることによって関東軍憲兵《ママ》隊の顔を立て、執行猶予とすることによって、わたしに実質的な自由をあたえたのであった」（『奔流』二五六頁）と回想する。その理由として、「憲兵隊や検察庁段階でわたしがいくら口を酸っぱくして説明してもわからせることの出来なかったこと（「三国同盟に反対した動機」）を、歴史はその偉大な説得の力を通して、いとも簡単に裁判長にわからせてくれたから」（同前、二五四頁）と解釈する。

残る四名は渡辺雄二と松岡瑞雄が「徒刑五年執行猶予五年」、吉植悟と稲葉四郎が「徒刑三年執行猶予三年」とやや重くなったのは、稲葉を除いて「中核体」・「新京グループ」の構成員とみなされた三名だからと考えられる。同じ「宣伝罪」の適用でも軽重がつけられた。「非合法運動」に固執した関東憲兵隊への配慮があったともいえる。検察庁送致の「意見書」にあった「厳重処罰の要」と「相当処罰の要」の差が、「徒刑五年」と「徒刑二年」の差に響いてきているといえよう。

関東憲兵隊司令部の検察庁送致の際に付した一九四三年六月二五日付の稲葉についての「意見書」(『満鉄調査部事件の真相』所収)には、渡辺から「所謂旧年報グループ員を中心として之が秘密指導体たる所謂「ケルン」を結成するの企図」を知らされ、それが「非合法組織の確立」を企図したものであることを理解した上で「支持承諾」(一八〇頁)したという一節があり、「中核体」とほぼ同じ理屈がこじつけられていた。さらに「処罰に関する意見」では「満鉄調査部に於ける左翼理論水準の最高峰として理論的指導者的地位に在りたる」ことが指摘されて、「厳重処罰の要」(一八一頁)が求められていた。また、四三年三月の事件報告「第四報」では「謀議参与者」となっていた。このように稲葉も中心人物の一人と目されたことが、「徒刑三年執行猶予三年」という判決になったと思われる(松村「フレーム・アップと「抵抗」」四八四頁)。

なお、「満鉄調査部事件」でも最高法院への上告はありえたはずであるが、すべて新京高等法院の判決が確定判決となった。それは、後述するようにすべての被告は「思想清算」の完了者とみなされ、国家に反抗する「上告」はありえないとされたからである。

「満鉄調査部事件」弾圧を考える手がかりとして、『在満日系共産主義運動』の第三編におかれた「事件処理より得たる教訓及将来の対策」がある。その「第一章　思想対策に就て」には、「憲兵の行ふ思想対策は其の有害思想を根底より覆滅掃蕩し清浄なる状態に帰せしむる所謂抜本塞源的措置でなければならぬ」(六二七頁)、「大東亜指導民族として発展しつゝある今日我民族間に於ける思想清浄は急務中の急務」(六二八頁)という一節がある。「有害思想」

として「思想清浄」の対象となったものは「左翼分子ノ巣窟」であり、「在満日系共産主義運動の貯水池的役割」（関東憲兵隊司令部「九・二一事件（満鉄調査部職員ヲ主トスル在満日系共産主義運動）検挙ニ関スル報告（第一報）」『満鉄内密文書』第二〇巻、一三頁）を有するとみなされた満鉄調査部そのものであった。

この「思想清浄」という言葉から連想されるのは、石堂清倫の証言である（「満鉄調査部は何であったか」）。「単独犯の治安維持法違反というのは、組織的行為のない組織体ということになります。行為がないから、将来その人の精神または思想が、行動を起こす可能性にたいして未然に懲罰するという、予防的な措置でしかなかった」として次のようにつづける（『満鉄調査部――関係者の証言』五九六頁）。

私は長いあいだそれを誤解していまして、憲兵隊や検察官の取り調べのときになにもやっていないと抗弁しました。けれども、それを向こうの方ではせせら笑って取り上げない、彼らはこう言うのです。君たちの考えはまったく甘いものだ、今はもうなにもやれないことは、こちらが百も承知している。しかしこの国家非常の時局に銃後を固める当局としては、将来万一の点から見ると、お前たちの抗弁する態度自体が大いに危険なのだ、行為にたいしてだけ罪を問われると思うのは間違いである、すすんで服罪して同胞の警戒心をたかめることが求められているのだ、ということであったと思います。そういうことを憲兵隊でも検察庁でも放言しておりました。

総力戦体制を揺るがす恐れのある言動だけでなく、被疑者にはその根源にある「精神」や「抗弁する態度」を一掃し、天皇・国家に帰一する「精神」・「態度」に完全に転回することまでが求められた。『在満日系共産主義運動』の冒頭「諸言」には、関東憲兵隊の取り調べにおいて「熱誠と温遇を以て彼等の迷蒙を解き、皇民意識に大悟して思想清算への努力を誓約せしめ」（三頁）とある。それは「第三編　事件処理より得たる教訓及将来の対策」において、より詳しく述べられる。取り調べ当初は「自己を守り同僚先輩を庇護して左翼調査の継続発展を擁護せんとする心境態度にあったもの」(同前、七二八頁)が、「取調官の熱意と時日の経過」により、「遂に国家と共に自己の罪悪は勿論凡て其の知悉しある左翼運動を剔抉芟除して国家の安泰を希求し、自己を懺悔するの心境に立至りたる」(同前、七三〇頁)という経過をたどったとする。これが求める「思想清浄」であった。

新京高等検察庁に送致された四〇名の「被疑者の悉くは真に思想清算を誓ひ堅実なる甦生の第一歩を踏出した」という。すなわち、「マルクス主義を捨て、啓国の大精神の実現のために立上がることが出来ます。〔中略〕日本精神に立脚する新たな学問体系樹立の手初めとして必ず合理主義思想の批判をします」(石川正義「取調に対する自己の心境」一九四三年八月一〇日、『満鉄調査部事件の真相』二二一頁)、「日本精神を体得し、日本精神に立脚する真に日本的な大東亜共栄圏経済学の一大理論体系を樹立することにより、理論の面に於て国家に報いんことを期しております」(石田精一「現在の心境に就て」一九四三年七月八日、同前、二二二頁)という段階までの「転向」が不可欠なものとされたのである。

「合作社事件」と「満鉄調査部事件」は、「思想清浄」の第一弾・第二弾として実行された。「思想清浄」の言葉どおり、取締当局が「共産主義思想」を依然として把持しているとみなせば、洗い去ることが「急務」となった。そこにフレーム・アップはたやすかった。

それゆえ、先鞭をつけたこれらの事件について、「担任者の辛酸努力は遂に克く之が真相を究明し不逞目的を未大に防止し得たるものにして憲兵の真価に更に光輝を添えたるもの」(「最近に於ける日系共産主義運動と捜査着眼」『満鉄調査部事件の真相』一七六頁)と自画自賛する。その自賛は、『在満日系共産主義運動』でも、「各隊共に班員の大部分は共産主義理論に対する認識未だ漸く初歩的段階の実情にあつたにも拘らず、能く所期の目的を完遂し得たることは実に班員の旺盛なる責任感と勤務に対する熱意の然らしむるところ」(五三〇頁)とされている。

「左翼運動発生の母体」とみる満鉄調査部自体の「思想清浄」も必要とされた。一斉検挙時には満鉄調査部総務課長の職にあり、最後の調査部事件検挙者となる枝吉勇は、「そもそも満鉄事件は東条〔英機〕が大村〔卓一〕総裁に伝えたように、戦争計画遂行のための思想清掃作業が本態である」と回想する（『調査屋流転』九五頁）。

「事件の片鱗を推知し其の広汎重大性に狼狽動揺を生じ事件の拡大を虞れ」た満鉄では、「未検挙左翼分子に対しては調査部門よりの転出、非役、謹慎等の行政的措置」を講じた。一九四三年五月、調査部は調査局に縮小された。四三年六月二四日付の調査局長「指示事項」には、「一、調査局の業務は悉く戦力増強に資すべきこと」のほか、次のような「思想清浄」に相当する項目もあった（『在満日系共産主義運動』六一七頁）。

五、既往に於ける不祥事を将来絶対に再発せしめざらんが為には、反国家的思想を抜本塞源的に芟除するは勿論、是等思想の根源となる自由主義思想を抱懐するを許さず、牢固なる態度を以て部内の粛正に全力を尽すこと。

松村高夫の指摘するように、「関東憲兵隊の弾圧と、満鉄自身の内部「粛正」により、満鉄調査部（局）は著しく弱体化した。ここに満鉄の自立的な調査活動は、事実上の終焉を余儀なくされた」（「フレーム・アップと「抵抗」」四九二頁）。関東憲兵隊にとって、「満鉄調査部事件」を通じて十分に満鉄自体の「思想清浄」を果したといえる。

では、なぜ「思想清浄」が急務なのか。対米英戦という文字通りの総力戦下であることに加えて、「満洲国」という地勢的位置への強い警戒感があるというべきだろう。それは、「最近に於ける日系共産主義運動と捜査着眼」の「結言」の一節――「満洲の多角的民族構成に因る思想戦力の弱体、中共の□□□□ソ連の策謀強化、在満日人の特殊的地位、大東亜戦局に依る内外情勢の緊迫化、特に民族運動蜂起の危険増加、加うるに運動戦術の益々巧妙悪質化するに対し思想警察力の質的低下等々に相到するとき将来に於ける在満日系共産主義運動は尚幾多の問題を孕胎し其の発展性は今後情勢推移の如何に懸りありて遽に予断を許さざるものあり」（一七五頁）――によくうかがえる。この一九四三年八月の時点で、なお潜在的な「在満日系共産主義運動」のえぐり出しが必要としている。

さかのぼるが、「合作社事件」でも「地域的関係よりする危険性」が挙げられていた。『在満日系共産主義運動』では、「国境接壌諸国の動向並満洲国々内情勢、国民の素質特に其の思想傾向等」をあげて、「誤まれる世界観の下に現存社会秩序を否定し国家を公敵視する本事件関係者の為には、之等の諸情勢が運動に有利なる条件として益々其の左翼的情熱を駆立てた」（五一六頁）とする。さらに「在満中国共産党」との連絡提携、「謀略敢行に虎視眈々たるソ聯の野望」（五一七頁）にも警戒の目を向ける。(8)

おわりに

関東憲兵隊にとって、「合作社事件」と「満鉄調査部事件」という「在満日系共産主義運動」の弾圧はどのような意味をもつのだろうか。

一九四〇年五月、関東憲兵隊司令官は「昭和十五年度関東憲兵隊思想対策服務計画」を策定する。そこでは、第一に「治安不良地区では、これまでの対策を引続き強化する。特に軍隊の討伐工作に協力する」、第二に「治安不良地区に接する地区では、潜伏する共産党匪賊、交通連絡員および物資供給ルートを積極的に強化する」とあるように、反満抗日運動への思想対策が「本年度各隊の主要目標」となっていた。「一般的に明らかにする事項」においても、「満洲、朝鮮、蒙古などの民族の反日思想動向」や「経済界の動揺により引き起こされる民心不安の状況」に焦点をあてている（『偽満憲警統治』二一五頁）。七月一八日制定の関東憲兵隊司令部「思想対策服務要綱」も「第一　方針」として、まず掲げるのは「日満共同防衛上有害ナル思想的策動特ニ共産並反日思想ノ警防弾圧ニ任スルト共ニ保安ニ影響ヲ及ホスヘキ各種事象ニ留意査察ヲ加ヘ以テ平戦両時ヲ通シ満洲国ノ保安確保ニ遺憾ナカラシム」ことである（『報告集』Ⅰ-⑭、三七四頁）。

「合作社事件」の一斉検挙後、一九四二年一月に策定された関東憲兵隊司令官「昭和十七年度思想対策服務の要点」では、次のようになっている（『偽満憲警統治』二四〇頁）。

1　ソ連・中国ら敵側の満洲国に対する策動を警防・鎮圧する。
2　満洲人中の知識人と学生の共産抗日組織を重点的に捜査・鎮圧する。
3　各民族の思想動向の調査を徹底する。特に大東亜戦争勃発に伴い、満洲・蒙古・朝鮮各民族の反日、親ソ、親米・英・蔣〔介石〕の思想動向を警防・鎮圧する。
4　大東亜戦争勃発に伴い、経済を攪乱することを警防・鎮圧する。

一九四一年一一月四日の「合作社事件」の一斉検挙がここに反映されてもよさそうだが、痕跡すら見えない。意図的に隠蔽した可能性も考えられなくはないが、むしろ関東憲兵隊全体の「思想対策要務」としては、それ以上に重視すべきものがあったとみるべきだろう。

このように、関東憲兵隊全体としては「満洲国」治安維持のために一貫して「有害ナル思想的策動特ニ共産並反日思想ノ警防弾圧」に全力をあげ、さらに対米英開戦後には防諜態勢の確立が重視された。「満洲ニ於ケル憲兵制度及其運用ノ実績」（「極東国際軍事裁判弁護関係資料」七一、国立公文書館所蔵）によれば、「大東亜戦勃発後一年半憲兵隊ノ制度上ニ何等ノ変化ナシ軍命令ニヨリ服務ノ重点ヲ防諜ニ指向シ相当ノ成果ヲ収メタリ」という状況だった。

「在満日系共産主義運動」に対峙しているのは、関東憲兵隊司令部と新京憲兵隊の一部だった。「合作社事件」の一斉検挙前に司令部警務部長を長に編成された「臨時捜査部」の規模は、下士官以上約四〇名だった。「満鉄調査部事件」ではやはり警務部に「思想班」を設置し、「既往の思想事件処理に関与せる憲兵」が集められたが、「業務分担表」に載るのは下士官以上約二〇名である。これらは三〇〇〇名前後を擁するこの時期の関東憲兵隊の総数と比べると、ごく少人数しか割かれていない。この数の大小は、関東憲兵隊が直面する反満抗日運動・思想と対ソ・対中防諜、「在満日系共産主義運動」の質・量を客観的に反映している。[9]

関東憲兵隊、さらに検察・法院が直面する反満抗日運動・思想の弾圧と「合作社事件」・「満鉄調査部事件」について、何よりも落差を見ることができるのはそれぞれに対する「満洲国」治安維持法の運用状況である。そもそも「満洲国」治安維持法の制定は、アジア太平洋戦争下の「満洲国」治安確保を目的に、「有害ナル思想的策動特ニ共産並反日思想ノ警防弾圧」をより広汎に加速度的に遂行するために暫行懲治叛徒法・暫行懲治盗匪法を衣替えしたものだった。反満抗日の処断において、法規に則るという形式的な体裁と手続きを整えることが急がれた。

「在満日系共産主義運動」への治安維持法の適用は想定外だったと思われるが、「日本人」を処断するにあたり、それまでの日本国内の治安維持法事件と同じ手続きをとることには異論がなかった。「合作社事件」の「中核体」関係者のフレーム・アップは完璧に近いものだったとはいえ、法規上の体裁と手続きにおいて、憲兵隊による捜査・取り調べ、検察への「送致」・起訴から公判に至る手続きは妙に丁寧であり、綿密だったのである（したがって、あの「〇〇〇ニ対スル治安維持法違反被告事件」がまとめられた）。憲兵隊・検察庁における「留置」と取り調べについて、関東軍からの指示もあり、「取扱を慎重にし物心両方面に亘り無用の苦痛を与へざること」（『在満日系共産主義運動』五七五頁）として物理的な拷問を加えなかったとされるが、[10] それは反満抗日運動にかかわったとみなした被疑者への拷問・虐遇と対照的である。

この圧倒的な落差は、被疑者・被告が「日本人」であるかどうかに由来する。平賀を除き、「中核体」事件関係者五名に「無期徒刑」を言い渡す容赦のなさを指摘できる一方で、「死刑」を回避した理由の一つは五名が「日本人」であるゆえに「転向」の可能性に期待したからであろう。「満鉄調査部事件」においても、拷問・虐待の禁止が厳命されたのは、「今次検挙の終局目的は、彼等の誤れる世界観を根底より打破して、真の日本人として甦生せしむるにある」（『在満日系共産主義運動』五七五頁）とされたからである。一方、反満抗日事件の処断にあたり、一審・一回のみの公判で百名あまりに一挙に死刑を含む厳罰を言い渡す容赦のなさは、憲兵隊から検察・法院を通じて、非「日本人」ゆえに抹殺することになんらの躊躇がなかったからである。

関東憲兵隊および検察が「合作社事件」において「中核体」事件関係者六名の捜査・取調資料をまとめあげたこと、「満鉄調査部事件」において大部な『在満日系共産主義運動』を編纂・刊行したことにみられるように、その本格的な取り組み姿勢は尋常ではない。彼らにとって、主観的には「在満日系共産主義運動」が大きな脅威であったことは、『在満日系共産主義運動』の第一編「緒言」の次の一節によくうかがえる（二頁）。

彼等は何れも高度の智識階級たるのみならず、亦牢固たる社会的地位を有し有能なる国策調査員として、日満朝野の信望を身に受けつゝ、裏面に於ては長期に亘り一億決戦の外に立ち、巧妙執拗に毒牙を磨しつゝ、隠忍秋の到るを待つて居たのであり、仮令表面曽ての日本共産党の如き矯激なる治安攪乱の暴挙に出ずるものなしと雖も、所謂人民戦線戦術の範疇に於て満支に於ける日系左翼運動の地盤を開拓し、内地に於ける左翼落武者を収容鼓舞し、東亜各地に亘る国策的満鉄調査機構をして実質上左翼運動組織と化し、東亜的スケールを以て着々企図の実現に邁進し来たつたものであり、その左翼運動上に於ける地位は重且大である。

この「重且大」という認識は、次のような危機感の醸成へと導く。すでに一度引用した箇所だが、「満洲の多角的民族構成に因る思想戦力の弱体、中共の□□□□ソ連の策謀強化、在満日人の特殊的地位、大東亜戦局に依る内外情勢の緊迫化、特に民族運動蜂起の危険増加、加うるに運動戦術の益々巧妙悪質化するに対し思想警察力の質的低下等々に相到するとき将来に於ける在満日系共産主義運動は尚幾多の問題を孕胎し其の発展性は今後情勢推移の如何に懸りありて遽に予断を許さざるものあり」という「最近に於ける日系共産主義運動と捜査着眼」の「結言」の一節である（一七五頁）。

その「捜査着眼」自体が、「思対〔思想対策〕下士官集合教育資料」として、「満鉄調査部事件」の第二次検挙からまもなく、一九四三年八月一一日の講習資料としてまとめられたものだった。そこでは「日系共産主義運動」の「将来に於ける運動の発展性、危険性に鑑みるとき之が捜査実力の飛躍的向上を所期されること極めて大なり」という観点から、「営隊の中堅たるべき」下士官らに対して「思想警察識能の涵養向上」が強く求められていたのである（一七六頁）。

関東憲兵隊は、「在満日系共産主義運動」の「発展性、危険性」に脅えて、その後も警戒を怠らなかった。とはいえ、「合作社事件」と「満鉄調査部事件」の根こそぎの剔抉と両事件が朝野を「震撼」させたことによって「在満日系共産主義運動」は完全に逼塞させられ、新たに「思想警察識能」が発揮される余地はなかった。戦局が悪化の一途をたどる一九四三年以降、関東憲兵隊は熱河省国境地帯の反満抗日運動の粛正や「満洲国」人民の「民心」の離反対策に翻弄されることになる。

反満抗日運動の取締と「在満日系共産主義運動」の取締はいずれも関東憲兵隊が厳然と断行したものである。それらを統一的にとらえるにはどのような理解が必要だろうか。

関東憲兵隊を「関東軍の憲兵隊」という観点から、そして全憲兵隊中の「満洲国」配置の憲兵隊という観点から、把握を試みてみよう。つまり、関東憲兵隊が二つの顔をもっていたという解釈である。

前者＝関東憲兵隊は、「満洲国」の治安維持およびアジア太平洋戦争の遂行のために絶対不可欠とされた反満抗日運動の取締弾圧、および防諜を任務とする。関東軍の一翼として治安部門を任された、関東軍のための憲兵隊である。それは「軍令憲兵」と呼ばれ、「軍政憲兵」＝一般の憲兵隊とは区別された。「軍令憲兵」という考え方は、「満洲事変」当初に生じた関東憲兵隊と関東軍の対立を解消するために生まれた。一九三二年六月一五日、関東憲兵隊について「関東軍勤務令ニ依リ軍行動地域内ニ於ケル保安及軍事警察ヲ掌」る（「満洲事変ニ於ケル憲兵隊ノ行動」第一〇号、岡部牧夫編・解説『満州事変における憲兵隊の行動に関する資料』不二出版、一九八七年、三三一頁）と規定され、関東軍司令部の統制下におかれることになった。関東憲兵隊司令官の副官を長年勤めた上砂勝七は、この間の経緯を次のように記している（『憲兵三十一年』東京ライフ社、一九五五年、五八頁）。

今迄にない大編成の関東軍《（ママ）》憲兵隊の事とて、司令官には陸軍部内有数の将官を充て、関東軍の幕僚の内から二三人を憲兵隊司令部の参謀兼任としたため、憲兵隊も内地憲兵司令官より離れ、独立したい気分が濃厚であった。そこで考えついたのが、軍令憲兵と軍政憲兵の論である。内地の憲兵隊は、陸軍大臣の管轄に属しているので、陸軍大臣は軍政の長官であるから、憲兵は軍政憲兵であるが、満洲派遣その他作戦全地域に派遣されている憲兵は、その地域派遣軍司令官に配属されているので、陸軍大臣の管轄を離れ、作戦担当の参謀総長の指揮に入っているため軍令憲兵という――、説である。

上砂はこの本ですべて「関東軍憲兵隊」と誤記しているが、それはむしろ実態に沿ったものだった。初代関東憲兵隊司令官は憲兵生え抜きの二宮健市だったが、関東軍幕僚と対立して更迭された。二代目司令官に関東軍参謀長の橋本虎之助が就任すると、以後、関東憲兵隊の顔は関東軍に向けられ、「関東軍の憲兵隊」色を濃厚にした。軍政憲兵は陸軍大臣に直属し、憲兵司令官を直接の長とする。中央の憲兵司令部の関東憲兵隊への統制・指揮を関東軍は厄介視して、関東軍の直属にした。のちの北支那派遣憲兵隊・中支那派遣憲兵隊なども同様に「軍令憲兵」の範疇となる。

関東憲兵隊は一九三〇年代半ばまでの旺盛な反満抗日運動に対して、関東軍の軍事的討伐に加わり、とくに情報収集や先導役などを務めた。三〇年代後半には関東軍から「思想対策」「思想工作」を指示される。たとえば、一九三六年からの関東軍「満洲国治安粛正計画大綱案」（防衛省防衛研究所図書室所蔵）では、「関東憲兵隊司令官ハ治安勤務ニ関シ日満憲警ヲ統制シ消匪、思想的警防ニ任スル外軍隊ノ行動ヲ補助ス」、「関東憲兵隊司令官ノ日満軍警統制ノ要領ハ各警務機関本然ノ系統ニ於テ其治安能力ヲ発揮セシムルヲ主眼トスルモ情況上特ニ要スルトキハ強度ノ強制ヲ加ヘ治安粛正ノ徹底ニ遺憾ナカラシムルヲ要ス」という任務を課せられた。これらから浮かびあがるのは、関東軍に顔を向けた憲兵隊＝関東憲兵隊の姿である。

支那派遣軍の下におかれた中支那派遣憲兵隊（軍令憲兵）でも、「中支憲兵ノ警察目標カ主トシテ敵特務戦ノ破摧、経済封鎖ニ指向セラレアル」という状況、つまり抗日運動の取締が中心であった。支那派遣軍に顔を向けた憲兵隊＝支那派遣軍憲兵隊という役割である。したがって、中支那派遣憲兵隊の場合、「未タ中支ヲ根拠ニ活動ヲ展開セル事例」がなかったため、「日系共産党運動」に対して「徹底的査察取締ニ専念スルヲ得サル現況」だった。しかし、「最近国内ニ於ケル左翼動向ト睨合セ厳戒ヲ要スル傾向」にあるとして、各憲兵隊では「一名乃至二名ノ専任担任者」を定め、綿密な査察・取締を行う態勢をとったという（川崎少佐「日系共産運動ノ趨勢及査察取締取調ニ就テ」一九四二年九月二〇日、『満鉄調査部事件』九六頁）。

「軍令憲兵」と位置づけられることによって、関東憲兵隊の関東軍の軍事行動を補完する役割は濃厚・明確になったとはいえ、人事などを通じて依然として密接に中央の憲兵司令部とつながっていたことも事実である。橋本につづく関東憲兵隊司令官の田代晥一郎、岩佐禄郎、藤江恵輔、田中静壱が次のポストとして中央の憲兵司令官に昇進することは、関東憲兵隊の重要性を示すとともに、軍政憲兵・軍令憲兵にかかわらず、憲兵全体の統制がなされていることを物語る。関東憲兵隊のもう一つの顔は、中央の憲兵司令部に向けられていたのである。

関東憲兵隊にとって客観的には小さな存在である「在満日系共産主義運動」の剔抉には、中央の憲兵司令部に向けて、あるいは全憲兵隊に向けて、みずからの存在意義を誇示するという意図が含まれていたと思われる。関東憲兵隊のなかの憲兵隊という「思想警察」の部分の発揮こそ、本来のあるべき役割と考えられたであろう。

各憲兵隊の実務を担う下士官クラスの思想対策教育資料として作成された「最近に於ける日系共産主義運動と捜査着眼」には、「其の悪質にして複雑、広汎なる集団的犯罪に対し担任者の辛酸努力は遂に克く之が真相を究明し不逞目的を未大に防止し得たるものにして憲兵の真価に更に光輝を添えたるもの」と、「満鉄調査部事件」の剔抉がどれほど「関東憲兵隊の使命」に応えるものであったかが強調されている。「吾人憲兵の使命」についても、「満洲に於ける思想警察の重大性を体認し之が中核として思想戦完勝に邁進し崇高なる国体擁護に殉ずべき」（『満鉄調査部事件の真相』一七六頁）とする。この資料は、「日系共産主義運動」の危険性と重大性を強調すると同時に、関東憲兵隊内部の「思想警察」としての士気昂揚をも意図したといえよう。

一方で、八五〇頁にもおよぶ大部な『在満日系共産主義運動』の編纂・刊行は、第一義的には関東憲兵隊内部に向けての「思想警察」としての「反省記録」であるとともに、中央および全憲兵隊に向けての関東憲兵隊司令部の存在証明であり、強烈なアピールだったといえよう。第一編「緒言」は、次のように結ばれる（三頁）。

斯くして満鉄を中心とする左翼運動は一応芟除されたのであるが、戦局下国内外の情勢並益々潜行化を予想さるゝ左翼運動の実相に鑑み、速に東亜的規模を以てする思想警察体制を確立強化し、かゝる不祥事の絶滅を期することと緊要なりと信じて已まない。

これは、二つの「在満日系共産主義運動」の取締を大きな成果とみて、あらためて「東亜的規模を以てする思想警察体制」の確立強化の先頭に関東憲兵隊が立つという決意表明と読める。

枝吉勇は、一九四一年五月、東条英機陸相が満鉄の大村卓一総裁に「今度は満鉄に手を入れますよ」と話したことをみずからの取り調べ体験を踏まえて、「満鉄調査部事件」は「戦争計画遂行のための思想清掃作業が本態である」と判断する（『調査屋流転』九五頁）。また、「当時の憲兵隊司令官が東条英機の子分と噂を呼んでいた加藤泊次郎《ママ》であった事とそれより少し前、日本に於ては、ゾルゲ事件及企画院事件が相次いで発覚し、支配者の頭が共産主義者に対して神経過敏に成っていた為」に検挙が実行されたと川戸武の「供述書」（松村「フレーム・アップとしての満鉄調査部弾圧事件（一九四二・四三年）」より重引）にある。これらをもとに、四二年八月一日、ナンバー2であった憲兵司令部本部長であった加藤泊治郎が関東憲兵隊司令官に就任し、九月二一日の「満鉄調査部事件」の第一次一斉検挙を断行して満鉄を震撼させ、翌四三年一月四日に憲兵司令官に昇進する意味を考えれば、東条の意図を加藤が忠実に実行し、その功労により憲兵のトップに登りつめたという推測もあながち的外れではあるまい。

関東憲兵隊は「満洲国」に配置された憲兵隊として、本来の役割である「思想対策」のため、「在満日系共産主義運動」の根絶を図ったのである。

注

（1）起訴状は前掲『十五年戦争極秘資料集　補巻三四「合作社事件」関係資料』の平賀を除く五人の資料末尾に収録。なお、日本の司法省刑事局『思想月報』第九三号（一九四二年四月）に満洲国最高検察庁通報「岩間義人外四名に対する（在満日系共産主義運動関係）治安維持法違反被告事件公訴事実」を収録する（上記起訴状と同一）。

（2）「満洲国」治安維持法

第一条　国体ヲ変革スルコトヲ目的トシテ団体ヲ結成シタル者又ハ団体ノ謀議ニ参与シ若ハ指導ヲ為シ其ノ他団体ノ要務ヲ掌理シタル者ハ死刑又ハ無期徒刑ニ処ス

情ヲ知リテ前項ノ団体ニ参加シタル者又ハ団体ノ目的遂行ノ為ニスル行為ヲ為シタル者ハ死刑又ハ無期若ハ十年以上ノ徒刑ニ処ス

（3）佐藤大四郎に対する判決文は『思想月報』第一〇二号（一九四三年八月、新京高等法院通報）に収録されている。その前文は、「同事件には左翼の前歴を有する多数の日本人が関与して居たことは注目すべきである」とある。

（4）「満鉄調査部事件」については一九四三年八月時点のために検挙事実のみの記述にとどまる。

（5）なお、前掲『満鉄調査部事件』所収の大木繁中支那派遣憲兵隊司令官の一〇月一四日付報告にも「左翼分子ノ巣窟トナリ在満日系共産主義運動ノ貯水池的役割ヲ果シアリ」（一九頁）という同じ一節がある。

（6）前掲『満鉄調査部事件の真相』所収の「第二報」は一部破損・欠落していたが、『満鉄調査部事件』（『満鉄内密文書』第二〇巻）所収の「第二報」には欠落部分はない。以下、後者により記述する。

（7）この断念への無念が『在満日系共産主義運動』の編纂にあたり、「附録」の第一に「国際共産党対日諜報団事件及中国共産党諜報団事件の概要」を収録させることになっただろう。

（8）同様な危機感は中支那派遣憲兵隊司令部も共有していた。『満鉄調査部事件』所収の「日系共産主義運動ノ趨勢及査察取締取調ニ就テ」（川崎少佐）には、次のような記述がある。「満鉄調査部事件」の一斉検挙直前の一九四二年九月二〇日付の史料である

（八九頁）。

地域的ニ観レハ中支ニ於ケル上海ハ租界粛清セラレ一応整理セラレタル観アルモ魔都トシテノ実体ハ依然存続シ思想、経済ノ中心タルハ勿論日本共産党ノ策源地タランモ保シ難シ

尚中支ハ将来武力戦的形態ヨリ思想戦的形態ニ進展セサルヘカラサルノ時之等日系共産運動ハ実ニ獅子身中ノ虫ト云フヘク反戦反軍運動ヘノ転移ト中国共産党ノ活動ト併セ考フル時今後ニ於ケル動向ハ頗ル注意厳戒ヲ要スルモノアリ

これにつづけて「中支ニ於ケル思想要注意者ノ状況」として、軍人・軍属合せて六二名（特別要視察人「共甲」・「共乙」と思想要注意人）の表を掲げる。中支那派遣憲兵隊司令部が登場するのは関東憲兵隊司令部から「手配」された野間清・加藤清らの検挙に関してだが、ここでも以前から「日系共産主義運動」の動向に「注意厳戒」を向けていたことがわかる。

（9）　定員は一九四〇年七月現在三〇二〇名、四二年三月現在三三七一名であり、四〇年一二月時点の実員は二四八三名、ほかに憲兵補（朝鮮人）九〇名と憲補（中国人）二四〇名であった（前掲『偽満憲警統治』一八頁）。

（10）　実際には長期の「留置」や厳寒などは被疑者に肉体的・精神的に大きな苦痛を与え、獄死者も出た。

第五章　関東憲兵隊による「特移扱」――七三一細菌戦部隊の全体史解明のために

松村高夫

はじめに――関東憲兵隊の「特移扱」に関する基礎史料

本章は、関東憲兵隊が逮捕した反満抗日抵抗者のうち、一定部分を七三一部隊に送った、当時の軍隊用語でいう「特移《とくい》扱《あつかい》」を研究対象とするものである。

七三一部隊は、後述するように、人体実験を通して細菌兵器を研究・製造する日本陸軍の秘密部隊であったから、特移扱は実験材料として部隊本拠地の平房に送ることを意味していたし、関東憲兵隊もそれを熟知していた。つまり、特移扱は関東憲兵隊にとって逮捕者を確実に「処分する」と同時に、細菌兵器研究にも役立たせるという、「二重の利便性」をもつものであり、これは陸軍中央・関東軍などの全面的・組織的な政策の下でしかなしえないことであった。生きたまま実験対象とし、少なくとも三〇〇〇人以上の中国人などを全員殺害したという残酷極まりない「二重の利便性」の史実は、ナチス・ドイツにもみられない日本軍独自の戦争犯罪の特質である。しかも、戦後は日米の隠蔽工作がなされたため、七三一部隊と細菌戦の解明は著しく遅れている。現在に至るも、日本の司法も政府もその歴史的事実に真摯に向き合おうとせず、七三一部隊・細菌戦をめぐる戦後補償問題も未解決のままである。

「はじめに」では、関東憲兵隊の「特移扱」の基礎史料を示しておこう。

基礎史料の第一は、ソ連によるハバロフスク裁判の『細菌戦用兵器ノ準備及ビ使用ノ廉デ起訴サレタ元日本軍軍人ノ事件ニ関スル公判書類』（外国語図書出版所、一九五〇年、以下、『公判書類』と略）である。周知のごとく、七三一部隊の石井四郎隊長はじめ部隊幹部、医師などが、戦後戦犯免責を得た代償として、人体実験のデータを含む細菌戦のノウハウに関するかなりの資料をアメリカに提供した。ソ連は一九四六年秋、拘束した川島清（七三一部隊第四部細菌製造部部長）が訊問に耐え切れず人体実験をしたことを自白すると、平房の七三一部隊跡地を調査し確認した上で、アメリカに対し一九四七年初めから石井四郎ら三名の尋問を要求した。アメリカは獲得した七三一部隊関連資料の独占を図り、ソ連の要求を最終的には拒否したため、ソ連は、独自に一九四九年一二月にハバロフスクで裁判を開いた。その裁判記録『公判書類』は日本語など数ヶ国語で公刊された。日本では、刊行当時、連合国軍総司令部（ＧＨＱ）の諮問機関だった対日理事会がハバロフスク裁判はソ連が抑留問題への批判を逸らすためにでっちあげた裁判であると宣伝したため、『公判書類』はあまり読まれず影響力も小さかった。しかし八〇〇頁近い『公判書類』には、日本人の七三一部隊と細菌戦についての貴重な証言が多数含まれており、特移扱に関する証言も多数収録されている。その資料的価値は、ソ連崩壊後、ハバロフスク裁判にかかわる部隊関係者の取り調べ原本が公開されるに至って、ますます高く評価されている(1)。

基礎史料の第二は、中国で一九八九年に刊行された中央檔案館・中国第二歴史檔案館・吉林省社会科学院合編『日本帝国主義侵華檔案資料選編』の第五巻『細菌戦与毒氣戦』である。細菌戦の部分は翻訳され、同文舘出版から『証言　生体解剖』『証言　人体実験』『証言　細菌作戦』の三冊となって刊行されているが、その中で特移扱に特に関連するのは二冊目の中央檔案館・中国第二歴史檔案館・吉林省社会科学院編、江田憲治・兒嶋俊郎・松村高夫編訳『証言　人体実験――七三一部隊とその周辺』（同文舘出版、一九九一年、以下『人体実験』と略）である。これは、撫順戦犯管理所における日本人戦犯の供述書から抜粋・編集したものである。

一九四五年八月一〇日、「満洲国」に侵攻したソ連軍は、約六〇万人の日本人捕虜（軍人、警官、憲兵、「満洲国」官僚など）をシベリアに連行し強制労働を課した。そのうち九六九人が一九五〇年にソ連から中国に引き渡され、遼寧省撫順の戦犯管理所に収監された。(2)一九四九年誕生の新中国指導者の毛沢東と周恩来は、日本軍国主義と日本人民を区別する「二分論」に立ち、いわゆる「寛大政策」を実施し、日本人戦犯を人間的に扱うようにとの指示を出した。周恩来のいう「憎しみの連鎖を断ち切る」ためであった。それにより、日本人戦犯は戦犯管理所で人道的待遇を受け学習を重ね、自己の戦争犯罪行為を反省し、供述書を書くに至った。六年間に及ぶ戦犯管理所での生活は、「鬼から人間になった」人間性回復の時間であった。『人体実験』に収録されているのはその日本人戦犯の供述書である。

一九五六年の瀋陽・太原の軍事法廷では四五人が起訴されたが、太原の戦犯管理所にいた者を含め残りの一〇一七名はその日のうちに起訴免除・釈放となった。判決では一人の死刑や無期懲役もなく、有期刑の戦犯も一九六四年までに刑期満了を待たず全員帰国を許された。被害者が加害者を赦すという世界の戦犯史上でも稀有な例である。これは自身も戦犯管理所に収容されていた溥儀によって「撫順の奇蹟」と呼ばれたが、撫順戦犯管理所の被害者の中国人職員も加害者の日本人戦犯も重い精神的限界を乗り越えた内面の苦闘の結果であって、決して「奇蹟」といえるようなものではなかった。親類縁者を日本軍に殺された中国人が戦犯管理所職員として日本人戦犯を人道的に扱うようにとの周恩来の指示を実行するのはとてつもなく苦しいことであり、自己変革の道が厳しかったことは想像に難くない。日本人戦犯は、軍国主義教育を受け、中国人を殺害することを軍隊の中で鼓舞され、管理所に収監されてもなお、自分は捕虜であって戦犯ではないと暴れる。上官の命令で中国人を殺したのであって、自分には罪がないと主張する。こうした日本人戦犯がみずからの行為を直視し、自己批判をなし、「鬼から人間になる」過程も並大抵のものではなかった。

最初に帰国した戦犯は翌一九五七年に中国帰還者連絡会（「中帰連」）を立ち上げ、「反戦平和と日中友好」を目標にかかげ、加害や虐殺の証言を続ける一方、神吉晴夫編『三光――日本人の中国における戦争犯罪の記録』（光文社、一九五七年）、中国帰還者連絡会・新読書社編『侵略――中国における日本戦犯の告白』（新読書社、一九五八年）などの著書を刊行し、戦争や加害の実態を伝える活動を四五年間にわたり展開してきた。しかし、会員の高齢化により会員は三〇〇名足らずとなり、中帰連はやむなく二〇〇二年四月に解散した。ただちにより若い世代により中帰連の活動と精神を受け継ぐ「撫順の奇蹟を受け継ぐ会」が発足し、二〇〇六年一一月にはNPO中帰連平和記念館を創設し、中帰連や一五年戦争、さらには戦争と虐殺全般に関する資料を収集・保管・研究する史料館を運営している。

日本人戦犯の「供述書」に関しては、新井利男・藤原彰編『侵略の証言――中国における日本人戦犯自筆供述書』（岩波書店、一九九九年）、岡部牧夫・荻野富士夫・吉田裕編『中国侵略の証言者たち――「認罪」の記録を読む』（岩波書店、二〇一〇年）等が出版されている。

基礎史料の第三は、中国の黒龍江省と吉林省の檔案館がそれぞれ公刊した資料集『「七三一部隊」罪行鉄証』である。前者は中国黒龍江省檔案館・中国黒龍江省人民対外友好協会・日本ABC企画委員会編『「七三一部隊」罪行鉄証――関東憲兵隊「特移扱」文書』（黒龍江人民出版社、二〇〇一年一一月、以下『鉄証』黒龍江省と略）であり、出版にはABC企画委員会が全面協力し、中国語版と日本語版が出版されている。その資料集には「論文資料」として、一、「黒龍江省社会科学院　辛培林「特移扱」の分析」、二、梁爾東「中国侵略日本軍の「特移扱」文書の価値」、三、近藤昭二・松村高夫「関東軍「特移扱」文書の解説」が収録されている。筆者と近藤昭二との共著論文は、かなり長文のもので（三〇一～三二八頁）、本稿でもそれに多くを依拠している。この『鉄証』黒龍江省は、一九九九年八月三日の『朝日新聞』が、「人体実験用、スパイ容疑者移送　中国、七三一部隊文書を公表」の見出しで、また、同日の『毎日新聞』が、「七三一部隊関連の文書公開　中国　移送の捕虜42人を詳述」の見出しで報じた黒龍江省檔案館の公開史料を書籍にしたものである。

第三の基礎史料のうち後者は、中国吉林省檔案館・日本日中近現代史研究会・日本ABC企画委員会編『「七三一部隊」罪行鉄証――「特移扱・防疫文書」編集』（吉林人民出版社、二〇〇三年九月、以下『鉄証』吉林省と略）である。

ここには二七七人の特移扱の移送者の史料、および、「一九四〇年新京ペスト」（本章「おわりに」で詳述）の史料が収録されている。この『鉄証』吉林省は、二〇〇一年九月二五日の『北海道新聞』が、「七三一部隊人体実験　犠牲者二七七人が判明　中国旧関東軍の文書公開」と報じた史料を刊行したものであり、中国語版と日本語版がある。この出版に際しては、ABC企画委員会の三嶋静夫と山辺悠喜子が中国側と綿密な準備を重ね、和田千代子、江田憲治、江田いづみ、兒嶋俊郎、松井英介、矢口仁也と筆者が、実際に吉林省檔案館に行き、収録すべき史料の選択を行った。というのも、この史料は日本の敗戦直前、関東軍が同司令部の裏庭に証拠隠滅のために穴を掘り、投げ込み、油をかけて焼却を試みたが、一部が焼け残って埋まったままだったからである。それが一九五五年建築工事中に発見され、整理されたのち、吉林省と黒龍江省の檔案館に分けて保存されていたもので、そのため焼けて断片的に残った頁もかなり含まれていたので、判読可能でかつ意味のあるものを選択する必要があったのである。この『鉄証』吉林省には「論文資料」として、松村高夫・江田いづみ「資料　新京・農安ペスト流行「解説」」、張志強・趙玉潔「関東憲兵隊「特移扱」文書の発見と調査」が収録されている。

こうして『鉄証』黒龍江省により四二人、『鉄証』吉林省により二七七人、重複している者二四人を除くと、合計二九五人の特移扱された者の姓名、年齢、原籍、住所、身分、逮捕時期、逮捕した憲兵隊名、申請番号、批准番号、処理が判明したのである。それは「附録　関東憲兵隊　特移扱実施人員一覧表」として一括して整理され収録されている（『鉄証』吉林省、四八五～五一七頁）。

以上が特移扱の主要史料であるが、アメリカは戦後四回にわたる調査報告＝サンダース・トンプソン・フェル・ヒル報告（一九四五～四七年）、ソ連はハバロフスク裁判の『公判書類』（一九五〇年）、中国は『細菌戦与毒氣戦』（一九八九年）を、不十分ではあるがともかく公表しているのに対し、日本だけが七三一部隊・細菌戦関連の史料を、私たちの調査・公表せよという要求を退け、隠蔽しつづけているので、歴史研究上必要な史料はひどく限定されているというのが実態である。それゆえ、本稿も日本人戦犯の「供述書」や証言に多く語らせるという方法をとることを余儀なくされている。

第一節　関東憲兵隊による「特移扱」=七三一部隊への送出

1　満洲の憲兵体制──「厳重処分」から「特移扱」へ

「満洲国」の憲兵体制は、一九三二年九月に公布された暫行懲治叛徒法と暫行懲治盗匪法が法的根拠であった。暫行懲治叛徒法は、第一条に「国憲ヲ紊乱シ国家存続ノ基礎ヲ危殆若クハ衰退セシムル目的ヲ以テ結社ヲ組織シタル者ハ、左ノ区別ニ従ツテ之ヲ処断ス　一、首魁ハ死刑　二、役員其ノ他ノ指導者ハ死刑、又ハ無期徒刑　三、謀議ニ参加シ結社ニ参加シタル者ハ無期徒刑、又ハ十年以上ノ有期徒刑」とあり、また、暫行懲治盗匪法は、「軍隊部隊ヲ為ス盗匪ヲ勦討粛清スルニ当リテハ臨陣格殺シ得ルノ外、該軍隊ノ司令官ノソノ裁量ニ依リテ之ヲ措置スルコトヲ得」（第七条）と定めている。「臨陣格殺」とは、裁判を経ないで処刑する「厳重処分」と同義である。作戦地の軍令憲兵は、この軍司令官に勅令する立場で警察権を行使できるということで、その権限は極めて大きかった。もちろん司令官の許可を求めなければ処断できなかったが、憲兵の判断の恣意性は極めて強かったのである。

こうした法的根拠の上で日本の憲兵隊は、関連諸機関と緊密に連繋し、「匪賊」を捕らえるのに全力を上げた。すなわち、各地の日本の憲兵隊長は、「領事館警察、関東局警察、満州国警察、鉄道警護隊の各警務機関が定時会合して治安情報を交換し、各警務機関で逮捕した匪賊やその他の犯人の罪状を審理する機関である」警務統制委員会を主宰した。「罪状審理の結果、逆用の価値ある者は逆用し、罪状が重い凶悪犯で厳重処分（暫行懲治盗匪法）に付する者、また、釈放して帰郷させる者などを決定する。したがって盗匪の処刑にかんしては、警務統制委員会で十分な審理の後、審判を下していた」（全国憲友会連合会編纂委員会編『日本憲兵外史』全国憲友会連合会本部、一九八〇年、二八一〜

二八二頁)。

「満洲国」の成立後、ソ連、外蒙古と国境を接することになり、関東軍は不明瞭な国境線で、陣地構築などをきっかけとしてしばしばソ連の国境警備隊などと小競り合いを繰り返していた。東安省の虎頭から興凱湖、図們にかけての地域は国境線が特に曖昧で、日本側の国境警備隊が恣意的に設定した国境線を、侵犯したといってはソ連側と紛争を繰り返した。こうした地域での憲兵は軍令憲兵としての軍内部での警察業務よりも防諜業務のほうが重視された。

防諜業務の担当は、憲兵隊の特高係で、積極防諜係と消極防諜係とに分けられていた。積極防諜とはスパイの偵察や検挙を行うことで、消極防諜とは、身分を隠し、国の公共団体、諸機関や戦時能力の実態が漏洩しないように通信検閲を行うことだった。のちに詳述するが、関東憲兵隊は一九三九年にはソ連の諜報工作に対抗するために特設憲兵隊、通称「八六部隊」を新京に創設し、牡丹江事件をはじめ、多くの「諜報者」を逮捕した。

特に関東憲兵隊の任務に、次のような「対戦時特別対策」というものがあった。

一、建国理念の浸透とその推進、協和会運動の側面的援助、反満抗日分子の摘発と特異分子の選別政策
二、複合民族相互間の反目、離間対策と相互利用。利害関係と民族固有の習俗調査
三、各種補助金政策、軍納糧秣および野菜の供出奨励と褒賞処置。主として満洲国政府において実施するものを側面的に援助する
四、反満抗日的供出忌避者の動向査察
五、国兵法及び国民勤労奉公隊員の動向、労務者供出による各種反響調査
六、国民党、中共の対満洲侵入対策

(朝日新聞山形支局『聞き書き　ある憲兵の記録』朝日新聞社、一九八五年、六〇頁)

関東憲兵隊の任務の中でも、反満抗日運動の弾圧、中国共産党の党勢拡大の抑止は重要なものであった。この絶大な権限をもった憲兵が、普通警察の領域にまで逸脱することもしばしば起こったが、陸軍大臣、司法大臣、関東軍司令官、関東憲兵隊司令官など指揮系統が複雑に幾重にも重なっていたので、外部組織が拘束したり咎めたりすることは困難だったといわれている（全国憲友会連合会編集委員会編『日本憲兵正史』全国憲友会連合会本部、一九八〇年、二九頁）。このことが、後述する特移扱の具体的実施にも基本的なプロセスから外れるさまざまな様相をもたらすことになる。

日本軍は一九三六年四月以降、「三カ年治安粛正計画」をすすめ、抗日連軍にたいしても「討伐」を行った。関東憲兵隊司令部によると、日中戦争勃発当時における「国内匪勢は約一五〇〇〇（土匪六四〇〇、政治匪二一〇〇、共匪六五〇〇）にして、共匪は三江省及隣接地区、東辺道、間島地方に、土匪及政治匪は之等の地域の外、熱河省、浜江省等の広大なる地域に亘り遊撃戦を展開し、日・満軍警不断の討伐にも拘わらず治安撹乱に狂奔し、之が為国内治安は全面的確立至らずに」（関東憲兵隊司令部編『在満日系共産主義運動』一九四四年、三九頁）という状況だった。『満洲国警察史』の統計表によれば、一九三九年に「匪賊」が現れた回数は六五四七回にのぼり、のべ一八万六〇七一人もの「匪賊」が出現していた（満洲国治安部『満洲国警察史』一九四二年、五三〇頁）。

2　「特移扱ニ関スル件通牒」

ここで、特に注視したいのは、日中戦争勃発後、それまでの「厳重処分」が「特移扱」に転換したことである。特移扱は平木武（一九四二年一〇月から四三年四月まで東寧憲兵隊隊長）によって、簡潔に次のように定義されている。

「特移扱」とはすなわち、憲兵隊が逮捕した抗日地下工作員あるいは甚だしい反満抗日思想を有していた者を、尋問の後、隊長から関東憲兵隊司令官の許可を申請し、ハルピンの「防疫給水部」（石井細菌部隊）に護送して、

細菌実験に供したものである。（「撫順供述」一九五四年六月九日、『人体実験』一四三頁）

特移扱への転換を可能にしたのは、関東憲兵隊司令部が一九三八年一月二六日付で通達した「特移扱ニ関スル件通牒」（関憲警第五八号）である（原文書は未発見）。

吉房虎雄（一九四一年九月～四二年三月、関東憲兵隊司令部第三課課長、のちに関東憲兵隊司令官副官）は、撫順戦犯管理所で次のように供述している。

九・一八〔満洲事変〕以降、日本帝国主義は、東北〔満洲〕では「厳重処分」といって、現地部隊の判断一つで中国人民を、勝手気儘に惨殺する事が公然とゆるされていた。だが、後から後へとつづく抗日烈士の抗争によって、この「厳重処分」も、一九三七年、表面上、禁止しなければならなかった。

その後、関東軍司令官植田謙吉、参謀長東条英機、軍医石井四郎、参謀山岡道武及び関東憲兵隊司令官田中静壱、警務部長梶栄次郎、部員松浦克己らのあいだで、秘密裡に、この「厳重処分」にかわる中国人民虐殺計画が進められていた。それは、なるべく簡単に、無制限に、中国人民を細菌培養の生体材料として手に入れることであった。

一九三七年末、軍司令官は「特移扱規定」という秘密命令を出した。その「特移扱」というのは、憲兵隊及び偽満洲国警察が、中国人民を不法に逮捕し、「重罪にあたる者」と決定したならば、裁判をおこなわないで、憲兵隊から石井部隊に移送して、細菌実験の材料としてなぶり殺しにすることであった。

（『三光』二九～三〇頁）

長沼節二（一九三九年一二月～四一年三月東安憲兵隊本部で特高係内勤および消極防諜係軍曹）は、「特移扱ニ関スル件通牒」により逮捕者の処分が容易になった点について、端的に次のようにいう。

なにしろ楽だったからね、特移扱というのは。特移扱でなくて裁判所に送るには、証拠になるようなキチッとした調書をとらなきゃならない。しかし、そんなものはふつう取れないんだよ。軽い罪状じゃ仕様がないし、筋金入りのやつだったら自白する訳がない。いい加減な証拠で送って不起訴か軽い罪で出てこられたら元も子もない。こちらが筋金入りの敵をつくるようなもんだよ。その点特移扱は楽だった。司令部に報告書を送るだけで済むんだから。供述も訊問調書も要らない。それで特移扱の指令をもらって身柄をハルビンに送れば、石井部隊で確実に処分してくれる。生きのびてまた抵抗するなんてことは絶対ないんだから。上からも奨励していたよ、特移扱は。（近藤昭二による長沼節二へのインタヴュー、二〇〇〇年六月六日）

その特移扱は「楽だった」と述べた長沼節二自身、「この期間に東安憲兵隊長は虎頭分隊、東安分隊、宝清分隊、平陽鎮分隊に対し、逮捕した中国抗日工作員一三名を石井部隊に送って処理するよう命じた。私は公文書と電報で、以上の憲兵分隊にたいして隊長の命令を伝達した」（「撫順供述」一九五四年九月一一日、『人体実験』一二七頁）と述べている。

また、斉藤美夫（関東憲兵隊司令部警務部部長）は、特移扱の開始について撫順戦犯管理所で次のように供述している。

一九三八年一月二六日、関憲警第五八号をもって石井細菌化学部隊と関係ある憲兵隊司令部命令を受領しました。私は、石井部隊が憲兵隊より引渡す人員を其細菌化学実験に充当するものなることを察知しました。私は右命令に基き処置を取りましたが、当時如何なる手続を経て何名の人員を石井部隊に引渡したるや等、其具体的情況を記憶いたしませんため、こゝに其供述をなし得ませぬことは誠に申訳なき次第であります。細菌化学試験に充つる中国人を憲兵隊が石井部隊に引渡したことについては、一九三八年新京憲兵隊附として在職した憲兵少佐橘武夫が、一九四八年ハバロフスク国際裁判法廷に証人として証言したることにより、之れを確認する次第であります。細菌化学実験に関する前記命令に基いて、私は新京憲兵隊長として之れに対する措置を実行したのに相違なく、従って私は石井細菌化学部隊の試験工作に封帛《ママ》助協力して国際法規に違反し、非人道極まる罪行を犯したることにつき、茲に謹んで認罪する次第であります。（『侵略の証言』一三二頁）

特移扱の通牒を関東憲兵隊司令部より受領した同司令部警務部長その人が、その特移扱は七三一部隊での人体実験に充当するのが目的であることを熟知していたことを示しているという点でも、この斉藤美夫供述は重要である。

この斉藤証言の中で指摘されているハバロフスク裁判における橘武夫（一九三九〜四一年佳木斯憲兵隊隊長、のちに関東憲兵隊司令部刑事部勤務）の証言とは、一九四九年一二月二八日午後の公判で証人として特移扱全体にわたり、以下のように答えているものである。

国家検事――佳木斯憲兵隊長ノ地位ニ於ケル貴方ノ業務期間ヲ話シテ貰イ度イ。

証人橘――一九三九年ヨリ一九四一年迄デアリマス。

（問）。第七三一部隊へノ囚人送致ニ関シ貴方ハ何ヲ知ツテイルカ？

（答）。一九四〇年、私ハ、佳木斯市ノ憲兵隊長ノ地位ニ在リマシタ。其ノ時、私ハ初メテ、第七三一部隊の存在ト其ノ業務ノ性格ヲ知ル様ニナリマシタ。私ハ、関東軍防疫給水部ト称サレテイタ第七三一部隊ガ、実際ニハ細菌戦ノ準備、更ニ生キタ人間ヲ使用スル実験ノ実施ニヨツテ是レヲ行ツテイルコトヲ知ル様ニナリマシタ。私ハ、同部隊ガ敵ノ人力ノ大量殺戮ヲ準備シ、細菌戦ヲ準備シテイルコトヲ知ル様ニナリマシタ。

私ガ佳木斯ノ憲兵隊デ勤務シテイマシタ当時、何等カノ犯罪ノ嫌疑デ憲兵隊ガ拘引シ検挙シタ者ノ一定ノ部類ヲ、吾々ハ実験材料トシテ第七三一部隊ニ送致シテイマシタ。吾々ハ、此等ノ者ヲ、予備的ナ、部分的取調ベノ後、裁判ニ附サズ、事件送致ヲセズニ、憲兵隊司令部ヨリ吾々ガ受領シタ指令ニヨツテ第七三一部隊ニ送ツテイマシタ。是レハ、特殊ノ措置デアリマシタノデ、斯ル取扱ハ『特移扱』ト呼バレテイマシタ。（『公判書類』四六九頁）

ここで、「裁判ニ附サズ、事件送致ヲセズニ」関東憲兵隊より受領した指令によって七三一部隊に送ったと明言している点が重要である。つづいて、関東憲兵隊が逮捕した者の中から七三一部隊送りに選別したことについて、次のように証言している。

斯ル所謂『特移扱』ニサレタ者ハ、次ノ如キ部類ノ者デアリマシタ。即チ、他国家ヲ利スル諜報行為ノ罪ヲ負ワサレル者、或ハ外国諜報機関ノ関係者ノ嫌疑ヲカケラレタ者並ビニ所謂匪賊、即チ中国ノパルチザン、ソレカラ、抗日分子ノ部類、改悛ノ見込ナキ刑事犯、即チ常習犯ガ其レデアリマス。此等ノ部類ノ者ヲ、吾々ハ、『特移扱』トシテ第七三一部隊ニ送致シテイマシタ。私ノ佳木斯憲兵隊長在職中、私ノ隷下憲兵隊本部ニヨツテ少クトモ六人ガ第七三一部隊ニ送ラレ、此等ノ者ハ、其処カラ戻ラズ、実験ニ使用サレタ結果、其処デ死亡シマシタ。

（問）。貴方ハ送致スル時ニ、第七三一部隊ニ送ラレル者ガ伝染病感染ノ残虐ナ実験ニ使用サレルコトニナルコトヲ既ニ知ツテ居タカ？

（答）。私ハ、細菌試験ノ被実験者トシテ利用スル為、此等ノ者ガ第七三一部隊ニ送ラレルコトヲ承知シテイマシタ。（『公判書類』四七〇頁）

そして検事が、特移扱に関する一九四三年三月一二日付の関東憲兵隊司令部の通牒の別紙の写真コピーを証人橘武夫に見せて尋問したのに対し、橘は、これは「特移扱ニ関スル件通牒」（一九三八年一月）を補足公布したものであると述べている。平木武も、補足公布した「特移扱ニ関スル件通牒」について、「『特移扱』制度は私が東安に赴く前からすでに実施されていたが、一九四三年三月、関東憲兵隊司令部はさらに『特移扱』の規定を補足公布した」（『人体実験』一四三頁）と供述している。

国家検事にその文書を「特移扱」の手続きを規定する公文書として認定するか？と問い詰められ、橘武夫は「ハイ、認定シマス」と答えている。つづいて、橘は、補足規定について、関東軍司令部が司令部刑事部に勤務していた橘に対し、この種の規定を作成するよう指令したこと、この文書は「タイプデ打タレテ、満洲各都市ノ憲兵隊本部ニ送達サレ」たことを次のように述べている。

私ニ提起サレタ文書ハ一九四三年ニ作成サレマシタ。私ハ、当時、司令部員トシテ関東憲兵隊司令部ニ勤務シテイマシタ。当時、私ハ関東憲兵隊司令部刑事部ニ勤務シテイマシタ所、斯ル文書ノ作成ヲ命ズル指令ガ、関東軍司令部カラ入リマシタ。一九四三年三月私ハ、憲兵隊本部ヲ検閲スル為、奉天市ニ出張シマシタガ、私ノ不在中私ノ部デ勤務シテイタ辻本少佐ガ文書ノ編集ヲヤリ、私ハ帰来後此ノ文書ヲ見マシタ。私ハ、現在、此ノ文書ガ本物デアルコトヲ確認シマス。〔中略〕只今私ニ提起サレタ文書ハ、タイプデ打タレテ、満洲各都市ノ憲兵隊本部ニ送達サレマシタ。（『公判書類』四七二頁）

つまり、一九三八年一月の「特移扱ニ関スル件通牒」により始まった七三一部隊送りは、その選択基準があいまいでたぶんに各地の憲兵隊の恣意性が強かったので、選択基準を確定しようとして出された四三年三月の補足公布版の作成を命じられたのが橘武夫だったのである。実際には部下の辻本が作成した文書に、橘が目を通したものがタイプで打たれて各地方の憲兵隊に送られたのであった。

以上トレースしてきたように、「特移扱ニ関スル件通牒」の一九三八年一月版により、関東憲兵隊が拘束した反満抗日抵抗者の中から平房の七三一部隊に人体実験に供するためと認識して送り始めたのであり、「特移扱ニ関スル件通牒」一九四三年三月版はそれを補足公布したものだった。では、このように関東憲兵隊の移送態勢がつくられていく中で、移送先の七三一部隊はどのような状況にあったのだろうか。

第二節　七三一部隊による「特移扱」の受け入れと特設監獄の設置

七三一部隊とは関東軍防疫給水部の符牒であり、防疫、給水を行うという偽装の下に細菌兵器の研究と製造を行った陸軍の秘密部隊であった。七三一部隊は一九三二年四月の陸軍軍医学校防疫研究室の設立に起源をもっている。のちに部隊長となる石井四郎は三〇年、細菌兵器の研究・開発のための欧米視察から帰国すると、陸軍中央の梶塚隆二（陸軍省医務局衛生課長）、小泉親彦（同医務局長）、永田鉄山（同軍務局軍事課長）などに細菌戦のための研究・開発の必要性を説得し、その支持を得て防疫研究室を設置させ、みずからが研究室の主幹となった。研究室の設置は、「満洲国」建国の翌月（一九三二年四月）である。そして、三二年から三三年にかけてハルビンの南東七〇キロにある黒龍江省五常県背陰河に「守備隊」を装って防疫班＝東郷部隊を設け、細菌兵器の研究を開始した。そこですでに中国人に人体実験をしている。だが、三四年九月に一六名の被収容者が脱走に成功し、内部の秘密が露呈したため防疫班を閉鎖し、一度日本に戻り、ハルビン郊外の平房への移転を計画した。三五年夏には平房に日本軍が進駐し、七三一部隊の根拠地を建設するための土地選定の測量を始めている。

一九三六年四月二三日、関東軍参謀長板垣征四郎は、陸軍次官梅津美治郎宛に「細菌戦準備ノ為関東軍防疫部ヲ新設ス」ることを要求し、その結果、東郷部隊は同年八月、軍令により正式な部隊として関東軍防疫部となり、部長に石井四郎が着任した。

一九三七年七月、日中戦争が勃発すると、七三一部隊の建物建設は急テンポで進められた。翌三八年六月に「平房付近特別軍事地域設定ノ件」（関東軍参謀部命令第一五三九号）が布告されると、平房の中の一村である黄家窩堡の農民は、平房警察駐在所から一ヶ月以内に全員立ち退くよう命令され、立ち退いている時に警察が家屋に火を放った。こうして一一〇年余の屯の歴史は、強権的に幕がおろされた。さらに「無人区」を広げるために平房の他の村も立ち退きを命じられたが、これらの四屯を合計すると、六一〇ヘクタールの土地が囲いこまれ、追い出された農民は計五四六戸に及んだ（以上は、関成和著、松村高夫・江田憲治・江田いづみ編訳『七三一部隊がやってきた村――平房の社会史』こうち書房、二〇〇〇年、三五〜五三頁による）。

こうして囲い込まれた土地に、細菌を用いた実験と兵器製造のためのロ号棟と呼ばれる一〇〇メートル四方三階建ての冷暖房完備の近代的ビルを中心に、各種細菌実験室、毒ガス実験室、動物飼育室、発電所、専用飛行場、隊員家族宿舎（東郷村）などが建設された（図5-1）。ロ号棟の中庭には、七棟・八棟という特設監獄が造られた（図5-2）。ここに七三一部隊送りとなった者を収容したのである。被収容者は氏名を奪われ三桁か四桁の番号を付され、「マルタ」（丸太）と呼ばれ、日本人医師により人体実験の対象とされ、全員が殺された。部隊からの脱走に成功した者はひとりもいない。

この特設監獄に関する記述はほとんど残されておらず、特設監獄の建築にかかわった萩原英夫が、戦後、撫順戦犯管理所で書いた「暴露文」（一九五三年四月一五日）が現在唯一の史料である。前記「特移扱ニ関スル件通牒」（関憲警第五八号）が発せられたのが一九三八年一月二六日であることを念頭におきながら、以下の「暴露文」を読むならば、関東軍（送出側）の七三一部隊送りと部隊（受入側）での収容のための特設監獄の建設が軍主導により連繋を持ちながら進行していったことが見えてくるだろう。それは「二重の利便性」の具現化であった。

図5－1　七三一部隊建物略図

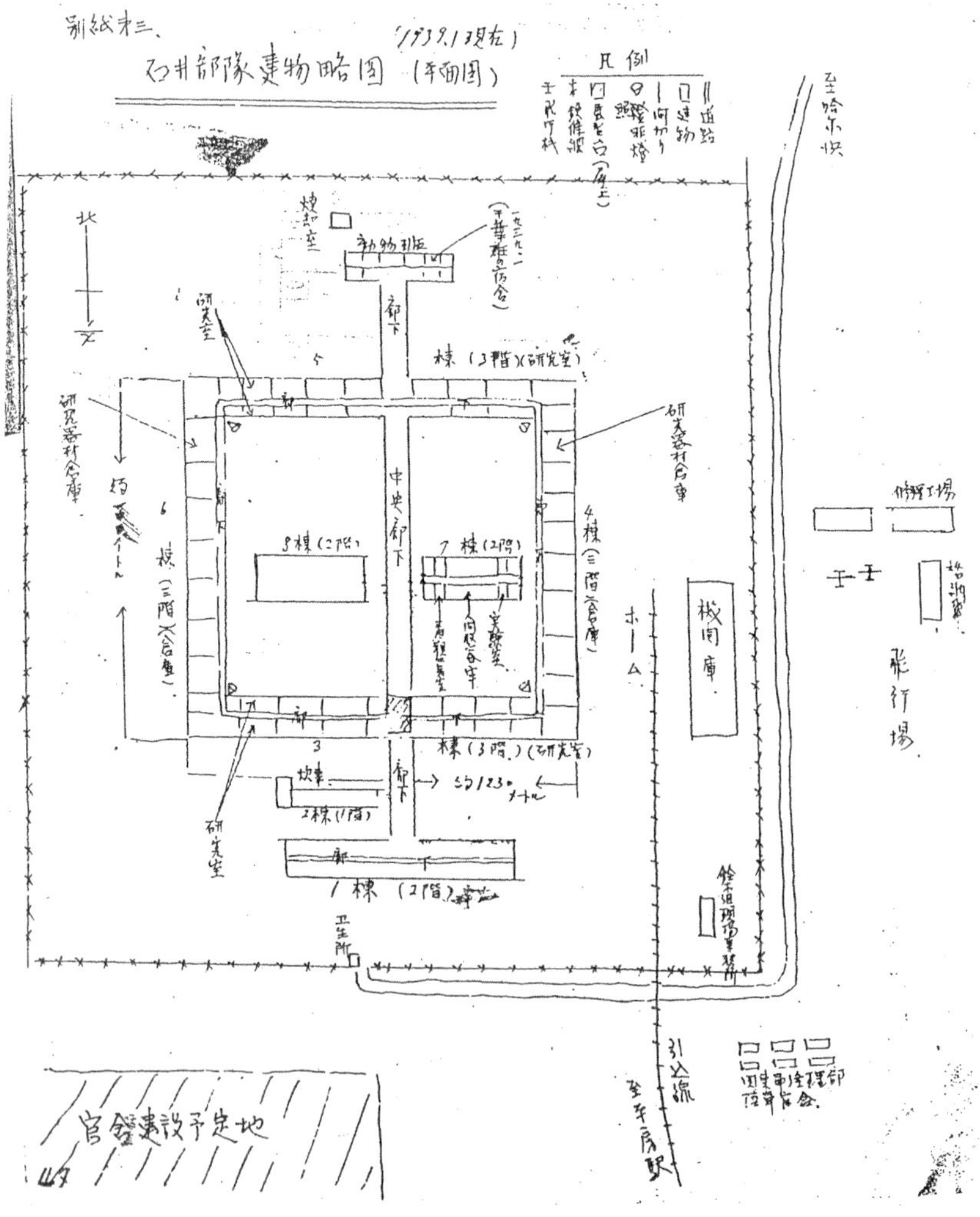

注：「暴露文」41号室　70番萩原英夫　1953年4月15日筆術（撫順戦犯管理所で書かれた手稿）に付された3枚の図のなかの1枚。これらの「暴露文」と3枚の図は1991年9月9日、家永教科書裁判（第3次）の東京高等裁判所における松村高夫の証人尋問の際、裁判所に証拠書類として提出された。

出所：松村高夫編『〈論争〉731部隊』晩聲社、1994年、口絵。

図5－2　七三一部隊特設監獄（七棟・八棟）

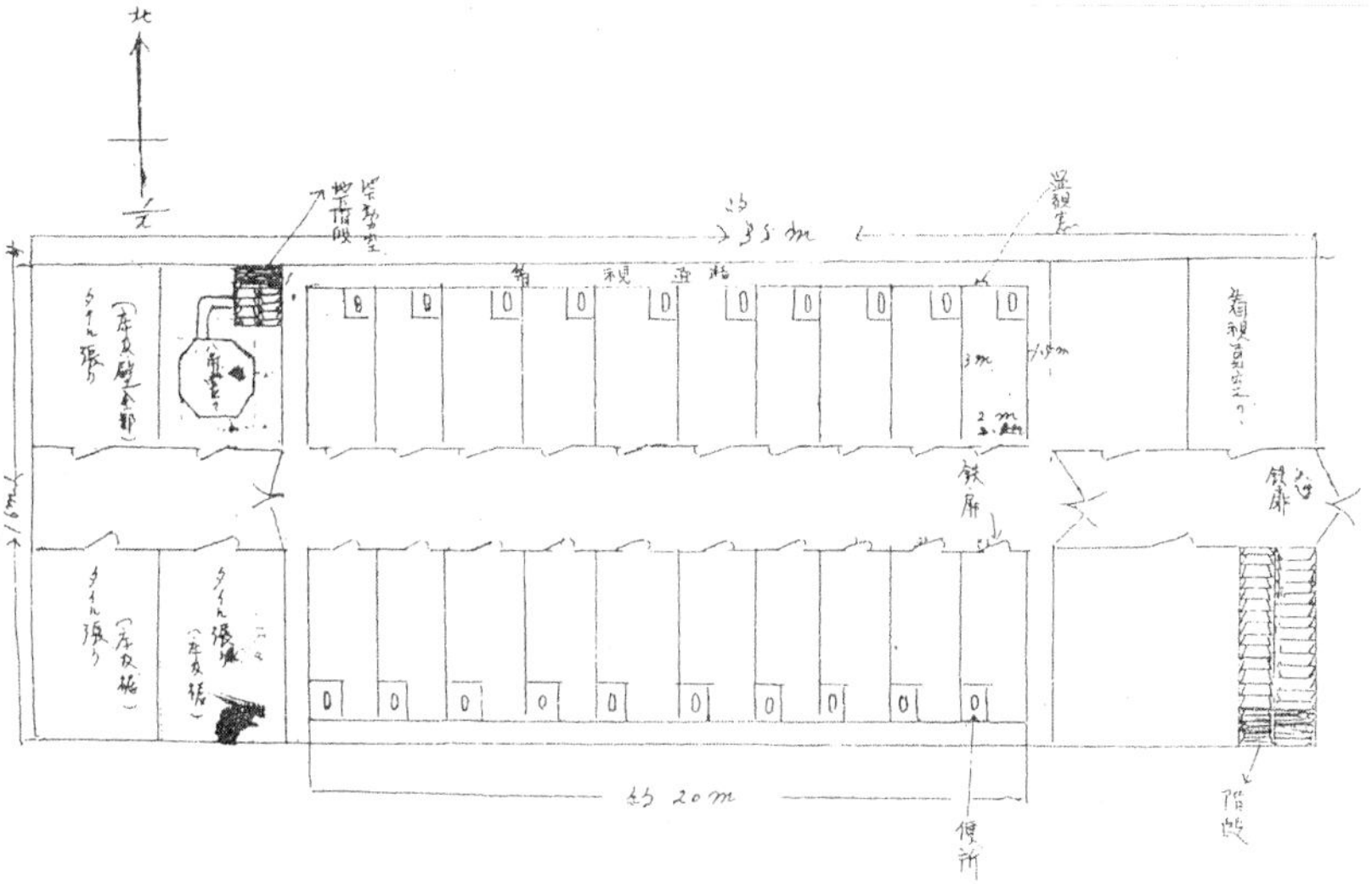

注：「暴露文」41号室　70番萩原英夫　1953年4月15日筆術（撫順戦犯管理所で書かれた手稿）に付された3枚の図のなかの1枚。
出所：松村高夫編『〈論争〉731部隊』晩聲社、1994年、口絵。

私は一九三七年八、九月頃応募者二〇名と共に東京都牛込区軍医学校に於て受験（不合格者なく形式的受験）し一九三八年一行二〇名と共に渡満した。募集時は石井部隊軍属と云ふ契約であったが哈尔浜到着時二〇名は何れも鈴木組に引取られ作業現場平房到着後作業区処及金銭の受授関係は鈴木組との間に行はれ身分は石井部隊臨時傭人として取扱はれ食事及作業衣の支給、宿舎は陸軍官舎（後日部隊内起居）を当てがはれた。当時二一才の私は常傭日当は二円八〇銭で大工、左官は三円五〇銭―四円五〇銭、雑役夫二円八〇銭―三円二〇銭であり、私は雑役夫中の最低賃金であった。

当時の部隊は外郭建築が大体終り滅菌器、其他の研究器材がホームに山積し愈々内部設備に取かからんとしていた時期であった。外郭建築は松村組がやったと聞いたが内部の機密業務、研究器材の運搬、開梱、設置、特に七、八棟（人間実験所）の内部諸建築と器材の設置は如何に安い労働力であらうとも中国人を充当することは出来なかったのである。石井が同郷者である吾々を募集し此の作業に当てたのは自己の行ふ機密業務漏洩防止に第一義的意義のあることは明白である。

研究器材の発送所は日本特殊工業株式会社であり私が現地到着時特殊工業から派遣された者二、三名、現地で採用された者五、六名（何れも日本人）の一団があり七、八棟外の器材の組立取付け等は特殊工業の社員と協力して行った。

私達の主要な作業場所は人間実験所の七、八棟であり到着時は内部は入口及奥の方に若干の間切りがしてあった丈で中間はまるで講堂の様に全く間切りがしてなかった。七、八棟は三、四、五、六棟に囲まれ外部から全く見えず而も入口には厳重な鉄の扉があり、三、四、五、六棟の三階の隅々には七、八棟に向けて照明燈が取付られていた。七、八棟を囲む三、四、五、六棟（煉瓦積）及三、五棟に通ずる廊下（四階）（煉瓦積）の裾約四メートルはセメント壁で塗られてあり三棟屋上には一段高い望楼があった。

私達は現場到着時建設班の工藤技手より石井部隊長の命令として「七、八棟の内部工事を本年中（一九三八年）に終了すること、及業務については部隊内の人と雖絶対口外しないこと、若し口外した場合厳罰に処す」の伝達があった。〔中略〕

第二梯団到着〔約四〇名が三八年四月頃到着〕後請負制度を取りその為工事は比較的進捗した。七、八棟の一、二階の入口及奥の二八ヶ室の壁塗り終了後中の空間の間切り、その為のペトン打ち等に着手した。此の工事に着手するまで嘗て五常に於て石井部隊に勤務した人々も七、八棟が何に使はれるかを知らなかった様である。私も着手後二、三ヶ月後青柳より聞き知った。之が即ち実験の為送られた人間を収容する牢である。此の牢は入口が鉄の扉で其他上下四面ペトン打ち、間口二・五メートル位奥行三メートル位でその牢は接続し内部に便所、床のみペトン打ちの上に板がはられてある。牢は一階丈で約二〇ヶ、私が帰郷した一九三九年一月には七、八棟の一階の牢約四〇ヶは完成し二階に着手した時期であった（一階を二階と同様とすれば牢は約八〇ヶ）。

更に私達は奥の室（一階）に色々な器材（人間実験用？）を運搬し組立てた。特に印象に残っているのは八角堂（私達はそう呼んでいた）直径約三・五メートル位の八角の器材で内部の床及腰約一メートルはタイルばりである。各面には厚さ1糎位（四〇糎平方）のガラス窓があり内部を見ることが出来る。事実不明なるも内部を真空にしたり空気を入れたりすることが出来ると聞いている。「八角堂」を取付けた階下は動力室であり四・五馬力の発動機があり直径二〇糎位の管が此の八角堂に接続している。奥四ヶ室は何れも床、腰共にタイルばりで南面の室には滅菌器を設置したと記憶している。（「暴露文」41号室70番萩原英夫、一九五三年四月一五日筆術手稿）

萩原英夫は一九三九年一月鈴木組より解雇され、軍隊に入るため一時帰郷している。歴史の皮肉であろうか、萩原は一九四二年一月から四三年五月の間、老黒山憲兵分遣隊などに勤めていた時に四人の中国人抗日工作員を七三一部隊送りにしている（「撫順供述」一九五四年九月二五日、『人体実験』一三八頁）。その中の一人、康永昌のケースについて萩原は次のように供述している。「一九四二年八月、私は老黒山南村で偵察中に中国抗日工作員康永昌を発見した。彼は羅子溝に逃げたがそこで警察に逮捕された。私は分隊長米倉憲一の命令にしたがって、彼を連れ帰り、拷問を加えたのち、石井部隊に送って殺害にいたらしめた」（同前、一三八頁）。

なおこの七、八棟内西側の四室で人体実験が行われたことは筆者がすでに論文で明らかにしたところである(3)。従来真空室とされていた八角堂は細菌噴霧室であり、中の被験者の状態を四〇センチ四方の窓ガラスを通して観察していたことは、アメリカのヒル・レポートとの照合から明らかである。タイル張りと記されている部屋は解剖室であっただろう。被験者を七、八棟の外に出してロ号棟のどこかで解剖したとは考えにくい。

七三一部隊は八部から構成されていたが、「細菌研究」の第一部（部長は菊池斉）は、ペスト（班長は高橋正彦、以下カッコ内は班長）、炭疽（大田澄）、チフス（田部井和）、コレラ（湊正男）、結核（二木秀雄）、天然痘（貴宝院秋雄）、ウイルス（笠原四郎）などの細菌や、病理（岡本耕造、石川太刀雄）の十数班から構成されていた。研究の結果、細菌兵器として最も効率的なのはペスト菌と炭疽菌との結論を得た。特にペスト感染蚤（PX）は、七三一部隊独自の発明であった。穀物などと共に日本軍機から投下されたPXは、着地すると、穀物を食べにきた地元の鼠にたかってとペスト感染鼠となり、それが拡散し、やがて人間にも感染しペスト患者が発生するという感染ルートである。日本は細菌兵器を世界で最初に実戦で使用した国となった。

「実戦研究」の第二部（部長は大田澄）は、植物絶滅研究（八木沢行正）、昆虫研究（田中英雄）、航空班（増田美保）などから構成されていた。一九四三年には平房から一二〇キロ離れた安達《アンダー》に野外実験場を作り、被験者を杭に縛り、飛行機からペスト菌弾や炭疽菌弾を投下・炸裂させ、感染効果を測定する実験を実施した。「細菌製造」の第四部（部長は川島清）は、ペスト菌（野口圭一）、炭疽菌（植村肇）等の細菌やワクチンを製造・貯蔵し、実戦に備えた。

平房の七三一部隊は、一九四〇年一二月二日の軍令により、牡丹江、林口、孫呉、ハイラルの四支部を設立し、大連衛生研究所を加えると五つの支部をもった。また、新京（現 長春）には七三一部隊の姉妹機関として軍馬防疫廠（一〇〇部隊）が設立された。以上をハルビンの防疫給水部と呼ぶとすると、防疫給水部は、一九四〇年までに北京（一八五五部隊）、南京（一六四四部隊）、広東（八六〇四部隊）に、一九四二年にはシンガポール（九四二〇部隊）に設立され、それぞれの部隊が数支部ないし十数支部をもち、いずれも日本軍本部の指揮下に置かれた。石井四郎の主導から始まったハルビンの細菌戦部隊は、間もなく日本軍全体を網の目のように覆う細菌戦体制へと拡大された。人体実験の対象とする「マルタ」を絶えることなく平房に供給する特移扱も、日本陸軍全体の細菌戦政策実施の重要な一環だったのである。

第三節 「特移扱」の送出から受け入れまでの過程

「特移扱」の典型的なパターンは、地方の憲兵隊（またはその分遣隊）が、逮捕者の中から七三一部隊送りを決定すると、関東憲兵隊司令官に裁可を書類で申請する。司令部の中では、書類は庶務課→刑事部→防諜班→司令官の順に送られ、憲兵隊司令官が裁可を下す。その裁可は形式的で、憲兵隊からきた七三一部隊送りの申請が否決されることはまず起こらない。憲兵隊司令部の裁可は、通常たった一枚の決定書で地方の憲兵隊長に伝えられ、憲兵隊長の指示で、拘束者は平房の七三一部隊に移送される。通常は鉄道でハルビン駅まで憲兵監視の下に護送され、ハルビン憲兵隊に引き渡される。駅から直接平房の部隊に専用トラックで移送されることもあれば、一時的にハルビン市内の日本領事館地下室などに収容されてから平房に移送されることもあった。部隊に着くとロ号棟中庭の特設監獄に収容され、人体実験の対象にされる時を待つ。なかには地方の憲兵隊から直接平房の部隊まで自動車で運んだケースもある。そのほか、特務機関や保安局から七三一部隊に移送するルートもあった。

前出の橘武夫は、ハバロフスク裁判の尋問で、特移扱の移送について次のように証言している。

『特移扱』ニ該当スル人物ハ、憲兵隊本部ノ留置場ニ留置サレ、而ル後、彼等ノ訊問調書ノ抜粋及ビ『特移扱』許可申請書ヲ憲兵隊司令部ニ送リマシタ。其処デハ、此ノ書類ヲ検討シ、問題ヲ決定シテ、申請シテ来タ当該憲兵隊本部ニ此等ノ人物ヲ『特移扱』ノ名目デ第七三一部隊ニ送致スベキコトニ関スル命令ガ発セラレマシタ。斯ル書類ガ地方ノ本部カラ憲兵隊司令部ニ入リマスト、庶務課ヲ経テ、其等ハ刑事部に引渡サレ、ソレカラ、私ガ長デアリマシタ防諜班ニ渡サレマシタ。私ノ班ノ勤務員辻本ハ、此等ノ書類ヲ検討シ、決定ヲ下シ、而ル後、此等ノ決定ヲ私ニ提出シマシタ。私ハ、是レヲ承認シテ、更ニ刑事部長ニ送リマシタ。刑事部長ハ、関東憲兵隊司令官ノ裁決ヲ得タ後、憲兵隊司令官ノ名ヲ以テ該書類ヲ提出シタ憲兵隊本部ニ命令ヲ発シマシタ。

（『公判書類』四七二～四七三頁）

さらに、尋問は続いた。

（問）。貴方ハ、関東憲兵隊司令部ニ勤務中、『特移扱』トシテ、人間ヲ第七三一部隊ニ引渡スコトヲ裁決シテイタノカ？

（答）。私ハ、此等ノ書類ヲ検討シ、審議シマシタ。私ハ、私ノ在職中、一〇〇名以上ノ者ガ送致サレタコトヲ記憶シテイマス。

（問）。第七三一部隊ニ、殺戮用ドシテ人間ヲ移送スルコトハ、関東軍司令官ノ裁決ニヨツテ実施サレテイタノカ？

（答）。勿論、関東憲兵隊ハ、関東軍司令官ノ指令ニヨツテ是レヲ行ツテイマシタ。通常、憲兵隊ハ事犯者ノ事件ヲ裁判所或ハ軍事裁判ニ送致シテイマシタガ、此等ノ場合ニハ、特別命令ガ法律ニ代リ、人間ハ裁判ナシデ送致サレテイマシタ。（『公判書類』四七三頁）


吉房虎雄は、「一九四一年九月から四三年三月まで、（関東憲兵隊司令部）第三課長の任にあった期間、各憲兵隊から司令官に報告があり細菌戦部隊送りを申請してきたものについてはすべて、まず私が初歩的な審査をおこない、その後司令官に報告し許可を受けた。また、私の部下が細菌戦部隊移送に関する一切の文書を処理した。具体的な数字ははっきり覚えていないが、細菌部隊送りとなった者は少なくとも九〇名はいたと思う」（「撫順供述」一九五四年八月一九日、『人体実験』一三五頁）と述べている。

また、「憲兵隊司令部で高級副官の任にあった際、どのような命令、指示を起草したか」と問われて、「一九四二年一〇月から四四年八月まで高級副官の任にあった時期、侵略戦争が絶え間なく拡大しつづけていたため、私は中国の南部と東南アジアに憲兵約五〇〇名を派遣し、また司令官に代わって各憲兵隊長への命令を起草した。このほか、ハルビン憲兵隊から下士官を一名派遣して細菌部隊に赴かせ、業務を応援せよとの命令を起草したこともある。在職中、各憲兵隊が細菌部隊送りとするために司令官の許可を求めた人数は三〇〇人であった」（同前、一三六頁）と述べている。

以上述べてきた特移扱の送出から受け入れまでの過程を、劉恩を例にとって具体的に見てみよう。「昭和十六年防諜服務成果表」には、劉恩（当時三九歳）は一九四〇年五月中旬「入「ソ」イマン第五七国境警備隊本部ニ至リ、虎頭付近ノ日満軍情及集団部落ノ状況等ヲ前後七回ニ亘リ提報、資金百五十円ヲ受領」（『鉄証』黒龍江省、三七頁）とある。ただし、この時期、劉は東安特務機関の指示で雑貨商を装いながら逆スパイとして利用されていた。

翌一九四一年六月二八日、憲兵隊司令部から諜者や容疑者の「整理検挙」の指令が出て、東安憲兵隊では管下の東安分隊、虎林分隊、平陽鎮分隊、虎頭分遣隊などで次々と容疑者を逮捕、抑留していた。「関特演」通達直後の一斉検挙である。劉恩もこの中で「整理諜者」となり、七月一四日一三時、蜜山県東安儀花楽街の現住所でひそかに東安憲兵分隊により逮捕された。七月二三日付の東安憲兵隊隊長白浜重夫から関東憲兵隊司令官原守宛の報告では、「逆用中ノ処其成果トシテ見ルヘキモノナク特機（特務機関）側ヨリ時局柄之カ整理方要望アリタルヲ以テ七月一四日東安分隊員ヲシテ隠密抑留引続キ爾後ノ通蘇生事実等ニ付キ究明中ナリ」とある。すでにこの「尋問調書」に該当する報告書の中で、「所見」として、他の一名とともに「其ノ通諜事実明瞭ニシテ取調ノ終了ヲ挨ツテ特移扱ヘスル予定ナリ」とし、劉恩の身柄処置についてあらかじめ決めているのがわかる。

許可申請書に該当する「取調状況ニ関スル件報告「通牒」」（東憲高第六二九号、図5-3、口絵参照）は、同年七月二九日に同じく白浜重夫から原守宛に提出され、「本名ハ逆用価値ナキヲ以テ此際厳重処分スルヲ適当ト認ム」としている。その頁には赤ペンで「整理諜者」と書きこまれている。そして、八月七日、関東憲兵隊司令部は、司令官名で東安憲兵隊隊長宛に、「ソ諜劉恩ハ適時特移扱トスヘシ」との電報を発信している。この電報（関憲電第四八八号）の写しは同時にハルビン憲兵隊にも発信されている（同前、一二六頁）。劉恩の特移扱は八月一一日になった。東安憲兵隊隊長は、前日八月一〇日午後二時五分に憲兵隊司令官とハルビン憲兵隊に宛て、「一、関憲電第四八八号ニ基ク蘇聯諜者劉恩ハ八月十一日六時三六分哈爾賓着列車ニテ特移送セシム　二、哈爾賓憲兵隊ニ於テハ配慮ノ上受領相成

度　発電先、関憲司、哈爾賓隊」（東安憲電第一七三号、同前、一一七頁）という電報を打っている。

そして、この電報の通り、劉恩の身柄がハルビン憲兵隊本部の手に渡ったことは、八月二〇日付の白浜重夫から原守宛の報告書（東安憲高第七六〇号）で、「東安分隊下士官以下二名ヲシテ特移扱セシメタリ」と報告されていることから明らかである。その報告書には、七三一部隊送りとなった趙成忠、劉元傑、殷鳳樓、楊吉林、劉文斗もハルビン憲兵隊に引き渡されたことが報告されている。

以上の劉恩の例は、特移扱が、虎林憲兵分隊→東安憲兵分隊→東安憲兵隊→関東憲兵隊司令部→東安憲兵隊→ハルビン憲兵隊の間の組織的連繋により実施された過程を示している。

もう一点、珍しく写真が二枚残されている王振達の場合をみてみよう。

王振達は逮捕当時は二五歳、住所は東安省密山県城子河村宝山屯。一九四〇年八月、ソ連諜報員万信の紹介でソ連諜報組織に加入したとされる。一九四一年五月三日、密山県東安該長明路で東安憲兵分隊がひそかに逮捕・訊問した。五月二五日、東安憲兵分隊隊長辻本信一は、東安憲高第一六四号をもって東安憲兵隊隊長白浜重夫に「蘇聯諜者王振達抑留取調状況ニ関スル件報告「通諜」」と一四頁からなる「別冊昭和十八年五月　ソ連諜者取調状況　東安憲兵分隊」を提出し、同時に王振達の正面と側面の全身写真を添付し、東安特務機関・東安省警察庁密山国境警察隊に送った（図5-4、口絵参照、『鉄証』黒龍江省、五三〜六七頁）。報告書には「改悛ノ情認メ難キヲ以テ之レカ逆利用ノ価値ナク且ツ本名ノ活動状況ハ積極的ニシテ我方ニ及セル実害甚大ナルモノアルヲ以テ特移送ノ要アルモノト認ム」（同前、六六頁）とある。白浜重夫は検閲したのち「分隊長ノ所見ニ同意シ特移送セシメントス関憲司ニ於テハ指示相成度」としている。これを受けて関東憲兵隊司令官原守は、王振達の「特移送扱」の裁可を下した。ここでも東安憲兵分隊→東安憲兵隊→関東憲兵隊司令部→東安憲兵隊→ハルビン憲兵隊といった連繋したルートが使用されている。

次は千金喜と矯吉明のケースである。これはいずれも虎頭憲兵分遣隊隊長樺沢静茂が東安憲兵隊隊長白浜重夫宛に一九四一年九月に提出した報告であるが、この報告は広島県呉市在住の元憲兵本原政雄が自身が書いたものであることを認めたという稀なケースである。筆者が二〇〇二年一二月九日呉市の本原宅を『鉄証』黒龍江省を持参して訪問した時、「隣の部屋から拷問されている声が聞こえる中で報告書を書いた。私の字に間違いない」と証言したのである（図5-5）。その後、本原をインタヴューした朝日新聞記者は、「七三一部隊移送文書『私が作成』」という見出しの次のような記事を書いている。

図5-5　『鉄証』黒龍江省を前にインタビューに答える本原政雄元憲兵（2002年12月９日、呉市の自宅にて。右は筆者）

細菌兵器研究のため人体実験を行ったとされる旧関東軍七三一部隊に中国人らを送り込んだことを示す証拠として、中国黒龍江省が九九年に公表した旧関東憲兵隊の内部文書の一部について、広島県の元憲兵の一人が「私が作成した」と名乗り出た。朝日新聞の取材に「スパイ容疑の中国人への拷問による取り調べが普通だった」と証言した。中国側公表文書の信用性が高まったことになる。

黒龍江省の公表していた六六件の文書は、中国人らを七三一部隊へ移送する「特移扱い」の日本側の内部報告書などだ。歴史文書を保存する同省档案館と日本側の「日中近現代史研究会」（代表＝松村高夫・慶応大教授）が〇一年にこれらを資料集として出版していた。

名乗り出たのは広島県呉市在住の元憲兵本原政雄さん（83）。公表文書のうち二件を作成したと明かした。旧ソ連側のスパイ容疑で虎頭憲兵分遣隊が国境付近で逮捕した中国人二人の取り調べ報告書で、いずれも四一年九月に作成。二人とも「利用ノ価値ナシ」とし、七三一部隊への「特移扱ガ適当」と記した。

同分遣隊庁舎の北西の狭い取調室で、取り調べ担当の憲兵が容疑者の供述調書を作成。字の上手だった本原さんが同じ棟の事務室で清書し謄写印刷した、としている。

本原さんは朝日新聞の取材に、取り調べの状況を何度も見た、と証言。両足を縛って天井から逆さづりしたり、長いすに後ろ手で仰向けに縛った上でぬらした布を口にあてて呼吸しづらくしたり、といった拷問が行われていた、という。

本原さんは「戦争の残虐行為を正しく後世に残し、平和に役立てたい」と名乗り出た理由を話している。

〇一年出版の資料集には、憲兵隊の元幹部らの戦後の証言も収録。「七三一部隊で殺害された者は少なくとも四千人にはなるだろう」（吉房虎雄・元関東憲兵隊司令部第三課長）などと記載されている。

（『朝日新聞』二〇〇三年一〇月八日）

前者の㊙防諜の印がある「蘇諜于金喜ノ取調状況ニ関スル件報告」（図5-6、口絵参照、虎頭憲高第二九〇号、一九四一年九月五日付）は、本原が書いたものである。

宛先の「東安憲兵隊長白濱重夫殿」は青いスタンプ、「東安憲兵隊長点検」「関東憲兵隊司令官点検」は赤いスタンプで、虎頭憲兵分遣隊長→東安憲兵隊長→関東憲兵隊司令官と報告書が上がっていったことがわかるが、東安憲兵隊隊長は赤ペン書きの付箋を付け「隊長所見　身柄ノ処置ニ関シ分遣隊長ノ所見ニ同意シ特移送スルヲ適当ト認ム　関憲司（関東憲兵隊司令部）ニ於テハ指示相成度」と記し、白浜は分遣隊隊長の七三一部隊送りの決定に賛成なので、関東憲兵隊司令官の裁可を仰ぐとしているのである。そして一九四一年九月二二日付で司令官より東安憲兵隊隊長宛に「ソ諜ノ処置ニ関スル件指令」で「虎頭憲高第二九〇号ニ基クソ諜于金喜ハ特移扱トスヘシ」とされているので

(『鉄証』黒龍江省、二六四頁)、七三一部隊送りを関東憲兵隊司令官が裁可し、東安憲兵隊隊長に通知したことがわかる。

もう一人の于金喜は山東省の出身で、一九三二年一〇月「渡満虎林懸獨木河ニ於テ三ケ年間阿片密作ヲナシ昭和十年十一月来虎一定ノ職ナク私煙管若ハ日稼労働ヲナシ現在ニ至ル」(同前、二五七頁)とある、東安省虎林懸虎頭村興隆街に住む三二歳の「苦力」であった。ソ連のスパイとして逮捕され、八月三一日虎林憲兵分隊に「抑留」され、「利用ノ価値ナシ」として特移扱になったものである。同文書には、「2　本名ハ虎頭村内ニ於テ日稼労働ニ従事中昭和十五年七月諜者國恩章ニ獲得セラレ企人ニ随伴暗夜ニ乗シ漁船ヲ盗用虎頭村朝鮮部落南方約三粁地点ヨリ烏蘇里江ヲ渡渉越境入蘇「イマン」第五十七国境警備隊本部ニ至リ「ゲペウ」某上級中尉ニ面接蘇諜タルヘク誓約シ爾来昭和十六年三月迄ノ間其ノ指令下ニ前後三回ニ亘リ入蘇日満軍軍情ヲ提報シ報酬余百五十円ヲ受領セルコトヲ自供セリ　3　身柄ハ目下当分遣隊ニ留置中ナルカ利用ノ価値ナシ」(同前、二四五～二五五頁)との記述がある。ソ連の「ゲペウ」から三回、満洲国幣にして計一五〇円を得て、日満軍の軍事情報を渡したソ連のスパイだとしたのである。

本原の書いたもう一つの報告書は、㊙防諜の印がある「蘇諜矯吉明ノ再取調状況ニ関スル件報告」(虎頭憲高第二九七号)であり、一九四一年九月八日、于と同じく「虎頭憲兵分遣隊長　樺澤静茂」が「東安憲兵隊長白濱重夫殿」に提出したものである。(同前、二七九頁)赤のスタンプで同じく東安憲兵隊隊長、関東憲兵隊司令官の点検済みを示している。

矯は、于と同じ虎頭村の平安街に住む四四歳の「苦力」だった。嫌疑は于とまったく同じでソ連のスパイとして日満軍の軍事情報を渡したとするもので、「身柄ハ当分遣隊ニ留置中ナルカ利用ノ価値ナク特移扱トスルヲ適当ト認ム」とするところも同じで、東安憲兵隊隊長が赤ペンで七三一部隊送りにすべきだとする同じ字句の付箋をつけて、関東憲兵隊司令部に送っている。この同一性からも、七三一部隊送りにするために地方の憲兵隊や憲兵分遣隊が、恣意的な理由をつけていたことが見えてくるだろう。

多くの場合七三一部隊送りになった中国人たちは、憲兵に両脇を固められ、ハルビン駅までは列車で連行されたが、列車の通っていないところからは自動車で運ばれた。

七三一部隊にはハルビン憲兵分遣隊から直属憲兵が派遣されており、機密保持と防諜に務めていた。常時、憲兵班の三人が、七三一部隊第一棟本部の玄関を入ってすぐ右手にある憲兵室に詰めていた。七三一部隊に派遣されていた憲兵倉員悟は、一九四〇年三月以降一年間部隊付憲兵班に勤務していたが、ハバロフスク裁判の証人として法廷に立ち、特移扱の護送について証言している。彼らの任務は、「部隊勤務員ニ対スル憲兵業務」と「哈爾賓カラ第七三一部隊ニ送致サレル囚人ノ護送」（『公判書類』四七七頁）であり、連絡があるとハルビン駅に出向いていたと証言している。

（問）。此等ノ人物ヲ第七三一部隊ニ送致スル手続キヲ話シテ貰イ度イ。

（答）。先ズ、憲兵隊本部カラ吾々ニ電話ヲカケテ参リマシテ、人員受領ニ来ル様通知シテイマシタ。此ノ通知ハ、田坂曹長ニ対シテ行ワレテイマシタ。

私以外ニ、第七三一部隊憲兵班ニハモウ二人居リマシテ、都合、三人デアリマシタ。

田坂曹長カラ吾々ニ指示ガ有リマシテ、吾々ハ特別ノ護送車ニ便乗シテ哈爾賓駅ニ向イ、其処デ駅ノ憲兵分遣所ニ立寄リ、駅詰メノ憲兵長立会ノ下ニ、林口、佳木斯等ノ他ノ都市ノ憲兵隊員カラ第七三一部隊向ケ移送用ノ人員ヲ受領シテイマシタ。

（問）。被検挙者ノ部隊送致ハ一昼夜間ノ中何時行ワレタカ？

（答）。主トシテ夜間デアリマシタ。吾々ハ、此等ノ囚人ヲ受領シテカラ護送車ニ乗セテ、第七三一部隊ニ引渡ス為平房駅ニ向イ、其処デ、吾々ハ、表門ノ所デ自動車ヲ止メ、一人ダケ衛生所ニ立寄リ、衛兵ニ連絡ヲトリマスト、衛兵ハ構内監獄ノ当直ニ電話ヲカケ、ソレカラ此ノ当直ガ誰カヲ、此等ノ囚人ヲ監獄ニ護送スル為ニ寄越シテ来マシタ。（『公判書類』四七八頁）

七三一部隊から受領に行くこの「特別の護送車」を運転していた部隊第三部の運輸班越定男は、ハルビンに着いた中国人たちを受領しにいった時のことを、次のように書いている。

マルタの受領場所は三、四か所あった。ハルビン駅の端にある憲兵隊分室、ハルビン特務機関、ハルビン憲兵隊本部とそしてもう一カ所は、ハルビン市内の石塀に囲まれたクリーム色の洋風建物の地下室であった。そこはなんとハルビン領事館なのだ。そしてその地下室がマルタのたまり場であったことに、私はかなりのショックを受けた。なぜなら、仮りにも領事館といえば、戦争中といえども、日本外交の表玄関ともいうべき機関の建物なのだから だ。

畳を敷いた広い部屋に、坊主刈りにされたマルタが手錠をかけられてごろごろしていた。なかには、明らかに拷問の跡を示す、殴られたアザや傷がある者もいた。私も残酷な拷問がなされていることは知っていた。マルタの多くは、すでに暗い運命を予測し、あきらめたように眼に力がなく、動作ものろのろとしていた。

（越定男『日の丸は紅い泪に』教育史料出版会、一九八三年、三二～三四頁）

近藤昭二と筆者は、一九九一年、当時は旅館になっていたハルビンの元日本領事館跡の地下室に入り、壁にまだ鉄の拘束具が残っているのを目撃し、近藤は弱い光源でその地下室を撮影している。

さらに越定男は、ハルビンから平房までの護送車について、「マルタ運搬の特別車は二台あり、二台とも一九三二年型アメリカ・ゼネラルモーターズ社製の、ダッヂブラザースという左ハンドルで、四・五トンもする大きな車であった。この車は、トラックでいえば荷台の部分が、四方を鉄板で覆ってある特別仕立てのものであり、この鉄板の上に国防色のシートを被せていた。また、シートにはセルロイド製の『窓』が縫いつけてあり、外からみると普通のトラックのようにただシートがかけてあるようにみえ、ナンバープレートは、いつでも取り替えることができるようになっていた。これが、七三一部隊得意の偽装であった」と書いている（同前、三三四〜三三五頁）。

このようにして平房に連行された中国人らは、部隊到着と同時に名前を奪われ、三桁ないし四桁の番号を付された「マルタ」として特別監獄に収容されたのであった。

第四節　「特移扱」の振り分けの割合とその基準

憲兵隊により拘束された者のうち、どのくらいが七三一部隊送りになったのかは、正確な数値は不明だが、およその割合を二つの「間諜名簿」から試算してみよう。第一の「鶏寧憲兵隊本部、昭和一七年度管内拘留間諜名簿（一九四二年八月一日〜一二月三一日）」（『人体実験』一四五〜一四七頁）によると、拘留された者三九人中、特移扱は、①王勤山、三八歳、綏芬河分遣隊、八月一九日逮捕、②馬尚文、二七歳、林口分隊、九月一五日逮捕、③劉維平、六〇歳、半截河分遣隊、九月二六日逮捕、④王証儒、三四歳、半截河分遣隊、九月二八日逮捕、⑤呉春福、三二歳、半截河分遣隊、一〇月一三日逮捕、⑥唐永金、三八歳、半截河分遣隊、一二月一〇日逮捕、⑦尹文生、三七歳、鶏寧分隊、一一月一〇日逮捕、⑧趙新貴、四三歳、平陽鎮分遣隊、一二月二八日逮捕の八人である。

この中で⑧の趙新貴の場合は、『鉄証』吉林省（一六九頁）に記録が残されている。すなわち、「昭和十八年二月五日鶏憲高第八一号　鶏寧臨時憲兵隊長「蘇諜趙新貴取調状況ノ件」に、「首題諜者ニ関シテハ引続キ取調ベタルモ新事実ナシ　一味関係者ハ捜査セルモ所在不明ニシテ本人ヲ利用スル索出工作ハ価値ナキヲ以テ特移処分ニ附スルヲ適当ト認ム」とあり、一二月二八日に逮捕され、翌年二月五日に七三一部隊送りが決定している。

計三九人の拘留者の振り分けは、八人が特移扱、案件送付が二二人、スパイとして利用中が三人、特務機関送りが二人、特務機関送り利用中が二人、綏芬河国境警備隊送りが二人となっている。

また、第二の「鶏寧憲兵隊本部、昭和一八年度管内拘留間諜名簿（一九四三年一月一日～五月一五日）」（『人体実験』一四七～一四八頁）によると、拘留された者一六人中、特移扱は、①呉天貴、二六歳、八面通分隊、一月一八日逮捕、②周殿平、四八歳、綏芬河分遣隊、三月二九日逮捕の二人である。案件送付が三人、スパイとして利用中が一人、特務機関送りが二人、特務機関送り利用中が二人、林口県警務科送り一人、取り調べ中五人である。両方の名簿を合計すると、拘留された者五五人中、特移扱は一〇人であり、約一八％となる。

鶏寧臨時憲兵隊隊長だった堀口正雄は、「『特移扱』処分は憲兵司令官の指示を仰ぐ必要があった。〔中略〕捕まったスパイ嫌疑者のなかには軍法会議にかけられた者もあった。特務機関に逆に使われた者も、地方検察庁に送られた者もいた。それ以外が、『特移扱』である。いわゆる『特移扱』処分とは、罪状がはっきりしており、その行為が矯正不可能とみなされた者について、意見を付して、上部に送り、憲兵司令官の審査によって、許可か不許可が決まった。『特移扱』処分が確定すると、ハルビンの香坊部隊（すなわち石井部隊あるいは秘密部隊）に送られた」（「撫順供述」一九五四年五月三日、『人体実験』一一四頁）と述べ、堀口が鶏寧憲兵隊の管轄下にあった地区で抗日地下工作員として逮捕した八〇人を、実際に振り分けした事例を、次のように述べている。

一九四二年八月、平陽鎮地区で約一〇名、半截河地区で約二〇名、鶏寧、滴道地区で約一〇名、八面通、下城子、梨樹鎮地区で約一五名、綏陽、綏芬河地区で約一五名、林口、杏樹、勃利地区で約一〇名、計八〇名前後を逮捕した。これら八〇名前後の抗日地下工作員にたいして、拷問を加え、「満洲国軍機保護法」、「治安維持法」などにしたがって処理した。その内訳は、私の提案により、憲兵司令官の許可を受けて、一九四二年九月から四三年七月までに「特移扱」でハルビンの石井部隊に引渡した者約二〇名、牡丹江省および東安省検察庁に送られて処刑された者約二五名、鶏寧陸軍特務機関に送られて処理された者約二〇名、「満洲国」第六軍管区軍法会議に送られた者一〇名、わが隊で強制的に使用した者五名である。（「撫順供述」一九五四年八月二八日、『人体実験』

一四一頁)。

八〇人の逮捕者の中約二〇名、四分の一を七三一部隊に送ったことになる。

では、七三一部隊送りに振り分けする基準は何だったのか?

七三一部隊送りにする選択基準を通達の形で示したのが、前述した「特移扱ニ関スル通牒」の補足版(関憲高第一二〇号、一九四三年三月一二日)に付された別紙「「特移扱」ニヨリ輸送サレル者ノ区分表」(『公判書類』一二五、一二七頁の写真)である。この区分表では七三一部隊送りの選択基準は「諜者(諜略員)」と「思想犯人(民族、共産主義運動事犯)」に分けて示されている。そして、諜者(諜略員)の場合は、次のような六つの「犯状」がそれぞれ特定の「前歴」、「性状」、「見込み」、「其ノ他の「具備条件」」を持つ場合を七三一部隊送りの基準とした。すなわち、

一、「事件送致スルモ当然死刑又ハ無期ト予想セラルルモノ」で、「見込み」が「逆利用価値ナキモノ」

二、「諜者諜略員トシテ出入満数回以上ニシテ現ニ活動中ノモノ」で、「性状」が「親「ソ」又ハ抗日」、「見込み」が「逆利用価値ナキモノ」

三、「事件送致スルモ不起訴及短期刑ニテ出獄ヲ予想セラルルモノ」で、「前歴」が「住所不定無頼ノ徒ニシテ身寄ナキモノ阿片中毒者」、「性状」が「親「ソ」又ハ抗日　性格不逞」、「見込み」が「改悛ノ状認メラレズ且再犯ノ虞大ナルモノ」

四、「過去ニ於テ活動ノ経歴ヲ有スルモノ」で、「前歴」が「匪賊又ハ之ニ準ズル悪辣行為アリタルモノ」

五、「他ノ工作ニ関係アリ或ハ重要ナル機密事項ニ携リタルモノ等ニシテ其ノ生存ガ軍乃国家ニ著シク不利ナルモノ」

六、「「特移扱」相当人物ノ一味」で、「罪状軽シト雖モ釈放スルコト不可トスルモノ」

また、思想犯人の場合は、次のような二つの「犯状」を七三一部隊送りの基準とした。いずれの場合も「具備条件」は記されていない。すなわち、

一、「事件送致スルモ当然死刑又ハ無期ト予想セラルルモノ」

二、「他ノ工作ニ関係アリ或ハ重要ナル機密事項ニ携リタルモノ等ニシテ其ノ生存ガ軍乃至国家ニ著シク不利ナルモノ」

その表の備考欄に「各部隊長ハ右標準ニ依リ個々ノ人物ノ処分ニ当リテハ満洲国ノ国情ニ鑑ミ国政上或ハ社会上ニ与フル影響、公徳上ノ感作等十分ニ考慮シ検討ノ上確信ヲ以テ司令官ニ特移扱ヲ申請スルモノトス」としているのは、それまでの七三一部隊送りの振り分けが恣意的でありすぎたため、それを危惧した関東憲兵隊司令部があえてその基準を明示する必要に迫られたためであろう。しかし、その補足版の通達によって振り分けする際の憲兵隊の恣意性に変化があったとは到底思えない。

森三吾（東寧憲兵隊戦務課長）は、一九四二年八月から四三年一一月までの間に東寧憲兵隊および各分遣隊が逮捕した一一名を七三一部隊送りにし、四四年三月、満洲里憲兵隊分隊長をしていた時二人を七三一部隊送りにしたが、「石井部隊に送る人は、どんな条件で選んだのか」との問いに対し、「隊長の秘密命令に従い、次の四つの条件にもとづいて選び移送した」と答えている。

①いわゆる諜報工作員で、軍法会議で死刑を言い渡された者。

②家族か親戚がいないか、いてもごく少ない者。

③同じ事件の関係者がいない者。
④将来利用できない者。

さらに、「先に述べた石井部隊送りの基準についてだが、それでは、人為的にこうした基準に合うようにする方法はなかったか」との問いに対し、「『特移扱』の条件づくりの為の唯一の手段は、残酷な拷問だった。人を捕まえてきてから、水責め、殴打、電気ショック、手の指に鉛筆をはさむなどの拷問を加え、スパイだとむりやり自供させたのである」と答えている（「撫順供述」一九五四年（日付なし）、『人体実験』一一二～一一三頁）。

平陽鎮憲兵分隊とチチハル憲兵分隊で特高係をしていた土屋芳雄は、「裁判もなしに処刑する厳重処分の対象者や、容疑がはれても拷問責めで肉体がボロボロになってしまい、とても家族のもとに帰せなくなった中国人を『特移扱い』として、同部隊に送っていた。送る時は、ハルビン憲兵隊に連絡し、ハルビン駅まで迎えに、というより引き取りに来てもらった。というのも『特移扱い』になれば、もう相手は人間でなくなっていた。荷物同然だった。電話連絡する際の用語は、『丸太何本送る』であった。」（『聞き書き　ある憲兵の記録』一一四頁）と述べている。このように拷問の結果、家族のもとに返せない状態になり七三一部隊送りになったという点は極めて重要である。

関東軍参謀本部調査部は、以下のような「俘虜訊問大綱」を制定していた。

犯人が痛みに耐えかねて事実を供述するよう、拷問は持続的に行われるべきである。拷問は、意志薄弱な人間に対し比較的容易に自白を迫ることが可能となり、効率面からみて有利な方法であるが、一種の危険も含んでいる。すなわち被訊問者が苦痛を逃れるため、あるいは訊問者の意図に迎合して真実を歪曲するおそれがある。
拷問の方法は容易に実行できるものでなければならないし、また受刑者の苦痛が憐憫の情を起こさないようにすべきで、拷問のあとのいかなる傷痕も残してはならない。

拷問の方法については、当事者以外誰にも知られないようにし、殊に他の捕虜には絶対知られてはならない。叫び声など外へ漏れないように注意すべきである。（『鉄証』吉林省、四七〇頁）

貝沼一郎（宝清憲兵分隊警務係）は、拷問した中国人を七三一部隊に送ったことを、「一九四〇年一月、私は吉田軍曹が一人の中国地下工作員にたいしておこなった拷問に加わった。水責め、両手を縛って逆さづりにするなどの拷問で、抗日情報員であることを白状しろと迫ったのである。私はただちに殺してしまおうと吉田軍曹に提案した。その結果、同人はハルビンの石井部隊に移送され、細菌実験のために殺された」（「撫順供述」一九五四年一〇月一四日、『人体実験』一二八頁）と述べている。

原田左中（チチハル憲兵隊嫩江憲兵分隊、憲兵兵長）の供述によれば、一九四一年八月ごろ、チチハル憲兵隊嫩江憲兵分隊特高班員、憲兵伍長弘田利光は、黒河省嫩江県嫩江墨爾根大路にある中国人経営の某旅館で、地下工作員金士貴（三五歳位）を逮捕し、嫩江憲兵分隊に連行。原田と弘田憲兵伍長は拷問を行った。「竹刀で数十回殴り、また水責めをした。拘留し虐待すること約一ヵ月、その後、分隊長であった憲兵中尉斉藤翌の命令にしたがい、ハルピンの石井部隊に送って殺害に至らしめた」（「撫順供述」一九五四年九月一一日、『人体実験』一三四頁）。

拷問の結果、家族のもとに返せなくなり、七三一部隊送りにした例は枚挙に暇がないが、最後に憲兵上坪鉄一の事例を挙げよう。

上坪は一九四四年九月鶏寧憲兵隊隊長に異動になったが、その任にあった時、「一九四五年二月、平陽分隊が中国地下工作員張玉環（女）と十数名の男を逮捕した。前記の者にたいして逮捕を執行する際、鶏寧分隊に命じて憲兵一〇名と本部の化学実験担当下士官一名を応援に派遣させた。私も現場に赴き具体的に指揮し、鶏寧分隊の拘留所を使用した。拷問を加えたのち、四月初め平陽分隊に命じて中国地下工作員張玉環（女）およびこれに関連する中国人五名（男）の計六名を、『特移扱』で石井細菌部隊に送り、残りの者は釈放した」と供述している（「撫順供述」一九五四年五月一九日、『人体実験』一六九頁〕。

この張玉環に対する拷問について、吉房虎雄は次のように書いている。

一九四四年八月、鶏寧憲兵隊長となった上坪鉄一中佐は、国境憲兵隊の「成績」をあげるためには、特移扱を最大限に利用することが、もっともよいやり方であることを知り抜いていた。中佐に進級したばかりの彼は、ただ将来の栄達を明け暮れ考えていた。その年の十一月はじめ、ついに彼は、軍事状況を探知し、また、反満抗日運動をおこなったとの理由をデッチ上げて、平陽に居住する善良な農民張玉環女史とその父親を中心とする一五名を逮捕した。

上坪はこれを何とか「もの」にしなければならんとあせりながら、部下の尻をひっぱたいた。平陽分隊長曽場中尉以下三〇名の憲兵は、一ヵ月あまりにわたってロクに食物も与えず、睡眠もとらせず、あらゆる凶悪な拷問を加えたが、何の事実も発見することはできなかった。上坪はたまりかねて、自ら平陽に行って、直接拷問を指揮した。

〔中略〕

この〔張玉環の〕愛国の情熱に燃える態度にふるえあがった上坪は、もう一ヵ月にもなるからここらでけりをつけなければならぬと焦ったが、これ以上どんな拷問を加えても無駄なことをさとらないわけにはゆかなかった。だが、これほどひどい拷問の傷痕のあるものを釈放するわけにはゆかないし、また、法廷には事実があまりにも薄弱である。いわんや、「一五人を検挙した重大事件」だと司令官に報告した手前からして、どうしてもこの事件を、自分の「成績」としなければならない。それには石井部隊に送るにかぎると考えたあげく、張女史とその父親を含めて、拷問傷の大きなもの六人を「特移扱」にして石井部隊に送り、そのほかは、渋々ながら釈放した。

〔神吉晴夫編『三光』三一～三二頁〕

上坪らの拷問がもたらした傷痕が釈放することをできなくさせ、七三一部隊送りになったのである。

上坪鉄一はこの張女史らの逮捕以外にも一五〇人を逮捕し、そのうち二九人を七三一部隊に送っている。上坪自身、「三たび中国にわたり、鶏寧憲兵隊長、東安憲兵隊長の任についた期間に中国地下工作員約一五〇名を逮捕したが、石井細菌部隊に送り殺害にいたらしめた者は、合わせて二九名である」(「撫順供述」一九五四年五月一九日、『人体実験』一七〇頁)と供述している。

その七三一部隊送りにした二九人の詳細は、次の通りである。

・一九四四年九月　一人。
・一九四四年一一月　勃利、平陽、鶏寧の憲兵分隊隊長に命じ、桑元慶など約九〇人を逮捕、うち一〇人を七三一部隊送り(一九四五年四月ごろ)、残り約八〇人は釈放。
・一九四五年二月、平陽分隊が十数人を逮捕、一九四五年四月初め、うち張玉環など六人を七三一部隊送り、残りの者は釈放。
・一九四五年四月　勃利分隊が二人を逮捕、この二人を七三一部隊送り。
・一九四五年五月　勃利分隊が二人を逮捕、この二人を七三一部隊送り。
このころ　勃利分隊長が八人を逮捕、この八人を七三一部隊送り。

(「撫順供述」一九四五年五月一九日、『人体実験』一六九〜一七〇頁より作成)

以上が、上坪が約一五〇人逮捕した中で特移扱した二九人の内訳であるが、この上坪の逮捕・七三一部隊送りは、長島玉次郎(東安憲兵隊本部戦務課長)の次の供述に対応する。

一九四四年一一月下旬、東安憲兵隊本部において、憲兵隊長上坪鉄一中佐は平陽分隊長曽場中尉、鶏寧分隊長宮崎大尉、憲兵隊本部戦務課長長島中尉を招集し、平陽、鶏寧地区における、以前から偵察していた「鵜飼工作」という名の「ソ連赤軍諜報部諜報組織工作」の中国抗日地下組織鎮圧を画策した。

私は憲兵中尉、東安憲兵隊本部戦務課長の資格でこの陰謀活動に関与し、隊長上坪鉄一中佐の命令の要点を記録するとともに、陰謀実施計画を起草、さらにそれを印刷し各分隊長に配った。（「撫順供述」一九五四年六月一〇日、『人体実験』一七一頁）

その結果、上述した諸逮捕・七三一部隊送りが記録として残されているのである。ただし長島の供述によると、上坪の命じた七三一部隊送りの合計は二六名になる（同前、一七一～一七二頁）。

だが、上坪の一九五四年七月三〇日の自筆の「総結書」によると次のように書かれている。

私が鶏寧、東安憲兵隊長として部下憲兵に命じて抗日地下工作人員を検挙の上拷問を以て厳重なる取調べを実施せしめたる者は、既報せる者一五〇名以上、内特移扱とし哈爾濱石井部隊に特移送せる者四四名、拷問致死二名でありますが、[4] 私の記憶の程度より考へまして未だ報告し得ざる者相当多数ある事は確実であります。従って以上報告せる数字は何れもそれ以上なることを認識し中国人民に謝罪します。

一九五四年七月三〇日　上坪　鉄一

（上坪鉄一「総結書」中央档案館所蔵、六〇頁）

一九五四年五月一九日、七月二九日の上坪自筆の供述書は、「撫順供述」では五月一九日に統合されているが、七月三〇日の自筆の供述書は「撫順供述」には記されていない。この七月三〇日の文は、伊東秀子『父の遺言――戦争は人間を「狂気」にする』（花伝社、二〇一六年）二二九頁に引用されている。

特移扱数は、この四四人にしろ、前記二九人にしろ、いずれにせよ瀋陽裁判の起訴状での上坪の二二人とはかけ離れている。

上坪鉄一は、戦後、撫順戦犯管理所で寛大政策の下、「鬼から人間に変った」約一〇〇〇人のうちの一人であり、一九五六年の瀋陽軍事法廷で起訴された四五人のうちのひとりでもあった。禁固刑一二年の判決を受けたが、一九五七年八月帰国した。上坪の次女伊東秀子は次のように書いている。

父の起訴状には、「二二名の中国人を七三一部隊に送った」と書いてあった。ということは、二二名についてしか、証人も書証も存在しなかった筈である。

それなのに、父は、最初の供述書を提出して二か月半後の七月三〇日、「四四名を石井部隊に送った」と補足した文書を提出している。

なぜ、父は、裁判を受ける前に、自分の罪を重くするような補足文書を提出したのであろうか。

私は考え込んだ。

父は、多分、最初の供述書を書いた後、自分が行った行為の罪深さに改めて恐れ慄いたのだろう、そのために、自分の記憶になくても部下が行った可能性のある行為も含めて自らの行為として認罪することを決意し、「石井部隊に送った数は四四名」と具体的な数字を出して認罪した。しかし、それだけではまだ気が済まなかったのか、「記憶していないものも相当あることは確実なので、報告の数字は実際それ以上であると認識して、中国人民に謝罪します」と供述しているのである。

つまり、父は、最初の供述書を書き上げた後、自分の行った行為の罪深さ、非業の死を遂げた抗日運動家たちの無念を想い、「自分の罪は死刑に値する」と自ら死刑に服する覚悟を決めたのだろう。そのために、部下のやった可能性のある事実全てを自らの罪として認罪することを心に決めたのだ（『父の遺言』二二九〜二三〇頁）。

第五節　特設憲兵隊　八六部隊の設立とその活動

一九三九年四月一日、関東憲兵隊司令部は、年々科学的になってくるソ連の諜報工作に対抗するために、司令部直属の特設憲兵隊、通称「八六部隊」を新京市寛城子東支鉄道管理所跡に設立した。八六部隊は六分隊から編成された「科学部隊」であり、部員は関東憲兵隊より選ばれた。本拠地で三ヶ月の基礎訓練を行い、器材装備と実地訓練も開始した。第一・第二分隊が無線探査班であり、第三分隊は指紋検査・管理を、第四分隊は全員が一九四〇年二月に満洲医科大学に派遣され、五月に七三一部隊に派遣されて、法医学や基礎防疫学の教育を受けた。第五分隊は写真・筆跡鑑定の担当、また、第六分隊は科学担当であった。科学担当とは、思想対策の謀略対策としてさまざまな事件の科学的分析を行う部署であり、部隊員は化学・電気・物理などの教育を受けた。教官は満鉄大連中央科学研究所や大陸科学院から派遣されていた。第三分隊から第六分隊までは、一九四四年五月に特設憲兵隊から独立し、関東憲兵隊司令部科学偵諜班となると同時に、第一・第二分隊は関東憲兵隊無線探査班となった。

斉藤美夫（満洲国憲兵訓練所所長）は、八六部隊について、次のように供述している。

八六部隊設立の目的は、関東憲兵隊の軍事防諜、謀略防衛並に思想対策任務遂行上に要する科学的捜査活動を為し得る能力を具備する為でありました。其基幹人員は警務部第四班でありました。山村少佐を部隊長とし、憲兵三〇名及嘱託技術者二名を以て編成せしめました。任務は電気検索器、無電方向探知機（旅行用小型鞄に装入し使用目的を秘匿す。）の製作、使用法の演練、写真化学、発射弾の鑑識、犯罪指紋による犯罪捜査（偽満指紋管理局と連絡しました）、及器材使用技術教育等でありました。該部隊の任務を秘匿するため、偽新京郊外寛城子の一建物を部隊庁舎に充て、私服をもって勤務せしめました。又各隊の特種事件捜査に対する応援出動をも命じました。要するに八六部隊の設立は、科学捜査法を以て人民の抗日行動を一層容易に発見し、「弾圧」する目的に外なりません。私は当時警務部長として該部隊の設立と爾後の活動につき積極的に指揮指導しました。

（『侵略の証言』二四〇頁）

笹城戸哲郎は八六部隊の任務について次のように述べ、同部隊が実行した七つの犯罪行為を挙げている。

一九三九年四月、関東憲兵隊司令部総務部編成係軍曹の任に就いていた際、私は司令官城倉義衛少将の命令および第一課附本田貞晴の指示にしたがって、満洲第八六部隊の編成表作成にあたった。この部隊は秘密憲兵隊で、本部、無線分隊、化学分隊、指紋分隊、撮影分隊が設けられ、全部で一五〇名の隊員がいた。

無線分隊の任務は、無線探知機で不明のラジオ局の方向・位置を確定し、中国人無線工作員逮捕のために手がかりを提供することであった。（「撫順供述」一九五四年八月一二日、『人体実験』一一八〜一一九頁）

無線分隊が設立されてからの七つの犯罪行為とは、以下のことである。

①一九四一年五月、ハルビン道外で、無線工作員一人を逮捕し、七三一部隊送り。

②一九四二年年夏、牡丹江省五河林鎮で、無線工作員張文殿（＝張恵中）（一九四一年四月逮捕、その後殺害された）と関係のあった者一人（敬恩瑞か）を逮捕し、七三一部隊送り。

③一九四三年四月、佳木斯市内で無線諜報工作員一人を逮捕し、七三一部隊送り。

④一九四三年（日付不明）、佳木斯で無線諜報工作員一人を逮捕し、七三一部隊送り。

⑤一九四三年一〇月、大連市黒石礁で朝鮮人無線諜報工作員一人およびこれに関連する中国共産党員二人を逮捕

した。その後、無線諜報工作員を七三一部隊送り。

⑥一九四四年六月、ハルビン馬家溝で白系ロシア人無線諜報工作員カジムロフを逮捕し、七三一部隊送り。

⑦一九四四年一〇月、ハルビン新陽区で無線諜報工作員を一人を逮捕し、七三一部隊送り。

そのほか奉天憲兵隊および東安憲兵隊にいた際、前後三回、逮捕して無線工作員を七三一部隊に送った（『人体実験』一一八～一二〇頁）。

この中で②の牡丹江事件、および、⑤の大連事件について、以下述べることにする。両事件はそれぞれ戦後補償裁判の中の七三一部隊人体実験裁判で法廷証言することになる敬蘭芝（七三一部隊送りにされた朱之盈の妻）と三尾豊（七三一部隊送りをした大連の元憲兵）が深くかかわった事件である。

1 「牡丹江事件」

庄克仁の「要望書」（一九九一年六月二〇日）によると、庄は「一九三三年から一九四五年まで、中国共産党の組織から派遣されて抗日反帝運動の情報活動に携わり、相前後して、北満、河北、南満等の地域で活動してきた。一九三九年、庄克仁は天津から中国共産党の張文善を牡丹江へ派遣し、抗日反帝の情報活動を展開させ、まもなく地下の反日放送局をつくらせた」（軍医学校跡地で発見された人骨問題を究明する会編『夫を、父を、同胞をかえせ!!――「満州第七三一部隊」に消されたひとびと』同人骨問題を究明する会発行、一九九一年、二八頁）。

庄克仁はこの「要望書」で次のように書いている。「一九四一年七月一六日の早朝、日本の憲兵隊に包囲され、露見逮捕されました。張文善、王成林、敬恩瑞も、相前後して逮捕されました。この三名の同志は、逮捕された後、きびしい拷問を受けましたが、終始勇敢で不屈でありました。その後、敬恩瑞同志は、ハルピンの石井部隊（即七三一細菌戦部隊）へ送られて殺害されました。張文善、王成林の二人の同志は、行方不明のままです」（同前、二八頁）。

前日（六月一九日）庄克仁の自宅で発表された「談話」では、庄は次のように述べている。

牡丹江事件では呉殿興、朱之盈、孫朝山、王成林、敬恩瑞、張文善（本名恵中）の六人が犠牲になった。五人の氏名は『ハバロフスク裁判記録』（略称）および解放後日本憲兵から没収した満州国資料で分かった。張、朱、つづいて三人が逮捕された。張恵中は情報小組組長で一九二七年入党した。『日本帝国主義中国侵略資料集』第五巻（九二頁）から牡丹江五河林鎮で逮捕された人物が張文善と関係あるものとなっており（『人体実験』一一九頁）、これで彼が敬恩瑞であることが分かった。張文善と王成林については逮捕後の行方は分からない。（注・張文善は逮捕後殺したと笹城戸哲郎で供述）。王成林は無線機を保管していて逮捕された。夫人は二歳くらいの子供を抱いて綏化県に行ったがその後のことは分からない。子供を捜して父の状況を話したいが未だ実現していない。（同前、二九頁）

だが、『日本憲兵正史』の「牡丹江事件」に関する記述を見ると、「牡丹江事件」が八六部隊の山村隊長の面子の保持というきわめて不合理な原因から起こされたことがわかる。すなわち、

関東憲兵隊特設憲兵隊、通称八六部隊は昭和十四年十月、第一回の研修生を送出すると、各憲兵隊から優秀な憲兵を指名で引抜いて、三年間の教育を実施していた。これが各憲兵隊長の反感を買ったのはやむを得ない。ところが、各憲兵隊長の合同会議の席上、「八六部隊は三年間教育をするといっていたが、一体どんな成果を挙げたのだ」と、八六部隊長山村大佐が一斉に吊し上げられた。関東憲兵隊の全予算の半額をつぎ込み、目下教育中です、ではとおらない。相手が納得しなかったのだ。山村大佐は八六部隊の真価を問われ、涙をのんで帰ってきた。

これでは、何か一つ早急に成果を挙げなければ、部隊が解散させられてしまう。そこでソ連諜者の最も多いと思われる牡丹江地区で、教育を兼ねて、何とか無線諜者を挙げようということになった。

当時、部隊には松井技官の製作した自動的電探機があった。これは回わしておくと、大きな電波の場合、キャッチして自動的に記録して止まるという便利なものであったが、惜しむらくは容疑電波の識別ができない。そこで古屋昌雄伍長が、一週間で独特の手動式方向探知機を開発して三機製作し、演習で実験して成功を確認したうえ、指揮班以下探査各班十五名が出動した。

昭和十六年五月七日、新京を出発、牡丹江に到着すると、現地憲兵隊の指揮下に入って探査活動を開始した。なお、出動した雨宮班（雨宮初二郎准尉）は、妻鳥温軍曹以下六名であったが、七月十五日に一旦新京へ引上げている。次期活動に備えるためである。

当時、関特演の最中だったので、満州国内の軍事輸送は激しかった。すると当然無線諜者の活動も活発となる。そこでこの好機逭すべからずと、ばかりに、牡丹江地区を選んだのである。

牡丹江市内において容疑電波を探査した結果、まず約一ヵ月の間に、金曜日の午前二時が発信時刻であることが判明したが、もう一歩のところで交信が停止し、相手の故障か、探査班の行動を感知されたかを検討したが、古屋軍曹は諜者側無線の故障と判断して時期を待った。約一ヵ月後、再び怪電波は発信を再開した。同じ符号で同じ周波数である。ここにおいて満を持していた探査班の活動によって、昭和十六年七月二十五日、ソ連無線諜者張文善（当時三十七歳）以下七名が検挙された。

張文善は牡丹江周辺の軍情、航空隊の演習状況、第三軍の配備状況などを調査通報していた。

なお、張文善検挙後、ソ連はモスクワの無電通信学校教官劉某を、延安経由で新京に密派し、優秀な米国製無線機を使って諜報活動をさせたが、交信回数が頻繁なため、八六部隊の無線探査班に捕われた。

（『日本憲兵正史』七八八〜七八九頁）

以上の記述は、「牡丹江事件」を詳細に記述しているものだが、同時に「牡丹江事件」が八六部隊隊長の面子の保持という不合理な原因から起こされたことも示している。

「牡丹江事件」で逮捕され七三一部隊に送られた朱之盈の名前は、旧ソ連のＫＧＢ文書館所蔵の記録では、一九四二年六月二〇日付牡丹江憲兵隊の報告の「積極的防諜成果票」の中に「特移扱」と記されている。朱の妻・敬蘭芝に私が最初に会ったのは、ハルビンで一九九一年に行われた第一回七三一部隊国際会議においてであった。二人だけになったとき、小さなプレゼントを差し出され、「お願いします」といわれたことを思い出す。日本政府に七三一部隊の人体実験の事実を認めさせ、謝罪と賠償を求めることをすでにひそかに決意していたのだろう。敬蘭芝、王亦兵ら平房の人体実験犠牲者の遺族による訴訟が起こされたのは一九九五年夏である。「七三一部隊被害者補償裁判」の原告敬蘭芝は、その年の一二月二九日、東京地裁で次のような証言をした。「この日の深夜になって憲兵は私に拷問を加えました。私の衣服を剥ぎ取り、革ベルトで鞭うちながら尋問しました。私は自分は主婦だから何も知らない、といいました」。

「この日」といっているのは、一九四一年七月一七日、「牡丹江事件」の起きた日で、朱之盈はその日の朝、憲兵隊に連行された七人のうちの一人だった。一七歳で結婚し、当時一九歳だった敬蘭芝は、その日の夜七時過ぎ、他の女性二人とともに憲兵隊に連行された。そして拷問を加えられたのだが、女性三人は何もいわなかったので、その夜釈放され家に帰された。

　翌日の午前、ふたたび訊問室に連れて行かれるとそこに手錠、足枷をはめられ、衣服はボロボロで顔には血の跡がある夫、朱之盈がいました。憲兵は朱之盈の前で私を殴り、手に鞭打ちました。苦痛のあまりに叫び声をあげると、そのまま気を失ってしまいました。気がつくと朱之盈が涙を浮かべてこういっているのが聞こえました。殴るな、彼女は主婦で何も知らないんだ、聞きたいことがあれば、私に聞けばいいだろう。

敬蘭芝は込み上げてくる涙を耐え、とぎれとぎれにこのような意見陳述をした。彼女はさらに証言をつづける。

憲兵は私を放し、鞭を取り上げると朱之盈を激しく打ち始めました。気を失うと冷たい水を浴びせかけるのです。私は夫のところに近寄り、駆け寄りたかったです。だが、憲兵は私をもとの部屋に無理やり連れ戻しました。朱之盈が打たれて息も絶え絶えになっている様子を見て、私は断腸の思いでした。四日目の夜、憲兵たちはまた私を尋問に引っ張りだしました。憲兵の一人が棒で私の腹を打とうとしたので、それを避けようとして手首に棒が当たり、手首の骨が折れました。私は何度も打たれてその度に気を失いました。何度目かに気付いたとき、尋問室はとても静かでした。そこへ突然悲鳴があがりました。よく知っている人間の声でした。その声は私の心を突き刺しました。何とか立ち上ろうとしましたが、二人の憲兵が無理やり二階にある部屋に私を引きずって行きました。そこでは夫が棒に張り付けられ、ぶら下がっており、首はたれ、服はボロボロでした。皮膚は裂け、血だらけで自分の夫だとは思えませんでした。飛んでいって夫を揺さぶり、泣き叫びました。夫が気が付くと、憲兵たちはまた激しく打つのです。私は夫に代わって自分が打たれたいと思いました。しかし憲兵は私を階下に引きずり下しました。これが夫の顔を見た最後でした。（松村高夫『七三一部隊をめぐる今日的課題――「敬蘭芝さんをしのぶ会」講演録』ABC企画委員会、二〇〇七年、六～七頁）

私は一九九一年敬蘭芝の案内で、彼女と夫が拷問された場所に連れていってもらった。そこはハルビンの小学校の教室で、拷問を受けた時の説明を聞いた。関東憲兵隊は反満抗日抵抗者に自白させるために、このような野蛮で残酷な拷問を妻にも行い、どうしても吐かない者は七三一部隊に送ったのである。通常七三一部隊に送られた者は全員殺され証言を残していないので、七三一部隊に送られずに存命し、法廷で生々しい証言をしたのは極めて稀なケースである。このような証言をもってしても、加えて実証的史料を「意見書」とともに提出しても、日本の法廷は三権分立とは名ばかりで、人体実験をしたという事実認定はしても、「国家無答責」や「除斥期間」という理屈を駆使して原告敗訴にするのである。(5)

2 「大連事件」

「大連事件」（大連黒石礁事件）は、一九四三年、大連市黒石礁から発信されている不審な電波を関東憲兵隊八六部隊が傍受したことに端を発する。「大連事件」の直接の指揮者三尾豊（大連憲兵隊本部戦務課）は、撫順戦犯管理所で次のように供述をしている。

一九四三年一〇月、私は大連憲兵隊本部戦務課外勤曹長であったが、隊長白浜重夫の指揮の下で、特高課長藤田正少佐以下三〇名、分隊長平中清一以下二〇名、満洲八六部隊無線分隊小松少佐以下一〇名とともに、総勢六〇名で一斉出動をおこない、大連市黒石礁で抗日地下工作員沈得龍夫妻、および同居していた写真技師ならびにそのほかの関係者六名を逮捕し、無線機一台を押収した。つづいて瀋陽で中共党員李忠善を、天津で抗日地下工作員王耀軒、中共党員王学年および裕興紡績工場工場長杜某を、海城県哈螞塘村で沈得龍夫人の親戚八人を前後して逮捕した。その後、沈得龍、王耀軒、李忠善、王学年の四名を石井部隊に送って殺害にいたらしめた。そのほかの一七名は二週間から一ヵ月監禁したのち釈放した。この事件において、私は沈得龍の逮捕に関与し、またみずから王耀軒および王学年の逮捕・拷問をおこなった。さらに、石井部隊に送るとの報告を提出し、みずから以上の四名を石井部隊に送って殺害にいたらしめた。（「撫順供述」一九五四年九月一八日、『人体実験』一五九頁）

また、撫順戦犯管理所には「大連事件」についての今中俊雄（大連憲兵隊警務係）の次のような「供述書」が残されている。

一九四三年一〇月、戦務課内勤曹長として、平田曹長とともに抗日地下工作員沈得龍らを逮捕する計画を起草した。逮捕の執行にあたっては、逮捕隊隊長として、部下を指揮して沈得龍の妻および隣人八名を逮捕し、翌日にもふたたび部下を指揮して大連市近江町の呉宝珍の妻を逮捕した。どう処理するか検討した際、石井部隊に送ることを提案、また憲兵隊長名義で報告書をしたため、関東憲兵司令官三浦中将の裁可を申請して、同年一一月末、沈得龍、李忠善、王耀軒、ほか一名の共産党員を石井細菌部隊に送った。（「撫順供述」一九五四年九月一六日、『人体実験』一五八頁）

さらに、「大連事件」について、長沼節二（大連憲兵隊特高係思想対策班）も逮捕班長として次のように供述している。

一九四三年一〇月初め、私は逮捕班長として、部下を指揮し、大連市黒石礁在住の抗日工作員沈得龍を逮捕した。同年一〇月中旬、憲兵五名を指揮して瀋陽に赴き、李忠善を逮捕、また天津に赴いて王耀軒ほか一名を逮捕した。その後、大連憲兵隊隊長白浜中佐の命令により、前記の四名を石井部隊に送った。（「撫順供述」一九五四年九月一一日、『人体実験』一五八頁）

だが、最も詳細に「大連事件」について語ったのは、三尾豊自身による一九九七年一〇月一日の東京地裁における意見陳述である。それは「大連事件」の直接の捜査指揮者が述べた生々しい八六部隊による弾圧の実態である。訴訟は一九九五年に起こされたもので、三尾豊により七三一部隊送りにされた王耀軒の子息王亦兵は原告の一人であった。他の一人は前出の敬蘭芝である。

三尾豊が王亦兵に初めて会ったのは、一九九五年七月三一日からハルビンで開催された第二回七三一部隊国際シンポジウムにおいてであったが、そのときは「一緒にいるのも不愉快だ」と怒りをあらわにする王亦兵に三尾はひたすら謝罪するのみだった。翌朝ホテルで三尾豊が筆者に前夜、王と会った時のことを語り、「昨夜は激しく叱責され、自分の犯した罪の深さを再び思い知らされ、眠れなかった」とげっそりした顔で話したのを思い出す。二度目に会った同年八月一九日、訴訟提起のため来日していた王を訪ねた三尾が再び謝罪すると、王の態度は徐々に変化し始めた(6)。三尾は一九九七年一〇月にはこの訴訟の証言台に立ち、元憲兵として七三一部隊送りをした経験を具体的に証言した。以下は、三尾豊証言のうち、「大連事件」に関する部分である。


　私が憲兵在職一〇年間の職務にもとづいて取り扱った事件のうち最大のものは、王耀軒ほか三名を七三一部隊向けの「マルタ」として「特移扱い」にした「大連事件」です。

　関東憲兵隊は化学捜査部隊（満州第八六部隊）が積極的な活動を開始した一九四三年六月、大連地区からソ連チタ方面に向けての「怪電波」を捕えました。さっそく、この「怪電波」発信源の探索に着手しました。三か月後九月、ついに大連市内の海岸地区黒石礁の中国人経営の写真館がその発信源であることを突きとめました。

　その後の半月間、写真館を中心にした関係者の出入りを内偵したうえで、一〇月一日に憲兵六〇名を動員して写真館を包囲、午前二時、送信の終了を期して突入し送信者を逮捕しました。同時に無線機なども押収、家宅捜査のうえ、送信者の家族と同居者ら三名を憲兵隊に連行しました。

　憲兵隊では急遽、国際諜報事件捜査班を編成して取り調べた結果、無線士スパイは「沈得龍」という二八歳の朝鮮族で、妊娠中の妻の家族と写真技師が同居していたことが判明しました。沈本人はモスクワで二年間の無線教育を受けた後、一九四〇年に大連駐在のソ連領事館の指揮下で諜報活動を開始していたのです。

　憲兵隊の厳しい取り調べと逆スパイにするための懐柔工作で、「沈得龍」は天津に滞在中の王耀軒、王学年と交流したこと、奉天（現瀋陽）に、李忠善と呉宝珍らの諜報活動協力者がいることなどを思いのほか早く供述しました。

その翌朝、天津憲兵隊と協力して紡績工場の宿舎を包囲。私は密偵とともに宿舎の扉を蹴破って侵入しました。懐中電灯で照らすと二段の寝床に二〇人ほどいましたが、上段の端の一人がいません。私は「逃げた」と直感し裏庭に飛び出すと、屋根から足を踏み外した男が落ちてきました。よく見ると手配中の人相書きと一致。すかさず王耀軒に手錠をかけました。

逮捕した王耀軒に拳銃を突きつけて王学年の住居を教えるように迫ると、彼はしぶしぶと五〇〇メートル先の家を案内。私は拳銃を振りかざし、扉を激しく叩いて王学年を起こしました。早朝、突然の襲撃に驚き、武装憲兵に包囲されていることを知った彼は、抵抗もしないで私の指示に従いました。

連行する時、王の妻が泣きながら子供を抱いて追いかけてきましたが、警護の憲兵に阻止されました。こうして、この日の出動を完了したのです。私は、初めて外地の都市で重要指名者を逮捕しました。（新井利男他編『認罪の旅――七三一部隊と三尾豊の記録』同刊行委員会、二〇〇〇年、七七～七八頁）

三尾は、厳しい取り調べを始め、「水拷問」を連日行った。

天津憲兵隊では逮捕者の身元確認の後、船で大連憲兵隊へ連行。連日にわたる取り調べを開始しました。しかし、王耀軒は、「ある日、友人が沈得龍を紹介し、紡績工場で使って欲しいというので、工場で働かせた。一か月ほどでどこかへ行ってしまった。私は共産党とまったく関係がない」と、答えるだけです。私が狙っていた党との関係は片鱗も見せず、大きな期待はずれでした。捜査主任からは、「大物だから吐かないのだ。李忠善は諜報活動の内容を供述したぞ。天津の王両名はまだか」と、責められる始末。

そこで私は意を決して拷問にかけることにしました。まず王を六尺机の上に仰向けに寝かせ、手足を縛り、鼻にハンカチをかけて、その上からチョロチョロと水をかける「水拷問」の開始です。水攻めで呼吸ができなくなると、王は「供述する」と叫びました。「確かに沈得龍の紹介者は、党の関係者だが、名前も住所も知らない」と、苦しまぎれの答です。「なぜ、お前の所に党の関係者が来るのか」と正すと、王はまた沈黙を続けます。続いて、足の裏をローソクの火でジリジリ焼くという拷問にかけましたが、私たちの期待する回答は何ひとつ得られませんでした。（同前、七八～七九頁）

この「大連事件」では、沈得龍の陳述をもとに同居人の楊学礼、李振声、劉石念の三名も厳しく取り調べたが、何の証拠や証言もとれず、大連憲兵隊は国際諜報事件の中心人物として逮捕した四人を七三一部隊に送致することを申請し、一九四四年二月末に司令部から特移扱が許可された。四人のハルビンへの護送は三尾豊が実行するよう命じられた（同前、七九頁）。

三尾豊は、続けて大連からハルビンまで満鉄あじあ号で護送したことを次のように証言している。

それまで六年間も憲兵を務め非道な拷問をしてきた私ですが、まだ諜報機関の一味としての確証がとれないのに「特移扱い」とは、かわいそうだと思ったものの、命令に従うほかはありません。

一九四四年三月一日の早朝、私は四名の部下に、

「被護送者は重要犯人だ。逃げられても自殺されても、こちらの首が飛ぶ。便所はいっしょに入り、他者との会話は一切禁止する」

などの注意事項を申し渡し、外部からわからないよう衣服の下に補錠をかけて出発しました。

「特移扱い」には超特急「アジア」の後部車両九席が手配されていて、乗客は少なく、トイレ付きの客車でし

た。

沈得龍は、逆スパイに使う懐柔工作的な取調べだったため、「一体どこへ連れていくのか。約束が違う」と、怪訝なようすでした。李忠善は共産党員なので、「どうせ日本帝国主義の手先のやることだ」とあきらめているように見えました。王両名は、五か月にわたる私との付き合いでしたが、顔に不安と焦燥のようすがありありと浮かんでいました。

私は努めて平静を装い、彼らの緊張感をほぐそうと弁当や茶を与えて、片言の中国語をしゃべりました。しかし、彼らの送り先を知っているだけに、何とも気が重く、緊張した長い長い護送時間を過ごしました。

午後八時、ハルビン駅に到着。四名の「特移扱い」に厳重な注意をはらいながら下車すると、待ち受けていた駅取締りの憲兵が懐中電灯を照らして警戒しつつ、一般客の通らない駅のホームを案内しました。

人気のない広場にでると、窓のない真っ黒な大きな車両が停まっていました。私は移送状と四人を待ち構えていた私服の憲兵に引き渡し、身柄受領書を受け取りました。双方の書類交換が終わると一人づつ《(ママ)》手錠を掛け替え、鉄の扉をあけると、豚でも扱うように手荒く車両内に蹴りこみ、あわただしく立ち去って行きました。

私は身柄の引渡しを終えてほっとした反面、緊張しながら護送した四名の面影が瞼に浮かび、後味の悪い思いがしたのを今でも覚えています。(同前、八〇～八一頁)

憲兵として逮捕した中から四人を七三一部隊送りにすることを決定し、その四人を白浜大連憲兵隊隊長の命令により大連からハルビンまで護送した経験を語った三尾の証言と敬蘭芝や王亦兵の証言は、日本の裁判官が七三一部隊における人体実験の事実を認定するのに大きく寄与した。だが判決は、事実認定はされたにもかかわらず、法律論で原告敗訴とするものだった。

三尾豊と長沼節二は同年兵でともに大連憲兵隊の中堅幹部として大連事件の当事者だった。二人とも戦後シベリアで六年間抑留されたのち、撫順戦犯管理所での五年間に人間性再教育で認罪し、日本に帰国後は中帰連会員として活動した。だが、三尾が「「特移扱」とは七三一部隊にスパイや反満抗日分子を送ること、七三一部隊へ送った者は皆毒殺や生きながらの人体解剖、人体実験にされ、全員殺されることを知った」のは、一九九三年七月、新宿での「七三一部隊展」であったという（長沼節二「大連事件と三尾さん」、同前、三二頁）。同展のあと三尾は積極的に自分の罪行を告白する講演活動をはじめ、長沼にもそうすることを薦めた。翌年七月、長沼も岐阜での「七三一部隊展」で初めて証言した。間もなく三尾豊、長沼節二は、一九八〇年代初めから韓暁七三一部隊罪証陳列館館長とともに人体実験犠牲者の遺族を探しつづけていた山辺悠喜子を伴い、大連に謝罪の旅に出るが、このような前史があって、一九九七年一〇月三尾は東京高裁で証言台に立つことになったのであった。

第六節　特務機関や保安局からの七三一部隊送り

七三一部隊へ逮捕者を送ったのは憲兵隊ばかりではなく、特務機関や保安局も送っていた。ハルビン特務機関の特調部はもっぱらロシア人逮捕者を担当しており、表向き「科学研究部」とか「保護院」とか呼んでいた施設に拘留しているロシア人たちを、七三一部隊に送りこんでいたのである。保護院は一九四二年二月にハルビン市公署からハルビン特務機関に移管された施設で、収容者は敗戦時で一五〇人。満洲国内に潜入し、逮捕されたロシア人を抑留し、ソ連の軍事情報や経済情報の収集を行っていた。保護院はハルビンのほかウランバートルにもあり、モンゴル人の退所者を収容していた。特務機関長はこの保護院収容者の生殺与奪の権を握っていて、逆利用できない者や収容者を煽動する者たちを七三一部隊に送っていたのである（島村喬『三千人の生体実験』原書房、一九六七年、四八～四九頁）。

他方、保安局というのは、満洲国が関東軍の指示の下に、一九三七年一〇月二八日の勅令第五一〇号保安局官制によって治安部に設置した秘密組織である。治安部大臣の指揮下に中央組織として長官、次官が置かれ、治安部大臣の指定する者に地方保安局において、省、県、旗の職員を当てた。通称「分室」と呼ばれていたが、「分室」には独自の秘密留置場があって、逮捕した者たちを懐柔して逆利用する訓練の場にしていた。ハルビン市中央大街二二〇号にあった浜江省松花塾について、溝口嘉夫（哈爾賓高等検察庁検察官）は、「監獄と向かい合って、同じ区画内に、一九四四年一〇月ごろから、三棟の二階建の長い建物がつくられ、高い塀がはりまわされた。これが浜江地方保安局の秘密留置所だ。保安局の手につかまった人びとが、目隠しされてこの抑留所に送り込まれた。そしてその後、この人びとがどうなったか誰も知らなかった。また、『思想犯人』としてここにぶち込まれた者は、決して釈放されなかった。街の人びとはこれを『松花塾』とよんでいた」（『三光』一六四〜一六五頁）と書いている。

また、東安省の保安局や佳木斯の三島化学研究所や興安北省の「分室」からロシア人、中国人、モンゴル人を七三一部隊に送ったことは、以下の小林正（東安省保安局防諜課）の証言が示している。

一九四〇年三月、特務機関長田島中佐は、抗日地下工作員李某を石井部隊に送って細菌実験に供することを許可した。私は伊藤孝仁事務官の命令を受けて、文書を携え、李をハルピン市郊外の石井部隊へ護送した。その部隊の表面上の名称は「香坊防疫給水廠」であった。部隊到着後、まず文書を玄関の受付に渡した。するとなかから一人の日本人が出てきて、李をなかに連れていった。それで私は帰ってきた。（「撫順供述」一九五四年七月二三日、『人体実験』一二八頁）

また、原口一八（一九四〇年一〇月〜一九四三年三月頃、興安北省地方保安局分室に勤務）は、「保安局（分室）に勤務した二年四か月の間に、命令を受けて保安局（分室）防諜機関および各国境警察隊に指示し、通ソ容疑者などの名義で、中国人七〇余名、ソ連人六名、モンゴル人一五名、合わせて九〇余名を前後して逮捕した」と述べ、七三一部隊送りの振り分けについて次のように述べている。

尋問ののち、中央保安局の指示にしたがって、四通りの方法でそれぞれ処理した。一、殺害。二、ハルピンの石井部隊送り。三、阜新炭鉱に送って労役に就かせる。四、特務として逆用。内訳は、殺害された者が、中国人、ソ連人、モンゴル人二一名、ハルピンの石井部隊に送られ細菌実験に供された者が、中国人、モンゴル人四〇名、阜新炭鉱で労役に就かせられたソ連人が五名、阿巴戛の日本軍に送られたモンゴル人が三名、長春蒙古学院で特務として逆用されたモンゴル人一名（西野という名であった）、釈放された者一〇余名、そのほかの一四、五名は私が離任する際もまだ分室の拘留所内に拘禁されていた。（「撫順供述」一九五四年八月二六日、『人体実験』一三一〜一三二頁）

殺害、七三一部隊送り、特務機関員としての逆用は、憲兵隊による振り分けと共通しているが、ソ連人を阜新炭鉱で労働力として利用したのは特異な例である。

また、吉川勇一は、「一九四一年一一月、チャムス特諜班班長をしていたさい、偽保安局監獄三島化学研究所に監禁されていた中国人孫殿宝ほか一名が逃走した。私は平松工作班とともに孫殿宝を逮捕した。二か月後、保安局の熊井属官が彼を石井部隊に送って殺害にいたらしめた。そのさい送られたのは二名であった」（「撫順供述」一九五四年八月二一日、『人体実験』一三七頁）と述べている。

同じ孫殿宝の逃走について志田巳一郎は、「一九四二年一月二日、抗日愛国者孫殿宝がチャムスの三島化学研究所から脱獄、逃走した。私も追跡捜査に加わり、チャムス西南郊外の五〇軒あまりの中国人農民について捜査をおこなった。同月四日、蒙古力で孫殿宝を捕らえ、二月上旬、ハルピン石井細菌部隊に送った」と述べている（「撫順供述」一九五四年八月二七日、『人体実験』一三八頁）。

さらに、日野需は、「一九四三年末、旧東安地方保安局にいたさい、中国愛国者二名を石井細菌部隊に送った。一九四五年五月、旧黒河省孫呉県特務係にいたさい、中国愛国者二名を孫呉街の日本細菌研究所に送って細菌実験に供し、殺害にいたらしめた。以上の四名のうち、私が自分で逮捕した者は二名である」（「撫順供述」一九五四年八月一五日、『人体実験』一六二頁）と述べている。ここでいう「孫呉街の日本細菌研究所」とは七三一部隊の五つの支部の一つ孫呉支部であろう。孫呉支部でも「マルタ」の実験をしていたのかもしれない。

おわりに――細菌戦への憲兵隊の関与

これまで、日中戦争を契機として関東憲兵隊が「厳重処分」を特移扱に転換して以降の、特移扱の具体的事実を明らかにしてきた。特移扱は反日抵抗者を確実に「処分」すると同時に、細菌兵器開発のための人体実験材料を七三一部隊に供給するという「二重の利便」を意図したものであり、世界にも類例を見ない野蛮な殺戮行動であった。もちろんそれを可能にしたのは、関東軍七三一部隊建設・運営と関東憲兵隊の特移扱が連繫するべく計画し、命令した日本軍全体の植民地支配政策であった。平房の七三一部隊本部に日本人医師が出向いても、不断に実験材料の「マルタ」が移送されてこなければ、細菌兵器の研究・製造が滞るからである。その政策が具現化された過程は、本章が明らかにしてきたところである。

特移扱により七三一部隊に連行された「マルタ」は、敗戦までに全員が殺害されたが、一九九五年にその遺族が日本政府に対して、事実の認定、謝罪、補償を求める被害者訴訟を東京地方裁判所に起こした。提訴した時点では、七三一部隊での人体実験の犠牲者の氏名は五九人しか判明していなかった。しかし、その後、本稿「はしがき」で触れたように、計二九五人の氏名が新たに判明した。七三一部隊の人体実験の犠牲者は少なくとも三〇〇〇人に上ったと推測されているので、その約一割が判明したことになる。

前述したように、一九九五年に東京地裁に提訴した原告は、「牡丹江事件」で逮捕され七三一部隊送りになった朱之盈の妻・敬蘭芝、および憲兵三尾豊が「大連事件」で七三一部隊送りにした四人のうちの一人王耀軒の子息・王亦兵であった。敬蘭芝と三尾豊の法廷での証言は、詳しく引用しておいた。三尾が一九九七年の法廷において証言したことは、同年一〇月六日の『ロサンゼルス・タイムズ』紙が「平和活動家が戦争被害者の訴訟を支持」との見出しで報じている。「私がしたことは殺人であり、私は殺された人の家族に対する謝罪として真実を正直に証言します」と彼は述べ、すでに引用した「大連事件」の証言をして、最後にこう述べた。「日本政府は七三一部隊に対し責任があったし、現在もあります」。王亦兵も篠塚良雄も証言した。[7] その結果、判決では七三一部隊が存在したことと人体実験が行われたことは認定された。だが、法律論で原告敗訴・国側勝訴とした。高裁では判決は一歩後退した。敬蘭芝は、判決後、法廷前で、「謝罪してください。補償してください」と呻くような声を発した。この訴訟は最終的には二〇〇七年五月一〇日、最高裁で原告敗訴、国側勝訴となった。日本政府は特移扱と人体実験の歴史的事実を未だ受け入れていない。

人体実験犠牲者遺族が提訴した二年後の一九九七年、細菌戦の被害者と遺族、（最終的には）一八〇人が、日本政府にたいして事実の認定、謝罪、補償を求めて東京地裁に提訴した。[8] 二〇〇七年五月九日の最高裁判決では細菌戦が被害者を生み出した事実は認定したけれども、法律論で原告敗訴、国側勝訴としているのは七三一部隊・人体実験裁判と同様であった。

七三一部隊では十数種の細菌研究の結果、兵器として有効なのはペスト菌と炭疽菌であるとの結論に達したが、特にペスト感染蚤（ＰＸ）は七三一部隊独自の発明であった。このＰＸを実際に一九四〇年から四二年にかけて中国十数地域で飛行機から散布したり地上で撒いたりして、多数のペスト患者を生み出したのである。すなわち、四〇年秋には浙江省の諸都市（寧波、衢州（衢県））に、四一年には湖南省の常徳に空中投下し、四二年には日本軍が浙贛鉄道打通後、撤退する時に鉄道沿線の諸都市（広信、広豊、玉山）に地上散布した。[9]

最初のＰＸの散布は一九四〇年六月四日、農安に地上で五グラム撒いたものだったが、その時に感染した最初のペ

表5-1　七三一部隊のPX散布とその被害

攻撃	目標	PX (kg)	効果	
			1次	2次
1940.6.4	農安	0.005	8	607
1940.6.4～7	農安，大賚	0.010	12	2424
1940.10.4	衢県	8.0	219	9060
1940.10.27	寧波	2.0	104	1450
1940.11.4	常徳	1.6	310	2500
19402.8.19～21	広信，広豊，玉山	0.131	42	9210

出所：金子順一「PXノ効果略算法」『陸軍軍医学校防疫研究報告』（第1部第60号、1943年）の「既往作戦効果概見表」より引用。

スト患者は六月一七日に死亡。以後農安でペストが蔓延し、一一月一三日に収束するまで続いた（表5-1）。

農安のペスト患者は三五三人（死亡二九八人）と記録されている。農安県城の人口の一・五パーセントにあたる「相当激烈ナ流行」であった。防疫隊が農安に入る前に、七三一部隊の医者高橋正彦は、同部隊医者の金子順一とコンビを組んで農安に調査に入り、七月二日と一五日に腺ペスト腺種から菌株を分離している。また高橋はペストに感染した鼠の下水溝での動きについて詳細な調査を行っている。いずれも防疫隊は散布地に入る前にPX散布の「効果」を調べているのである。(10)

ペストはそこから六〇キロほど離れた新京に伝播した。(11)

ペストは新京駅近くの通称三角地帯の田島犬猫病院で発生するが、新京は「満州国」の首都であったから、ペストの撲滅は治安対策としても重要であった（図5-7、口絵参照）。一九四〇年一〇月七日には平房を出発した石井四郎を隊長とする「関東軍臨時ペスト防疫隊」が公然と新京に現れ、ペストの「爆発的流行」を阻止し「ペスト流行を絶滅する」と宣言した。新京駅近くの国防会館が防疫隊本部となり、三階建ての建物に「臨時ペスト防疫隊本部」の垂れ幕を下げ、市民には七三一部隊が防疫の機関であることを印象づけようとした。そのころ前述したように浙江省の諸都市にはPXを投下していたのだから、新京への「関東軍臨時ペスト防疫隊」出現は陽動作戦の意味ももった。そして一〇月一〇日以降は、それまでの市による防疫対策に代わって、同防疫隊本部が新京の防疫活動の中心になったのである。

連日、石井四郎の主宰による防疫会議が国防会館で開かれ、そこには関東軍参謀部、関東憲兵隊司令部、新京憲兵隊、満洲国総務部などのメンバーが出席した。それは、文字通り「軍ガ主体トナリ、官民ヲ一体トスル防疫態勢」（高橋正彦論文、第五三八号、二一～三頁）であった。

ある元憲兵が日本にひそかに持ち帰った文書類は、第三、四章で触れた「合作社事件」の六名の調書以外にもかなりの量の文書があるが、その中に図5-7と同じ地図が含まれている。彼の「雑記帳」には、七月一日の特高課長の「細菌戦ニツイテ」の話がメモされており、「㊇ペスト　パラチブス　発疹チブス　猩紅熱　狂犬病　肺癌　㊇炭疽病　鼻疽　蹄病　其ノ他穀類ニ対シテ」と記されている。元憲兵は、当時新京憲兵隊本部特高課に勤務していたので、新京ペストの現場に憲兵として出動していたのは間違いないだろう。

ペストの拡大を防ぐために三角地帯はトタンで囲まれ、その中の家屋は焼却された。斉藤美夫は、一九四〇年の新京でのペスト発生について次のように書いている（斉藤はペスト発生を一九三八年一二月初旬と記憶違いをしている）。

> 一九三八年一二月初旬、新京犬猫病院にペスト患者が発生しました。偽新京防疫委員が編成され、部下からも将校が其委員に加はりましたと記憶します。偽首都警察庁が中心となり、防疫警戒を実行しました。防疫の名のもとにペスト汚染地区の封鎖、家屋焼却、消毒、ペスト源泉地農安の包囲封鎖、農安―新京の交通遮断、ペスト予防接種等を実行しました。この事件に対し防疫委員の人民の利益を無視した過度の諸対策は、甚だしく人民を迫害したものでありまして、私はこの業務に携はりました間、自己の犯した罪行につき責を負う次第であります。
> （『侵略の証言』一三六頁）

関東軍司令官は「関東軍臨時防疫隊農安派遣隊」（通称雁部隊）を農安に一九四〇年一〇月二〇日から一一月六日ま

で送った。三本の専用列車で千数百人の防疫隊であった。新しいペスト菌株やペストの死者を解剖し内臓をプレパラートにしたものを入手すると、未だ農安・新京のペストが収束していないにもかかわらず、一ヵ月滞在したあと平房に引き上げた。高橋論文によると、新京で七八体、農安で四八体のペスト死亡者を解剖しペスト菌検索を実施。死体からとりだした標本を一年間研究し、細菌戦の「効果」に自信を深めると、一年後の一九四一年一一月四日に確信をもって湖南省の常徳にPXを投下するのである。常徳周辺地域への感染を含めると、たった一発のPXで八〇〇〇人以上がペストで死亡している。平房に持ち帰った標本は、四三年にひそかに金沢に戻り、戦後の四七年六月に米国の入手するところとなった。戦後高橋正彦の協力をえて七〇〇頁ほどの内臓ごとのカラー写真も入った詳細な英文報告書になったが、これが一九九〇年に米軍ダグウェイ基地で発見された三種類の報告書のなかのQ報告（「流行性ペスト」）である。

七三一部隊が製造・散布したPXによりペスト患者が農安・新京に発生すると、平房から「関東軍ペスト防疫隊」が出動し、「防疫活動」をするとみせかけて、実際には防疫ではなく、次の細菌戦のためのデータを平房にもち帰った。その防疫活動に関東憲兵隊司令部や新京憲兵隊が加わったのである。

関東憲兵隊は反満抗日抵抗者を逮捕し七三一部隊送りにしただけでなく、七三一部隊による細菌戦の実施で被害者が出ると「防疫活動」にも参加し、「防疫委員の人民の利益を無視した過度の諸対策は、甚だしく人民を迫害した」（『侵略の証言』二三六頁）のである。

注

（1）ハバロフスク裁判の基礎になった取り調べ記録については、近藤昭二がNPO法人731部隊・細菌戦資料センター発行『731資料センター会報』に随時連載している。

（2）一九五二年には太原戦犯管理所にも一四〇人が収監された。

（3）松村高夫「七三一部隊による細菌戦と戦時・戦後医学」『三田学会雑誌』第一〇六巻第一号、二〇一三年四月。

（4）「特移送せる者四四名」のところは、「四六名」が傍線で消され、「四四名」とされている。おそらく「拷問致死二名」を加えたのが四六名であり、四四名に訂正したのであろう。

（5）松村高夫の意見書「『七三一部隊』の強権的連行と人体実験の隠蔽――「国家無答責」や「除斥期間」などを適用してはならない」は、二〇〇二年九月に東京高等裁判所に提出されたものであるが、松村・矢野久編『裁判と歴史学――七三一細菌戦部隊を法廷から見る』（現代書館、二〇〇六年）一六六～一九六頁に収録されている。

（6）王亦兵が一九九五年七月末、金源元撫順戦犯管理所所長の付き添いのもと三尾豊と初めて面会した前後の情況は、王の手記とともに楊彦君『関東軍第七三一部隊実録』（外文出版社、二〇〇六年）三九～四七頁に詳しく記されている。

（7）原告（七三一部隊の被害者側）の敬蘭芝と王亦兵を支援する立場から、加害者側の三尾豊と篠塚良雄が法廷で証言するという稀有なことがなぜ可能になったのかを、撫順戦犯管理所における人間性回復再教育と中帰連の結成・活動を通して明らかにした"Chukiren Peace Museum in Japan and Unit 731"を、筆者は、韓国老斤里《ノグンリ》で二〇一四年九月に開催された第八回国際平和博物館会議（ＩＮＭＰ）で報告した。なお、篠塚良雄については、前掲『人体実験』解説（松村高夫執筆、二五三～二五五頁）を参照されたい。

（8）この訴訟については前掲、松村・矢野編『裁判と歴史学』第四章「細菌戦裁判と七三一部隊・細菌戦」二〇〇～二九〇頁を参照されたい。

（9）細菌戦に関しては、松村高夫、解学詩、郭洪茂、李力、江田いづみ、江田憲治『戦争と疫病――七三一部隊のもたらしたもの』（本の友社、一九九七年）を参照されたい。

（10）『高橋正彦ペスト菌論文集』（慶應義塾大学医学部所蔵、未公開）は、『朝日新聞』二〇〇〇年九月九日（夕刊）が報じた。その高橋正彦「昭和一五年農安及新京ニ発生セルペスト流行ニ就テ」第一～第五編（『陸軍軍医学校防疫研究報告』第二部、第五一四、五一五、五二五、五二六、五三七、五三八号、一九四三年）については、松村高夫「「新京・農安ペスト流行」（一九四〇年）と七三一部隊」上下（『三田学会雑誌』第九五巻第四号、第九六巻第三号、二〇〇三年一月、同年一〇月）が資料紹介している。なお、その後『陸軍軍医学校防疫研究報告』第二部は、大部分が復刻・出版されている。

（11）これら新京・農安のペスト流行については松村高夫・江田いづみ「資料　新京・農安ペスト流行「解説」」（『鉄証』吉林省、四五五～四六八頁）、および、前掲松村「７３１部隊による細菌戦と戦時・戦後医学」を参照されたい。ただし、後者では高橋正彦の博士論文取得を一九四九年と誤記している（二二三頁）。正しくは、一九四四年四月一三日、慶應義塾大学より医学博士号を受理しており、博士論文の主論文は「『ペスト菌』の『バクテリオファージ』に関する研究」(『陸軍軍医学校防疫研究報告』第二巻、四七二号、四七三号)であり、副論文は『陸軍軍医学校防疫研究報告』第二巻からの論文二五点である。博士号授与年月日は、西山勝夫「戦争と医の倫理」の検証を進める会代表のご教示による。高橋正彦は七三一部隊での研究成果を博士論文として提出したのであり、高橋に医学博士号を授与した慶應義塾大学の責任も改めて問われなければならない。金子順一論文は、奈須重雄が二〇一一年八月に国立国会図書館関西館で発見したものであるが、一九四九年に金子に医学博士号を与えた東京大学も、同様に責任を問われなければならない。

【追記】
図5-3、5-4、5-6は黒龍江人民出版社に、図5-7は吉林人民出版社に転載許可を申請中である。

あとがき

幼少年期を中国東北部（「満洲国」）で過ごした作家の三木卓（一九三五年生まれ）の最初の児童文学作品『ほろびた国の旅』（盛光社、一九六九年、その後二〇〇九年に講談社より復刊）は、一九五四年の東京から四三年の大連にタイムスリップするという設定である。電気遊園地での「満洲のこども　五族協和の夕べ」にまぎれ込み、憲兵に追われて乗った南満洲鉄道の特急「あじあ」号の北上する車内を舞台に物語が展開する。後半で『満洲日報』記者の父と遭遇し、「展望室での会見」の場面が描かれている。父は東京で左翼運動にかかわり、「根本的にまちがった戦争」のために「大事な人間の命がむだに失われていく」と考えていたが、「心の自由のないところになっていった」内地から「満洲へのがれ」た。敗戦後の引揚げを経て「満洲国」の虚像を知った「ぼく」は、父にきびしくつめよる（講談社版、引用は以下同、一八一頁）。

そういうあなたが、この満州国という国が見ぬけないわけはありません。この国が、日本につごうのよい植民地で、この国では日本人以外の人びとはけっして幸福になっていないし、日本人自身も、金や力を持っているのでよくは見えますが、人間としては恥ずかしい生活を送っている人がいることも、あなたは知っていらっしゃるでしょう。

これに対して父は「低い声」で、「そう、日本人は、この土地へ来て、だめになる一方です。人を使い、その汗が生みだしたものをとりあげる。なんとなく自分を満州人や朝鮮人よりもえらいものだと思いこみ、いばる、いじめる。国の力を後ろにせおって、いたけだかになる。日本人はいま、そういうことで人間以下です」と応答する。「ぼく」

の「あなたが言いたいことを言うのをおやめになったのはいつですか」という最後の問いに、「父」は「思想」を「平凡」なものとしたうえで、次のように答える（一八九頁）。

ただ、それを言うこと、そのことを守ることに対する勇気やがんばりのあるなしがとてもおおきな問題なのだ。……つまり、自分の考えが自分で支えきれなくなったとき、わたしは、だまった。それは、わたしが自分の子どもたちを守ろう、と思ったときかもしれない……

三木自身は復刊時の「あとがき」で、「ぼくは、こどもとして、あの時代をあの場所ですごして大人になっていったわけだが、それはどういうことだったのか」と記している。みずからも軍国少年であったことも含め、個人的な「満州での記憶」を省察することによって、ほろびつつある「満洲国」の運命と父の人生に真正面から向き合った。「ぼくたちの子どもだった日々は、ふしあわせだった。国境が、差別が、政治が、ぼくらをともに未来をつくる仲間にさせなかった」という述懐は苦渋に満ちているものの、この物語の最後は「自由に、平等に、人間同士の友情がかわされ、愛と平和にみちた世界をいっしょにつくる日はいつやってくるのだろう」（二二〇頁）と希望をもって結ばれる。

すでに一九六〇年代半ばという早い段階で、三木が個人的な体験を反芻するなかで「ほろびた国」の本質に迫ったことは、現在からすると驚異的なことである。その後、二〇世紀が終わるころまで、なぜ「満洲国」がほろびたのかという三木が提示した本質的な考察はなされないまま、当事者の回想を中心とする日本人の視点のみから見える満洲・「満洲国」像、あるいはあるべき政治や社会の実験台としての「満洲国」像などが繰りかえし語りつづけられてきた。それらの残滓は、現在においてもなお懐かしい満洲イメージとして存続している。一方で、二〇〇九年にこの本が復刊されたことは、そうした「神話」がほころび、満洲・「満洲国」像の転換がなされつつある二一世紀初頭の状況を象徴する。

＊　＊

共著者四名からなる「合作社研究会」は、一〇年前、「合作社事件」中の「中核体」組織者とされた六名に対する関東憲兵隊・「満洲国」司法部検察官の取り調べ資料（尋問調書・「手記」など）の出現を機に組織された。それらを読み解いていくなかで、「満鉄調査部事件」に比して論及されることの少なかった「合作社事件」の重要性が認識され、まずこれら六名分の取り調べ資料を復刻することにした（「合作社事件」研究会編『十五年戦争極秘資料集　補巻三四　「合作社事件」関係資料』不二出版、二〇〇九年）。

この史料所蔵者は関東憲兵隊下士官で、他に憲兵隊関係の教習書・メモ・作戦地図なども保管しており、中支那派遣憲兵隊への出向時に使用したスパイからの報告書も含まれていた。その後の現在に至る研究過程において、「合作社事件」のもう一つの側面である佐藤大四郎と彼の指導する合作社運動の理念と実態、「合作社事件」と「満鉄調査部事件」の連関性と異同を基軸とする対比的な検討、両事件を「在満日系共産主義運動」として立件した関東憲兵隊の本来の役割である反満抗日運動の武力的・思想的弾圧取締の様相、関東憲兵隊から七三一部隊への「特移扱」の実相などに視野が広がった。本書は主に関東憲兵隊と「合作社事件」をめぐる「抵抗と弾圧」を大きな枠組みとし、一九四〇年前後から四五年の「満洲国」崩壊までの時期を複眼的にあつかうことになったが、もう一つの「抵抗と弾圧」の様相として、一九三〇年前後の関東州における日本人共産主義者の闘いの軌跡が浮上してきた。

これまでの中国東北部＝満洲および「満洲国」における「抵抗と弾圧」の研究では、主に当事者の回想・証言と関東憲兵隊司令部『在満日系共産主義運動』に依拠した水準にとどまっていた。本書では原史料（前掲『「合作社事件」関係資料』、および『日本関東憲兵隊報告集』所収の関東憲兵隊『思想対策月報』など）に即した実証に徹することにより、新たな論点の提示と分析・考察の視角を広げ、過大ないし過小評価の修正を積極的に試みている。たとえば、「貧農中心主義」を標榜した佐藤指導の北満型合作社運動は、実態として中下層農民の支持を得られなかったことを明らかにした。また、関東憲兵隊の本然の役割が反満抗日運動の弾圧にあり、野戦憲兵・思想憲兵の機能を兼ね備えていたことも明らかにした。

合作社研究会の一〇年におよぶ実証的な研究の成果として、本書は全体として満洲および「満洲国」における「抵抗」の諸相、さらに関東憲兵隊に主導された反満抗日運動および「在満日系共産主義運動」弾圧の諸相の解明について、従来の研究水準を大きく超えたと自負する。この到達地点に立つことによって、日本の植民地主義・帝国主義、および日本の「抵抗」主体となる「共産主義運動」を再検討する手がかりもみえてきた。

＊　＊

本書がかたちをなすにあたって、多くの史料所蔵機関と個人のご協力をえた。とりわけ、合作社研究会の発足からたずさわり、闊達な議論の雰囲気をともにかたちづくるにあたり、松山英司氏と勝部雅仁氏のご尽力は忘れることができない。また、研究会に参加いただいたゲストの方々からも、有益な刺激を与えていただいた。ともに、深くお礼を申しあげる。

「小樽商科大学研究叢書」として刊行の機会を与えていただいた小樽商科大学および関係者の方々にも厚くお礼を申しあげる。

本書の刊行にお力添えをいただいた日本経済評論社、全体の調整から細部の表現に至るまで、的確で丁寧な編集作業を進めていただいた同社吉田桃子さんにも心からお礼を申しあげる。

二〇一七年三月

執筆者を代表して　荻野富士夫

【や行】

矢部猛夫　16
山田盛太郎　254
山辺悠喜子　339
楊靖宇　108-110
横山光彦　10, 12
吉植悟　261, 262, 265, 272
吉岡隆直　267, 271
吉田茂　70
吉原次郎　261, 262, 265, 268
吉房虎雄　119, 120, 125, 135, 150, 154, 295, 308, 312, 322
吉本貞一　136
米山雄治　261, 265, 268

【ら行】

李忠善　333, 334, 336, 338
劉恩　309, 310
劉少奇　48
李立三　49

【わ行】

和田喜太郎　229
和田耕作　261
渡辺雄二　259, 260, 263-265, 272
和田昌雄　161

都築敦　153
鶴見貞信　21, 29
鄭和高　48
出口重治　15
寺内正毅　68
東条英機　88, 89, 91, 92, 95, 99, 101, 104, 107, 164, 165, 274, 283
鄧和高　6
杜継曽　48
富田直澄　93
豊田初音　21

【な行】

長島玉次郎　94, 109, 144, 149, 323
永田鉄山　300
長友次男　131
中西功　258, 259
長沼節二　163, 295, 296, 334, 339
中村哲夫　234
中村秀男　21
成井昇　8
西静子　21
二宮健市　74, 81, 281
野坂参三　230
野副昌徳　109, 110
野々村一雄　258, 267, 268, 271
野間清　260, 263-265

【は行】

萩原英夫　301, 305
狭間源三　261, 262, 265
橋本清吉　242
橋本虎之助　81, 281, 282
橋本岬　148
八田卯一郎　9, 236-269
花房森　241, 268
花谷正　74
浜田玉枝　21, 29
林田了介　267
原田左中　321
原田統吉　105
原守　309
平賀貞夫　173, 209, 213, 230, 233, 239, 240, 244, 245, 247-250, 252, 278
平木武　294, 299
平田勲　11
平山一男　146
広瀬進　15
深谷進　234, 254
溥儀　85, 289
福永定　68
藤井勝三　12, 235, 244
藤江恵輔　92, 106, 282
藤原広之進　97, 100, 103, 113-115, 157
古川哲次郎　21
古田正武　11
古海忠之　143
星野直樹　165
細川嘉六　243
堀口正雄　91, 94, 100, 136, 140, 142, 143, 160, 317
本庄繁　74

【ま行】

前野茂　12
増田規矩夫　15
松井茂　85
松浦克己　81, 82
松岡瑞雄　259-265, 267, 270, 272
松田豊　15
松村（スパイM）　36
松本俊一　7
松本満貞　254
三浦三郎　ix, 79, 153
三尾豊　328, 333, 334, 336-339, 343
三木卓　349, 350
三谷清　73, 75, 78
皆川治広　11
南次郎　72
峯幸松　70-72
三宅光治　74
三宅秀也　148, 162
宮西義雄　58
三輪武　260-264
武藤信義　84
毛沢東　289
本原政雄　118, 142, 310-313
森三吾　319

河村丙午　21
干金喜　310, 312, 313
岸信介　207
木村孝三郎　88
木村兵太郎　128
木村光明　144, 147, 150
矯吉明　310, 313
曲文秀　48
瞿秋白　49
工藤胖　100, 101, 115, 118, 232
久保宗治　161
倉員悟　314
敬恩瑞　328, 329
敬蘭芝　328, 330-332, 338, 342, 343
小泉親彦　300
小泉吉雄　258, 268
小磯国昭　80, 84
河野日露兒　113
越定男　315
児島正範　8
呉殿興　329
後藤幸　21
小林喜一　107
小林周三　16
呉宝珍　336
紺野与次郎　36

【さ行】

斉藤美夫　66, 67, 71, 87-90, 95, 96, 100, 101, 103, 109, 113, 114, 116, 117, 120-122, 126, 296, 326, 345
崎山信義　24
佐々木到一　80, 95
笹城戸哲郎　327
佐藤大四郎　169, 171-175, 177-181, 183, 185-193, 196, 197, 199, 201（大槻雪夫）, 205, 207-210, 212, 218, 220, 221, 351, 352
佐藤太一　30
佐藤竹三郎　239
佐藤晴生　241, 268
真田康平　11
四方諒二　165
篠塚良雄　343
渋谷三郎　143
志村行雄　139
下條英男　258, 261, 262, 265, 268
周恩来　49, 289
朱之盈　328-332, 342
蔣介石　277
庄克仁　328
白浜重夫　162, 309, 310, 312, 313, 333, 334, 338
進藤甚四郎　173, 208, 211, 212, 214, 219, 233, 234, 244, 245, 247-250
末松吉次　3
末光末雄　25
杉原一策　11
鈴木公平　212
鈴木小兵衛　239-241, 253, 254, 262, 268
スパイＭ　→松村
情野義秀　172, 208, 213, 231-235, 239, 244, 245, 247, 249, 252
孫朝山　329

【た行】

高木健次郎　243
高橋正彦　344, 346
武本実　229, 253
田代皖一郎　81, 282
橘樸　169, 170, 180, 193
橘武夫　100, 297, 299, 307
田中治　173, 208, 213, 233, 234, 244, 245, 247, 249
田中貞美　15
田中静壱　282
田中武夫　169, 171, 178, 193, 210, 220
田中輝男　16
田辺治通　242
玉岡巌　107, 110, 162
筑谷章造　97
張玉環　321, 322
張恵中　327（張文殿）, 328-330（張文善）
張作霖　70, 72
張文善　→張恵中
張文殿　→張恵中
陳崇奎　183, 184
沈得龍　333-335, 338
津久井信也　173, 207, 212
辻本信一　310
土屋芳雄　125, 134, 141, 159, 162, 163, 320

人名索引

※中国人の人名は、日本で通用している漢字音の読みに従って配列した。

【あ行】

安藤次郎　112, 144, 147, 149
飯守重任　9, 10, 236, 237, 271
生田省三　149
池田壽助　164
伊沢多喜男　85
石井四郎　8, 160, 288, 300, 340, 344
石川勲蔵　243
石川正義　274
石田七郎　254, 260, 261, 263, 264, 268
石田精一　274
石堂清倫　32, 273
石原莞爾　74
石部藤四郎　118
板垣征四郎　74, 300
伊藤武雄　267
伊東秀子　324, 325
稲葉四郎　260, 272
井上喜久枝　21
井上林　173, 208, 209, 213-218, 233, 234, 244, 245, 248, 249, 251
今中俊雄　333
岩佐禄郎　81, 282
岩田義道　36
岩船省三　206
岩間富美子　20
岩間義人　173, 208, 209, 213, 233, 234, 244, 245, 247, 249
岩本正義　20, 24
植木鎮夫　86
植松正一　24
宇津木孟雄　93, 99
梅津美治郎　300
江崎伊三　30
枝吉勇　268, 274, 283
王亦兵　331, 334, 338, 343
王学年　333, 335
王少波　48
王振沢　49
王振達　310
王成林　328, 329
汪兆銘　111
王耀軒　333-336, 343
大上末広　268
大木繁　161, 162
太田二郎　15
大谷敬二郎　72, 74, 80
大塚譲三郎　169, 180, 193, 234, 235
大槻雪夫（佐藤大四郎）　201
大津順吉　194
大場光雄　30
大村卓一　274, 283
大森三彦　161
岡寄格　244
緒方浩　110
岡村満寿　15
荻根丈之助　89, 96
尾崎秀実　242, 255, 258-260
小野康人　243
小幡勇三郎　11

【か行】

郭松齢　70
笠井種雄　149
風間丈吉　20
梶栄次郎　100
梶塚隆二　300
勝部元　243
加藤清　259, 267, 268
加藤泊治郎　95, 99, 165, 255, 283
門田善実　235, 244
金子順一　344
上砂勝七　80, 81, 280, 281
上坪鉄一　141, 160, 321-324
上別府親志　25
亀田信三　187, 188
川島清　288
川島鉄太郎　78, 83, 149
川戸武　231-233, 254, 283

執筆者紹介

荻野富士夫（おぎの ふじお） 序章・第2・4章

1953年生まれ。早稲田大学大学院文学研究科博士課程後期課程修了。文学博士（早稲田大学）。

小樽商科大学特任教授。日本近現代史。

主要業績：『十五年戦争極秘資料集　補巻34 「合作社事件」関係資料』（江田憲治らと共編・解説、不二出版、2009年）、『特高警察』（岩波新書、2012年）、『戦意の推移――国民の戦争支持・協力』（校倉書房、2014年）、『北洋漁業と海軍――「沈黙ノ威圧」と「国益」をめぐって』（校倉書房、2016年）

兒嶋俊郎（こじま としお） 第1章

1954年生まれ。慶應義塾大学大学院経済学研究科博士課程単位取得退学。

長岡大学経済経営学部教授。現代並びに歴史的な労働問題。

主要業績：「奥地における物資統制と軍配組合」（中村政則・高村直助・小林英夫編著『戦時華中の物資動員と軍票』多賀出版、1994年）、「満州国の労働統制政策」（松村高夫・江田憲治・解学詩編著『満鉄労働史の研究』日本経済評論社、2002年）、「未完の交通調査」（松村高夫・柳沢遊・江田憲治編著『満鉄の調査と研究――その「神話」と実像』青木書店、2008年）

江田憲治（えだ けんじ） 第3章

1955年生まれ。京都大学大学院文学研究科博士後期課程東洋史学専攻研究指導修了、退学。文学修士（京都大学）。

京都大学大学院・環境科学研究科教授。中国現代政治思想史、中国共産党史、中国労働運動史。

主要業績：『満鉄労働史の研究』（松村高夫・解学詩と共編著、日本経済評論社、2002年）、「在華紡と労働運動」（森時彦と共著、『在華紡と中国社会』京都大学学術出版会、2005年）、『満鉄の調査と研究――その「神話」と実像』（柳沢遊・松村高夫と共編著、青木書店、2008年）、『十五年戦争極秘資料集　補巻34 「合作社事件」関係資料』（荻野富士夫らと共編・解説、不二出版、2009年）

松村高夫（まつむら たかお） 第5章

1942年生まれ。Ph. D. in Social History, Warwick University, UK. Fellow of the Royal Historical Society.
慶應義塾大学名誉教授。イギリス社会史・労働史、日本植民地労働史。
主要業績：*The Labour Aristocracy Revisited ―― The Victorian Flint Glass Makers, 1850-80*, Manchester University Press, 1983、『戦争と疫病――七三一部隊のもたらしたもの』（解学詩、郭洪茂、李力、江田いづみ、江田憲治と共著、本の友社、1997年）、『裁判と歴史学――七三一部隊を法廷からみる』（矢野久と共著、現代書館、2007年）、『日本帝国主義下の植民地労働史』（不二出版、2008年）

小樽商科大学研究叢書
「満洲国」における抵抗と弾圧
――関東憲兵隊と「合作社事件」

2017年3月20日　第1刷発行　定価（本体6000円＋税）

著者　荻野富士夫
　　　兒嶋俊郎
　　　江田憲治
　　　松村高夫

発行者　小樽商科大学出版会

発売所　株式会社　日本経済評論社
〒101-0051　東京都千代田区神田神保町3-2
電話　03-3230-1661　FAX　03-3265-2993
URL：http://www.nikkeihyo.co.jp
装幀＊渡辺美知子　印刷＊藤原印刷・製本＊高地製本所

乱丁落丁本はお取替えいたします。　Printed in Japan

ISBN978-4-8188-2458-4